Schlesische Küche

Schlesische Küche

Schlesisches Kochbuch
*
Schlesisches Backbuch

Weltbild

Genehmigte Lizenzausgabe für Verlagsgruppe Weltbild GmbH,
Steinerne Furt, 86167 Augsburg
Copyright der Originalausgaben
Schlesisches Kochbuch © 2007 by
Bergstadtverlag Wilhelm Gottlieb Korn GmbH, Würzburg
Schlesisches Backbuch © 2006 by
Keysersche Verlagsbuchhandlung in der Seemann Henschel GmbH & Co. KG
Umschlaggestaltung: Atelier Lehmacher, Friedberg (Oberbayern)
Umschlagmotive: StockFood, München (Rezeptbilder);
Mauritius Images, Mittenwald (Häuserreihe)
Gesamtherstellung: Bagel Roto-Offset GmbH & Co.KG, Schleinitz
Printed in the EU

978-3-8289-1317-2

2010   2009   2008
Die letzte Jahreszahl gibt die aktuelle Lizenzausgabe an.

Einkaufen im Internet:
www.weltbild.de

Schlesisches Kochbuch

Bergstadtverlag W. G. Korn im Internet:
www.bergstadtverlag.de

25. Auflage

© 2007 by Bergstadtverlag Wilhelm Gottlieb Korn GmbH, Würzburg
Alle Rechte vorbehalten – Printed in Germany
Vignetten: Laurens Jäger, Lenzkirch-Kappel
Satz: Barbara Herrmann, Freiburg
Druck und Bindung: fgb · freiburger graphische betriebe 2007
www.fgb.de
ISBN 978-3-87057-020-0

Inhaltsübersicht

Einleitung
Grundsätzliches über Ernährung 9

Kochvorschriften 13

Suppen 14
    Allgemeines 14
    Zubereitung der Suppen 16
    Einlagen für Suppen 49

Soßen (Tunken) 58

Das Fleisch 76
    Das Rind 81
    Das Kalb 97
    Der Hammel 115
    Das Schwein 119
    Vom Pökeln und Räuchern 130
    Vom Wurstmachen 132
    Das Wild 138
    Zahmes Geflügel 145
    Wildgeflügel 162
    Fische und Krebse 166

Eierspeisen 190

Das Gemüse 198
    Pilze 220
    Kartoffelgerichte 223

Die Hülsenfrüchte 230
    Erbsen, Bohnen, Linsen 230

Getreide-Erzeugnisse 233

Klöße ... 238

Obst ... 246

Salate ... 255

Verschiedenes
Kalte Speisen für die Bewirtung zum Abendbrot ... 269

Pasteten ... 276

Süße Speisen ... 282
    Aufläufe ... 282
    Puddings ... 293
    Verschiedene warme süße Speisen ... 299
    Kalte süße Speisen ... 305
    Gelees ... 310
    Cremes ... 314
    Verschiedene kalte Speisen ... 328
    Zur Herstellung von Speiseeis ... 333

Vom Einmachen ... 347

Getränke ... 374
    Warme Getränke ... 374
    Kalte Getränke ... 378

Eintopfgerichte
mit Angabe von Kalorienwert (nach Schall) ... 382

Speisefolgen ... 391
    Einfache Küchenzettel ... 391
    Vegetarische Mittagessen ... 397
    Abendbrotgerichte ... 398
    Zusammenstellungen für festliche Gelegenheiten ... 399

Anmerkungen ... 400

Nachtrag

Preiswerte Gerichte	404
Brotaufstriche	414
Vorschläge zur Zeitersparnis im kleinen Haushalt	417
Maße	419
Register	420

Schlesisches Backbuch

Hefegebäck	439
Gerührte Kuchen	460
Mürbeteig	484
Blätterteig	499
In Fett gebackene Teige	503
Makronengebäck	508
Verschiedene Cremes und Güsse	511
Verschiedenes Gebäck	518
Weihnachtsgebäck	523

Einleitung

Grundsätzliches über Ernährung

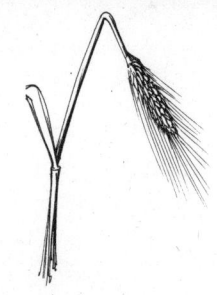

„Die Ernährung ist in der ganzen belebten Welt die Hauptgrundlage der Existenz der Individuen, ein profaner Vorgang zwar, aber nichts desto weniger entscheidend für Gedeihen und Wohlbefinden und die Lebensmöglichkeit überhaupt. Auch wir Menschen hängen an diesen Naturnotwendigkeiten."
Diese Worte von Professor Dr. Rubner kennzeichnen die Bedeutung der Ernährung.

Der menschliche Körper beansprucht zum Wachstum, zum Ablauf der sich ständig wiederholenden Lebensvorgänge und zum Ersatz der dadurch verbrauchten Gewebe bestimmte Stoffe. Sie werden ihm in der Nahrung zugeführt durch die in den Nahrungsmitteln enthaltenen Nährstoffe: Eiweiß, Fett, Kohlenhydrate (Stärke und Zucker), Wasser und Mineralstoffe. Wichtig sind außerdem die Vitamine oder Ergänzungsstoffe und bedingt die Genussmittel.

Den einzelnen Nährstoffen fallen bestimmte Aufgaben zu. Das Eiweiß ist ein Baustoff. Seine Grundstoffe sind zu einfachen Bausteinen, den Aminosäuren gekoppelt, von denen es etwa 25 gibt. 9 von ihnen werden zur Zeit als lebensnotwendig betrachtet. Da der Körper nicht imstande ist, diese selbst aufzubauen, muss er sie aus der Nahrung beziehen. Besonders hochwertiges Eiweiß enthalten Milch, Eier, Fleisch, Fisch, Kartoffeln, Nüsse, Spinat. Das Eiweiß der anderen Nahrungsmittel ist nicht vollwertig, da ihm wichtige Aminosäuren fehlen. Eine gemischte Kost gibt die Sicherheit für einen Ausgleich.

Kohlenhydrate und Fette dienen als Brennstoffe. Die Kohlenhydrate sind die eigentlichen Kraftspender für den Körper. Sie werden durch Fermente zu Traubenzucker abgebaut, der leicht vom Blut aufgenommen wird. Der Energiegehalt des Fettes ist höher als der der Kohlenhydrate, da er mehr Kohlenstoff als diese enthält. Es ist die ergiebigste Kraft- und Wärmequelle. Aber gleicherweise wie es beim Eiweiß unentbehrliche Aminosäuren gibt, müssen die Fette, mit denen der Körper versorgt wird, unentbehrliche Fettsäuren enthalten, um Gesundheitsstörungen vorzubeugen. Solche wichtigen Fettsäuren sind z. B. die Linol- und die Linolensäure. Sie kommen in Ölen und im Milchfett vor.

Da Eiweiß nicht gespeichert werden kann wird auch jeder Eiweißüberschuss des Körpers verbrannt. Der Wärmewert der einzelnen Nährstoffe wird nach Kalorien bemessen. 1 g Fett liefert bei seiner Verbrennung im Körper 9,3 Kilokalorien (kcal), 1 g Kohlenhydrat 4,1 Kilokalorien, 1 g Eiweiß ebenfalls 4,1 Kilokalorien.

Das Wasser ist Bau- und Betriebsstoff. Es ist Baustoff, da der Körper zu reichlich zwei Dritteln aus Wasser besteht. Als Betriebsstoff ist es bei den sich im Körper abspielenden Vorgängen, z. B. dem Stoffwechsel, unentbehrlich. In fast allen Nahrungsmitteln ist Wasser in reichlicher Menge vorhanden. Außerdem wird es in Form von Getränken aufgenommen.

Der Brenn- und Nutzwert dieser Nährstoffe darf bei der Ernährung nicht als allein maßgebend betrachtet werden. Seitdem die Bedeutung der Mineralstoffe und der Vitamine für den Körper erkannt worden ist, weiß man, dass der Wert der Nahrung weitgehend auch durch Stoffe bestimmt wird, die keine Kalorien erzeugen.

Mineralstoffe sind Baustoffe. Sie sind unentbehrlich, weil sie in Verbindung mit den Vitaminen einen ungestörten Ablauf aller Lebensvorgänge im Körper bewirken. Wenn die Nahrungsmittel für eine gemischte Kost richtig vor- und zubereitet werden, ist im Allgemeinen die Versorgung des gesunden Körpers mit Mineralstoffen in ausreichender Menge gesichert. Vitamine sind Stoffe, die der Körper zumeist nicht selbst bilden kann. Ihre Anwesenheit im Organismus ist zur Lösung verschiedenster Aufgaben notwendig. Sie sind gewissermaßen Schutz- und Reglerstoffe. Deshalb müssen sie selbst oder in Form ihrer Vorstufen, z. B. als Karotin, mit der Nahrung dem Körper zugeführt werden. Zur Deckung des Vitaminbedarfs sind nur sehr geringe Mengen notwendig. Ein weitgehendes oder gänzliches Fehlen der Vitamine führt zu Mangelkrankheiten, z. B. Rachitis, Skorbut u. a. m. Vitamine sind empfindliche Stoffe, empfindlich besonders gegen Luft, Hitze, langes Lagern, Laugen, verschiedene Metalle. Wichtige Vitaminquellen sind: Früchte, fast alle Gemüse, Kartoffeln, Vollkornerzeugnisse. Besonders vielseitige Vitaminspender sind: Leber, Hefe, Milch. Selbst die beste Nahrung ist wertlos, wenn sie dem Geschmack nicht zusagend, ungern verzehrt, oder völlig abgelehnt wird. Deshalb sind in der Ernährung die Gewürze, die zu den Genussmitteln zählen, nicht auszuschalten. In richtigem, sparsamem Maße verwendet, regen sie die Drüsen des Verdauungsapparates an und tragen dadurch zur Freude am Essen, zu seiner Bekömmlichkeit bei.

Für den erwachsenen Menschen, ohne besondere berufliche Belastung, mit einem Körpergewicht von etwa 70 kg, werden täglich 60–80 g Eiweiß, 50–60 g Fett, 400–500 g Kohlenhydrate gefordert. Die Mitte dieser angegebenen Nährstoffmengen liefert 2644 Kilokalorien. Arbeit, Alter, Gewicht, Gesundheitszustand, Veranlagung, klimatische Verhältnisse, beeinflussen den Kalorienbedarf. Der Kopfarbeiter braucht täglich zwischen 2400 bis 2600 Kilokalorien. Je nach der Schwere der körperlichen Arbeit kann die Kalorienmenge bis zu 5000 Kilokalorien gesteigert werden.

Über die Zusammensetzung der Nahrungsmittel, ihren Kalorienwert, Mineralstoff- und Vitamingehalt geben Tabellen Aufschluss.

Es wäre wünschenswert, wenn jeder, der die Verantwortung für die Herstellung der Nahrung zu tragen hat, sich die Erkenntnisse der modernen Ernährungslehre zu eigen machen würde. Durch richtige Vor- und Zubereitung der Nahrungsmittel könnten bei größter Sparsamkeit und gründlicher Ausnützung der Nährwert, der Wohlgeschmack und damit die Nahrungsqualität gesteigert werden.

Kochvorschriften

Suppen

Allgemeines

Als Flüssigkeiten für Suppen kommen außer Wasser zur Verwendung:
1. für salzig abzuschmeckende Suppen: Brühe, Gemüsewasser
2. für süß abzuschmeckendes Suppen: Milch, Bier, Wein.

Zur Bereitung von Brühe eignen sich alle Fleischarten und Knochen, außerdem, die verschiedenen gebrauchsfertigen Erzeugnisse, wie Fleischextrakt, Maggi, flüssig oder fest, Vitox, die auch zur Verbesserung von schwächeren Fleisch- und Knochenbrühen verwendet werden können. Die kräftigste, wohlschmeckendste und im Aussehen klarste Brühe liefert das Rindfleisch. Es darf für diesen Zweck nicht zu stark abgehangen, nicht zu fett und nicht von einem zu jungen Tiere sein. Zum langsamen Kochen auf schwach heißer Herdstelle, bei Gas Sparflamme, ist ein hoher Topf mit gut schließendem Deckel zu benutzen. Zu empfehlen ist der Dampfkochtopf. Infolge seiner Einrichtung, durch die Dampf im Topf zurückgehalten wird, wird eine Temperatur über 100° C erreicht, die ein schnelleres Garwerden des Fleisches bedingt. Das Entweichen der Duft- oder Extraaktivstoffe wird eingeschränkt, ebenso das Verdampfen der Flüssigkeitsmenge. Um einer Entwertung des Fleisches vorzubeugen, ist es mit kochendem Wasser anzusetzen. Das gerinnende Eiweiß der äußeren Schicht verschließt die Poren. Knochen dagegen, die 2–3mal ausgekocht werden können, sind mit kaltem Wasser anzusetzen und 3–4 Stunden zu kochen.

Werden für Suppen alkoholische Flüssigkeiten, wie Wein oder Bier, gebraucht, so ist das zur Verwendung kommende Bindemittel (Kartoffelmehl, Mondamin, Gustin, Sago usw.) in Wasser gar zu machen. Erst dann ist die gebundene Flüssigkeit mit Bier oder Wein zu erhitzen, nicht zu kochen, um Geschmacks- und Farbver-

änderung zu vermeiden (unbeschädigter Topf, am besten ein feuerfester Tontopf).
Bei einer Reihe von Suppen bildet die Mehlschwitze die Grundlage. Es werden dafür gebraucht: eine Fettart und Mehl. Die mit Flüssigkeit „aufgefüllte" oder „abgelöschte" Mehlschwitze oder Einbrenne wird als Grundsuppe bezeichnet. Nach der Färbung des Mehles ist zwischen hellen und dunklen Mehlschwitzen zu unterscheiden. Zur hellen Mehlschwitze kann jede Fettart verwendet werden, zur dunklen möglichst ein Fett, das einen hohen Hitzegrad erreicht, wie Rinderfett oder Palmin. Zur dunklen Mehlschwitze wird mehr Mehl als zur hellen gebraucht, da durch das Rösten des Mehles ein Teil der Stärke in Dextrin umgewandelt, infolgedessen die Bindefähigkeit geringer wird. Die zum Auffüllen bestimmte Flüssigkeit kann bei beiden Arten kalt oder kochend sein. Bei kalter Flüssigkeit ist die Gefahr des nicht Glattwerdens geringer als bei kochender, die Zubereitungsdauer aber eine längere. Die Flüssigkeitsmenge für die dunkle Mehlschwitze ist eine größere als für die helle, da die Umwandlung des Mehles (Dextrinisierung) eine längere Kochzeit bedingt. Zu jeder Art von Mehlschwitze wird das Fett nur zerlassen, das Mehl unter beständigem Rühren darin gedünstet oder geröstet.

Kochdauer für eine helle Grundsuppe   10–15 Min.
Kochdauer für eine dunkle Grundsuppe   25–30 Min.

Die Angabe der Mengen erfolgt bei den einzelnen Kochvorschriften. Sie sind, wenn es nicht anders angegeben ist, für 1 Liter fertige Suppe, für 4 Personen ausreichend, berechnet. Bei einer größeren Personenzahl ist bei der Vervielfältigung der Zutaten eine starke Kürzung der zum Einkochen mit berechneten Flüssigkeitsmenge vorzunehmen, z. B. zum Ansetzen von Fleisch zu Brühe

für 4 Personen 1½ Liter Wasser,
für 8 Personen nicht 3 Liter, sondern nur 2½ Liter Wasser.

Infolge der im gleichen Verhältnis nicht größeren Oberfläche ist die Verdampfung eine geringere.

Bei Soßen, bei denen eine Mehlschwitze die Grundlage bildet, ist mit ⅜ – ½ Liter fertiger Soße, für 4 Personen ausreichend, gerechnet.

Werden Suppen oder Soßen mit Eigelb abgezogen, so kann dieses mit 1–2 Esslöffel Wasser, Milch oder Sahne verquirlt werden.

Zur Verbesserung des Geschmackes kann nach dem Abziehen 1 Teelöffel frische Butter hinzugegeben werden.

Zubereitung der Suppen

1. Klare Rindfleischbrühe

375 – 625 g Rindfleisch, 1 mittelgroße Zwiebel,
1¼ –1½ l kochendes Suppengemüse,
Wasser, Salz nach Geschmack.
1 Teelöffel Salz,

Das geklopfte und schnell gewaschene Fleisch wird mit kochendem Wasser und Salz angesetzt, 10 Minuten gekocht. Der sich bildende Schaum wird abgeschöpft. Zur Färbung der Brühe wird die in dicke Scheiben geschnittene, auf trockener Pfanne oder sauberer Herdplatte gebräunte Zwiebel dazugegeben. Nach einstündiger Kochzeit wird das vorbereitete, unzerschnittene Suppengemüse (1 Stück Mohrrübe, Petersilienwurzel, Sellerie, Porree) hinzugefügt. Ist das Fleisch nach 2–2½ Stunden Kochzeit weich, wird die Brühe durch ein feines Sieb gegeben, wenn nötig entfettet, nach Salz abgeschmeckt.

2. Klare Gemüsebrühe

Ungefähr 250 g Suppen- 1¼–1½ l Wasser,
gemüse, 1 Teelöffel Salz,
30–40 g Butter, Margarine n. Bel. 2–3 Tomaten.
oder Fett,

Das in Würfel geschnittene Suppengemüse wird in Fett angebräunt, in Wasser mit Salz und Tomaten in ½–¾ Stunden weichgekocht. In die durchgegossene Brühe können Einlagen, wie Eierstich, verschiedene Klößchen, gegeben werden.

3. Brühe von Fleisch mit Graupen oder Reis

60 g Graupen oder Reis, 250–375 g. Rindfleisch,
1½–1¾ l Wasser, Suppengemüse.
1 Teelöffel Salz,

Die abgequirlten, abgegossenen Graupen werden mit Wasser und Salz zum Kochen gebracht. Das vorbereitete Fleisch wird nach ½ Stunde Kochzeit dazugegeben und mit den Graupen und dem Suppengemüse weichgekocht. Fleisch und Suppengemüse, in Würfel geschnitten, werden in die nach Salz abgeschmeckte Suppe gegeben.

Bei der Verwendung von Reis wird dieser mit dem Suppengemüse zum Fleisch gegeben, nachdem es ½ Stunde gekocht hat. Der Reis gebraucht zum Garwerden ungefähr ¾ Stunden.

4. Brühe mit Graupen

60 g feine Graupen, 1½–1¾ l Brühe oder Wasser und
20–30 g Butter oder Suppengemüse,
Margarine, Salz nach Geschmack.

Die Graupen werden mit kaltem Wasser im Kochtopf abgequirlt (falls Emailletopf, dann unbeschädigt, um ein Grauwerden zu verhindern), 2–3 Minuten stehen gelassen, abgegossen, im Fett unter

Rühren 10 Minuten gedünstet, in der angegossenen Flüssigkeit in 1½–2 Stunden auf schwacher heißer Stelle gargemacht.

5. Brühe mit Reis

60 g Reis,	1¼–1⅜ l Brühe oder Wasser und
20–30 g Butter oder	Suppengemüse,
Margarine,	Salz nach Geschmack.

Herstellung wie in Nr. 4.
Wird an Stelle der Brühe Wasser und Suppengemüse verwendet, so kann mit den Graupen nach Nr. 4 und dem Reis 1 Esslöffel Mehl mitgedünstet werden (¾ –1 Std. Kochzeit).

6. Brühe mit Nudeln

1¼ l Brühe,	50 g Eiergräupchen oder
½ der nach Nr. 68 her-	Sternchen,
gestellten Nudeln oder	Salz nach Geschmack
60 g gekaufte Nudeln oder	(kochendes Salzwasser).

Die Teigwaren werden in die kochende Brühe geschüttet und in 20 Minuten darin gargemacht. Durch das an den Nudeln haftende Mehl wird die Brühe trübe. Um das Trübewerden zu vermeiden, können die Teigwaren in reichlich kochendem Salzwasser gargemacht und nach dem Abtropfen in die heiße Brühe gegeben werden.

7. Brühe mit Einlauf

1–1⅛ l Brühe,	Salz nach Geschmack.
Einlaufteig nach Nr. 83,	

Der nach Nr. 83 hergestellte Einlaufteig wird über einen Quirl, den man langsam dabei dreht, in die kochende Suppe gegossen und 5 Minuten gekocht. Bei trüben Brühen ist der in Nr. 84 angegebene Einlauf zu empfehlen (bei Kalbfleisch-, bei Knochenbrühe).

8. Hühnerbrühe für 8 Personen

Ein altes Huhn,	1½ Eßlöffel Salz,
2½–3 l kochendes Wasser,	120 g Reis oder Nudeln.
Suppengemüse,	

Das nach Nr. 256 vorbereitete Huhn wird mit kochendem Wasser, Salz und Suppengemüse angesetzt und in ungefähr 2–3 Stunden weichgekocht. Reis oder Nudeln können in der durchgegossenen Brühe, oder getrennt von ihr gargemacht werden. Das Fleisch wird in der Suppe oder mit einer Frikasseesoße nach Nr. 107 zu Tisch gegeben.

9. Taubenbrühe

Eine alte Taube,	50–60 g Graupen, Reis oder
1½ l kaltes Wasser,	Nudeln,
Suppengemüse,	nach Belieben 1 Eßlöffel gewiegte Petersilie
1 Teelöffel Salz,	

Zubereitung nach Nr. 8.
Kochdauer für die Taube 1½–2 Stunden.

10. Suppe von Gänse- oder Entenklein (Geschnörr)

1 Gänseklein oder	50–60 g Reis oder Nudeln;
1–2 Entenklein,	oder eine Mehlschwitze von:
2 l kochendes Wasser,	30–40 g Butter oder Margarine
1 Eßlöffel Salz,	und 40–50 g Mehl,
Suppengemüse,	1 Eßlöffel gewiegte Petersilie.

Das nach Nr. 268 vorbereitete Geflügelklein wird mit kochendem Wasser, Suppengemüse und Salz angesetzt, in 2–3 Stunden weichgekocht. Die durchgegossene Brühe kann für eine Reis- oder Nudelsuppe verwendet werden, oder sie wird durch eine Mehlschwitze bündig gemacht. Das von den Knochen gelöste Fleisch wird als Einlage in die Suppe gegeben oder das Klein wird als besonderes Gericht mit einer Petersiliensoße nach Nr. 103 gereicht oder einer holländischen Soße nach Nr. 109.

11. Geschlinge- oder Lungensuppe mit Reis

500 g Kalbsgeschlinge,	60 g Reis,
1½–2 l kochendes Wasser,	Salz nach Geschmack,
1 Esslöffel Salz,	nach Bel. 1 Esslöffel gewiegte
Suppengemüse,	Petersilie.

Das sauber gewaschene Geschlinge wird mit Wasser, Salz und Suppengemüse in 1½–2 Stunden weichgekocht. Der Reis wird in der durchgegossenen, nach Salz abgeschmeckten Brühe in ½–¾ Stunde ausgequollen. Das Fleisch kann in Würfel geschnitten in der Suppe zu Tisch gegeben oder zu Haschee Nr. 170 verwendet werden.

12. Blumenkohlsuppe

Eine mittelgroße Rose	40 g Butter oder Margarine,
Blumenkohl,	40–50 g Mehl,
1¼ l kochendes Wasser,	nach Bel. 1 Eigelb mit 1–2 Ess-
1 Teelöffel Salz,	löffel Wasser oder Milch verquirlt.

Der von den äußeren Blättern befreite Blumenkohl wird in kleine Rosen zerlegt, die in dem kochenden Salzwasser in ½–¾ Stunden gargemacht werden. Die aus Fett und Milch hergestellte helle Mehlschwitze wird mit dem Blumenkohlwasser aufgefüllt, 15–20 Minuten gekocht, mit dem mit Wasser verquirlten Eigelb abgezogen, nach Salz abgeschmeckt, mit den Blumenkohlröschen zu Tisch gegeben.

Kochwasser von Blumenkohl und Reste von Blumenkohlgemüse können zur Herstellung der Suppe verwendet werden.

13. Spargelsuppe

375–500 g Suppenspargel,
1¼ l kochendes Wasser,
1 Teelöffel Salz,
40 g Butter oder Margarine,

40–50 g Mehl,
nach Bel. 1 Eigelb mit 1–2 Esslöffel Wasser oder Milch verquirlt.

Der gewaschene, geschälte Spargel wird in 3–4 cm lange Stücke geschnitten, die in dem kochenden Salzwasser in ½ Stunde gargemacht werden. Die Suppe Wird weiter wie Blumenkohlsuppe Nr. 12 fertiggemacht. Als Einlage können außer den Spargelstückchen 2–3 Esslöffel ausgepalte, mit dem Spargel zusammen weichgekochte Erbsenkerne verwendet werden. – An Stelle der Mehlschwitze kann die angegebene Mehlmenge in kaltem Wasser angerührt in das kochende Spargelwasser gegeben und in 10 Minuten gargemacht werden. Die Butter wird dazugegeben und die Suppe mit dem Eigelb, das auch mit 1–2 Esslöffel Milch verquirlt werden kann, abgezogen.

14. Gemüsesuppe mit Nudeln

375–500 g verschiedene Gemüse (wie sie die Jahreszeit bietet),
50 g Butter oder Margarine,

1¼–1½ l kochendes Wasser,
1 Teelöffel Salz,
50 g Fadennudeln,
1 Teelöffel gew. Petersilie.

Das Gemüse wird gewaschen, geputzt, in feine Streifen oder Scheiben geschnitten, in der zerlassenen Butter 5–10 Minuten gedünstet. Das kochende Wasser wird aufgefüllt und das Gemüse mit Salz ungefähr 15–30 Minuten gekocht. In der Suppe werden die Fadennudeln in 10–15 Minuten gargemacht. An die fertige, nach Salz abgeschmeckte Suppe wird die gewiegte Petersilie gegeben.

15. Gemüsesuppe mit Graupen

40 g Graupen,
1¾ l Kochbrühe,
oder Salzwasser (bis 2 l),
375–500 g verschiedene Gemüse,
200 g Kartoffeln in Scheiben geschnitten,
20–30 g Butter,
1 Teelöffel gewiegte Petersilie.

Die abgequirlten Graupen werden mit kalter Knochenbrühe oder Wasser mit Salz angesetzt, nach ihrer Größe 1–1½ Stunden gekocht. Die geputzten, geschnittenen Gemüsearten werden in 20–30 Minuten in der Graupensuppe fast gargemacht, ehe die in Scheiben geschnittenen Kartoffeln hinzugefügt werden. An die fertige, nach Salz abgeschmeckte Suppe werden die grüne Petersilie und die Butter gegeben.

Als Einlage zu Gemüsesuppen eignen sich Fleischklößchen Nr. 76.

An Stelle der Graupen können auch 40 g Reis verwendet werden, die ½–¾ Stunden Kochzeit erfordern.

16. Sauerampfersuppe

250–300 g Sauerampfer,
30–40 g Butter oder Margarine,
40 g Mehl,
1⅛ l Brühe oder Wasser mit Salz,
1 Eigelb mit 1–2 Esslöffel Wasser verquirlt

Der verlesene, gewaschene Sauerampfer wird auf mäßig heißer Stelle erhitzt bis die Blätter zusammenfallen und so weich geworden sind, dass sie durch ein Sieb gerührt werden können, oder sie werden fein gewiegt. Aus Butter und Mehl wird eine helle Mehlschwitze hergestellt, die, mit dem Sauerampferbrei und der Flüssigkeit aufgefüllt, 10 Minuten gekocht, mit einem Eigelb abgezogen und nach Salz abgeschmeckt wird. Als Beigabe können geröstete

Semmelbröckchen Nr. 88 oder als Einlage ein hartgekochtes, in Scheiben geschnittenes Ei gegeben werden.

17. Schotensuppe (grüne Erbsensuppe von frischen Erbsen)*

500 g Schoten,
1½ l Wasser,
1 Teelöffel Salz,
10 g Butter,
1 Prise Zucker,
⅛ l Wasser,

40 g Butter oder Margarine,
40 g Mehl,
nach Bel. 1 Eigelb mit 1–2 Esslöffel Wasser, Milch oder süßer Sahne verquirlt.

Die Schoten werden ausgepalt, die gewaschenen Schalen in Salzwasser weichgekocht. Die Schotenkerne werden in Wasser mit Butter und Zucker gargemacht. Die helle, mit dem Schotenwasser aufgefüllte Mehlschwitze wird mit dem Eigelb abgezogen, nach Salz abgeschmeckt. Außer den Schotenkernen können Schwemmklöße Nr. 72 und 125 g in feine Streifen geschnittene, weichgekochte Mohrrüben als Einlage verwendet erden; oder abgezogene Schotenschalen und die Erbsen werden zusammen weichgekocht. Schotenschalen und ein Teil der Erbsen werden durchgestrichen, die übrigen bleiben als Einlage zurück.

18. Tomatensuppe

375–500 g Tomaten,
40 g Butter oder Margarine
oder
25 g Butter,
25 g Schinkenfett
oder Speck,

1 Teelöffel Zwiebelwürfel,
40 g Mehl,
1⅛ l Brühe oder Wasser mit Salz,
1 Prise Zucker,
nach Bel. 1 Eigelb mit 1–2 Esslöffel Wasser verquirlt.

In dem zerlassenen Fett werden die Zwiebelwürfel und die zerschnittenen Tomaten gedünstet, das Mehl wird darüber gestäubt, die Flüssigkeit aufgefüllt, die Suppe 15–20 Minuten gekocht, nach

---

* Die Bezeichnung Schote ist botanisch falsch, aber allgemein gebräuchlich.

dem Durchstreichen mit 1 Eigelb abgezogen, nach Salz und Zucker abgeschmeckt.

An Stelle der frischen Tomaten sind 4–5 Esslöffel Tomatenbrei zu verbrauchen, oder frisch hergestellter Tomatenbrei wird an die Grundsuppe gerührt.

19. Pilzsuppe

250–375 g Pilze (Steinpilze, Champignons, Pfifferlinge, Reizker),
20–30 g Butter,
½ Teelöffel Zwiebelwürfel,
30 g Butter oder Margarine,
40 g Mehl,
1–1⅛ l Brühe oder Wasser,
nach Bel. 1 Eigelb mit 1–2 Esslöffel Flüssigkeit verquirlt.

Die geputzten, sorgfältig gewaschenen, in Scheiben geschnittenen Pilze werden mit den Zwiebelwürfeln in der Butter gedünstet, im eigenen Saft oder wenn nötig, unter Hinzugießen von wenig Flüssigkeit in 10–15 Minuten gargemacht. Sie können auch mit dem Schaumlöffel herausgenommen und fein gewiegt werden. Sie bilden die Einlage für die mit Brühe oder Wasser aufgefüllte, abgezogene, abgeschmeckte helle Mehlschwitze.

Die Suppe kann auch aus getrockneten Pilzen hergestellt werden. Es sind an Stelle der frischen 40–50 g getrocknete Pilze zu verbrauchen. Diese sind am Abend vor dem Gebrauch nach gründlichem Waschen einzuweichen. Die weitere Zubereitung ist die gleiche.

20. Kräutersuppe

Eine Handvoll Kräuter,
30–40 g Butter oder Margarine,
40 g Mehl,
1⅛ l Brühe oder Wasser mit Salz,
1 Eigelb, 2 Esslöffel Wasser.

Kräuter, wie sie unter dem Namen Frühlingskräuter auf den Markt kommen (Petersilie, Schnittlauch, Dill, Fetthenne, Gundermann, Pimpinelle, Kerbel), werden nach dem Waschen gewogen und in

Fett gedünstet. Das Mehl wird darüber gestreut, ebenfalls durchgedünstet, die Flüssigkeit aufgefüllt, nach 10–15 Minuten Kochzeit wird die Suppe mit dem verquirlten Eigelb abgezogen, nach Salz abgeschmeckt. Als Beigabe geröstete Semmelbröckchen.

21. Kartoffelsuppe

500–625 g Kartoffeln, 20 g Mehl,
1¼–1½ l Wasser, 30 g geräucherter Speck,
1 Teelöffel Salz, 1 Esslöffel Zwiebelwürfel,
Suppengemüse, 1 Esslöffel gewiegte Petersilie.
20 g Butter oder Margarine,

Die gewaschenen, geschälten, in Scheiben geschnittenen Kartoffeln werden in Wasser mit Salz und unzerschnittenem Suppengemüse in ½–¾ Stunden weichgekocht, das Suppengemüse wird herausgenommen und kann in Scheiben oder Streifen geschnitten als Einlage in die Suppe gegeben werden. Die durch ein Sieb gestrichene Kartoffelmasse wird zum Auffüllen der hellen Mehlschwitze verwendet. Die glasig gewordenen Speckwürfel werden zusammen mit den Zwiebelwürfeln hellbraun geröstet und vor dem Anrichten mit der Petersilie an die fertige Suppe gegeben. Die Suppe kann auch undurchgestrichen zu Tisch gegeben werden, mit dem in Würfel oder Streifen geschnittenen Suppengemüse.

22. Erbsensuppe

200 g gelbe Erbsen, Salz,
1½–1¾ l Wasser und 20 g Butter oder Fett,
1–1¼ l Brühe von Rauch- 20 g Mehl,
fleisch, Schwarten, 30 g geräucherter Speck,
Suppengemüse, 1 Esslöffel Zwiebelwürfel.

Die verlesenen, gewaschenen Erbsen werden am Vorabend des Kochtages eingeweicht, am Kochtage entweder nur in dem Einweichwasser (1½–1¾ l) mit Salz und Suppengemüse oder in dem Einweichwasser (½–¾ l) unter Zusatz von Brühe in 2–2½ Stunden weichgekocht, dann durch ein Sieb gestrichen. Die Masse wird zum Auffüllen der hellen Mehlschwitze verwendet. Speck und Zwiebelwürfel werden auf die gleiche Weise wie in Nr. 21 behandelt. Schwarten oder 125 bis 250 g Rauchfleisch können in der Suppe mitgekocht und das Fleisch, in Würfel geschnitten, in die fertige Suppe gegeben werden. Geröstete Semmelbröckchen eignen sich als Beigabe.

23. Erbsensuppe mit Schweinsohren

2 ungepökelte oder gepökelte Schweinsohren,
200 g gelbe Erbsen,
1½–1¾ l Wasser,

Suppengemüse,
Salz,
20 g Butter oder Fett,
20 g Mehl.

Die gewaschenen Schweinsohren werden mit den vorbereiteten Erbsen zusammen weichgekocht. Zubereitung wie in Nr. 22. Die Schweinsohren werden in Streifen geschnitten als Einlage in die Suppe gegeben.

24. Weiße Bohnensuppe

200 g Bohnen,
1½–1¾ l Wasser und
½–⅜ l Schinkenbrühe,
Suppengemüse,

Salz,
40 g Butter oder Fett,
20 g Mehl.

Dieselbe Zubereitung wie in Nr. 22.

25. Linsensuppe

250 g Linsen,
1½–1¾ l Wasser oder
½–¾ L Wasser und
1–1 ¼ l Schinken- oder
Knochenbrühe,
Suppengemüse,
Salz,
40 g Butter oder Fett,
20 g Mehl.

Zubereitung wie in Nr. 22
Bohnen- und Linsensuppe können, mit Rindfleisch gekocht, und durchgestrichen auch ohne Mehlschwitze zu Tisch gegeben werden.

26. Rumfordsuppe

100 g weiße Bohnen oder gelbe Erbsen,
¾ l Wasser,
Suppengemüse,
Salz,
30–40 g Graupen,
40 g Butter oder Margarine,
20 g Mehl,
¾ l Wasser oder Brühe.

Die verlesenen, gewaschenen Hülsenfrüchte werden am Vorabend eingeweicht, am Kochtage in dem Einweichwasser mit Suppengemüse und Salz in 1½ bis 2 Stunden weichgekocht, durch ein Sieb gestrichen. Die abgequirlten Graupen werden in dem Fett gedünstet, das Mehl wird darüber gestäubt, die Flüssigkeit aufgefüllt, die Graupen in 1½ Stunden gargemacht. Graupen- und Hülsenfruchtsuppe werden gemischt, die Suppe nach Salz abgeschmeckt. Bei durchgestrichener Kartoffel- und Hülsenfruchtsuppe ist trotz ihres hohen Gehaltes an Stärke eine Mehlschwitze oder angerührtes Mehl notwendig, weil sich bei längerem Stehen der feste Bestandteil der durchgestrichenen Masse am Boden des Gefäßes absetzten würde.

27. Fischsuppe

500 g Fisch,
Seefisch (Schellfisch oder
Kabeljau) oder Flussfisch
(Hecht oder Zander),
1¼–1½ l kaltes Wasser,
1 Esslöffel Salz,
Suppengemüse,

40 g Butter oder Margarine,
40–50 g Mehl,
nach Belieben ⅛ l Milch oder
süße Sahne,
1 Esslöffel gewiegte Petersilie,
nach Belieben 1 Eigelb zum
Abziehen.

Der geschuppte, gewaschene, ausgenommene, wieder gewaschene Fisch wird mit kaltem Wasser, Suppengemüse und Salz zum Kochen angesetzt, einmal aufgekocht auf schwach heißer Stelle 10–15 Minuten ziehen gelassen, durchgegossen. Die Fischbrühe durchgegossen und Milch oder Sahne werden zum Auffüllen der hellen Mehlschwitze verwendet. Das von den Gräten gelöste, in Stücke zerteilte Fischfleisch wird als Einlage in die Suppe gegeben. Die Suppe kann auch aus Fischresten und auch aus vom Fischkochen zurückgebliebenem Fischwasser hergestellt werden.
Fischklöße eignen sich als Einlage (Nr. 75).

28. Gebundene Kalbssuppe

40 g Butter,
40–50 g Mehl,
1⅛ l Kalbsbrühe,
hergestellt aus
500 g Kalbsknochen oder
375 g Kalbshesse,

1 Eigelb mit 2 Esslöffel Wasser
verquirlt,
Salz,
nach Belieben 250 g Gemüse als
Einlage.

Die helle, mit der Kalbsbrühe aufgefüllte Mehlschwitze wird nach 10–15 Minuten Kochzeit mit dem Eigelb abgezogen, nach Salz abgeschmeckt.

29. Makkaronisuppe

75 g Makkaroni,
Salzwasser zum Weich-
kochen,
30 g geriebener Schweizer-
oder Parmesankäse,

40 g Butter oder Margarine,
30 g Mehl,
1¼ l Wasser oder Brühe,
1 Eigelb,
2 Esslöffel Wasser.

Die in das kochende Salzwasser geschütteten Makkaroni werden in 25–30 Minuten weichgekocht, in 2–3 cm lange Stücke geschnitten, mit dem geriebenen Käse vermischt. Sie werden als Einlage in die Helle, mit Brühe oder Wasser aufgefüllte, 10 Minuten gekochte, mit Eigelb abgezogene, nach Salz abgeschmeckte Mehlschwitze gegeben. Die Makkaroni können auch vor dem Kochen in 2–3 cm lange Stücke gebrochen werden.

30. Gehirnsuppe

1 Kalbsgehirn,
1⅛–1¼ l Wasser,
1 Teelöffel Salz,
Suppengemüse,

40 g Butter oder Margarine,
40–50 g Mehl,
1 Eigelb, mit 1–2 Esslöffel
Wasser verquirlt.

Das Gehirn wird solange gewässert, bis es blutfrei ist. Es wird in Wasser mit Salz und Suppengemüse in 15–20 Minuten weichgekocht, nach dem Abkühlen in Würfel geschnitten. Die helle, mit der Hirnbrühe aufgefüllte Mehlschwitze wird nach dem Kochen mit Eigelb abgezogen, nach Salz abgeschmeckt. Außer den Hirnwürfeln als Einlage können geröstete Semmelbröckchen als Beigabe gegeben werden.

31. Königinsuppe für 8 Personen

1 Suppenhuhn,
2½–3 l kochendes Wasser,
3 Teelöffel Salz,
Suppengemüse,
80 g Butter,
80 g Mehl,
5 süße Mandeln,
4 Eßlöffel süße Sahne,
2 Eigelb.

Nach Nr. 8 wird eine Hühnerbrühe bereitet, die zum Auffüllen der hellen Mehlschwitze verwendet wird. Die gebrühten, abgezogenen, geriebenen Mandeln müssen in der süßen Sahne 20–30 Minuten ziehen. Die dann durch ein Sieb abgegossene Sahne wird zum Verquirlen des zum Abziehen bestimmten Eigelbs verwendet. Das von den Knochen gelöste Brustfleisch, in feine Streifen geschnitten, wird als Einlage in die Suppe gegeben. Das helle Fleisch der oberen Keulenteile wird zwei- bis dreimal durch die Fleischmaschine gedreht, mit einem kleinen Teil der fertigen abgezogenen Suppe verrührt, zur übrigen Suppenmenge gegeben. Die Suppe darf nicht mehr kochen.

32. Krebssuppe

8–10 Suppenkrebse,
kochendes Salzwasser mit Petersilie oder Kümmel,
1¼ l Flüssigkeit = kräftige Rindfleischbrühe, gemischt mit Gemüse- und Pilzwasser,
60 g Butter,
40 g Mehl,
1–2 Eigelb mit 2–4 Eßlöffel Sahne verquirlt,
250 g Spargel oder
1 kleine Rose Blumenkohl,
125 g frische oder
15 g getrocknete Morcheln.

Die lebenden Krebse werden in Wasser gebürstet, nacheinander in stark kochendes Salzwasser mit Petersilie oder Kümmel gegeben, einmal aufgekocht, 10–15 Minuten ziehen gelassen, abgegossen nach dem Abkühlen werden sie zerteilt. Das Fleisch der Schwänze, bei denen auf die Entfernung des Darmes zu achten ist, und das der größeren Scheren wird als Einlage in die Suppe verwendet. Es ist kurz vor dem Gebrauch mit kochendem Wasser zu überbrühen.

Das Fleisch der kleinen Scheren und die übrigen kleinen Fleischteile werden zur Füllung von 4–6 Krebsnasen gebraucht. 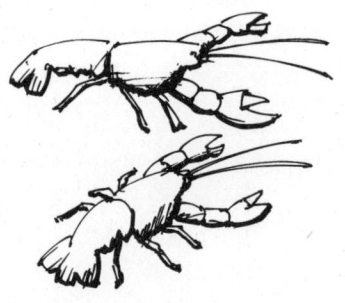 Alle Schalen und die weißen Unterbäuche, aus denen die Galle zu entfernen ist, werden entweder getrocknet und dann in einem eisernen oder Steinmörser (nicht Messingmörser) sehr fein zerstoßen oder ungetrocknet auf einem Holzbrett mit dem Wiegemesser feingewiegt. Die fein zerkleinerte Masse wird in der Butter auf schwach heißer Stelle unter öfterem Umrühren ½ Stunde gedünstet. Die Butter darf sich nicht bräunen, das Mehl wird dazugeschüttet, gut durchgerührt. Die Flüssigkeit wird aufgefüllt und das Ganze ½ Stunde gekocht. Die Masse wird durch ein feines Haarsieb gegossen, nach dem Erhitzen mit Eigelb abgezogen, nach Salz abgeschmeckt.

Als Einlage: Überbrühte Krebsschwänze und -scheren, gefüllte Krebsnasen. Spargelstücke oder Blumenkohlröschen, grobgewiegte, gedünstete, frische oder getrocknete Morcheln. (Behandlung derselben siehe Nr. 101). Zur Füllung für die Krebsnasen sind außer den kleinen, feingewiegten Fleischteilen zu verwenden:

¼ geschälte, geweichte, gut ausgepresste Semmel,
½ Eigelb (der Rest kann zum Abziehen verbraucht werden),

20 g Butter,
etwas gewiegte Petersilie,
Salz nach Geschmack,
kochendes Salzwasser.

Semmel, Eigelb und Butter werden auf dem Herd zu einem nicht zu festen Rührei abgerührt. Krebsfleisch, Petersilie, Salz werden dazugegeben, die Masse in die beschnittenen Krebsnasen eingefüllt (nur ¾ voll), diese einmal aufgekocht. 3–5 Minuten ziehen gelassen.

33. Wurzelsuppe

1 Mohrrübe,
1 Petersilienwurzel,
1 Stück Sellerie,
1 Stück Porree,
50 g Palmin oder Rinderfett,
50–60 g Mehl,
1¼ l Wasser oder Brühe,
Salz

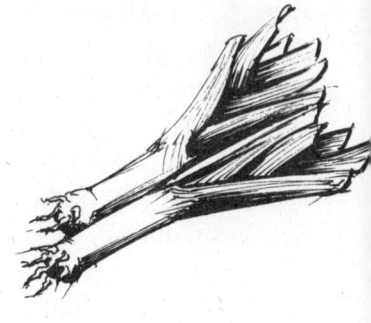

Das geputzte, gewaschene Gemüse wird in Würfel geschnitten. Aus Fett und Mehl wird eine mittelbraune Mehlschwitze hergestellt, in der das Gemüse leicht angebräunt wird. Die Masse wird mit 1¼ l Wasser (mit wenig Maggi) oder Brühe aufgefüllt, 25–30 Minuten gekocht, nach Salz abgeschmeckt.

34. Windsorsuppe

250 g Kalbfleisch,
250 g Rindfleisch,
125 g mageres Schweine-
fleisch,
Suppengemüse,
1 kleine Zwiebel,
40–50 g Palmin,
1½–1¾ l Wasser,

1 Teelöffel Salz,
40 g Butter,
40 g Mehl,
1–2 Esslöffel Madeira oder
Rotwein,
1 Prise Paprika,
50 g Makkaroni.

Das in Würfel geschnittene Fleisch und Suppengemüse werden in dem Palmin angebräunt. Die würfelig geschnittene Zwiebel wird später dazugegeben da sie verbrennen würde. Mit Wasser und Salz werden die angebräunten Zutaten im gut verschlossenen Topf (Dampftopf) 2–2½ Stunden gekocht. Die durchgegossene braune Brühe wird entfettet und zum Auffüllen der mittelbraunen Mehlschwitze verwendet.

Nach 20–30 Minuten Kochzeit wird die Suppe nach Salz und Madeira abgeschmeckt. Die in kurze Stücke gebrochenen, in kochendem Salzwasser in 20–30 Minuten gargemachten Makkaroni werden als Einlage in die Suppe gegeben. Restverwendung des Fleisches zu Ragout.

35. Braune Geschlingesuppe

500 g Kalbsgeschlinge,
1½–2 l kochendes Wasser,
1 Esslöffel Salz,
Suppengemüse,
50 g Butter oder Fett,
50–60 g Mehl,
nach Belieben Essig,
Zucker nach Geschmack.

Die aus dem Geschlinge hergestellte Brühe (siehe Nr. 11) wird zum Auffüllen der mittelbraunen Mehlschwitze verwendet, die säuerlich abgeschmeckt werden kann. Das in Würfel geschnittene Fleisch bildet die Einlage. Um die Suppe sättigender zu machen, können 375–500 g in Würfel oder Scheiben geschnittene Kartoffeln in ihr gargemacht werden.

36. Nierensuppe mit Reis für 6–8 Personen

1 Rinderniere oder
2–3 Schweinenieren,
40–50 g Butter oder Margarine,
1 Esslöffel Zwiebelwürfel,
1 Esslöffel Mehl,
2 l kochendes Wasser,
1 Esslöffel Salz,
60 g Reis,
500 g rohe Kartoffeln,
Suppengemüse

Die gewaschene in Würfel geschnittene Rinderniere wird in Fett gebräunt, die Zwiebelwürfel werden dazugegeben, das Mehl darüber gestäubt und hellgebräunt. Das kochende Wasser wird aufgefüllt. Der abgequirlte Reis, die in Würfel geschnittenen Kartoffeln, das würflig geschnittene Suppengemüse und Salz werden dazugegeben und das Ganze auf schwach heißem Feuer in 1–1½ Stunden gargemacht. Die Schweinenieren werden auf die gleiche Weise verwendet.

37. Wildsuppe

Wildknochen,	40 g Butter,
Wildbratenreste,	Rinder- oder Mischfett,
1½ l Wasser,	50 g Mehl,
1 Teelöffel Salz,	2–3 Esslöffel Rotwein und
Soßenreste von	Madeira,
Wildbraten,	1 Prise Zucker.

Aus Knochen, die angebraten werden können, Fleischresten, Wasser und Salz wird eine Brühe hergestellt, die zum Auffüllen der braunen Mehlschwitze verbraucht wird. Die Suppe wird mit 2–3 Esslöffel Rotwein 25 bis 30 Minuten gekocht, nach Madeira, Rotwein und Salz abgeschmeckt, nachdem die Wildbratensoße dazugegossen worden ist. Wildfleischreste, in Streifen geschnitten, bilden die Einlage. Auch geröstete Semmelbröckchen eigenen sich als Beigabe.

38. Ochsenschwanzsuppe

500–750 g Ochsenschwanz,	1½–1¾ l Wasser,
250 g Rinderhesse,	Salz (1 Esslöffel),
2 Scheiben rohen	40 g Butter,
Schinken,	40 g Mehl,
Suppengemüse,	2–3 Esslöffel Rotwein,
1 kleine Zwiebel,	2–3 Esslöffel Madeira,
40 g Palmin zum Anbraten,	1 Prise Zucker.

Der in Stücke geschlagene Ochsenschwanz wird gründlich gewaschen (Bürste) und vorgekocht (mit kaltem Wasser bedeckt angesetzt, einmal aufgekocht, abgegossen). Nach dem Abtropfen wird er mit der in Würfel geschnittenen Rinderhesse, dem würflig geschnittenen Schinken in dem dampfenden Palmin angebräunt. Das in Streifen geschnittene Suppengemüse wird dann zum Bräunen hinzugegeben und als letzte Zutat die ebenfalls in Streifen geschnittene Zwiebel. Fängt sie an, sich zu bräunen, werden Wasser und Salz dazugegeben und alle Zutaten 2–2½ Stunden gekocht. Die durchgegossene, entfettete, braune Brühe wird zum Auffüllen der mittelbraunen Mehlschwitze verwendet, die mit 1–2 Eßlöffeln Rotwein 25–30 Minuten gekocht wird. Die Suppe wird nach Wein, Salz und Zucker abgeschmeckt. Die Ochsenschwanzstücke oder das von ihnen gelöste, in Streifen geschnittene Fleisch bilden die Einlage, außerdem Eierstich von 1–2 Eiern (Nr. 86).

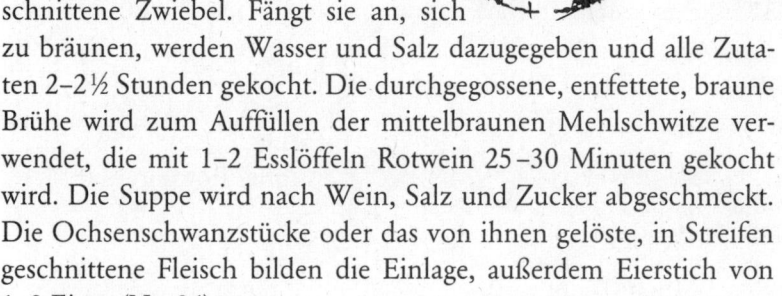

Die Suppe kann auch als *klare Ochsenschwanzsuppe* fertiggemacht werden.

An Stelle der mittelbraunen Mehlschwitze werden 30 g Tapioka in der hellbraunen Brühe, die kalt zum Ansetzen der Tapioka zu verwenden ist, in 20–30 Minuten ausgequollen. Es empfiehlt sich, die Brühe am Tage vorher zu kochen.

39. Falsche Schildkrötensuppe
(Mockturtle- oder Kalbskopfsuppe)

250 g Rinderhesse,
3 Scheiben roher Schinken,
Suppengemüse,
1 kleine Zwiebel,
¼ Kalbskopf oder
1 Kalbsfuß,
40 g Palmin,

1½–1¼ l Wasser,
1 Eßlöffel Salz,
40 g Butter,
40 g Mehl,
2–3 Eßlöffel Madeira,
nach Belieben 1 hartgekochtes Ei,
1 Prise Zucker.

Rinderhesse, Schinken in Würfel, Suppengemüse, Zwiebel in Streifen geschnitten, werden auf dieselbe Weise wie in Nr. 38 in Palmin angebräunt. Das sehr gut gewaschene Kalbskopfviertel oder der Kalbsfuß wird dazugegeben, ebenso Wasser und Salz und alle Zutaten zusammen 2–2½ Stunden langsam gekocht (Dampftopf). Die weiche Haut des Kalbskopfes oder -fußes wird abgelöst und zwischen zwei Brettern gepresst, nach dem Erkalten in Streifen geschnitten, mit 2–3 Esslöffel Madeira zum Durchziehen übergossen. Die durchgegossene, entfettete Brühe wird zum Auffüllen der mittelbraunen Mehlschwitze verwendet, die nach 25–30 Minuten Kochzeit nach Madeira, Salz und Zucker abgeschmeckt wird. Außer den Hautstreifen kann ein hartgekochtes, in Viertel oder Scheiben geschnittenes Ei als Einlage verwendet werden. Restverwendung des Fleisches, auch bei Nr. 38, zu Ragout.

40. Mehlsuppe

1 l Milch (¾ und ¼ l)
oder halb Milch,
halb Wasser,
40 g Mehl,
1 Teelöffel Salz,

20–30 g Butter,
nach Belieben 1 Eigelb mit
2 Esslöffel Wasser verquirlt,
nach Belieben 1 Stück Zimt oder
Zitronenschale.

¾ l Flüssigkeit werden mit Salz zum Kochen gebracht, durch das in ¼ l kalter Milch angerührte Weizenmehl bündig gemacht. Nach 5–10 Minuten Kochzeit wird die Butter dazugegeben und die Suppe mit einem Eigelb abgezogen.

41. Grießsuppe

¾ l Wasser,
1 Teelöffel Salz,
60 g = 6 gestrichene
Esslöffel Grieß in
¼ l Milch angerührt,

20 g Butter,
nach Belieben 1 Eigelb mit
2 Esslöffel Wasser verquirlt.

Wasser und Salz werden zum Kochen gebracht. Der in kalter Milch angerührte Grieß wird dazugegeben und in 20–30 Minuten (je nach der Stärke des Grießes) ausgequollen. Die Butter wird dazugegeben, die Suppe nach Belieben mit einem Eigelb abgezogen.

42. Wassergrießsuppe

Suppengemüse,
40 g Butter oder Margarine,
1 l Wasser,
1 Teelöffel Salz,
60 g = 6 gestrichene Esslöffel
Grieß in ¼ l Wasser angerührt.

Das gewaschne, geputzte Suppengemüse wird in feine Streifen geschnitten, mit dem Grieß in Fett gedünstet oder geröstet. Wasser und Salz werden dazugegeben, und die Suppe wird 20–30 Minuten (je nach der Stärke des Grießes) gekocht.

43. Haferflockensuppe

75 g Haferflocken,
1¼ l kaltes Wasser,
1 Teelöffel Salz,
20–30 g Butter,
nach Belieben 1 Eigelb.

Die Flocken werden mit Wasser und Salz angesetzt, in ½ Stunde weichgekocht, durch ein Haarsieb oder einen Durchschlag gestrichen, nach Belieben mit 1 Eigelb abgezogen, durch Hinzugabe von Butter schmack- und nahrhafter gemacht. Die Suppe kann auch undurchgestrichen gereicht werden.

44. Hafermehlsuppe

1 l Wasser oder Brühe,
1 Teelöffel Salz,
50 g Hafermehl =
5 gestrich. Esslöffel
in ⅛ l Wasser oder Milch angerührt,
20–30 g Butter,
nach Belieben 1 Eigelb zum Abziehen.

Das angerührte Hafermehl wird in das kochende Salzwasser gegeben, 10–15 Minuten gekocht, die Butter wird dazugegeben, die Suppe nach Belieben mit 1 Eigelb abgezogen.

Zur Haferflocken- und Hafermehlsuppe können geröstete Semmelbröckchen gegeben werden.

Beide Suppen können auch süß abgeschmeckt werden. Es werden dafür gebraucht:

1 Stück Zitronenschale zum Mitkochen,	40 g Korinthen, 25 g Mandeln,
30–40 g Zucker,	⅛ l Milch.

Die gewaschenen Korinthen werden in der Suppe ausgequollen, die gebrühten, abgezogenen Mandeln werden in Stifte geschnitten.

45. Haferflockensuppe mit Äpfeln

75 g Haferflocken,	¼ l Schalenwasser,
¾ l Wasser,	40 g Zucker,
1 Prise Salz,	30 g Butter,
1 Stückchen Zitronenschale,	Zitronensaft, Salz, Zucker nach Geschmack.
250 g Äpfel,	

Die Flocken werden mit Wasser, Salz, Zitronenschale in ½–¾ Stunden ausgequollen, durchgestrichen. Die gewaschenen, geschälten in Achtel geschnittenen Äpfel werden in dem abgegossenen Schalenwasser mit Zucker zu Kompott gekocht. Suppe und Kompott werden gemischt. Die Butter wird hinzugegeben, die Suppe nach Zitronensaft, Salz und Zucker abgeschmeckt.

46. Sago- oder Reissuppe mit Milch

1⅛–1¼ l Milch oder
halb Milch, halb Wasser,
½ Teelöffel Salz,
1 Stückchen Zimt,

1 Stückchen Zitronenschale,
40 g Kartoffelsago, oder
40–50 g Reis,
1–2 Esslöffel Zucker,
nach Belieben 1 Eigelb.

Die Milch wird mit den Gewürzen aufgekocht, der Sago hineingeschüttet, unter öfterem Umrühren in 20 bis 30 Minuten glasig ausgequollen. Die Suppe wird nach Salz und Zucker abgeschmeckt, nach Belieben mit einem Eigelb abgezogen.
Bei Verwendung von Wasser und Milch ist der Sago oder Reis in dem Wasser auszuquellen und dann die Milch hinzuzugeben.

47. Schokoladensuppe

1 l Milch oder halb Milch,
halb Wasser,
50–75 g Schokolade und
1 Esslöffel Kakao
oder 40–50 g Kakao,
1 Prise Salz,

20 g Stärkemehl (Kartoffelmehl,
Mondamin oder Gustin),
in ⅛ l Wasser anger.,
Zucker n. Geschmack (2–3 Essl.),
nach Belieben 1 Eigelb.

Die Flüssigkeit mit zerkleinerter Schokolade, Kakao und Salz wird aufgekocht und durch das angerührte Stärkemehl bündig gemacht. (Bei Verwendung von Kartoffelmehl braucht die Suppe nur aufzukochen, bei Mondamin oder Gustin muss sie 5–8 Minuten kochen.) Die nach Zucker abgeschmeckte Suppe kann mit 1 Eigelb abgezogen werden.
    Das übrigbleibende Eiweiß kann zu Schneeklößchen für die Suppe verbraucht erden. Dazu wird der steifgeschlagene Schnee mit 1 Teelöffel Zucker und 1 Teelöffel Vanillezucker vermischt. Die Masse wird mit einem Teelöffel auf kochendes Wasser gegeben und die Klößchen gargebrüht. Der steifgeschlagene Schnee kann auch auf die heiße Suppe in der Terrine gegeben werden Im Sommer kann die Suppe auch kalt gereicht werden.

48. Falsche Schokoladensuppe

50 g = 3 gestrichene
Esslöffel Mehl,
1 Stückchen Vanille
(2–3 cm),
1 Stückchen Zimt n. Bel.,
1 Esslöffel Kakao,

⅛ l Wasser (kalt),
1 l Milch,
1 Prise Salz,
1–2 Esslöffel Zucker,
nach Belieben 1 Eigelb.

Das Mehl wird auf einer eisernen Pfanne unter beständigem Umrühren hellbraun geröstet, in Wasser glatt angerührt. Die Milch wird mit den geschmackgebenden Zutaten aufgekocht, durch das angerührte Mehl gedickt. Nach 5–10 Minuten Kochzeit wird die Suppe nach Zucker abgeschmeckt, nach Belieben mit 1 Eigelb abgezogen.
Das Eiweiß kann zu Schneeklößchen wie in Nr. 47 verbraucht werden.

49. Semmelsuppe

80 g alte Semmeln,
1 l Wasser,
1 Teelöffel Salz,

20–30 g Butter oder Margarine,
⅛ l Milch.

Die in dem Wasser eingeweichte Semmel wird mit dem Salz weichgekocht, durch ein Sieb gestrichen. Die Masse wird mit Fett und Milch aufgekocht.

50. Brotsuppe

125 g altes Brot,
1¼ l Wasser,
1 Teelöffel Salz,
nach Belieben etwas Kümmel,
20–30 g Butter oder Margarine,
nach Belieben 1 Eigelb.

Zubereitung wie in Nr. 49. Die Suppe kann mit 1 Eigelb abgezogen werden.

51. Apfelbrotsuppe

125 g altes Brot,	1 Prise Salz,
1¼ l Wasser,	4–5 Esslöffel Zucker,
250–375 g frische Äpfel,	wenn nötig Zitronensaft,
oder 60 g getrocknete Ringäpfel,	nach Belieben 40 g Korinthen.

Das in dem Wasser eingeweichte Brot wird mit den gewaschenen, von Stiel und Blüte befreiten, zerschnittenen frischen Äpfeln oder mit den gewaschenen in ¼ l Wasser eingeweichten Ringäpfeln und dem Salz weichgekocht, durch ein Sieb gestrichen. Die Suppe wird nach Salz, Zucker und Zitronensaft abgeschmeckt.
Die frischen Äpfel können auch zu Kompott gekocht als Einlage in die Suppe gegeben werden. (Schalen mit dem Brot mitkochen.)

52. Braunbiersuppe

⅜ l Wasser,	30–40 g Weizenmehl in
1 Stückchen Zimt,	⅛–¼ l Milch angerührt,
1 Stückchen Zitronenschale,	½ l Braunbier,
1 Prise Salz,	1 Esslöffel Zucker, nach Belieben
20–30 g Butter oder Margarine,	1 Eigelb.

Das Wasser wird mit den Gewürzen und dem Fett aufgekocht und durch das in der Milch angerührte Mehl gedickt. Nach 10 Minuten Kochzeit kann die Suppe mit 1 Eigelb abgezogen werden. Das Braunbier wird dazugegossen und die Suppe nur erhitzt, nicht mehr gekocht, und nach Zucker abgeschmeckt.
Die Suppe ist als Getränk unter dem Namen *Warmbier* bekannt. Dafür kann die Mehlmenge um 10–20 g gekürzt werden. Anstelle des Weizenmehles können auch 40–50 g Mondamin oder Gustin verwendet werden.

53. Weißbiersuppe

⅜ l Wasser,
1 Stückchen Zitronen-
schale,
40 g Kartoffelsago,
nach Belieben 1 Eigelb,

½ l Weißbier,
4–5 Esslöffel Zucker,
1 Prise Salz,
Zitronensaft.

Wasser und Zitronenschale werden aufgekocht, der Kartoffelsago hineingeschüttet, in 20–30 Minuten ausgequollen. Die mit dem Eigelb abgezogene Masse wird mit dem Bier nur erhitzt, nicht gekocht, und nach Zucker, wenn nötig Zitronensaft, abgeschmeckt.
An Stelle von Kartoffelsago können 20–25 g in ⅛ l Wasser angerührtes Stärkemehl verwendet werden.

54. Weißweinsuppe mit Eiern

4 ganze Eier,
100 g Zucker,
Saft von 1–2 Zitronen,
1 Teelöffel Kartoffelmehl,

½ l Mosel- oder Apfelwein,
½ l Wasser,
1 Prise Salz.

Die ganzen Eier werden mit dem Zucker im gut emaillierten oder irdenen Topf in 10–15 Minuten schaumig geschlagen. Zitronensaft, Kartoffelmehl, Wein und Wasser werden dazugegeben, und die Masse wird auf dem Herd oder im kochendheißen Wasserbade gequirlt, bis sie schaumig und dick geworden ist. Die Suppe muss sofort aufgetragen werden. Als Beigabe eignet sich jede Art von kleinem Gebäck, wie Suppenmakronen, Biskuit, kleine Sandkuchen u. a. m. An Stelle der 4 ganzen Eier können auch 2 ganze Eier und 2 Eigelb verbraucht werden.

55. Weinsuppe, abgezogen oder ohne Eier

¾ l Wasser,
1 Stückchen Zitronenschale,
20–25 g Stärkemehl
(Kartoffelmehl, Mondamin oder Gustin),

nach Belieben 1 Eigelb,
⅜ l Wein (Apfel- oder Mosel-),
6–8 gestr. Esslöffel Zucker,
1 Prise Salz,
nach Belieben Zitronensaft.

Das mit der Zitronenschale aufgekochte Wasser wird durch das angerührte Stärkemehl gedickt (Kartoffelmehl aufgekocht, Mondamin, Gustin 5–8 Minuten), nach Belieben mit 1 Eigelb abgezogen. Die Masse wird mit dem dazugegossenen Wein nur erhitzt, nicht gekocht, und nach Zucker abgeschmeckt. Als Beigabe kleines Gebäck.

56. Weinsuppe mit Sago

¾ l Wasser,
1 Stückchen Zitronenschale,
40 g Kartoffelsago,
⅜ l Wein (Mosel- oder Apfel-), oder Rotwein,
6–8 gestrichene Esslöffel Zucker,
wenn nötig Zitronensaft, 1 Prise Salz.

Zubereitung wie bei Nr. 53.
Der Sago wird in das mit den Gewürzen kochende Wasser gegeben und in 20–30 Minuten ausgequollen.

57. Weinsuppe mit Reis

50 g Reis,
¾–1 l Wasser,
1 Prise Salz,
1 Stück Zitronenschale,

⅜ l Mosel- oder Apfelwein,
6–8 gestrichene Esslöffel Zucker,
wenn nötig Zitronensaft,
nach Belieben 40 g Sultaninen.

Der abgequirlte Reis wird in dem Wasser mit Salz und Zitronenschale in ½–¾ Stunden ausgequollen, mit dem dazugegossenen Wein nur erhitzt, nicht gekocht, und die Suppe nach Zucker, wenn nötig Zitronensaft, abgeschmeckt; die gereinigten Sultaninen werden dazugegeben. Für alle Weinsuppen sind irdene oder gut emaillierte Kochtöpfe zu benutzen. (Die Suppe kann auch kalt gereicht werden.)

58. Allgemeines über Obstsuppen

Zu einer Obstsuppe werden gebraucht:
250–375 g Beerenobst (Heidelbeeren, Stachelbeeren, Fliederbeeren usw.),
375 g Steinobst (Kirchen, Pflaumen usw.),
375–500 g Kernobst (Äpfel, Birnen usw.).
Bei Verwendung von Backobst 100–125 g.
Bei frischem Obst ½–¾ l Wasser, abhängig vom Wassergehalt des Obstes.
Bei getrocknetem Obst 1 l Wasser zum Einweichen. Als geschmackgebende Zutaten: Zimt, Zitronenschale in geringen Mengen.

Als Bindemittel: Kartoffelmehl, Gustin oder Mondamin. Seine Menge richtet sich nach der Verwendung des Obstes. Wird die ganze Menge des Obstes durch ein Sieb (Durchschlag- oder Haarsieb) gestrichen, werden 15 g Stärkemehl gerechnet (Beispiel: Apfelsuppe). Wird nur die Hälfte des Obstes durchgestrichen und die Hälfte als Einlage zurückgelassen, werden 20 g Stärkemehl gerechnet (Beispiel: Kirchsuppe). Wird die ganze Obstmenge als Einlage verwendet, werden 25 g Stärkemehl gerechnet (Beispiel: Pflaumensuppe, gemischte Backobstsuppe). Das Stärkemehl ist zu jeder der Suppen in ⅛ l kaltem Wasser anzurühren. An Zucker werden 80–100 g gebraucht (8–10 gestrichene Esslöffel).

Bei wenig säuerlichem Obst ist Zitronensaft nach Geschmack zu verbrauchen.

Zu allen Obstsuppen eignen sich Einlagen, wie Grießwürfel Nr. 87, Grießklöße Nr. 77, Flammeri oder als Beigabe kleines Gebäck, wie Makronen, Biskuits, Kekse usw.

Jede Obstsuppe kann warm oder kalt zu Tisch gegeben werden.

59. Apfelsuppe (als Beispiel)

375–500 g Äpfel,
¾ l Wasser,
1 Stück Zitronenschale,

15 g Stärkemehl in
⅛ l Wasser angerührt,
8–10 gestrichene Eßlöffel Zucker.

Die gewaschenen, von Stiel und Blüte befreiten, in Stücke geschnittenen Äpfel werden in Wasser mit Zitronenschale weich gekocht, durch ein Sieb gestrichen, nach dem Aufkochen durch das angerührte Stärkemehl bündig gemacht, nach Zucker abgeschmeckt.

60. Kirschsuppe (als Beispiel)

375 g Kirschen (saure),
¾ l Wasser,
1 Stückchen Zitronenschale,

20 g Stärkemehl in ⅛ l Wasser angerührt,
8–10 gestrichene Eßlöffel Zucker.

Von den gewaschenen, entsteinten, in Wasser mit Zitronenschale weich gekochten Kirschen wird die Hälfte durch ein Sieb gestrichen, die Hälfte als Einlage zurückgelassen. Weitere Zubereitung wie in Nr. 59.

61. Pflaumensuppe (als Beispiel)

375 g Pflaumen,
¾ l Wasser,
1 Stückchen Zimt,
1 Stückchen Zitronenschale,

25 g Stärkemehl in ⅛ l Wasser angerührt,
8–10 gestrichene Eßlöffel Zucker.

Die gewaschenen, entsteinten, in Viertel geschnittenen Pflaumen werden mit den Gewürzen im Wasser weich gekocht und bleiben als Einlage in der durch Stärkemehl gebundenen, nach Zucker abgeschmeckten Suppe.

62. Hagebuttensuppe

80 g getrocknete Hagebutten,
1¼ l Wasser zum Einweichen,
1 Stückchen Zitronenschale,

25 g Stärkemehl in ⅛ l Wasser angerührt,
6–8 Esslöffel Zucker,
wenn nötig Zitronensaft,
Apfel- oder Weißwein.

Die gewaschenen Hagebutten werden am Abend vor dem Kochtage eingeweicht, mit dem Einweichwasser am Kochtage gargemacht.
Fertigstellung der Suppe wie in Nr. 59.

63. Kürbissuppe

625–750 g Kürbis,
1 Stückchen Zimt,
1 Stückchen Zitronenschale,
2 Nelken,
1⅛ l Wasser,
30 g Weizenmehl oder

10–20 g Stärkemehl in ⅛ l Milch angerührt,
4–5 Esslöffel Zucker,
1 Prise Salz,
nach Belieben Zitronensaft und
2 Esslöffel Korinthen.

Der geschälte, von den Kernen befreite Kürbis wird in Stücke geschnitten, mit den Gewürzen in Wasser weichgekocht, durch ein Sieb gestrichen, durch das angerührte Mehl bündig gemacht. Nach 5–10 Minuten Kochzeit wird die Suppe nach Zucker, Salz, Zitronensaft abgeschmeckt. Die gewaschenen Korinthen werden in der heißen Suppe ausgequollen.
An Stelle des Mehles können auch 40 g Reis verwendet werden. Der abgequirlte Reis wird in der durchgestrichenen Kürbismasse in ½–¾ Stunde ausgequollen, ehe die Milch dazugegossen wird.

64. Birnensuppe

bildet im Vergleich zu den übrigen Obstsuppen eine Ausnahme, das sie durch eine Mehlschwitze bündig gemacht wird.

375–500 g Birnen,
1¼ l Schalenwasser,
4 gestrich. Essl. Zucker,
1 Prise Salz,
40 g Butter oder Margarine,

40 g Mehl,
nach Belieben ⅛ l süße Sahne oder Milch,
wenn nötig Zitronensaft.

Die gewaschenen Birnen werden geschält, nach ihrer Größe in Achtel oder Viertel geteilt, das Kerngehäuse wird entfernt. Schalen und Kerngehäuse werden in 1½ l Wasser ausgekocht, das Wasser abgegossen. In diesem Schalenwasser werden die Birnenstücke mit Zucker und Salz weichgekocht. (Nach der Art der Birnen in ½ bis 1 Stunde.) Die helle Mehlschwitze wird mit der süßen Sahne oder Milch und der Birnenflüssigkeit aufgefüllt und nach 10–15 Minuten Kochzeit nach Zucker und Zitronensaft abgeschmeckt.

Außer den Birnenstücken eigenen sich Semmelklöße Nr. 74 zur Einlage.

65. Milchkaltschale

1 l Milch,
1 Stückchen Vanille (3–4 cm),
20 g Stärkemehl in

⅛ l Milch angerührt,
1–2 Eigelb zum Abziehen,
4–5 Esslöffel Zucker,
1 Prise Salz.

Die mit der Vanille aufgekochte Milch wird durch das angerührte Stärkemehl gedickt (Kartoffelmehl nur aufgekocht, Mondamin, Gustin 5–8 Minuten gekocht). Die Suppe wird mit Eigelb abgezogen, nach Zucker und Salz abgeschmeckt und kaltgestellt.

Das Eiweiß kann zu Schneeklößchen verbraucht werden (s. Nr. 47).

66. Bierkaltschale

3 Eßlöffel geriebenes
Schwarzbrot oder
Zwieback,
2–3 Eßlöffel Zucker,
2–3 Eßlöffel Korinthen,

⅛ l Wasser,
Saft von ½ Zitrone,
4 Zitronenscheiben,
1 l Braunbier oder Weißbier.

Die gewaschenen Korinthen werden an der Herdseite in ⅛ l Wasser ausgequollen. Alle Zutaten werden vermischt, mit dem Bier übergossen, bis zum Gebrauch kaltgestellt.

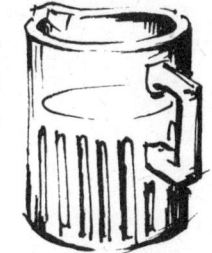

67. Erdbeerkaltschale mit Wein

375–500 g
Erdbeeren, Garten- oder
Walderdbeeren,
100 g Zucker,
1 Eßlöffel Zitronensaft

oder 1 Päckchen Vanillezucker,
½ l Mosel- oder Apfelwein, oder
Apfel- oder Traubensaft,
½ l Wasser.

Die Gartenerdbeeren werden gewaschen, von Stiel und Kelchblatt befreit, auf die Hälfte oder in Viertel geteilt, mit dem Zucker bestreut, ½ Stunde ziehen gelassen. Dann werden Zitronensaft oder Vanillezucker, Wein und Wasser dazugegeben und die Masse bis zum Gebrauch kaltgestellt.

Die Walderdbeeren werden verlesen und schnell gewaschen, weitere Behandlung wie bei den Gartenerdbeeren.

Einlagen für Suppen

68. Nudeln

125 g Mehl,
1 Teelöffel Salz,
2–3 Esslöffel Wasser,
1 Ei.

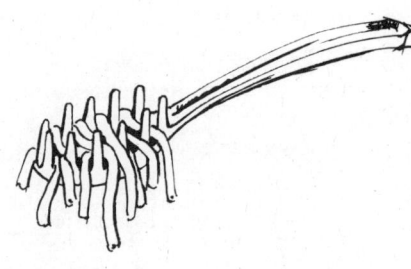

Das mit dem Wasser verquirlte Eis wird in das mit dem Salz vermischte Mehl von der Mitte aus eingerührt. Der Teig wird, wenn nötig unter Hinzunahme von Mehl geknetet, bis er glatt und geschmeidig ist. Er wird so dünn wie möglich ausgerollt und nach dem Übertrocknen in ungefähr 5 cm breite Streifen geschnitten. Diese werden übereinandergelegt, entweder als Fadennudeln in ganz feine, oder als Bandnudeln in 1 cm breite Streifen geschnitten. Größere Nudelmengen, für den Vorrat hergestellt, müssen dünn auf ein Tuch gestreut, an der Luft übertrocknen, ehe sie in Leinwandbeuten hängend aufbewahrt werden.

Nudeln und alle anderen Teigwaren werden zum Garmachen immer in eine reichliche Menge kochende Flüssigkeit geschüttet. Sie werden in 20–30 Minuten gargemacht.

69. Fleckchen

Ein nach Nr. 68 bereiteter Nudelteig wird etwas dicker ausgerollt und in viereckige Fleckchen geschnitten.

70. Eiergraupe

In einen nach Nr. 68 hergestellten Nudelteig wird so viel Mehl eingeknetet, dass er sich auf dem Reibeisen reiben lässt. Die Gräupchen sind vor dem Kochen zu übertrocknen.

71. Gefüllte Nudeln

Von einem nach Nr. 68 hergestellten, dünn ausgerollten Nudelteig werden quadratische Fleckchen mit ungefähr 5 cm Seitenlänge ge-

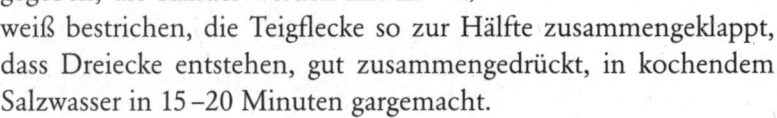

schnitten, eine der nachstehenden Füllungen wird mit genügender Entfernung von den Rändern hineingegeben, die Ränder werden mit Eiweiß bestrichen, die Teigflecke so zur Hälfte zusammengeklappt, dass Dreiecke entstehen, gut zusammengedrückt, in kochendem Salzwasser in 15–20 Minuten gargemacht.

a) Fleischfüllung

Fleischreste, 1 Teelöffel Zwiebelwürfel,
30–40 g geräucherter Speck, Salz nach Geschmack.

In dem in feine Würfel geschnittenen, ausgelassenen Speck werden die Zwiebelwürfel gedünstet, die feingewiegten Fleischreste werden dazugegeben, die Masse wird nach Salz abgeschmeckt.

b) Käsefüllung

250 g Weißkäse (Quark), 2 Esslöffel Zucker,
1 Eigelb, 1 Esslöffel Korinthen.

Der durch ein Sieb gestrichene Weißkäse wird mit den Zutaten vermischt.

c) Mus- oder Marmeladenfüllung

250 g gesüßtes, steifes Pflaumenmus oder feste Marmelade.

d) Spinatfüllung

500 g Spinat, 1 Teelöffel Zwiebelwürfel,
30 g Butter oder Margarine, Salz nach Geschmack.

Der verlesene, sorgfältig gewaschene Spinat wird auf mäßig heißer Stelle erhitzt, bis die Blätter zusammenfallen und weich werden. Das Fett wird zerlassen, die Zwiebelwürfel werden darin gedünstet, der feingewiegte Spinat dazugegeben, nach Salz abgeschmeckt.

Nudeln mit Fleischfüllung eignen sich zur Einlage in Brühe, mit Käse, Mus oder Spinat als Fastenspeise; sie sind nach dem Garmachen mit 40 g gebräunter Butter zu übergießen.

72. Schwemmklößchen

⅛ l Milch oder Wasser,	65 g = 6 gestrichene Eßlöffel
1 Prise Salz,	Weizenmehl,
1 Teelöffel Butter oder	1 Ei, gut verquirlt, oder 1 Ei und
Margarine,	1 Eigelb,
	kochende Brühe oder Salzwasser.

Flüssigkeit, Salz und Fett werden zum Kochen gebracht. In die kochendheiße Flüssigkeit wird das Mehl trocken hineingeschüttet und unter beständigem Rühren zu einem festen, glatten Kloß abgebrannt. Von einem gut verquirlten Ei wird die Hälfte mit der heißen, die Hälfte mit der abgekühlten Masse gut verrührt. Mit einem in kochendem Wasser erhitzten Teelöffel werden Klößchen in kochende Brühe oder kochendes Salzwasser abgestochen, die nach einmaligem Aufkochen an der Seite des Herdes in 5–10 Minuten garziehen müssen.

73. Schwemmklöße auf andere Art

2 Eier,	½ Teelöffel Salz,
gleiche Milchmenge,	1 Eßlöffel Butter oder
gleiche Mehlmenge,	Margarine.

Zwei im Litermaß verquirlte Eier, die gleiche Milch- und gleiche Mehlmenge werden mit dem Salz zu einem glatten, dünnflüssigen Teige verrührt. Er wird in die zerlassene Butter gegossen und unter Rühren auf schwachem Feuer zu einem festen, glatten Kloß abgebrannt, der sich vom Tiegel lösen muss. Die erkaltete Masse wird wie in Nr. 72 behandelt.

74. Semmelklöße

1 alte Semmel,	1 Messerspitze Salz,
1 Esslöffel Mehl,	1 Esslöffel Butter oder
1 Esslöffel geriebene Semmel,	Margarine,
	1 Ei.

Die eingeweichte, sehr trocken ausgepresste Semmel kann durch die Fleischmaschine gedreht werden, sie wird mit Mehl, geriebener Semmel und Salz vermischt und in dem zerlassenen Fett zu einem Kloß abgebrannt. In die heiße Masse wird die Hälfte des gut verquirlten Eies gegeben, die Hälfte in die abgekühlte Masse, die weiter wie in Nr. 72 behandelt wird. Bei Semmelklößen als Einlage für süße Suppen (Birnensuppe) kann die Masse durch 1 Esslöffel Zucker und 15 Mandeln gebrüht, abgezogen und grob gewiegt, verändert und verbessert werden.

75. Fischklößchen

(Schellfisch, Kabeljau, Hecht, Zander.)

250 g rohes Fischfleisch, (375–500 g Fisch mit Haut und Gräten),	½ Teelöffel Zwiebelwürfel, 1 Eigelb,
½ alte Semmel,	1 Teelöffel gewiegte Petersilie,
1 Esslöffel Butter oder Margarine,	1 Esslöffel geriebner Parmesan- oder Schweizerkäse, Salz nach Geschmack.

Der geschuppte, ausgenommene, gewaschene Fisch wird von Haut und Gräten befreit, das Fleisch zwei- bis dreimal durch die Fleischmaschine gedreht. Die eingeweichte, trocken ausgepresste Semmel wird in dem Fett mit der Zwiebel abgebrannt. Fischfleisch, Semmelkloß, Eigelb, Petersilie, Parmesankäse werden vermischt und die Masse nach Salz abgeschmeckt. Fischklöße werden zwischen zwei bemehlten Holzlöffeln zu länglichen Walzen oder runden Klößchen geformt, ehe sie in kochendem Salzwasser gargemacht erden (aufkochen und 2–3 Minuten ziehen lassen). Sollen die

Fischklöße eine helle Farbe haben, dann ist die Semmel vor dem Einweichen zu schälen und das Eigelb kann durch einen Teelöffel saure Sahne ersetzt werden.

76. Fleischklößchen

½ alte Semmel,
½ Teelöffel Zwiebelwürfel,
1 Esslöffel Butter oder Margarine,
250 g Fleisch /halb Rind- oder Kalb-, halb Schweinefleisch),
½ Ei,
Salz nach Geschmack,
nach belieben 1 Prise Pfeffer.

Die eingeweichte, trocken ausgepresste Semmel wird mit der Zwiebel in dem Fett abgebrannt. Das zweimal durch die Maschine gedrehte Fleisch und die übrigen Zutaten werden dazugegeben. Ist die Masse durchgearbeitet, werden mit zwei bemehlten Holzlöffeln oder mit den Händen kleine Klöße davon geformt, die nach einmaligem Aufkochen in kochendem Salzwasser oder Brühe in 8–10 Minuten garziehen müssen. Die Kloßmasse kann auch auf kaltem Wege hergestellt werden.

77. Grießklößchen

⅛ l Milch oder Wasser,
1 Prise Salz,
1 Teelöffel Butter oder Margarine,
65 g Grieß,
1 Ei oder 1 Ei, 1 Eigelb, gut verquirlt,
kochendes Salzwasser.

Zubereitung wie in Nr. 72.
Werden die Klöße als Einlage zu einer süßen Suppe gebraucht, so kann die Masse durch 1 Esslöffel Zucker und 15 Mandeln, gebrüht, abgezogen und grob gewiegt, verändert und verbessert werden.

78. Gebackene Reisklößchen

125 g Reis,	1 Esslöffel Butter oder
¼ l Wasser,	Margarine,
1 Ei,	2 Esslöffel Zucker,
etwas abgeriebene	1 Prise Salz,
Zitronenschale,	Fett und Mehl zum Blech.

Der abgequirlte Reis wird in dem Wasser steif ausgequollen und noch heiß mit Ei, Zitronenschale, Butter, Zucker und Salz vermischt. Aus der abgekühlten Masse formt man kleine Kugeln, die auf dem vorbereiteten Blech bei mittlerer Hitze in 10–15 Minuten hellbraun gebacken werden. Diese Klöße eignen sich zu Obstsuppen. Die Klöße können auch in kochendem Wasser gargemacht werden.

79. Leberklößchen

250 g Reste von gebratener	geriebene Semmel,
Leber oder rohe Leber,	Salz,
½ Ei,	nach beleiben 1 Prise Pfeffer.

Die durch die Fleischmaschine gedrehten Leberreste werden mit Ei, Salz, Pfeffer und so viel geriebner Semmel vermischt, dass sich der Teig zu runden Klößchen formen lässt, die in Salzwasser oder Brühe gargemacht werden. Die rohe Leber ist vor dem Durchdrehen in 30 g Margarine anzubraten.

80. Markklößchen

40 g Rindermark,	⅛ l kochendes Wasser,
40 g geriebene Semmel,	Salz,
20–30 g Mehl,	nach Belieben 1 Prise Pfeffer.

Zu dem ausgelassenen, durch ein Sieb gegossenen Rindermark werden Semmel und Mehl gegeben. Nach dem Durchdünsten wird die Masse mit kochendem Wasser aufgefüllt und abgebrannt. Aus der abgekühlten, mit Ei, Salz und Pfeffer vermischten Masse werden runde Klößchen geformt, die in kochender Brühe oder kochendem Salzwasser gargemacht werden.

Bei allen Kloßteigen ist es günstig, einen Probekloß zur Feststellung der Beschaffenheit zu kochen. Bei zu festen Teigen ist Flüssigkeit (Wasser, Milch oder saure Sahne) zur Verdünnung zu verwenden, im entgegengesetzten Fall Mehl.

81. Butternockeln

80 g Butter oder Margarine,   1 Ei,
100 g Mehl,   1 Teelöffel Salz.
¼ l kochendes Wasser,

In der zerlassenen Butter wird das Mehl gedünstet, mit kochendem Wasser abgelöscht und abgebrannt. Die Hälfte des gut verquirlten Eies wird an die heiße, die andere Hälfte mit dem Salz an die abgekühlte Masse gegeben. Die mit einem in kochendem Wasser erhitzten Teelöffel abgestochenen Klöße werden in kochender Brühe oder kochendem Salzwasser gargemacht (aufkochen und 5 bis 10 Minuten ziehen lassen).

82. Reis in der Form, zu Brühsuppen zu reichen

200 g Reis,   1 kleine Zwiebel,
30–40 g Butter oder Margarine,   ¾ l Wasser,
1 Stückchen Sellerie,   1 Teelöffel Salz,
   Butter zum Ausstreichen der Form.

1. Der abgequirlte Reis wird mit Sellerie und Zwiebel in dem zerlassenen Fett gedünstet. Wasser und Salz werden dazugegeben, und der Reis wird auf schwach heißer Stelle in ¾ Stunden ausgequollen. Sellerie und Zwiebel werden entfernt, oder:

2. Der abgequirlte Reis wird in kochendem Salzwasser (3 l Wasser, 2 gestrichene Esslöffel Salz) 15 Minuten stark gekocht, auf einem Durchschlag abgetropft, mit dem Fett vermischt. Bei dieser Behandlung bleibt der Reis körniger. Für beide Arten werden Formen oder Tassenköpfe mit Butter ausgestrichen, der Reis eingedrückt und bis zum Anrichten warmgestellt (Ofenröhre, heißes Wasserbad), dann gestürzt.

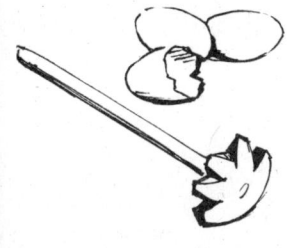

83. Einlauf für klare Brühe

1 Ei,	1 Prise Salz,
25 g Mehl,	(Muskatnuss).

Die zusammengequirlten Zutaten werden unter Rühren in die kochende Brühe gegeben, die aufkochen muss. (Knochen-, Kalbfleischbrühe.)

84. Einlauf für trübe Brühen

1 ganzes Ei,	1 Esslöffel Kartoffelmehl,
1 Eiweiß,	1 Esslöffel Wasser, Milch oder
als Resteverwendung auch	Brühe,
nur 2 Eiweiß,	1 Prise Salz.

Die zusammengequirlten Zutaten werden unter Rühren in die kochende Brühe gegeben, die aufkochen muss. (Knochen-, Kalbfleischbrühe.)

85. Mehlerbsen oder Topfteig, gebacken

1 Ei,	1 Prise Salz,
40–50 g Mehl,	Ausbackfett (Palmin).

Der aus den Zutaten zusammengerührte Teig wird durch einen nicht zu feinlöcherigen Durchschlag in einen eisernen Topf mit dampfendem Ausbackfett tropfen gelassen. Die hellbraun gewordenen Mehlerbsen werden mit dem Schaumlöffel herausgenommen, zum Abtropfen auf einen Durchschlag mit Filtrierpapier gegeben.

86. Eierstich oder Eierkäse

2 Eier,
6–8 Esslöffel Milch oder Brühe,
1 Prise Salz (Muskatnuss),
Butter zum Ausstreichen der Formen,
nach Belieben ein Teelöffel gewiegte Petersilie.

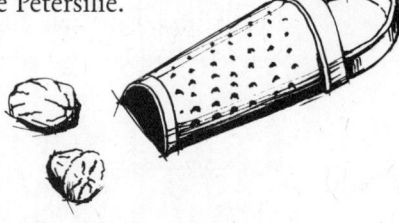

Die verquirlten Zutaten werden in mit Butter ausgestrichene kleine Förmchen oder einen kleinen Topf gefüllt. Diese werden in kochend heißes, nicht kochendes Wasser gestellt und bleiben zugedeckt auf schwachem Feuer stehen, bis ihr Inhalt fest geworden ist. Der gestürzte Eierstich wird mit dem Buntschneidemesser in Streifen oder Stücke geschnitten, als Einlage in die Suppe gegeben.

87. Grießwürfel

¼ l Wasser oder Brühe,
20 g Butter oder Margarine,
65 g Grieß,
½ Teelöffel Salz.

Flüssigkeit, Fett und Salz werden aufgekocht, der Grieß wird trocken hineingeschüttet und unter beständigem Rühren zu einer steifen Masse gekocht. Diese wird auf einen flachen Teller oder ein Emaillebrett, die mit kaltem Wasser abgespült worden sind, 1 cm dick ausgestrichen und nach dem Erkalten in Würfel geschnitten.

Sollten die Würfel als Einlage für süße Suppen verwendet werden, so kann an Stelle des Wassers Milch und außerdem 1 Esslöffel Zucker verbraucht werden.

88. Semmelbröckchen, geröstet

1 alte Semmel,
20–30 g Butter oder Margarine oder Palmin.

Die in Würfel geschnittene Semmel wird in dem in einer Eierkuchenpfanne zerlassenen Fett unter häufigem Schütteln hellbraun geröstet.

Soßen (Tunken)

89. Allgemeines über die Herstellung von Soßen

Bei einer Reihe von Soßen bildet ebenso wie bei Suppen die Mehlschwitze die Grundlage. Näheres darüber Seite 14.

90. Rosinensoße

20 g Sultaninen oder
große Rosinen,
15–20 g Mandeln,
¼ l Wasser,
40 g Palmin,
50 g Mehl,

½ l Flüssigkeit, Brühe oder
Wasser,
Zitronensaft oder Essig,
Salz,
Zucker.

Die gewaschenen Rosinen werden in ¼ l Wasser auf schwachem Feuer ausgequollen, die Mandeln gebrüht, abgezogen, in Stifte geschnitten. Das Kochwasser der Rosinen wird außer der Flüssigkeit zum Auffüllen der dunklen Mehlschwitze verwendet, die nach 25–30 Minuten Kochzeit nach Zitronensaft (Essig), Salz und Zucker abzuschmecken ist. Rosinen und Mandeln werden dazugegeben. Die Soße wird zu gekochtem Rindfleisch, zu gekochter Rinderzunge gereicht.

91. Gurkensoße

1 saure Gurke,
40 g Palmin,
50 g Mehl,
½ l Flüssigkeit, Brühe
oder Wasser,

Essig oder Zitronensaft,
Salz,
Zucker.

Die geschälte saure Gurke, in Würfel oder Scheiben geschnitten, wird in die braune Grundsoße gegeben, in der sie gargemacht wird.

Die süß-säuerlich abgeschmeckte Soße wird zu gekochtem Rindfleisch gereicht.

92. Mostrich- oder Senfsoße

40 g Palmin, Salz,
50 g Mehl, Essig,
½ l Flüssigkeit, Zucker.
1–2 Esslöffel Mostrich m.
1 Esslöffel Essig verrührt,

Die hellbraune, aufgefüllte Mehlschwitze wird nach 20–25 Minuten Kochzeit mit dem angerührten Mostrich vermischt, nach Essig (Zitronensaft), Salz und Zucker abgeschmeckt;
oder

40 g Butter oder Margarine, 1 Eigelb zum Abziehen,
40 g Mehl, Zitronensaft,
⅜ l Flüssigkeit, Salz,
1–2 Esslöffel Mostrich mit Zucker.
1 Esslöffel Zitronensaft
verrührt,

Es wird eine helle Grundsoße hergestellt, die mit Eigelb abgezogen wird.

93. Mostrich oder Senfbutter

60 g Butter, 2 Esslöffel Mostrich.

Die gebräunte Butter wird mit dem Mostrich verrührt. Mostrichbutter eignet sich zu hartgekochten Eiern, zu Fisch.

94. Perlzwiebelsoße

1–2 Esslöffel Perlzwiebeln
(in Essig eingelegte),
40 g Palmin,
50 g Mehl,

½ l Flüssigkeit,
Essig,
Salz,
Zucker.

Die dunkle Grundsoße wird mit den Perlzwiebeln aufgekocht, nach Essig, Salz und Zucker abgeschmeckt.

95. Zwiebelsoße

40 g Butter oder Margarine,
1 große Zwiebel,
40 g Mehl,
⅜–½ l Flüssigkeit,

Salz nach Geschmack,
nach Belieben 1 Teelöffel
Kümmel oder gewiegte Petersilie.

Die Zwiebelwürfel werden in dem Fett gedünstet, das Mehl wird dazugegeben und die helle Mehlschwitze nach dem Auffüllen 10–15 Minuten gekocht. Der Kümmel kann in wenig Wasser gekocht und das Wasser mit zum Auffüllen verwendet werden. Die nach Salz abgeschmeckte Soße eignet sich zu gekochtem Hammel- oder Rindfleisch.

96. Kümmelsoße

2 Esslöffel Kümmel,
¼ l Wasser oder Brühe,
40 g Butter oder Margarine,
1 Esslöffel Zwiebelwürfel,

40 g Mehl,
⅜ l Flüssigkeit,
Salz nach Geschmack.

Der Kümmel wird in dem Wasser ¼ Stunde gekocht. Die Kümmelflüssigkeit wird mit zum Ablöschen der hellen Mehlschwitze verbraucht. Nach 10–15 Minuten Kochzeit wird die Soße nach Salz abgeschmeckt. Die Soße eignet sich zu gekochtem Hammel- oder Schweinefleisch.

97. Heringsoße

1–2 Salzheringe, 40 g Mehl,
40 g Butter oder Margarine, ⅜–½ l Flüssigkeit ohne Salz,
1 Esslöffel Zwiebelwürfel, n. Bel. 1 Teelöffel Essig.

Der sehr gründlich gewässerte Hering wird gesäubert, von Haut und Gräten befreit, fein gewiegt oder 2–3 mal durch die Fleischmaschine gedreht. Die helle Grundsoße wird nach 10–15 Minuten Kochzeit mit der Heringsmasse vermischt, nach dem Durchziehen wenn nötig durch ein Sieb gestrichen, nach Salz und nach Belieben nach Essig abgeschmeckt. (Nach dem Vermischen mit der Heringsmasse darf die Soße nicht mehr kochen.)

98. Sardellensoße

65 g Sardellen, 40 g Mehl,
40 g Butter oder Margarine, ⅜–½ l ungesalzene Flüssigkeit.

Die Sardellen werden gewaschen, entgrätet, fein gewiegt. Herstellung der Soße wie in Nr. 97.

99. Pilzsoße von frischen Pilzen

250–375 g Pilze (Champignons, Reizker, Steinpilze), 40 g Mehl,
30 g Butter oder Margarine, ⅜ l Flüssigkeit (Brühe oder Wasser),
1 Teelöffel Zwiebelwürfel, nach Bel. 1 Eigelb zum Abziehen,
¼ l Wasser,
1 Teelöffel Salz, 1 Esslöffel gewiegte Petersilie,
30 g Butter, Salz nach Geschmack.

Die Pilze werden geputzt, gewaschen, zerschnitten. In dem zerlassenen Fett werden die Zwiebelwürfel gedünstet, die Pilze dazugegeben, unter Hinzugabe von Wasser und Salz in 20–30 Minuten gargemacht. Das Pilzwasser wird zum Ablöschen der hellen Mehlschwitze mit verbraucht. Nach 10–15 Minuten Kochzeit kann die helle Grundsoße mit einem Eigelb abgezogen werden; sie wird nach Salz abgeschmeckt. Pilze und Petersilie werden dazugegeben.

Die Pilze können, nachdem sie gargemacht worden sind, auch gewiegt werden. Kommen dunkle Pilzarten, wie Pfifferlinge oder Grünreizker, zur Verwendung, so kann eine hellbraune Grundsoße hergestellt werden.

100. Pilzsoße von getrockneten Pilzen

30–40 g getrocknete Pilze (Steinpilze),	30 g Butter,
½–¾ l Wasser zum Einweichen,	40 g Mehl,
	⅜ l Pilzwasser,
	n. Bel. 1 Eigelb,
30 g Butter oder Margarine,	1 Esslöffel gewiegte Petersilie,
1 Teelöffel Zwiebelwürfel,	Salz nach Geschmack.
1 Teelöffel Salz,	

Die getrockneten Pilze werden am Vorabend des Kochtages mehrere Male lauwarm gewaschen und eingeweicht. Die weitere Herstellung der Soße ist die gleiche wie in Nr. 99.

101. Morchelsoße

250 g frische Morcheln,	30 g Butter,
Wasser zum Vorkochen,	40 g Mehl,
30 g Butter oder Margarine,	⅜ l Wasser oder Brühe und
1 Teelöffel Zwiebelwürfel,	Pilzwasser,
1 Teelöffel Salz,	1 Esslöffel gewiegte Petersilie.

Die Pilze, bei denen das sandige Stielende abgeschnitten wird, werden gebrüht (dadurch werden sie weich und das Waschen wird erleichtert). Sie werden gründlich gewaschen (7–8 mal), mit kaltem Wasser reichlich bedeckt, zum Kochen angesetzt, aufgekocht, das Wasser fortgegossen (es enthält schädlich wir-

kende Stoffe). Die gewiegten Pilze werden in Fett mit Zwiebelwürfeln gedünstet, mit Salz in ½ Stunde (wenn nötig, unter Hinzugießen von wenig Wasser) gargemacht. Die Flüssigkeit der Pilze wird neben Wasser oder Brühe zum Ablöschen der hellen Mehlschwitze verbraucht, die nach 10–15 Minuten Kochzeit nach Salz abgeschmeckt, mit den Pilzen und der gewiegten Petersilie vermischt wird.

Wird die Soße von *getrockneten* Morcheln hergestellt, so werden 30 g Pilze gerechnet, die, nachdem das sandige Stielende abgeschnitten worden ist, nur zwei Stunden zu weichen brauchen, da sie durch die Beschaffenheit ihres Gewebes sehr schnell Wasser aufnehmen. Das Brühen fällt fort. Die weitere Zubereitung ist die gleiche wie bei der Verwendung von frischen Morcheln.

102. Kapernsoße

40 g Butter oder Margarine, 1 Esslöffel Kapern,
½ Teelöffel Zwiebelwürfel, Zitronensaft,
40 g Mehl, Salz,
½ l Wasser oder Brühe, Zucker n. Geschmack.
n. Bel. 1 Eigelb,

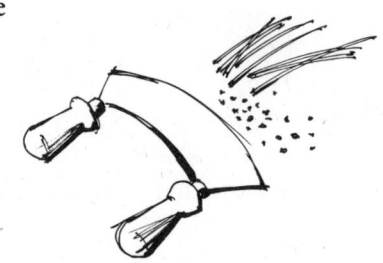

Die helle Grundsoße wird nach Belieben mit 1 Eigelb abgezogen, mit den Kapern vermischt, nach Zitronensaft, Salz und Zucker abgeschmeckt.

103. Schnittlauch- oder Petersiliensoße

40 g Butter oder Margarine,
40 g Mehl,
½ l Brühe oder Wasser,
1 Esslöffel Schnittlauch
oder feingewiegte Petersilie,
Salz nach Geschmack.

Die helle Grundsoße wird nach 10–15 Minuten Kochzeit mit Schnittlauch oder Petersilie vermischt, nach Salz abgeschmeckt.

104. Dillsoße

40 g Butter oder Margarine,
40 g Mehl,
½ l Brühe oder Wasser,

1 Esslöffel feingewiegter Dill,
nach Bel. 1 Eigelb mit 1–2 Esslöffel Milch oder süßer Sahne verrührt.

Die helle Grundsoße wird nach 10–15 Minuten Kochzeit mit Eigelb abgezogen, ehe sie, mit dem Dill vermischt, nach Salz abgeschmeckt wird.

105. Zitronensoße

40 g Butter oder Margarine,
40 g Mehl,
½ l Brühe oder Wasser,
1 Stückchen Zitronenschale,

nach Belieben 1 Eigelb,
Zitronensaft,
Salz,
Zucker.

Die helle, mit Zitronenschale gekochte Grundsoße wird nach Zitronensaft, Salz, Zucker abgeschmeckt, nach Belieben mit Eigelb abgezogen.

106. Meerrettichsoße

1 Stück Meerrettich,
4–6 cm lang,
Zitronensaft,
¼ l Brühe,
40 g Butter oder Margarine,

40–50 g Mehl,
¼ l Milch oder süße Sahne,
Salz,
1 Prise Zucker.

Der geschabte, geriebene Meerrettich wird mit Zitronensaft beträufelt, mit Brühe übergossen, auf schwaches Feuer gestellt. Die helle, mit Milch aufgefüllte Mehlschwitze wird nach 10–15 Minuten Kochzeit mit dem Meerrettich vermischt, nach Salz und Zucker abgeschmeckt.

107. Frikasseesoße

40 g Butter oder Margarine,　1–2 Eigelb,
40 g Mehl,　Zitronensaft,
½ l Flüssigkeit (Brühe,　Weißwein,
Pilz-, Gemüsewasser),　Salz,
1–2 Eßlöffel Weißwein,　Zucker nach Geschmack.

Die helle Grundsoße wird mit 1–2 Eßlöffel Weißwein 10–15 Minuten gekocht. Sie wird mit Eigelb abgezogen, nach Zitronensaft, Wein, Salz, Zucker abgeschmeckt.
Es kann eine gewaschene, entgrätete, fein gewiegte Sardelle verwendet werden. (Vorsicht mit Salz!)

108. Bechamelsoße

40 g Butter oder Margarine,　40 g Mehl,
1 Scheibe roher Schinken　¼ l Brühe oder Wasser,
oder 25 g Speck oder　¼ l Milch oder süße Sahne,
Schinkenfett,　Salz nach Geschmack,
1 große Zwiebel, in Würfel　n. Bel. 1 Eßlöffel geriebener
geschnitten,　Parmesankäse.

In dem zerlassenen Fett werden Schinken- und Zwiebelwürfel gedünstet. Das Mehl wird dazugeschüttet, ebenfalls gedünstet. Die Flüssigkeit wird aufgefüllt. Die Grundsoße wird nach 10–15 Minuten Kochzeit nach Salz abgeschmeckt, durch ein Sieb gerührt, nach Belieben mit geriebenem Parmesankäse vermischt. Die Soße kann auch undurchgestrichen bleiben.

109. Holländische Soße

40 g Butter oder Margarine, 1 Eigelb,
40 g Mehl, Zitronensaft,
½ l Flüssigkeit (Brühe oder Salz,
Gemüsewasser), Zucker.

Die gekochte, mit Eigelb abgezogene Grundsoße wird mit den angegebenen Zutaten gewürzt.

110. Holländische Soße, abgeschlagen

50 g Butter, ½ l Flüssigkeit (Brühe oder
1–3 Eigelb, Gemüsewasser),
25–40g Mehl, n. Bel. Zitronensaft,
½ Teelöffel Salz, Salz,
  1 Prise Zucker.

Die Butter wird schaumig gerührt (im Topf). Eigelb, Mehl und Salz werden dazugegeben, die heiße Flüssigkeit langsam dazugerührt, die Masse auf dem Herd oder im heißen Wasserbade gequirlt oder geschlagen, bis sie dick und gar ist. Sie wird nach Zitronensaft, Salz und Zucker abgeschmeckt und bis zum Gebrauch im Wasserbade warm gehalten; *oder:*
Die Flüssigkeit wird durch die angegebene Mehlmenge gedickt; abwechselnd werden die Eigelb und die Butter in Stückchen dazugegeben, die Soße abgeschmeckt.
Sollte sich bei längerem Stehen im Wasserbade ein Teil des Fettes von der Soße trennen, so ist wenig Flüssigkeit nachzugeben.

111. Tomatensoße

40 g Butter oder Margarine
oder 50 g Speck oder
Schinkenfett in Würfeln,
1 Teelöffel Zwiebelwürfel,
40 g Mehl,

250–375 g Tomaten,
⅜ l Brühe oder Wasser,
Salz nach Geschmack,
1 Prise Zucker.

Aus Fett, Zwiebelwürfeln, Mehl und Flüssigkeit wird eine helle Grundsoße hergestellt, in der die gewaschenen, zerschnittenen Tomaten in 15–20 Minuten weichgekocht werden. Die Soße wird nach dem Durchstreichen abgeschmeckt. An Stelle der frischen Tomaten können 3–4 Esslöffel Tomatenbrei verwendet werden. Dann erübrigt sich das Durchstreichen.

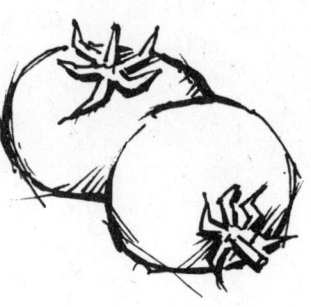

112. Krebssoße

8 Suppenkrebse,
kochendes Wasser mit Salz,
grüner Petersilie oder
Kümmel,
60 g Butter,

40 g Mehl,
½ l kräftige Brühe,
1–2 Eigelb mit 2–4 Esslöffel
süßer Sahne verquirlt,
Salz nach Geschmack.

Behandlung der Krebse, Herstellung der Soße wie Suppe Nr. 32.

113. Hummersoße

½ Hummer,
kochendes Wasser mit Salz,
grüner Petersilie, oder
Kümmel,
60 g Butter,

40 g Mehl,
½ l kräftige Brühe,
1–2 Eigelb mit 2–4 Esslöffel
süßer Sahne verquirlt,
Salz nach Geschmack.

Falls lebender Hummer verwendet wird, wird er nach dem Bürsten in kaltem Wasser in starkwellendes, kochendes Salzwasser mit

Petersilie oder Kümmel gegeben, aufgekocht, auf nicht zu heißer Herdstelle 25 bis 30 Minuten schwach kochen gelassen. Weitere Behandlung siehe Nr. 32.

114. Krabbensoße

40 g Butter,	1 Eigelb mit 1–2 Esslöffel Milch
40 g Mehl,	oder Sahne verquirlt,
½ l kräftige Brühe,	40 g ausgepalte Krabben,
	Salz nach Geschmack.

Die helle, gekochte Grundsoße, wird nach dem Abziehen mit den Krabben vermischt, nach Salz abgeschmeckt.

115. Burgundersoße

40 g Butter,	Salz,
50 g Mehl,	4–6 Esslöffel Burgunder,
1 Zwiebel in Scheiben oder Streifen,	1–2 Esslöffel Himbeersaft,
½ l Brühe,	n. Bel. 1 Prise Cayennpfeffer.
2 Esslöffel Burgunder zum Mitkochen,	

Butter und Mehl werden hellbraun geröstet, die Zwiebel wird hinzugegeben, die Zutaten weiter geröstet, bis die Zwiebel anfängt sich zu bräunen, Brühe und Burgunder werden aufgefüllt, die Grundsoße 25–30 Minuten gekocht. Nach dem Durchgießen wird sie nach Wein, Himbeersaft, Salz, nach Belieben nach Cayennpfeffer abgeschmeckt.

116. Madeirasoße

40 g Butter,
50 g Mehl,
1 Zwiebel in Scheiben oder Streifen,
½ l Brühe,
2 Esslöffel Rotwein zum Mitkochen,

Salz,
3–4 Esslöffel Madeira, Rotwein,
1 Prise Zucker.

Zubereitung wie in Nr. 115.

117. Braune polnische Soße

1 große Zwiebel in Scheiben geschnitten,
Suppengrün (1 Mohrrübe,
1 Petersilienwurzel,
1 St. Sellerie, 1 St. Porree),
40 g Butter oder Margarine,
½ l Braunbier oder Berliner Weiß- und Malzbier,

40 g geriebne Fischpfefferkuchen in 2 Esslöffel Essig angerührt,
30 g Mehl in ⅛ l Bier angerührt,
Essig,
Zitronensaft,
Salz,
Zucker,
n. Bel. Rotwein,
20–30 g Butter.

Die Zwiebelscheiben werden mit dem in Stifte geschnittenen Suppengrün in Fett gedünstet. Das Bier wird dazugegossen und nach dem Aufkochen durch Fischpfefferkuchen und Mehl gedickt. Nach 10–15 Minuten Kochzeit wird die durch ein Sieb gestrichene Soße mit den angegebenen Zutaten gewürzt. Die Butter wird dazugegeben.

118. Braune Speckoße

60 g geräucherter Speck,	½–⅝ l Brühe oder Wasser,
1 Teelöffel Zwiebelwürfel,	Essig,
50 g Mehl,	Salz,
	Zucker nach Geschmack.

In den ganz hellgebräunten Speckwürfeln werden die Zwiebelwürfel gebräunt, beide mit einem Schaumlöffel herausgenommen oder die Masse durch ein Sieb gegossen. In dem Fett wird das Mehl braungeröstet, die Mehlschwitze mit der Flüssigkeit aufgefüllt, nach 25–30 Minuten Kochzeit mit den angegebenen Zutaten gewürzt. Speck und Zwiebelwürfel werden in die fertige Soße gegeben.

119. Weinschaumsoße (Chaudeau)

4 ganze Eier oder 2 ganze Eier und 2 Eigelb,	Saft einer Zitrone,
60 g Zucker (6 glattgestrichene Eßlöffel),	¼ l Wein (Apfel- oder Weißwein), oder halb Wein, halb Wasser.

Eier und Zucker werden im Topf in 10–15 Minuten schaumig gerührt, Zitronensaft und Wein werden dazugegeben und die Masse auf dem Herd oder im heißen Wasserbade gequirlt oder mit dem Schneebesen geschlagen, bis sie dick ist. (Sie muss fast den Kochpunkt erreichen.) Die Soße kann heiß oder, bis zum Abkühlen gerührt, kalt zu Tisch gegeben werden.

120. Weinschaumsoße, einfacher

2 ganze Eier oder 2 Eigelb,	Saft einer Zitrone,
40 g = 4 gestrichene Eßlöffel Zucker,	⅛ l Wasser,
10 g = 1 gestrichener Eßlöffel Kartoffelmehl,	⅛ l Wein.

Zubereitung wie in Nr. 119.

121. Vanillesoße

⅜ l Milch,
1 Stück Vanille oder
1 Päckchen Vanillezucker,
1 Prise Salz,

1 Esslöffel Stärkemehl, Kartoffelmehl, Gustin oder Mondamin in
⅛ l Milch angerührt,
2 Esslöffel Zucker,
1–2 Eigelb zum Abziehen.

Milch, Vanille und Salz werden aufgekocht und die Flüssigkeit durch das angerührte Stärkemehl gedickt. Die mit Eigelb abgezogene Soße wird mit dem Zucker gesüßt.

Die Soße kann unter Verwendung von Vanillesoßenpulver hergestellt werden.

122. Milchsoße mit Mandelgeschmack

⅜ l Milch,
5 süße, 3 bittere Mandeln,
1 Prise Salz,
1 Esslöffel Stärkemehl
in ⅛ l Milch angerührt,

2 Esslöffel Zucker,
1 Eigelb zum Abziehen.

Die gebrühten, abgezogenen, geriebenen Mandeln werden mit der Milch aufgekocht. Weitere Zubereitung wie in 121. Die Soße kann nach Belieben durch ein Sieb gegossen werden.

123. Pflaumenmussoße

175 g Pflaumenmus,
knapp ⅛ l Wasser,
1 Stückchen Zitronenschale
und Zimt,

Zucker nach Bedarf,
wenn nötig, 1 Teelöffel Stärkemehl in 3–4 Esslöffel Wasser angerührt.

Das mit Wasser und den Gewürzen durchgekochte Pflaumenmus wird durch ein Sieb gerührt, mit Zucker gesüßt, wenn nötig, mit Stärkemehl gedickt.

124. Fruchtsoße

250 g beliebige Früchte,   1 Teelöffel Stärkemehl
⅜ l Wasser,   in 3–4 Esslöffel Wasser
[1 Stückchen Zimt,]   angerührt,
n. Bel. Zitronenschale,   Zucker nach Bedarf.

Das vorbereitete Obst wird mit den Gewürzen im Wasser weichgekocht, durch ein Sieb gestrichen (Haarsieb oder Emailledurchschlag). Die wiedererhitzte Masse wird durch angerührtes Stärkemehl gedickt und gesüßt. Getrocknete Aprikosen eignen sich besonders zur Fruchtsoße, 65 g in ⅜ l Wasser eingeweicht.

125. Fruchtsaftsoße

⅛ l Wasser,   in 3–4 Esslöffel Wasser
1 Stückchen Zitronen-   angerührt,
schale,   ¼ l Fruchtsaft,
1 Teelöffel Stärkemehl   wenn nötig, Zucker und
   Zitronensaft.

Das mit der Zitronenschale aufgekochte Wasser wird durch das angerührte Stärkemehl bündig gemacht. In die abgekühlte Masse werden Fruchtsaft, wenn nötig, Zucker und Zitronensaft gegeben.

126. Mayonnaise, kalt zubereitet

4 rohe Eier oder 2 rohe u.   Zitronensaft,
2 hartgekochte Eigelb,   Essig,
1 Messerspitze Salz,   Salz,
³⁄₁₆ – ¼ l Öl,   Zucker.
wenn nötig, Essigwasser,

Die Eigelb werden mit dem Salz 10–15 Minuten gerührt. Das Öl wird tropfenweise unter beständigem Rühren dazugegeben. Wird die Masse dabei zu steif, so muss sie durch etwas (1 Teelöffel) Essigwasser verdünnt werden. Nach dem Verbrauch des Öles wird die Soße nach Zitronensaft, Essig, Salz und Zucker abgeschmeckt. (Die hartgekochten Eigelb sind durch ein Sieb zu streichen.) (S. 412)

127. Mayonnaise, warm zubereitet

4 Eigelb oder 2 ganze Eier,   4 Esslöffel kalte Brühe,
⅛ l Öl,   1 Prise Salz und Zucker.
4 Esslöffel Essig (Zitronensaft),

Alle Zutaten werden zusammen verrührt (irdener Topf), im heißen Wasserbade wird die Masse gequirlt oder geschlagen, bis sie dick ist. Während des Abkühlens ist sie öfters umzurühren.

128. Mayonnaise, billiger, unecht

20 g Butter oder Margarine,   1 Prise Salz,
40 g Mehl,   ³⁄₁₆ – ¼ l Öl,
³⁄₁₆ l schwachsaures Essigwasser,   Zitronensaft,
2 Eigelb,   Essig,
  Salz,
  Zucker.

Butter, Mehl, Essigwasser werden verrührt, unter beständigem Rühren zum Kochen gebracht, eine Minute gekocht. Der Mehlkloß wird zur Vermeidung einer Hautbildung mit kaltem Wasser übergossen. Die übrigen Zutaten werden zur Mayonnaise wie in Nr. 126 verbraucht. Der Mehlkloß wird, nachdem das Wasser abgegossen worden ist, glattgerührt und mit der Mayonnaise vermischt.

129. Remouladensoße I

1 rohes Eigelb,	(Petersilie, Schnittlauch),
1 hartgekochtes Eigelb,	1 Teelöffel Kapern,
6 – 8 Esslöffel Öl,	1 gewiegte Sardelle,
20 g Butter oder Margarine,	1 Teelöffel Mostrich,
40 g Mehl,	Zitronensaft,
3/16 l Essigwasser,	Salz,
1 Esslöffel gewiegte Kräuter	Zucker.

Aus Eigelb, Salz und Öl wird eine Mayonnaise nach Nr. 126 hergestellt, aus Fett, Mehl und Essigwasser ein Mehlkloß nach Nr. 128. Nach dem Vermischen von Mehlkloß und Mayonnaise werden die geschmackgebenden Zutaten hinzugefügt.

130. Remouladensoße II

4 hartgekochte Eigelb,	1 Teelöffel Mostrich,
1 rohes Eigelb,	Zitronensaft,
1 Messerspitze Salz,	Salz,
3/16 – 1/4 l Öl,	Zucker,
3 Sardellen,	Essig.

Die aus den hartgekochten, durch ein Sieb gestrichenen Eigelb und dem rohen Eigelb hergestellte Mayonnaise (Nr. 126) wird mit den geschmackgebenden Zutaten vermischt.

131. Cumberlandsoße

1/8 l Johannisbeergelee,	n. Bel. 1 Esslöffel Öl,
1/8 l Rotwein,	Zitronensaft,
2 Teelöffel Mostrich,	Salz,
4 Esslöffel Brühe,	Zucker.

Johannisbeergelee und Mostrich werden verrührt, die übrigen Zutaten unter beständigem Umrühren dazu gegeben; die Soße abgeschmeckt. Nach Belieben kann eine Messerspitze abgeriebene Apfelsinen- oder Pomeranzenschale dazugegeben werden oder 5 g kandierte, fein geschnittene Pomeranzenschale. Die Soße eignet sich zu gekochtem Schinken, zu Wildschweinfleisch.

132. Feine Mostrichsoße

5 Eßlöffel zerlassene Butter,	1–2 Eßlöffel Essig oder
5 Eßlöffel Brühe,	Zitronensaft,
5 Eßlöffel Weißwein,	1–2 Teelöffel Zucker,
1–2 Eßlöffel Mostrich,	2–4 Eigelb,
	Salz.

Die gut verquirlten Zutaten werden auf dem Herd oder im heißen Wasserbade gequirlt oder geschlagen, bis die Masse dick ist. Sie wird im Wasserbade bis zum Anrichten heißgehalten.

Das Fleisch

133. Allgemeines

Fleischarten, die in der Küche verwendet werden, sind: Rind-, Hammel-, Kalb-, Schweinefleisch, Wild, Geflügel (Fische s. d.). Nährwert und Verdaulichkeit sind bei den einzelnen Arten verschieden.

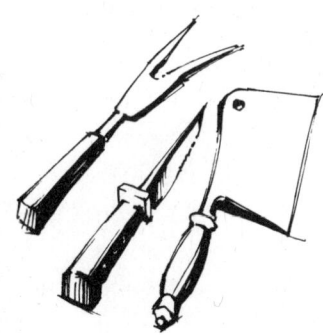

Bestimmend für den Nährwert ist der Gehalt an Eiweiß. Er ist bei Wild, Geflügel, Rindfleisch größer als bei Kalb-, Hammel- und Schweinefleisch. Dem geringen Eiweißgehalt bei Hammel- und Schweinefleisch steht ein größerer Fettgehalt gegenüber. Dieser hat eine Einschränkung des Wassergehaltes zur Folge. Kalbfleisch ist reich an Leimstoffen, es liefert ebenso wie die von Schwarte bedeckten Teile des Schweins (Fuß, Kopf, Ohr) oder wie die Schwarte allein eine trübe, leimhaltige Brühe, die nach der Abkühlung erstarrt.

Die Verdaulichkeit des Fleisches ist in erster Linie von der Zusammensetzung und von der Beschaffenheit der Muskelfaser abhängig. Ein hoher Fettgehalt macht das Fleisch schwer verdaulich. Dünne, saftige, also lockere Muskelfasern mit wenig und weichen Bindegewebshüllen, wie sie beim *jungen* Tier zu finden sind, bilden ein leicht verdauliches Muskelgewebe oder Fleisch. Die auflösenden Verdauungssäfte können ohne Schwierigkeit zwischen die einzelnen Muskelfasern dringen. Mit zunehmendem Alter der Tiere werden die Muskelfasern zäher, trockener, die fester gewordene Bindegewebshüllen sind reichlicher vorhanden. Den Verdauungswerkzeugen, den Verdauungssäften wird die Arbeit erschwert. Das Fleisch *alter* Tiere ist schwer verdaulich. Einen günstigen Einfluss auf die Verdaulichkeit des Fleisches üben die in ihm enthalten Extraktiv- oder Geschmacksstoffe aus, die im Fleisch älterer Tiere und besonders im Fleisch des Wildes und Geflügels in größerer Menge vorkommen als im Fleisch jüngerer Tiere. Sie regen die Drüsen des Verdauungsapparates zu erhöhter Tätigkeit an. Auch Fütterung, Arbeitsleistung und Rasse beeinflussen die Zusammensetzung und Verdaulichkeit des Fleisches.

Das Fleisch frischgeschlachteter Tiere muss erst abgehangen werden, ehe es in der Küche verbraucht werden kann. Durch die nach dem Schlachten eintretende Totenstarre, die auf eine Gerinnung des Myosins (einer Eiweißart des Fleischsaftes) zurückzuführen ist, wird die Muskelfaser starr, fest. Das Fleisch würde bei der Zubereitung nicht weich werden. Beim Abhängen werden die Muskelfasern gelockert, wie vielfach angenommen wird, durch sich bildende Milchsäure. 6–30 Stunden, abhängig von der Fleischart, sind dafür notwendig. Durch Einlegen des Fleisches in saure Flüssigkeiten, wie Essigwasser, saure Milch, ebenso durch Klopfen wird das Lockerwerden der Muskelfasern beschleunigt und unterstützt. Wird Fleisch zu lange abgehangen, so wird es durch eintretende Fäulnis zum Genuss unbrauchbar.

134. Die Aufbewahrung von Fleisch

Für kurze Zeit ist Fleisch, mit Salz bestreut, im Eisschrank aufzubewahren. Direkt auf Eis darf es nur in Öl- oder Pergamentpapier eingepackt, aufgehoben werden. Das schmelzende Eis würde Fleischsaft auslaugen und als Träger von Bakterien diese auf das Fleisch übertagen. Durch Einlegen in Essigwasser, in saure Milch, durch Anbraten, durch Übergießen mit heißer Butter, mit flüssigem Fett oder auch durch eine Gelatinelösung (auf 1 l Wasser 10–12 Blatt Gelatine, die Lösung muss anfangen, steif zu werden) kann Fleisch für kürzere Zeit haltbar gemacht werden.

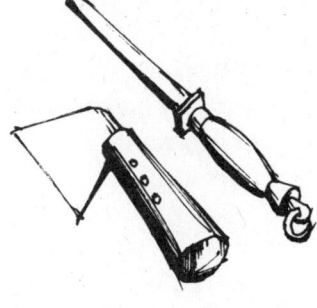

Ein Aufbewahren für längere Zeit durch Kälte ist nur durch Einfrieren bei Temperaturen unter −5 Grad möglich. Durch diese tiefen Temperaturen tritt eine vollkommene Verhinderung der Weiterentwicklung der Bakterien ein. Gefrorenes Fleisch muss nach dem Auftauen sofort verbraucht werden, da es sehr schnell in Zersetzung übergeht. Für längere Zeit haltbar gemacht wird Fleisch durch Pökeln, Räuchern (siehe Nr. 230), durch Sterilisieren.

135. Vor- und Zubereitung des Fleisches

Größere Fleischstücke werden gewaschen, geklopft. Das Waschen ist schnell auszuführen, um einer Entwertung des Fleisches vorzubeugen, geklopft soll genügend lange, aber nicht zu stark werden, auf einem angefeuchteten Holzbrett oder wenn möglich auf einem Emaillebrett. Kleinere Fleischstücke, wie Schnitzel oder Rouladen usw., auch Fleisch, das durch die Fleischmaschine zu drehen ist, sind nur mit einem feuchten Tuch abzuwischen, leicht zu klopfen.

Fleisch wird gargemacht durch: Kochen, Dünsten oder Dämpfen, Schmoren, Braten.

Zum *Kochen* ist soviel Wasser notwendig, dass das Fleisch damit bedeckt ist (auf 500 g Fleisch 1–1¼ l Wasser), außerdem Salz, auf 1 l Flüssigkeit 8–10 g, und die bei den einzelnen Kochvorschriften angegebenen Zutaten.

Das *Dämpfen* und *Dünsten* kommt als Zubereitungsart seltener als die anderen Arten zur Anwendung. Das Fleisch wird, wie die Bezeichnung sagt, durch zurückschlagenden Dampf und wenig kochende Flüssigkeit gargemacht. Es wird nur bis zu seiner Höhe mit kochendem Wasser übergossen und muss deswegen während des Garmachens umgedreht werden. Beim Dämpfen kann zur Geschmacksverbesserung Fett (Butter oder Margarine) verwendet werden. Das vorbereitete Fleisch wird in dem zerlassenen Fett gedünstet, ehe die kochende Flüssigkeit aufgefüllt wird. Weder Fett noch Fleisch dürfen sich dabei bräunen (Beispiel:

Kalbfleisch für Frikassee). Die Brühe ist durch die geringe Menge, die zum Auffüllen der Soße ausreichend ist, besonders kräftig.

Beim *Schmoren* werden die Fleischstücke nach dem Anbraten in heißem Fett unter Hinzuziehung von Wasser bzw. saurer Milch, Buttermilch oder saurer Sahne im fest zu verschließenden Top (eiserner Topf) gargemacht. Als Fettarten eigenen sich Rinderfett, Palmin, auch Butter oder ein Gemisch der verschiednen Fettarten. Zur Einschränkung des Saftaustrittes, zur Erzielung einer braunen Kruste werden die zu schmorenden Fleischstücke vor dem Anbraten in Mehl umgewendet oder mit Mehl bestreut. Um die Farbe der Soße zu verbessern, kann eine gewaschene, geputzte, längs durchgeschnittene Mohrrübe mit dem Fleisch zusammen in das dampfende Fett gegeben werden. Durch die hohe Temperatur des Fettes wird der in der Mohrrübe enthaltene Zucker karamellisiert, und dieser geht beim Schmoren in die Flüssigkeit über. Ein Fleischstück ist wie folgt zu schmoren. Das vorbereitete, mit Salz bestreute, in Mehl umgewendete Fleisch wird zusammen mit der Mohrrübe in das dampfende Fett gegeben, von allen Seiten braun angebraten. Es wird soviel kochendes Wasser aufgefüllt (Vorsicht!), dass das Fleisch bis zur halben Höhe davon bedeckt ist, der Topf wird zugedeckt. An der Herdseite wird das Fleischstück unter Hinzugabe, abwechselnd von Wasser und saurer Sahne, die mit 2 Esslöffel Weizenmehl zu verquirlen sind, unter mehrmaligem Beschöpfen gargemacht. Der sich an den Seiten des Topfes bildende braune Satz ist mit einer Bratenbürste abzubürsten. Während des Schmorens ist das Fleisch 2–3 mal umzudrehen. Ist die Soße nicht braun genug, muss das Wasser verdampfen und Fett und Sahne gebräunt werden. Nach dem Bräunen wird das für die Soße notwendige Wasser wieder zugegossen. Die Soße wird durch ein Sieb gegossen und wenn nötig durch angerührtes Weizenmehl gedickt.

Beim *Braten* ist ein Unterschied zwischen kleinen und großen Fleischstücken und bei letzteren zwischen mageren und fetten zu machen.

Kleinere Fleischstücke, wie Schnitzel, Koteletts, Bratklopse usw., werden in der Stielpfanne auf dem Herd in heißem Fett (Butter,

Schweinefett) ohne Flüssigkeitszusatz unter einmaligem Umwenden gargemacht.

Ein größeres, mageres Fleischstück wird im Bratofen durch Einwirkung von Ober- und Unterhitze, von heißem Fett unter Hinzugießen von Wasser und saurer Sahne oder Ersatz dafür gargemacht. Als Fettart ist Butter am geeignetsten. Das vorbereitete, mit Salz bestreute Fleisch wird in die in der Bratpfanne gebräunte Butter oder das heiße Mischfett gegeben mit diesen beschöpft und in den Bratofen geschoben. Nach und nach wird erst Wasser und dann abwechselnd Sahne und Wasser dazugegeben. Die zweite Hälfte der Sahne kann mit 1–2 Esslöffel Weizenmehl verquirlt werden. Dadurch wird eine bessere Bräunung der Soße erreicht. Das Fleischstück, das nicht umzudrehen ist, ist öfters zu beschöpfen, der Ansatz an den Seiten der Pfanne abzubürsten. Die Soße wird durch ein Sieb gegossen, wenn nötig durch angerührtes Weizenmehl gedickt.

Bei *fettem Braten* (Hammel-, Schweinebraten) fällt ein Fettzusatz fort. Das vorbereitete, gesalzene Fleischstück wird in der Bratpfanne mit ⅛–¼ l kochendem Wasser übergossen, damit sein eigenes Fett gelöst werden und austreten kann. Wenn das Wasser verdampft ist, wird das Fleisch im ausgebratenen Fett, wenn nötig unter Zusatz von einer geringen Menge Butter oder Fett, unter Hinzugießen von Wasser bzw. saurer Sahne weiter behandelt wie der magere Braten. Bei Schweinebraten wird der Zusatz von saurer Sahne vielfach fortgelassen und die Soße durch angerührtes Kartoffelmehl bündig gemacht.

Um ein besonders saftiges Fleischstück zu erhalten, ist das *Braten auf dem Rost, das Grillen,* zu empfehlen. Fehlt im Bratofen die Grillvorrichtung, so kann man sich mit einem Drahtgitter, auf eine passende Emailleschüssel oder Pfanne gesetzt, helfen. Sie ist mit dem auf dem Gitter liegenden, vorbereiteten Fleischstück auf einem Kuchenblech in den Bratofen einzuschieben, damit genügend Oberhitze zum Garmachen einwirken kann. Magere Fleischstücke werden zum Grillen mit dickflüssiger Butter bepinselt, bei fetten erübrigt es sich. In die Grillpfanne, die Emailleschüssel, ist wenig Wasser zu füllen. Der Nachteil des Grillens ist eine weniger kräftige, weniger braune Soße. Es ist besonders für Fleisch anzuwenden, das zu kaltem Aufschnitt gebraucht wird (Filet, Roastbeef usw.).

Beim Schmoren und Braten von Fleisch kommt es zu einer stärkeren Einwirkung der Extraktivstoffe als beim Kochen.

Bei allen Zubereitungsarten tritt ein starker Gewichtsverlust ein. Er beträgt, abhängig von der Beschaffenheit des Fleisches (mit oder ohne Knochen, mager oder fett) 25–40 %.

Für 4 Personen werden 375–625 g Fleisch gerechnet.

Das Rind

136. Teile des Rindes

Zur Verwendung kommen: Halsstück, Kamm, Fehlrippe, hohes, flaches Roastbeef, Ecke, Blume, Ober-, Mittel-, Unterschwanzstück, Oberschale, Hufzahn, Querrippe, Brust, Stücke aus der Vorderkeule (z. B. falsches Filet), Filet oder Lende, Leber, Lunge, Herz, Nieren, Gehirn und Zunge. Zum Braten eignen sich flaches und hohes Roastbeef (in Scheiben geschnitten als Rumpsteak), Filet (in Scheiben geschnitten als Filetbeefsteak), zum Schmoren die Schwanzstücke, Ecke, Blume, Oberschale, Hufzahn, die übrigen Teile zum Kochen. Die inneren Teile finden verschiedene Verwendung. Beim Einkauf von Kochfleisch ist auf eine frische, rote Farbe und auf festes, gelblich weißes Fett zu achten.

137. Rindfleisch zu kochen, siehe Seite 15

500 g Fleisch ohne Knochen,
1¼–1½ l kochendes Wasser,
1 Teelöffel Salz,
1 Zwiebel in dicke Scheiben geschnitten, geröstet,
Suppengemüse.

Beim Schneiden von Fleisch ist darauf zu achten, dass nicht mit, sondern gegen die Faser geschnitten wird. Die verschiedensten Soßen, wie Petersilien-, Schnittlauch-, Mostrich-, Rosinensoße u. a. m., sind als Beiguss geeignet.

138. Rindfleisch und Brühkartoffeln

375–500 g Rindfleisch,
¾–1 l kochendes Wasser,
1 Teelöffel Salz,
Suppengemüse,
1¼–1½ kg Kartoffeln,

1 Teelöffel Zwiebelwürfel, in
20–30 g Margarine oder Butter
gedünstet,
1 Esslöffel gewiegte Petersilie.

Nachdem das vorbereitet Fleisch 1–1½ Stunden gekocht hat, wird das vorbereitete, in Scheiben oder Streifen geschnittene Suppengemüse dazugegeben und nach weiteren 10–15 Minuten die gewaschenen, geschälten, in dicke Scheiben geschnittenen Kartoffeln. Sind diese nach ½–¾ Stunden gar geworden, wird das Gericht mit gedünsteten Zwiebelwürfeln und gewiegter Petersilie vermischt, nach Salz abgeschmeckt. Das Gericht kann auch dünnflüssiger zu Tisch gegeben werden (vom Suppenteller zu essen). Die Flüssigkeitsmenge muss dann erhöht werden. Die Kartoffelmenge kann um 250–500 g gekürzt werden.

139. Rindfleisch mit Eiern
(Resteverwendung für gekochtes Rindfleisch)

250 g gekochtes Rindfleisch,
in 4–6 Scheiben
geschnitten,
40 g Butter oder Margarine,

1 Teelöffel Zwiebelwürfel,
4 Eier,
Salz,
(Pfeffer).

Das in Scheiben geschnittene Fleisch wird in Fett angebraten (in einer Stielpfanne), die Zwiebelwürfel werden dazugegeben, die Eier darüber geschlagen, so dass das Eigelb ganz bleibt, mit Salz (Pfeffer) bestreut und zum Gerinnen gebracht. Man lässt das Gericht im Ganzen von der Pfanne auf eine runde, flache Schüssel gleiten.

140. Rindfleisch mit Äpfeln und Zwiebeln (Resteverwendung)

250 g gekochtes Rindfleisch
in Scheiben,
Salz zum Bestreuen,
40 g Butter oder Margarine,
375–500 g Äpfel,
50–60 g Butter oder Margarine,
1–2 Zwiebeln in Scheiben.

Das in Scheiben geschnittene Fleisch wird in Fett gedünstet oder gebräunt, die vorbereiteten Äpfel in Achtel geschnitten, werden in das zerlassene Fett gegeben, wenn sie halb weich sind, werden die in Scheiben geschnittenen Zwiebeln dazugegeben und beides zusammen gebräunt, mit dem Fleisch angerichtet.

141. Rindfleischhaschee (Resteverwendung)

250–375 g gekochtes Rindfleisch,
40 g Butter oder Margarine
oder
50 g geräucherten Speck,
1 Teelöffel Zwiebelwürfel,
2 Esslöffel Mehl,
¼–⅜ l kochende Brühe oder
kochendes Wasser,
Salz nach Geschmack,
n. Bel. 1–2 Esslöffel Essig,
n. Bel. 1–2 Esslöffel Kapern.

Das grob gewiegte oder in kleine Würfel geschnittene Fleisch wird mit den Zwiebelwürfeln in Fett gedünstet. Das Mehl wird darüber gestäubt, durchgeschwitzt, die Flüssigkeit aufgefüllt und das Haschee nach 10–15 Minuten Kochzeit nach Salz und nach Belieben nach Essig abgeschmeckt.

142. Rindfleischhaschee mit Reis (Resteverwendung)

250 g gekochtes Rindfleisch,
30 g Butter oder Margarine,
1 Teelöffel Zwiebelwürfel,
125 g Reis,
20 g Butter oder Margarine,
⅜–½ l Flüssigkeit, Wasser oder
Brühe,
⅛ l Soßenreste,
Salz nach Geschmack.

Das grob gewiegte oder in Würfel geschnittene Fleisch wird mit den Zwiebelwürfeln in Fett gedünstet. Der abgequirlte, in Butter gedünstete Reis wird in der Flüssigkeit in ¾–1 Sunde weich ausgequollen. Fleisch und Reis werden mit der Bratensoße vermischt. Das Gericht wird nach Salz abgeschmeckt. Es kann in eine gebutterte Auflaufform gefüllt werden, mit 2–3 Esslöffel geriebenem Parmesankäse bestreut und in ¼ Stunde überbacken werden.

143. Rindfleischsalat

250 g gekochtes Rindfleisch,	Essig,
1 Teelöffel Zwiebelwürfel,	Salz,
2 Esslöffel Öl,	Pfeffer,
	n. Bel. 1 saure Gurke.

Das grob gewiegte oder in Steifen geschnittene Rindfleisch wird mit den Zutaten vermischt, abgeschmeckt, bergartig angerichtet, nach Belieben mit Scheiben von saurer Gurke verziert.

144. Rinderschmorbraten

500 g Rindfleisch ohne Knochen (Oberschale, Hufzahn, Schwanzstück),	1 Mohrrübe,
40 g ger. Speck, in Keile geschnitten,	50–80 g Rinderfett, Palmin oder Mischfett,
1 Teelöffel Salz,	kochendes Wasser,
Mehl zum Umwenden,	⅛–¼ l saure Milch, Buttermilch oder saure Sahne,
	1–2 Esslöffel Weizenmehl.

Das vorbereitete Fleisch wird mit Speckkeilen gespickt (S. 412), mit Salz bestreut, in Mehl umgewendet mit der vorbereiteten, längs durchgeschnittenen Mohrrübe in das dampfende Fett gegeben, von allen Seiten angebraten. Bis zu ½ der Höhe des Fleisches wird kochendes Wasser aufgefüllt und das Fleisch unter Hinzugabe von Wasser, saurer Milch, Sahne oder Buttermilch in 1½–2 Stunden weichgeschmort. Das Fleisch muss öfters umgewendet werden. Die durchgegossene Soße wird nach Bedarf mit angerührtem Weizenmehl gedickt (siehe Nr. 135 *Schmoren*). An Stelle der Sahne können 2–3 Esslöffel Tomatenbrei verwendet werden.

145. Rinderschmorbraten auf andere Art

500 g Rindfleisch ohne
Knochen (Oberschale,
Hufzahn, Schwanzstück),
40 g ger. Speck in Keile
geschnitten,
1 Teelöffel Salz,
Mehl zum Umwenden,
50–80 g Rinderfett, Palmin
oder Mischfett,

Wasser nach Bedarf,
⅛–¼ l Braunbier,
Suppengemüse,
1–2 Wacholderbeeren,
40 g Fischpfefferkuchen,
in 1–2 Esslöffel Essig und Wasser
angerührt,
Essig,
Salz, Zucker nach Geschmack.

Das Fleisch wird wie in Nr. 144 behandelt. Nach dem Anbraten werden Wasser, Bier, in Scheiben geschnittenes Suppengemüse und Wacholderbeeren dazugegeben. Die mit dem angerührten Fischpfefferkuchen bündig gemachte Soße wird durch ein Sieb gegossen.

146. Rinderschmorbraten auf französische Art

500 g Rindfleisch ohne
Knochen,
40 g Schweizer Käse, in
Keile geschnitten,
1 Teelöffel Salz,
Mehl zum Umwenden,
50–80 g Rinderfett, Palmin
oder Mischfett,
1 Scheibe Schwarzbrot,
1 kleine Zwiebel,
½ l kochendes Wasser, und
Wasser nach Bedarf,

250 g Karotten,
250 g Spargel,
250 g grüne Bohnen,
3–4 Tomaten,
250 g Wirsingkohl,
¼ Kopf Blumenkohl,
1–2 Esslöffel Weizenmehl,
in ⅛ l saurer Sahne angerührt,
n. Bel. geröstete Kartoffelschnitzel von 250 g Kartoffeln.

Das Fleisch wird wie in Nr. 144 behandelt. Nach dem Anbraten werden Schwarzbrot, Zwiebel und Wasser dazugegeben und das

Fleisch in 1½–2 Stunden weichgeschmort. Nach ungefähr 1–1½ Stunde Schmorzeit werden die vorbereiteten Gemüse mit Ausnahme der Tomaten dazugegeben. Letztere brauchen nur 10–15 Minuten zum Garwerden. Gargemachtes Gemüse und Fleisch werden herausgenommen, die Soße durch in saurer Sahne angerührtes Weizenmehl bündig gemacht, durch ein Sieb gegossen. Gemüse und Fleisch werden auf einer Platte angerichtet. Nach Belieben können *geröstete Kartoffelschnitzel* mit angerichtet werden. 250 g Kartoffeln, gewaschen, geschält, werden in dicke Scheiben, diese in Steifen geschnitten. Die Kartoffelschnitzel werden mit kochendem Wasser überbrüht (dadurch verkleistert die Stärke an ihrer Außenseite), in einem Tuch getrocknet, in kleineren Mengen nach und nach in dampfendes Ausbackfett gegeben, gebräunt, mit einem Schaumlöffel herausgenommen, mit Salz bestreut. (Zum Ausbacken von Kartoffelschnitzel eignet sich die Wunderpfanne besonders gut). An Stelle der angegebenen Gemüse sind auch andere Arten, so wie sie die Jahreszeit bietet, zu verwenden (875–1000 g).

147. Sauerbraten

500 g Rindfleisch ohne Knochen,
¾–1 l scharf abgeschmecktes Essigwasser,
2 Pfeffer-, 2 Gewürzkörner,
1 Teelöffel Salz,
n. Bel. 1 Zwiebel in Scheiben,

40 g ger. Speck in Keile geschnitten,
1 Teelöffel Salz,
Mehl zum Umwenden,
50–80 g Rinderfett, Palmin oder Mischfett,
Wasser nach Bedarf,
⅛–¼ l saurer Milch oder Sahne,
1–2 Esslöffel Mehl.

Das Essigwasser wird mit Gewürz und Zwiebelscheiben aufgekocht und erkaltet über das vorbereitete Fleisch gegossen (irdener Topf), das 4–6 Tage darin liegen bleibt. Das Fleisch wird wie Rinderschmorbraten Nr. 144 oder 145 behandelt. Bei der Behandlung nach Nr. 145 fällt das Bier zum Angießen fort.

148. Rindfleischrouladen

4–5 Scheiben Rindfleisch
(400–600 g),
1 Teelöffel Salz,
1 Prise Pfeffer,
1 Zwiebel in Würfel,
80–125 g ger. Speck
Mehl zum Einhüllen,

50 g Rinderfett, Palmin oder
Mischfett,
Wasser nach Bedarf,
n. Bel. ⅛ l saure Sahne, Milch
od. Buttermilch,
1–2 Esslöffel Weizenmehl.

Die vorbereiteten Fleischscheiben werden mit Salz und Pfeffer bestreut, Speck und Zwiebelwürfel darauf verteilt, die Scheiben zusammengerollt, durch Halter, Wurstspeile oder überbrühte Baumwollfäden zusammengehalten, in Mehl eingehüllt, in dampfendem Fett angebraten und unter Hinzugießen von kochendem Wasser und mit Weizenmehl verquirlter Sahne in 2–2½ Stunden gargeschmort (siehe Nr. 135 Schmoren).

149. Rindfleischrouladen, gefüllt

4–5 Scheiben Rindfleisch
(400–600 g),
1 Teelöffel Salz,
1 Prise Pfeffer,
1–2 Esslöffel Mostrich,
2 Esslöffel geriebenes Brot,
1 kleine Zwiebel in Würfel,
30 g Butter oder Margarine,
5 Sardellen, gewiegt,

50 g ger. Speck, fein geschnitten
oder durch die Fleischmaschine
gedreht,
1 saure Gurke geschält, in
Streifen geschnitten,
Mehl zum Einhüllen,
50 g Fett,
Wasser nach Bedarf,
n. Bel. ⅛ l saure Sahne,
1–2 Esslöffel Weizenmehl.

Zur Füllung werden geriebenes Brot und Zwiebelwürfel in Fett gedünstet. Die vorbereiteten, mit Salz und Pfeffer bestreuten Fleischscheiben werden erst mit Mostrich bestrichen, ehe alle übrigen Zutaten darüber verteilt werden. Weitere Behandlung wie in Nr. 148.

150. Gulasch

500–625 g Rindfleisch
ohne Knochen,
1 Teelöffel Salz,
Mehl zum Umwenden,
50 g Palmin oder Rinderfett,

kochendes Wasser,
n. Bel. 1 Prise Paprika,
⅛ l saure Sahne mit 1–2 Esslöffel Weizenmehl verrührt.

Das vorbereitete Fleisch wird in Würfel (2–3 cm Kantenlänge) geschnitten, mit Salz bestreut, in Mehl umgewendet, in dem dampfenden Fett braun angebraten. (Es dauert ziemlich lange, da durch die vielen Schnittflächen Fleischsaft in das Fett übertritt und dieses abkühlt). Nach dem Auffüllen von kochendem Wasser wird es unter Verwendung von mit Mehl verrührter saurer Sahne in 1½–2 Stunden geschmort (siehe Nr. 135 *Schmoren*). An Stelle der sauren Sahne können auch 2–3 Esslöffel Tomatenbrei verwendet werden.

151. Rindfleisch in Scheiben, gedämpft

4–5 Scheiben Rindfleisch
(400–500 g),
1 Teelöffel Salz,
1 Prise Pfeffer,
50 g Butter oder Fett,
1 große Zwiebel in Scheiben,

(1 Stückchen Zitronenschale),
1 Teelöffel Kapern,
2 gewaschene Sardellen,
⅜–½ l kochendes Wasser,
⅛ l Weißwein,
1–2 Esslöffel Weizenmehl
in ⅛ l saurer Sahne verquirlt.

Die vorbereiteten, mit Salz und Pfeffer bestreuten Fleischscheiben werden in dem heißen Fett von beiden Seiten angebräunt, die Zutaten werden dazugegeben und die Fleischscheiben im geschlossenen Topf an der Herdseite in 2 Stunden weichgedämpft. Die Soße wird, nachdem die Fleischscheiben herausgenommen worden sind, durch das in der Sahne angerührte Weizenmehl bündig gemacht, über das Fleisch gegossen.

152. Rinderfilet für 12–16 Personen

1 Filet von 3–3½ kg,
125 g ger. Speck in Fäden oder Scheiben,
15–20 g Salz zum Bestreuen,
150–200 g Butter,
Kochendes Wasser oder Brühe,
⅜–½ l saure Sahne,
3–4 Esslöffel Weizenmehl,
Salz nach Geschmack.

Bei der Vorbereitung des Filets sind nach dem Klopfen zu entfernen: Die zu beiden Seiten liegenden Stränge, ein Teil des Kopfes, wenn notwendig ein Stück der Spitze (falls sie sehr dünn ist), ist das auf der Oberseite befindliche Fett und alle Häute. Einen Teil des Kopfes lässt man daran, damit das Filet, besonders wenn es im Ganzen angerichtet werden soll, eine gute, nach oben breiterwerdende Form hat. Das so vorbereitete Filet wird mit einem feuchten Tuch abgerieben, mit Speckfäden gleichmäßig in Reihen gespickt, mit Salz bestreut, mit der gebräunten Butter übergossen und im heißen Bratofen unter Angießen von kochendem Wasser oder Brühe und saurer Sahne in 50–60 Minuten gebraten. Es muss gar, aber innen rosa sein. Für 500 g Filet werden durchschnittlich 10 Minuten Bratzeit gerechnet. Doch darf ein größeres Filet nicht länger als 1 Stunde gebraten werden, weil sich sein Gewicht in stärkerem Maße auf die Länge als auf die Höhe verteilt. An Stelle des Spickens mit Speckfäden kann das vorbereitete Filet mit dünnen Speckscheiben, die durch einen gebrühten Baumwollfaden festgehalten werden, belegt werden. Auf diese Weise behandelt, tritt weniger Fleischsaft in die Soße über. Genaue Angaben über das Braten siehe Nr. 135, Seite 79 ein größeres, mageres Fleischstück.

Das abgelöste Fett wird ausgebraten und zum Anbraten von Fleisch, zum Fertigmachen von Gemüse verwendet. Die Brühe der ausgekochten Häute kann beim Braten des Filets zum Angießen verwendet werden. Kopf und Stränge von Fett und Sehnen befreit, können zu Gulasch, zu Beefsteaks verbraucht werden. Besonders gut eignen sie sich zur Herstellung von Pichelsteiner Fleisch (s. Nr. 154).

153. Rinderfilet, garniert

1 nach Nr. 152 gebratenes Filet,	125–150 g Butter, Gefüllte Tomaten,
zum Anrichten:	Glasierte Kartoffelbällchen,
Verschiedene Gemüse, wie Stangenspargel, Erbsen, Morcheln, Karotten, Wachsbohnen, (ungefähr oder ebensoviel Büchsengemüse),	Kartoffelschnitzel (pommes frites), Grüne Petersilie oder Salat, Endivie.

Das gebratene Filet wird in ½ cm dicke Scheiben geschnitten. Ein Stück an der Spitze und der Kopf bleiben unzerschnitten. Die ersten Scheiben nach der Spitze werden schräg geschnitten, der geringeren Höhe wegen. Das zerschnittene Filet wird auf sehr heißer Platte wieder zu seiner Form zusammengeschoben, mit den verschiedenen Gemüsen, gefüllten Tomaten, Kartoffelgarnituren, Petersilie, Salat oder Endivie angerichtet. Bei Verwendung von frischem Gemüse wird jede Sorte besonders in kochendem Salzwasser gargemacht, abgegossen, nach dem Abtropfen in Butter durchgeschwenkt. Bei Büchsengemüse wird das nur erhitzte Gemüse (besser in einem Topf, nicht in der Büchse) auf die gleiche Weise fertiggemacht. Kurz vor dem Anrichten kann das Filet des besseren Aussehens wegen mit zerlassener Butter bepinselt werden.

154. Pichelsteiner Fleisch I

375–500 g rohe Filetreste (Stränge, Kopf ohne Fett),	250 g Petersilienwurzel,
	500 g Kartoffeln,
100 g Butter oder Margarine,	1 Zwiebel,
	⅛–¼ l Wasser oder Brühe,
500 g Mohrrüben,	Salz nach Geschmack.

Das in Würfel geschnittene Fleisch wird mit Salz bestreut, in der Hälfte des Fettes gedünstet. Die vorbereiteten Gemüse und Kartoffeln werden in Scheiben (Petersilienwurzel etwas dünner, Kartoffeln etwas dicker als Mohrrüben), die Zwiebel in Würfel geschnitten und alle Zutaten in der zweiten Hälfte des Fettes gedünstet. Fleisch und Gemüse werden abwechselnd in einen gut zu verschließenden Topf (Dampftopf) geschichtet und nachdem die Flüssigkeit aufgefüllt worden ist, an der Herdseite in ½–¾ Stunde gargemacht. Als Beigabe zu dem nach Salz abgeschmeckten Gericht, eigen sich saure oder Senfgurken.

155. Filetbeefsteak

500–600 g ausgelöstes Filet (Mitte),	*zum Anrichten:* Kräuterbutter von 50 g Butter,
Salz zum Bestreuen,	1 Esslöffel Kräuter,
75–100 g Butter,	n. Bel. Kartoffelschnitzel, grüne Petersilie oder Salat.

Das in 4–5 dicke Scheiben geschnittene Fleisch wird kurz vor dem Braten mit Salz bestreut. In der gebräunten Butter sind die Scheiben unter einmaligem Wenden in 4–6 Minuten gar zu machen. Nicht alle Scheiben sind zusammen in die braune Butter zu geben, sondern nacheinander, da durch den austretenden Fleischsaft das Fett zu stark abgekühlt und in der Kürze der Zeit die Scheiben nicht braun werden würden. Alle kleinen Bratstücke sind während des Garmachens mit dem heißen Fett zu beschöpfen. Beim Anrichten ist auf jedes Beefsteak eine Kräuterbutterkugel zu geben.

156. Deutsche Beefsteaks

375 g Rindfleisch ohne
Knochen,
2–3 gekochte Kartoffeln,
1 Teelöffel Salz,

1 Prise Pfeffer,
2–3 Esslöffel Wasser,
süße oder saure Sahne,
60 g Butter,
1 Zwiebel in Scheiben.

Das in Stücke geschnittene Fleisch wird mit den gekochten Kartoffeln einmal durch die Fleischmaschine gedreht, mit Salz, Pfeffer, Wasser oder Sahne vermischt. Aus der Masse werden 4–5 Klopse geformt, die nach dem Einkerben mit dem Messerrücken in der gebräunten Butter unter einmaligem Wenden in 10–12 Minuten gargemacht werden. Sind beide Seiten der Beefsteaks gebräunt, werden die Zwiebelscheiben dazugegeben und geröstet.

Das Fleisch kann auch mit einem scharfen Blechlöffel geschabt werden, dann sind für die gleiche Anzahl Beefsteaks 500 g Fleisch wegen der zurückbleibenden Sehnen und Häute zu rechnen.

157. Rindfleisch, roh (Tartarenbeefsteak)

375 g Rindfleisch ohne
Knochen,
1 Teelöffel Salz,
1 Prise Pfeffer,
4 Eigelb,

Kapern,
Sardellen,
Zwiebelwürfel,
Pfeffergurken.

Das einmal durch die Fleischmaschine gedrehte Fleisch wird mit Salz und Pfeffer gemischt; in 4 Teile geteilt. In die Mitte eines jeden geformten Klopses wird eine Vertiefung gemacht, in die ein Eigelb gegeben wird. Die anderen Zutaten werden als Garnitur gebraucht. Beim Schaben des Fleisches mit einem Blechlöffel werden 500 g Fleisch gebraucht.

158. Roastbeef für 8–10 Personen

1½–2 kg ausgelöstes, flaches Roastbeef,	125–150 g Butter,
2 große Zwiebeln in Scheiben,	Kochendes Wasser oder Brühe nach Bedarf,
Salz zum Bestreuen,	¼–⅜ l saure Sahne,
	2–3 Esslöffel Weizenmehl.

Das gut abgehangene Fleischstück wird geklopft, die breite Sehne auf der Oberseite entfernt. Die Haut auf der oberen Seite kann abgelöst werden. Eine Stunde vor dem Beginn des Bratens wird die untere Fleischseite mit den Zwiebelscheiben belegt. Das gesalzene Roastbeef wird im heißen Ofen in der gebräunten Butter unter öfterem Beschöpfen und Angießen von Wasser oder Brühe und saurer Sahne in 30–40 Minuten gebraten (siehe Nr. 135, Seite 78). Für 500 g Roastbeef rechnet man 10–12 Minuten Bratzeit, bei einem größeren Stück nicht mehr als 45–50 Minuten, weil sich das Gewicht in stärkerem Maße auf die Länge als auf die Höhe verteilt. Roastbeef kann ebenso wie Rinderfilet mit verschiedenen Garnituren angerichtet werden (siehe Nr. 153).

159. Rumpsteak

500–600 g ausgelöstes Roastbeef,	z. Anrichten Meerrettich, Kräuterbutter von 50 g Butter, 1 Esslöffel Kräuter,
Salz zum Bestreuen, (Pfeffer),	n. Bel. Kartoffelschnitzel, grüne Petersilie oder Salat.
50–75 g Butter,	

Das in 2 cm dicke Scheiben geschnittene Fleisch wird wie Filetbeefsteak nach Nr. 155 behandelt.

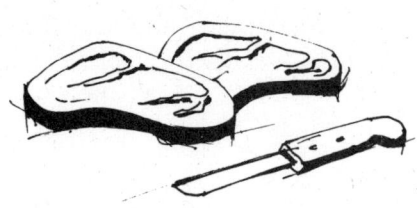

160. Rinderzunge, gekocht, für 8–10 Personen

1 Zunge ohne Schlund (1–1½ kg schwer),
Wasser zum Vorkochen,
2–3 l kochendes Wasser,
1 Esslöffel Salz,
Suppengemüse.

Die gewaschene Zunge wird mit kaltem Wasser bedeckt angesetzt, aufgekocht, das Wasser abgegossen (der Schleimschicht wegen). In kochendem Wasser mit Salz und Suppengemüse wird die Zunge in 3–4 Stunden im fest zu verschließenden Topf (am besten Dampftopf) auf schwachem Feuer gargemacht (an der Spitze der Zunge muss probiert werden). Die feste Haut wird abgezogen und die Zunge schräg in Scheiben geschnitten. Als Soße Rosinen- (Nr. 90) oder Madeirasoße (Nr. 116). Gepökelte Rinderzunge wird kalt angesetzt.

161. Königsberger Fleck (Rindskaldaunen)

500–750 g gereinigte Kaldaunen,
Wasser zum Vorkochen,
2–3 l Wasser zum Ansetzen,
1 Esslöffel Salz,
40 g Butter oder Margarine,
40 g Mehl,
Zitronensaft,
Salz,
n. Bel. 1 Teelöffel Majoran.

Die vom Fleischer schon gereinigten Kaldaunen werden mit Salz abgerieben, sorgfältig gewaschen, in kleine Stücke geschnitten, mit kaltem Wasser bedeckt angesetzt, aufgekocht, das Wasser abgegossen. In Wasser mit Salz (nach Belieben 2 Pfeffer-, 2 Gewürzkörner) werden sie in 6–8 Stunden weichgekocht. Die Brühe wird zum Auffüllen der hellen Mehlschwitze verwendet, die nach Zitronensaft, Salz, nach Belieben nach Majoran abzuschmecken ist. Die Kaldaunenstücke müssen in der Soße durchziehen.

162. Zungenragout, für 8–10 Personen

1 Zunge frisch oder gepökelt, 1–1½ kg schwer (ohne Schlund), Wasser zum Vorkochen, 2–3 l kochendes Wasser, bei frischer Zunge 2 Eßlöffel Salz, *zur Soße:* 100 g Palmin, 60 g Suppengemüse	1 Zwiebel, in Streifen geschnitten 100–120 g Mehl, 2 Eßlöffel Rotwein zum Mitkochen, Zungenbrühe zum Auffüllen, Rotwein, Madeira, Zitronensaft, Salz, Zucker nach Geschmack.

Die nach Nr. 160 behandelte Zunge muss in der Soße durchziehen, ehe sie auf runder Schüssel angerichtet wird. Zur Soße wird das in Streifen geschnittene Suppengemüse in dem heißen Fett angebräunt, das hinzugefügte Mehl mittelbraun geröstet. Die braune Mehlschwitze wird mit der Zungenbrühe aufgefüllt. 2 Eßlöffel Rotwein dazugegeben. Nach ½ Stunde Kochzeit wird die durch ein Sieb gegossene Soße nach Rotwein, Madeira, Zitronensaft, Salz und Zucker abgeschmeckt. Zur Garnitur Blätterteighalbmonde, Fleischklößchen (Nr. 76), in Würfel geschnittene, gekochte Kalbsmilch (Nr. 179).

163. Filet, Roastbeef auf dem Rost gebraten

Das nach Nr. 152 vorbereitete Filet oder nach Nr. 158 vorbereitete Roastbeef wird mit dickflüssiger Butter bepinselt, im heißen Bratofen auf dem Rost in 45–50 Minuten gebraten.

164. Fleischbrötchen (Bratklopse, Buletten) für 6 Personen

375–500 g Gewiegtes,
halb Rind-, halb
Schweinefleisch,
1 alte Semmel,
1 Esslöffel Butter oder
Margarine,

1 Teelöffel Zwiebelwürfel,
1 Ei,
1 Teelöffel Salz,
1 Prise Pfeffer,
50–60 g Butter oder
Schweinefett.

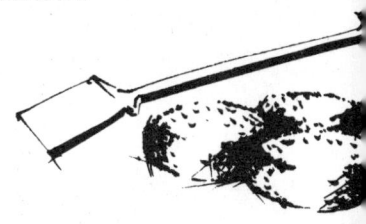

Die geweichte, trocken ausgedrückte Semmel kann mit Zwiebelwürfel und Fett auf dem Feuer abgerührt werden. Nach dem Abkühlen wird die Masse mit dem Fleisch, dem Ei und den Gewürzen vermischt, oder alle Zutaten werden kalt vermischt. Es werden 6–8 Klopse daraus geformt, die flachgedrückt in gebräunter Butter oder dampfendem Schweinefett in 10–12 Minuten unter einmaligem Wenden gebraten werden. (Geformt wird mit angefeuchteten Holzlöffeln oder den Händen.) Die Klopse können vor dem Braten in geriebener Semmel umgewendet werden. Für alle Fleischteige ist zu empfehlen, das Fleisch selbst durch die Maschine zu drehen.

165. Falscher Hase oder Hackbraten für 6 Personen

500 g Gewiegtes, halb Rind-,
halb Schweinefleisch,
1 alte Semmel,
1 Esslöffel Butter oder
Margarine,
1 Teelöffel Zwiebelwürfel,
1 Ei,
1 Teelöffel Salz,

1 Prise Pfeffer,
50 g geräucherten Speck,
50 g Butter,
kochendes Wasser nach Bedarf,
⅛ l Buttermilch, saure Milch
oder Sahne,
1–2 Esslöffel Weizenmehl.

Aus der nach Nr. 164 hergestellten Masse wird ein längliches Brot geformt, das auf der Oberseite mit Speckkeilen gespickt werden kann. Auf dünn geschnittenen Speckscheiben liegend, wird das

Fleisch ¾–1 Stunde gebraten (siehe Nr. 135, Seite 78). Die Speckscheiben müssen erst im Bratofen glasig werden, ehe die Butter zum Bräunen dazugegeben wird. Soll ein Fleischteig unter Verwendung von Resten von gekochtem Rindfleisch hergestellt werden, dann rechnet man für 6 Personen 300 g gekochtes Rindfleisch und 125 g rohes Schweinefleisch. Die übrigen Zutaten und die Verwendung bleiben wie in Nr. 164 und 165.

166. Fleischpudding für 6 Personen

500 g Gewiegtes, halb Rind-, halb Schweinefleisch,	1 Esslöffel geriebenen Parmesan – oder Schweizerkäse,
1 Semmel, geweicht, ausgedrückt,	2 Eigelb und Schnee, oder 2 ganze Eier,
1 Teelöffel Zwiebelwürfel,	Salz nach Bedarf,
3 gewiegte Sardellen,	Fett, geriebene Semmel, zur Vorbereitung der Form.

Alle Zutaten werden zusammengemischt. Werden die Eier getrennt verwendet, wird als letzte Zutat der steifgeschlagene Eierschnee darunter gezogen. In der mit Fett ausgestrichenen, mit geriebener Semmel ausgestreuten Puddingform wird die Masse im Wasserbade 1–1¼ Stunde gekocht. Als Soße eignet sich Kapern-, Mostrich-, Tomaten- oder Pilzsoße.

Das Kalb

167. Teile des Kalbes

Zur Verwendung kommen: Kopf mit Gehirn und Zunge, Hals mit Kalbsmilch, Kamm, Kotelett-, Nierenstück. Die zwei letzten zusammenhängend als Kalbsrücken; Keule, Hesse oder Bein, Fuß, Bruststück, Lunge, Leber, Herz, Milz. Zum Braten geeignet sind Rücken im Ganzen oder geteilt, Keule, Gehirn, Leber; zum Schmoren Brust, Blatt, Kamm; zum Kochen Brust, Kamm, Hals, Hesse, Füße, Kopf, Herz, Lunge, Milz. Beim Einkauf von Kalbfleisch achte man auf eine blaßrötliche, nicht weiße Farbe, auf eine feste Beschaffenheit.

168. Kalbfleisch zu kochen

500–625 g Fleisch,	1 Teelöffel Salz,
1–1½ kochendes Wasser,	Suppengemüse.

Das vorbereitete Fleisch wird in kochendem Wasser mit Salz und Suppengemüse in 1½–2 Stunden weichgekocht. Die Brühe wird durch ein Sieb gegossen.

169. Kalbfleischklops für 6 Personen

375 g Kalbfleisch,	zur Soße: 60 g Butter oder
125 g Schweinerückenfett,	Margarine,
1 Semmel,	60 g Mehl,
1 Teelöffel Zwiebelwürfel,	Klopsbrühe zum Auffüllen,
1 Eßlöffel Butter oder	1–2 Eßlöffel Kapern,
Margarine,	Salz,
1–2 Eier,	Zitronensaft,
1 Teelöffel Salz,	1 Prise Zucker,
kochendes Salzwasser,	nach Belieben 1–2 Eigelb zum Abziehen.

Aus dem nach Nr. 164 hergestellten Fleischteig werden 6–8 Klopse geformt, die in kochendem Salzwasser in 15–20 Minuten gargemacht werden. Sie werden zum Durchziehen in die Kapernsoße gegeben. Die Klopse können auch in der aufgefüllten hellen Mehlschwitze gargemacht werden. Die Kochzeit beträgt dann 25–30 Minuten. Das Abziehen mit Eigelb, das Hinzugeben der Kapern erfolgt, nachdem die Klopse gar sind.

170. Kalbslungenhaschee

500–750 g Geschlinge,
1–1½ l kochendes Wasser,
1 Teelöffel Salz,
Suppengemüse,
zur Soße: 40 g Butter oder Margarine oder 50 g geräucherter Speck,

50 g Mehl,
Brühe zum Auffüllen,
Salz, nach Belieben Essig oder Zitronensaft,
1 Teelöffel gewiegte Petersilie.

Das gewaschene Geschlinge wird in kochendem Wasser mit Salz und Suppengemüse in 1–1½ Stunden weichgekocht. Es kann fein gewiegt oder durch die Fleischmaschine gedreht, oder die Hälfte durch die Fleischmaschine, die Hälfte in feine Würfel geschnitten werden. Aus Fett und Mehl wird eine hellgelbe Mehlschwitze hergestellt, die nach dem Auffüllen 20–25 Minuten gekocht, nach Salz, nach Belieben Essig abgeschmeckt, mit dem zerkleinerten Fleisch, der gewiegten Petersilie vermischt wird.

171. Kalbsgekröse

500–750 g Gekröse,
Salz zum Abreiben,
1½ l Wasser und Wasser zum Nachgießen,
1 Teelöffel Salz,
1 Zwiebel,
2 Pfeffer-, 2 Gewürzkörner,

zur Soße: 40 g Butter,
40 g Mehl, (oder Margarine),
Gekrösebrühe zum Auffüllen,
Zitronensaft oder Essig,
Salz,
Zucker nach Geschmack,
1–2 Eigelb z. Abziehen.

Das schon vom Fleischer gereinigte Gekröse wird mit Salz abgerieben, mehre Male lauwarm gewaschen, 2 Stunden gewässert. Es wird mit Wasser, Salz, Zwiebel und Gewürz angesetzt, in 3–4 Stunden unter Nachgießen von kochendem Wasser gargemacht, in kleine Stücke geschnitten. Diese müssen in der Zitronensoße durchziehen.

172. Kalbskeule, gebraten, für 16–20 Personen

1 Keule von 5–6 kg,	Wasser zum Angießen nach
75–100 g ger. Speck,	Bedarf,
Salz zum Bestreuen,	½–¾ l saure Sahne,
200–250 g Butter,	3–4 Esslöffel Weizenmehl,
	Salz nach Geschmack.

Die Kalbskeule wird vorbereitet, nach Belieben auf der Oberseite mit Speckfäden gespickt. (Soll gespickt werden, muss die Oberseite gehäutet werden.) Dünne Speckscheiben werden in der Bratpfanne im Bratofen erhitzt, bis sie glasig geworden sind. Die Butter wird dazugegeben, gebräunt, die gesalzene Keule hineingegeben, mit der Butter beschöpft und unter Hinzugießen von kochendem Wasser und saurer Sahne in 2½–3 Stunden gargebraten (siehe Nr. 135, Seite 78). Beim Aufschneiden des Fleisches löst man die einzelnen Teile der Keule (Muskel, Nuss oder Frikendeau) vom Knochen ab und schneidet sie der Fleischfaser entgegengesetzt in Scheiben, die schuppenförmig aufeinander gelegt angerichtet werden. Die Kalbskeule kann auch vor dem Braten entknöchelt werden. Zu diesem Zweck sind Bein- und Hüftknochen auszulösen. Der zwischen diesen beiden Knochen liegende Röhrenknochen ist mit einem spitzen Messer herauszuschälen, ohne die Keule von der Unterseite aufzuschneiden. Die entknöchelte Keule wird mit einem gebrühten Bindfasen umwickelt und gebraten. Die Bratzeit muss um ½–¾ Stunde verlängert werden. Eine Kalbskeule kann vor dem Braten 3–4 Tage in Buttermilch gelegt werden, wodurch die Fleischfaser gelockert wird.

173. Würzfleisch (Ragout) von Kalbsbratenresten

375 g Kalbsbratenreste,
Soßenreste,
40 g Palmin,
50 g Mehl,
½ l Brühe oder Wasser,
3–4 Pfeffergurken,

1 Eßlöffel eingelegte
Perlzwiebeln,
Zitronensaft,
Salz,
Zucker.

Das in Würfel geschnittene Fleisch wird in der Gurkensoße, zu der eine mittelbraune Grundsoße herzustellen ist, erhitzt. Es kann wie Ragoût fin angerichtet werden.

Würzfleisch hell

375 g Kalbsbratenreste,
40 g Butter oder Margarine,
40 g Mehl,
½ l Flüssigkeit (Brühe, Pilzwasser), 1 Eigelb,

Weißwein,
Zitronensaft,
Salz,
Zucker,
125-g-Büchse Champignons.

Das in Würfel geschnittene Fleisch wird in der Frikasseesoße (siehe Nr. 107) erhitzt. Das Champignonwasser wird zum Auffüllen der Soße verwendet. Die Champignons in Würfel geschnitten in die Soße gegeben. Es kann wir Ragoût fin angerichtet werden.

174. Kalbsbraten mit Bechamelsoße (Resteverwendung)

375 g Kalbsbratenreste,
40 g Butter oder Margarine,
1 Scheibe rohen Schinken oder 50 g Schinkenfett,
1 große Zwiebel in Würfel,
40 g Mehl,

¼ l Milch oder süße Sahne,
¼ l Brühe oder Wasser,
Salz nach Geschmack,
nach Belieben 1 Eßlöffel Parmesankäse,
25 g Butter.

Der in dünne Scheiben geschnittene Kalbsbraten wird in der nach Nr. 108 hergestellten Bechamelsoße, an die Bratensoßenreste gegeben werden können, heißgemacht, oder: das Fleisch wird abwechselnd mit 750 bis 1000 g in der Schale gekochten, geschälten, in Scheiben geschnittenen Kartoffeln in eine mit Fett ausgestrichene Auflaufform geschichtet, die Soße darüber gegossen, das Gericht mit geriebenem Parmesankäse bestreut, Butterflöckchen darüber gegeben und in 20–30 Minuten im heißen Ofen überbacken.

175. Kalbsschnitzel

4 Schnitzel je 125 g,
2 cm dick,
Salz zum Bestreuen,
1 Ei oder Eiweißreste mit
1–2 Esslöffel Wasser
verquirlt,

50–60 g geriebene Semmel mit
1 Esslöffel Mehl,
½ Teelöffel Salz vermischt,
60–70 g Butter zum Braten.

Die vorbereiteten Fleischscheiben werden mit Salz bestreut, in verquirltes Ei getaucht, nach dem Abtropfen in geriebener Semmel, die mit Mehl und Salz vermischt wird, umgewendet und in gebräunter Butter in 10–12 Minuten unter einmaligem Wenden gebraten. Zum Anrichten können Zitronenscheiben und Kapern verwendet werden, nach belieben Sardellen, Pfeffergurken.

176. Kalbsrücken für 12–14 Personen

1 Rücken von 4½–5 kg,
125–150 g Speck zum
Spicken,
Salz zum Bestreuen,

200–250 g Butter,
Wasser nach Bedarf,
½ l saure Sahne,
2–3 Esslöffel Weizenmehl.

Der Rücken wird geklopft und gehäutet, dabei werden die Schaufeln am oberen Ende ausgelöst. Die Nieren werden ausgelöst, zum Teil vom Fett befreit. Die Rippen werden gekürzt. Das Fleisch jeder Rückenhälfte wird in 2–3 Reihen mit Speckfäden gespickt, der Rücken gesalzen und nach Nr. 135 (Seite 78) in ¾–1¼ Stunden gebraten, ab-

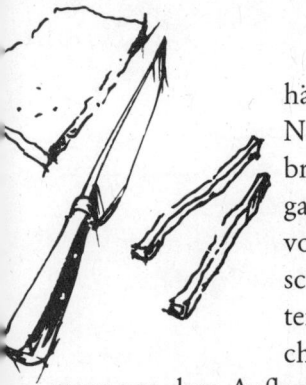

hängig von der Höhe der Fleischschicht. Die Nieren werden mit dem Rücken in die gebräunte Butter gegeben und in ½–¾ Stunde gargebraten. Beim Anrichten wird das Fleisch von jeder Rückenseite im Ganzen abgelöst, schräg in 1½–2 cm dicke Scheiben geschnitten, wieder zusammengeschoben auf das Knochengerüst aufgelegt. (Vom Knochengerüst muss vor dem Auflegen ein Stück abgeschlagen werden, da beim Zusammenschieben des geschnittenen Fleisches das Fleischstück kürzer wird.) Die in Scheiben geschnittene Niere wird schuppenförmig auf das Rückgrat gelegt. Zur Garnitur werden die gleichen Zutaten wie zum garnierten Filet verwendet (siehe Nr. 153).

177. Kalbskoteletts

4 große Kalbskoteletts (500g),
Salz zum Bestreuen,
1 Ei oder Eiweißreste mit 1–2 Esslöffel Wasser verquirlt,

50–60 g geriebene Semmel mit 1 Esslöffel Mehl, ½ Teelöffel Salz vermischt,
60–70 g Butter zum Braten.

Die Koteletts werden wie Kalbsschnitzel Nr. 175 behandelt.

178. Kalbskoteletts überbacken (au four)

4 große Kalbskoteletts (500 g),
Salz zum Bestreuen,
½ Ei oder Eiweißreste, mit 1–2 Esslöffel Wasser verquirlt,

30 g geriebene Semmel mit 1 Teelöffel Mehl, 1 Prise Salz vermischt,
40–50 g Butter zum Braten,
feines Würzfleisch nach Nr. 179,
20–30 g Butter in Flocken,
geriebener Parmesankäse.

Die vorbereiteten Koteletts werden nur von einer Seite paniert oder unpaniert gebraten. Sie werden mit der panierten Seite nach unten auf eine Bratenplatte gelegt, auf die unpanierte Seite wird ein Häufchen Würzfleisch (Nr. 179) gegeben, Butterflocken, geriebener Parmesankäse werden darüber verteilt und die Koteletts auf einer Pfanne mit Wasser im heißen Ofen überbacken.

179. Feines Würzfleisch (Ragoût fin) für 10–12 Personen

1–2 Kalbszungen, ungepökelt,	*zur Soße*:
	50 g Butter,
Wasser zum Vorkochen,	50 g Mehl,
kochendes Wasser mit Salz und Suppengemüse,	knapp ½ l Brühe (Zungenbrühe),
	Zitronensaft,
2–3 Kalbshirne,	Salz,
250 g Amoretten,	Zucker,
500 g Kalbsmilch,	4–8 Eigelb zum Abziehen.
10 Champignons,	

Die gewaschenen Kalbszungen werden mit kaltem Wasser bedeckt angesetzt, aufgekocht, das Wasser wird abgegossen. Die Zungen werden in kochendem Wasser mit Salz und Suppengemüse in 1½–2 Stunden weichgekocht (an der Spitze probieren). Die dicke, helle Haut wird abgezogen und das Fleisch nach dem Abkühlen erst in Scheiben, dann in feine Streifen oder Würfel geschnitten.

Kalbsgehirne, Amoretten und Kalbsmilch werden unter öfterem Wechsel des Wassers gründlich gewässert, bis alles Blut entfernt ist. Gehirne und Amoretten werden in schwach saurem Essigwasser 15–20 Minuten gekocht, nach dem Abkühlen gehäutet, in kleine Würfel geschnitten. Die gewässerte Kalbsmilch wird in der Zungenbrühe in ½ Stunde gargemacht, ebenfalls gehäutet und würflig geschnitten. Auch die Champignons werden in Würfel geschnitten verwendet. Zur Soße wird die helle Mehlschwitze mit der Zungenbrühe aufgefüllt (Vorsicht, nicht zu dünn) und nach 15–20 Minuten Kochzeit kräftig nach Zitronensaft, Salz und wenig Zucker abgeschmeckt, mit Eigelb abgezogen. Fleisch- und Pilzwürfel werden in der Soße erhitzt, am besten im heißen Wasserbade. Das Gericht muss, nachdem es durchgezogen ist, noch einmal abgeschmeckt werden.

Sind keine Amoretten zu haben, so ist an ihrer Stelle ein Gehirn mehr zu verbrauchen. Feines Ragout kann verschieden angerichtet werden:

1. *In Muscheln* (Ragoût fin en coquilles)
Dafür ist notwendig:

Butter zum Ausstreichen der Muscheln, geriebener Parmesankäse, geriebene Semmel, Butter in Flocken oder Krebsbutter.

Das Ragout wird in die ausgestrichenen Schalen gefüllt, mit Parmesankäse, Semmel bestreut, mit Krebsbutter beträufelt oder Butterflöckchen darauf gegeben und im heißen Ofen bei starker Oberhitze 8–10 Minuten überbacken. Damit die Muscheln feststehen, können sie auf dem Blech in Salz gesetzt werden (Viehsalz). Angerichtet werden die Muscheln auf runder Porzellanplatte mit Zitronenscheiben oder -achteln und grüner Petersilie.

2. *In Becherpasteten* (siehe Nr. 503).
3. *In Blätterteigpasteten* (siehe Nr. 504).
4. *In Pastetennäpfchen mit Griff.*
Bei 2, 3 und 4 fällt das Überbacken fort.

180. Kalbsschnitten, gehackt, für 6 Personen

500 g Kalbfleisch ohne Knochen,
100 g Rindernierenfett,
1 Ei,
1 Teelöffel Salz,

zum Panieren 1 Ei oder Eiweißreste,
50–60 g geriebene Semmel mit 1 Esslöffel Mehl, 1 Teelöffel Salz vermischt,
50–60 g Butter oder Schweinefett.

Das mit dem Rindernierenfett 2–3 mal durch die Maschine gedrehte Fleisch wird mit Ei und Salz vermischt. Aus der Masse werden 6–8 flache Brötchen geformt (Kotelettform), die nach dem Panieren in gebräunter Butter oder dampfendem Schweinefett in 8–10 Minuten gargemacht werden.

181. Paprikafleisch

500–625 g Kalbfleisch
ohne Knochen,
Salz zum Bestreuen,
Mehl zum Einhüllen,
50–60 g Butter,

¼–½ l kochendes Wasser,
1 Messerspitze Paprika,
⅛ l saure Sahne mit 1 Esslöffel
Mehl verquirlt.

Das vorbereitete, in Würfel geschnittene, mit Salz bestreute, in Mehl umgewendete Fleisch wird in der gebräunten Butter angebraten. Wasser und Paprika werden dazugegeben und die Würfel unter Hinzugabe von Wasser und mit Mehl verquirlter saurer Sahne in 1–1¼ Stunden weichgeschmort. Als Beigabe eignet sich Reis.

182. Kalbsnierenbraten für 6–8 Personen

1 Kalbsnierenstück
von 2 kg,
Salz zum Bestreuen,
75 g geräucherten Speck in
Scheiben,

125 g Butter,
kochendes Wasser nach Bedarf,
¼–⅜ l saure Sahne,
2–3 Esslöffel Weizenmehl.

Die Rippenknochen können ausgelöst, das lose Fleischteil kann über die Niere gelegt, das Fleischstück mit gebrühtem Bindfaden umschnürt werden, oder es wird mit den Knochen gebraten. Die Speckscheiben werden in der Bratpfanne erhitzt, bis sie glasig geworden sind, die Butter wird gebräunt, das gesalzene Fleisch hineingegeben, in 2–2½ Stunden gargebraten (siehe Nr. 135, S. 78). Die Niere wird ausgelöst, in Scheiben geschnitten, mit den Fleischscheiben angerichtet.

183. Sahneschnitzel

4 Schnitzel je 100–150 g
schwer, 2 cm dick,
Salz zum Bestreuen,

60–70 g Butter,
⅛–¼ l süße Sahne.

Die vorbereiteten, mit Salz bestreuten Schnitzel werden in der gebräunten Butter angebraten, unter Hinzugießen von Sahne, die sich leicht bräunen muss, in 12–15 Minuten gargemacht. (Nicht alle 4 Schnitzel zu gleicher Zeit, sondern nacheinander in die Butter.) Wenn sich das Fett absetzt, müssen 1–2 Esslöffel Wasser angegossen werden.

184. Kalbsbrust, geschmort, für 6–8 Personen

1–1½ kg Kalbsbrust,	Suppengrün in Scheiben,
Salz zum Bestreuen,	½ l Braunbier,
75 g Butter zum Anbraten,	¼ l Wasser,
1 kleine Zwiebel,	2–3 Esslöffel Weizenmehl,
2 Pfeffer-, 2 Gewürzkörner,	in wenig Wasser angerührt.

Das vorbereitete Fleisch wird nach dem Anbraten unter Hinzugabe der Gewürze und der Flüssigkeiten im gut zu verschließenden Topf an der Herdseite in 1½–2 Stunden gargeschmort. Die durchgegossene Soße wird durch angerührtes Weizenmehl bündig gemacht. (Auch andere Stücke Kalbfleisch, wie Blatt, Keule, können ebenso geschmort werden.)

185, Kalbsbrust, gefüllt, für 6–8 Personen

1–1½ kg Kalbsbrust,	1 Esslöffel gew. Petersilie,
Salz zum Bestreuen,	nach Belieben 1 Esslöffel geriebener Käse,
Zur Füllung: Fleischteig nach Nr. 76 oder Semmelfüllung von	Salz nach Geschmack,
1½ Semmel,	Zum Braten: 75 g Butter,
1 Esslöffel Butter,	Wasser nach Bedarf,
1 ganzes Ei, 1 Eigelb,	⅛–¼ l saure Sahne, 2–3 Esslöffel Weizenmehl.

Das Fleisch kann mit den Knochen oder entknöchelt gebraten werden. Die beiden an der Längsseite übereinander liegenden Fleischschichten werden so getrennt, dass die drei anderen Seiten geschlossen bleiben. Die entstandene Tasche wird mit Salz bestreut, gefüllt (mit

Fleischteig nach Nr. 76 oder einer Semmelfüllung), zugenäht und die Kalbsbrust nach Vorschrift gebraten (Nr. 135, Seite 78). Zur Semmelfüllung werden die geschälte, geweichte, trocken ausgepresste Semmel, Butter und 1 ganzes Ei auf dem Feuer abgerührt. In die abgekühlte Masse werden die übrigen Zutaten gegeben.

186. Kalbsleber, gebraten

400–500 g Kalbsleber,
Salz zum Bestreuen,
(Pfeffer),
Mehl zum Einhüllen,

50–60 g Butter,
nach Belieben 1 Zwiebel in Scheiben.

Die gewaschene, gehäutete Leber wird in 2 cm dicke Scheiben geschnitten. Diese werden mit Salz und Pfeffer bestreut, in Mehl umgewendet, in brauner Butter in 4 bis 6 Minuten gargemacht. Die in Scheiben geschnittene Zwiebel wird hinzugegeben, wenn die Leberscheiben von beiden Seiten gebräunt sind; dann wird die Pfanne mit einem Deckel bedeckt, damit die Leberscheiben durch die einwirkenden Dämpfe weich werden. (Durch langes Braten wird die Leber hart, ebenso durch langes Stehen nach dem Braten.) Die Scheiben können auch paniert gebraten werden.

187. Kalbsleber, geschmort, für 6–8 Personen

875–1000 g Leber,
50–75 g geräucherter Speck in Streifen zum Spicken,
Salz zum Bestreuen,
100 g Butter,

kochendes Wasser nach Belieben,
⅛–¼ l saure Sahne, Milch oder Buttermilch,
2–3 Esslöffel Weizenmehl.

Die gewaschene, gehäutete, gespickte, mit Salz bestreute Leber wird nach Vorschrift geschmort (Nr. 135, Seite 78).

188. Kalbsleberpastete

500 g Kalbsleber,
125–150 g Schweinerückenfett,
1 Semmel,
1 Teelöffel Zwiebelwürfel,
1 Esslöffel Butter,
4 Eigelb und Schnee,
1 Esslöffel geriebener Parmesankäse,
Salz,
Pfeffer,
1 Messerspitze Majoran,
1 Messerspitze Thymian,
Schweinrückenfett, in dünne Scheiben geschnitten.

Die gewaschene, gehäutete Leber wird mit dem Schweinerückenfett drei- bis viermal durch die Maschine gedreht. Die geschälte, geweichte, trocken ausgepresste Semmel wird mit Butter und Zwiebelwürfel abgebrannt, nach dem Abkühlen mit der Lebermasse vermischt. Eigelb, Käse, die Gewürze werden dazugegeben, der Eierschnee wird darunter  gemischt, die Masse kräftig nach Salz abgeschmeckt. Sie kann eingefüllt werden in eine Kasten- oder Puddingform aus Weißblech, eine Kastenform aus Glas (Duraxform), einen Pastetennapf. Die Form wird mit dünn geschnittenen Scheiben von Schweinerückenfett ausgelegt, die Oberfläche der Masse mit Fettscheiben belegt. Die Pastete wird im kochenden Wasser in 1–1½ Stunden gargemacht. Sie kann gestürzt heiß zu Tisch gegeben werden mit einer Madeira- oder Tomatensoße (ausreichend für 6–8 Personen) oder kalt als Aufschnitt mit Aspik, Zitrone, hartgekochten Eiern, grünem Salat verziert.

189. Kalbsgehirn, gebraten

2 Kalbsgehirne,
Salz zum Bestreuen
(1 Teelöffel),
40–50 g Butter oder
Schmalz,
1 Teelöffel Zwiebelwürfel

oder: kochendes Wasser,
1 Ei oder Eiweißreste,
40–50 g geriebene Semmel mit
1 Esslöffel Mehl,
1 Teelöffel Salz.

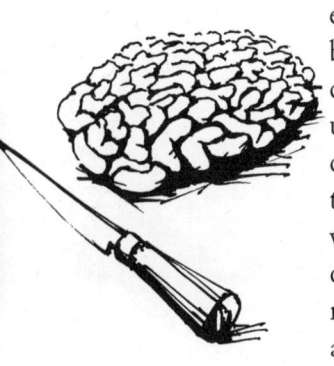

Die Kalbsgehirne werden gewässert (das Wasser ist öfters zu erneuern), die blutige Haut wird entfernt. In die gebräunte Butter werden die gesalzenen Gehirne, die auch in Stücke geschnitten werden können und die Zwiebelwürfel gegeben, die Gehirne werden unter häufigem Beschöpfen in 15–20 Minuten gargebraten; oder die vorbereiteten Gehirne werden in Salzwasser 10 Minuten gekocht, nach dem Abtropfen in Eiweiß und geriebener Semmel mit Mehl und Salz umgewendet und dann auf die gleiche Art gebraten.

190. Kalbsnieren, gebraten

4–6 Kalbsnieren,
Salz zum Bestreuen,
50–60 g Butter,

1 Teelöffel Zwiebelwürfel,
1 Esslöffel Mostrich.

Die vom Fett befreiten Nieren werden in dünne Scheiben geschnitten, mit Salz bestreut, in der gebräunten Butter mit Zwiebelwürfel in 5–7 Minuten gebraten. Die Bratbutter wird mit einem Esslöffel Mostrich verrührt. Wenn nötig, wird etwas Wasser angegossen.

191. Gehirn und Nieren

Ein nach Nr. 189 unpaniert gebratenes Kalbsgehirn und 2–3 nach Nr. 190 ohne Mostrich zubereitete Kalbsnieren werden zusammen angerichtet und mit der Bratbutter übergossen.

192. Kalbsmilch zu kochen

Kalbsmilch ist unter öfterem Wechsel des Wassers solange zu wässern, bis alle Blutreste entfernt sind. Sie wird in kochendem Salzwasser oder in Brühe in ½ bis ¾ Stunden gargemacht.

193. Kalbsmilch, paniert, gebraten

500 g Kalbsmilch,	mit 1 Esslöffel Mehl,
Salzwasser,	1 Teelöffel Salz,
1 Ei oder Eiweißreste,	40–50 g Butter.
40–50 g ger. Semmel	

Die nach Nr. 192 behandelte, gekochte Kalbsmilch wird paniert, in der gebräunten Butter in 5–6 Minuten gebraten.

194. Croquettes von Kalbsmilch oder Kalbsfleischresten

250 g Kalbsmilch oder Kalbfleischreste,	1 Eigelb, Salz,
65-g-Büchse Champignons,	Zitronensaft,
30 g Butter,	Mehl zum Umwenden,
1 Teelöffel Zwiebelwürfel,	1 Ei oder Eiweißreste,
40 g Mehl,	50–60 g ger. Semmel,
¼ l Brühe und Pilzwasser,	Fett zum Ausbacken (Schweinefett oder Palmin).

Die nach Nr. 192 gekochte Kalbsmilch wird von den Häuten befreit und in kleine Würfel geschnitten. Aus den angegebenen Zutaten wird eine helle, dicke Grundsoße hergestellt, die nach 10–15 Minuten Kochzeit nach Salz, Zitronensaft abgeschmeckt, mit Eigelb, Kalbsmilch und Champignonwürfeln vermischt wird. Die Masse wird auf einen flachen Teller oder ein Emaillebrett gestrichen. Nach dem Erkalten werden aus der steifgewordenen Masse längliche Klößchen geformt, die nach

dem Umwenden in Mehl, Ei oder Eiweißresten und geriebener Semmel in dampfendem Ausbackfett braungebacken werden.

Trüffelwürfel, halbierte Pistazien (15–20 Stück) können zur Verfeinerung verwendet werden. Croquettes sind eine geeignete Beilage zu feinem Gemüse. (Die Croquettesmasse ist am Tage vor dem Gebrauch herzustellen.)

195. Frikassee von Kalb, einfach, für 8–10 Personen

1¼–1½ kg Kalbfleisch (Brust oder Keule),
50–60 g Butter oder Margarine,
kochendes Wasser,
Salz,
Suppengemüse,
Zur Soße: 100 g Butter,
100 g Mehl,
Kalbfleischfrühe,
3–4 Esslöffel Weißwein zum Mitkochen,
Zitronensaft,
Weißwein,
Salz,
1 Prise Zucker,
2–3 Eigelb z. Abziehen.

Das vorbereitete, in Portionsstücke geschnittene Fleisch wird nach dem Dünsten in Butter mit Wasser, Salz und Suppengemüse in ¾–1 Stunde gargemacht. In der hellen Grundsoße, die nach dem Kochen mit Wein, nach Zitronensaft, Wein, Salz, Zucker abgeschmeckt, mit Eigelb abgezogen wird, müssen die Fleischstücke 10–15 Minuten durchziehen. Zum Anrichten ist eine runde Platte günstig. Kalbfleischfrikassee kann im Reisrand angerichtet werden.

196. Frikassee von Kalb, fein für 8–10 Personen

Dieselben Zutaten wie in Nr. 195, außerdem:

1 kleiner Kopf Blumenkohl, im Ganzen gekocht,
250 g frische Morcheln oder 30 g getrocknete Morcheln, nach Nr. 101 behandelt,
Fleischklößchen nach Nr. 76,
250 g Kalbsmilch, nach Nr. 192 gekocht, in große Würfel geschnitten,

7–8 Krebse, nach Nr. 32 behandelt. Krebsschwänze zur Garnitur verwendet, Krebsfleisch zur Füllung der Krebsnasen nach Nr. 43.

Die Krebsschalen können bei der Herstellung der Soße verbraucht werden, Nr. 112, oder zur Krebsbutter Nr. 326.

Blätterteighalbmonde von 125 g Mehl. Zum Anrichten wird eine runde, tiefe Platte auf einen Topf kochenden Wassers gestellt, ein Mittelteller umgekehrt daraufgelegt, in die Mitte des Tellers der gut abgetropfte Blumenkohlkopf gegeben. Die in der Soße durchgezogenen Fleischstücke werden schuppenförmig aufgelegt, mit etwas Soße überzogen. Die verschiedenen Garnituren auf die Schüssel verteilt. Die Blätterteighalbmonde werden auf den Rand der Schüssel gelegt. Die Morcheln können zur Garnitur verwendet oder gewiegt in die Soße gegeben werden. Die übrige Soße als Beigabe.

197. Kalbskopf für 8–10 Personen

| 1 Kalbskopf, | Salz für 1 l Wasser 8 g, |
| Wasser, | Suppengemüse. |

Der gebrühte Kalbskopf wird gesengt, längs aufgeschlagen, Gehirn und Zunge entfernt. Nach dem Waschen werden Haut und Fleisch von den Knochen gelöst, zusammengebunden und mit der vorgekochten Zunge und den Knochen in reichlich Wasser mit Salz und Suppengemüse in 2–3 Stunden weichgekocht. Haut und Fleisch werden in Stücke, die Zunge, von der die feste, weiße Haut abzuziehen ist, wird in Scheiben geschnitten. Die Brühe wird zum Auffüllen einer Madeira- oder Rosinensoße (Nr. 116, Nr. 90), gebraucht, in der die Zutaten vor dem Anrichten durchziehen müssen. (Für die Soße zwei- bis dreimal die angegebene Zutatenmenge.) Das Gehirn wird besonders verwendet.

198. Kalbskopf, gebacken, für 8–10 Personen

1 Kalbskopf,	100 g Butter,
Wasser,	4 Eier,
Salz,	Salz nach Geschmack,
Suppengemüse,	(Pfeffer),
250 g rohes Kalbfleisch,	Butter zum Ausstreichen der
125 g Schweinerückenfett,	Form.

Haut, Fleisch und Zunge des nach Nr. 197 behandelten Kalbskopfes werden nach dem Abkühlen in Streifen geschnitten. Kalbfleisch und Schweinerückenfett werden drei- bis viermal durch die Maschine gedreht, mit der schaumig gerührten Butter, den verquirlten Eiern vermischt, nach Salz bzw. Pfeffer abgeschmeckt. Das in Streifen oder Würfel geschnittene Fleisch wird dazugegeben, die Masse in eine mit Butter ausgestrichene Form (am besten Kastenform) gefüllt und im Herd im Wasserbade in 1–1½ Stunden gebacken, oder auf dem Herde im Wasserbade gekocht. Als Beigabe eignen sich Madeira-, Rosinen-, Kapernsoße (die für die Soßen angegebenen Zutaten zwei- bis dreimal vervielfältigt).

199. Kalbszunge, gekocht

2 Kalbszungen,	kochendes Wasser mit Salz,
Wasser zum Vorkochen,	Suppengemüse.

Die gewaschenen, vorgekochten Zungen werden in Wasser mit Salz und Suppengemüse in 1½–2 Stunden weichgekocht (an der Spitze probieren). Nach Entfernung der festen, weißen Haut werden sie in Scheiben geschnitten, diese in eine Tomaten-, Rosinen- oder holländische Soße gegeben.

200. Kalbsfüße, gebacken

2 Kalbsfüße,
Wasser,
Salz,
Suppengemüse,
1 Ei oder Eiweißreste,

50–60 g geriebene Semmel,
mit 1 Esslöffel Mehl, 1 Teelöffel
Salz vermischt,
50–60 g Butter oder Ausbackfett.

Die gewaschenen Kalbsfüße werden mit Wasser, Salz und Suppengemüse 1½–2 Stunden gekocht, bis die Haut weich ist. Haut und Fleisch werden von den Knochen gelöst, während des Erkaltens flach ausgebreitet zwischen zwei Holzbrettern leicht beschwert. Es werden Rechtecke oder verschobene Vierecke daraus geschnitten, die nach dem Umwenden in Ei und geriebener Semmel in gebräunter Butter oder in dampfendem Ausbackfett gebräunt werden. Geeignet als Beigabe zu Gemüse oder Kartoffelsalat.

Der Hammel

Es werden verwendet: Rippen- oder Kotelett-, Nierenstück, geteilt oder im Ganzen als Rücken, Keule, Brust, Blatt.

Zum Braten geeignet sind Keule und Rücken im Ganzen oder geteilt, zum Schmoren Keule, Blatt und Brust, zum Kochen Blatt, Brust, Keule, Rippenstück.

Das Fleisch soll eine rote, das Fett eine weiße Farbe zeigen.

201. Hammelfleisch, gekocht

500–750 g Fleisch,	Suppengemüse,
1–1½ l Wasser,	1 Zwiebel,
1 Teelöffel Salz,	n. Bel. ½ Teelöffel Kümmel.

Das vorbereitete Fleisch wird mit den angegebenen Zutaten in 2–2½ Stunden weichgekocht. Als Soßen eignen sich Zwiebel-, Kümmel-, Schnittlauch-, Morchelsoße. Gemüse wie Bohnen, können mit dem Fleisch zusammen gekocht werden.

202. Hammelkeule, geschmort, für 10–12 Personen

1 Keule von 2½–3 kg,	½ l kochendes Wasser,
75 g geräucherter Speck,	1 Zwiebel,
in Keile geschnitten,	Wasser zum Nachgießen,
Salz zum Bestreuen,	nach Belieben ¼–⅜ l saure
Mehl zum Einhüllen,	Milch, Buttermilch oder saure
100–125 g Butter oder	Sahne,
Mischfett,	2–3 Esslöffel Weizenmehl.

Die geklopfte, vom Fett befreite Keule wird gehäutet, mit Speckkeilen gespickt, mit Salz bestreut, in Mehl umgewendet, in der gebräunten Butter oder dem heißen Mischfett von beiden Seiten angebraten, mit kochendem Wasser übergossen und unter Nachgießen von Wasser, nach Belieben von saurer Milch, Sahne oder Buttermilch, die mit 2–3 Esslöffel Weizenmehl verquirlt werden, 2½–3 Stunden geschmort (siehe Nr. 135, Seite 78). Die durch ein Sieb gegossene Soße wird, wenn notwendig, durch angerührtes Weizenmehl gedickt.

Die Keule kann auch ungespickt geschmort werden. Sie wird dann nicht gehäutet, nicht in Butter angebraten, sondern nur mit kochendem Wasser zur Lösung des eigenen Fettes übergossen; die Soße muss unter Umständen entfettet werden.

203. Hammelkeule, gebraten im eigenen Fett, für 8–10 Personen

1 Keule von 2½–3 kg,
Salz zum Bestreuen,
½ l kochendes Wasser,
Wasser zum Nachgießen,

¼–⅜ l saure Milch, Sahne oder
Buttermilch mit 2–3 Eßlöffel
Mehl verquirlt.

Die vorbereitete Keule wird nach Vorschrift gebraten (Nr. 135), 2½–3 Stunden.

Zur Erleichterung des Aufschneidens können bei der Vorbereitung alle Knochen ausgelöst werden. Die Bratzeit ist in diesem Falle um ½ Stunde zu verlängern.

204. Hammelkeule, gespickt, gebraten, für 10–12 Personen

1 Keule von 2½–3 kg,
75 g geräucherter Speck,
in Streifen geschnitten,
Salz zum Bestreuen,
100–125 g Butter,

Wasser oder Brühe nach Bedarf,
¼–⅜ l saure Sahne, Milch oder
Buttermilch,
2–3 Eßlöffel Weizenmehl.

Die geklopfte, vom Fett befreite Keule wird gehäutet, mit Speckfäden gespickt (jede Nuss entgegengesetzt der Fleischfaser), mit Salz bestreut und 2½–3 Stunden gebraten (siehe Nr. 135).

Als *falsche Rehkeule* wird eine abgehangene Hammelkeule 3–4 Tage in Buttermilch gelegt (täglich gewendet), nach dieser Zeit wie gespickte, gebratene Hammelkeule behandelt. Beim Braten können 2 Wacholderbeeren an die Soße gegeben werden.

205. Hammelrücken für 10–12 Personen

1 Rücken von 2½–3 kg,
75–100 g ger. Speck, in
Streifen z. Spicken,
Salz zum Bestreuen,

125–150 g Butter,
Wasser oder Brühe nach Bedarf,
⅜–½ l saure Sahne,
2–3 Eßlöffel Weizenmehl.

Vor- und Zubereitung des Hammelrückens sind die gleiche wie beim Kalbsrücken Nr. 176. Er ist ¾ bis 1 Stunde zu braten. Zur Garnitur eignen sich: grüne Bohnen (besonders fein haricots verts und flageolets), Pilze, gefüllte Tomaten, glasierte Zwiebeln, Kartoffelgarnituren, grüne Petersilie, Salat.

206. Hammelkoteletts

8 Koteletts,	(Pfeffer),
Salz zum Bestreuen,	60–70 g Butter.

Die Koteletts werden nach dem Klopfen von Fett und Knochen, mit Ausnahme des Rippenknochens, befreit, mit Salz bestreut, in der gebräunten Butter unter Beschöpfen und einmaligem Umwenden nach ihrer Dicke 4–6 Minuten gebraten. (Nacheinander in die braune Butter geben.)

207. Hammelwürzfleisch (Ragout)

wird wie das Würzfleisch von Kalbsbraten Nr. 173 zubereitet.

208. Hammelschmorfleisch auf irische Art (Irish stew)

375–625 g Hammelfleisch ohne Knochen,	750–1000 g Weißkohl, kochendes Wasser mit Salz zum Überbrühen,
Salz zum Bestreuen,	
Mehl zum Einhüllen,	500–750 g Kartoffeln,
1 Eßlöffel Zwiebelwürfel,	kochendes Wasser oder Brühe,
50–60 g Rinderfett oder Palmin,	1 Teelöffel Salz, ½ Teelöffel Kümmel.

Das in große Würfel oder Portionsstücke geschnittene Fleisch wird gesalzen, in Mehl umgewendet, in dampfendem Rinderfett oder Palmin angebraten, die Zwiebelwürfel werden dazugegeben, hell gebräunt. Die Blätter des Kohles werden einzeln vom Strunk gelöst, sehr große Blätter auf die Hälfte geteilt, die Rippe wird flach geschnitten, die Blätter mit kochendem Wasser überbrüht oder in Salzwasser 3–5 Minuten vorgekocht. Die vorbereiteten Kartoffeln werden in dicke Scheiben geschnitten. Kohl, Kartoffeln, Fleisch, werden abwechselnd in einen gut zu verschließenden Topf geschichtet (Dampftopf), ungefähr ½ l Wasser oder Brühe, Salz und Kümmel werden dazu gegeben und das Gericht an der Herdseite in 2–2½ Stunden gargemacht. Das Gericht kann auch in einer Puddingform im Wasserbade in 3 Stunden gargemacht werden.

209. Hammelfleisch mit Reis (Pilaw)

375–500 g mageres Hammelfleisch ohne Knochen,
Salz zum Bestreuen,
Mehl zum Einhüllen,
40–50 g Butter oder Fett,
250 g Reis,

¾–1 l Brühe oder Wasser,
1 Esslöffel Selleriewürfel,
Salz nach Geschmack,
nach Belieben 3–4 Esslöffel Tomatenbrei.

Das in Würfel geschnittene, gesalzene, in Mehl umgewendete Fleisch wird in Fett angebraten. Abgequirlter Reis, Brühe oder Wasser, Selleriewürfel und Salz werden dazugegeben. Das Gericht wird an der Herdseite in 1½ bis 2 Stunden gargemacht. Zur Verbesserung des Geschmacks kann Tomatenbrei verwendet werden.

Das Schwein

Es werden verwendet: Kopf, Kamm, Rippen- oder Kotelettstück, Weißbraten mit Filet, Keule, Dickbein, Spitzbein, Bauch, Vorderkeule, Schweinerückenfett. Zum Braten eigenen sich Kotelettstück, Weißbraten, Filet, Keule; zum Schmoren Kammstück, Vorderkeule; zum Kochen Bauch, Dick-, Spitzbein, Rippen: zum Pökeln und Räuchern Keule (als Knochen- oder Rollschinken), Rücken (als Lachsschinken), Kammstück (als Schinkenwurst), Rippen (als Räucherrippen), Dick- und Spitzbein (als Eisbein), Schweinerückenfett (als geräucherter Speck).

Schweinefleisch soll eine hellrote Farbe, ein weißes Fett zeigen.

210. Schweinefleisch zu kochen

500 g Schweinefleisch,
¾–1 l kochendes Wasser,
1 Teelöffel Salz,
1 Zwiebel,
nach Belieben 2 Pfeffer-,
2 Gewürzkörner.

Das vorbereitete Fleisch wird in Wasser mit den Gewürzen in 1–1½ Stunden weichgekocht.

Es eignete sich als Beigabe zu Gemüsearten, wie Mohrrüben, Kohlrüben, die mit dem Fleisch zusammen gargemacht werden können.

211. Weißbraten für 8–10 Personen

1–1½ kg Weißbraten,
Salz zum Bestreuen,
⅜–½ l kochendes Wasser,
1 Zwiebel,
n. Bel. Gewürz- und Pfefferkörner,
Wasser zum Nachgießen,
¼ l saure Sahne, Milch oder Buttermilch,
2–3 Esslöffel Weizenmehl.

Das vorbereitete Fleischstück wird als fetter oder halbfetter Braten behandelt (s. Seite 79). Der Zusatz von Sahne kann fortfallen und die Soße durch angerührtes Kartoffelmehl bündig gemacht werden (1–2 Esslöffel).

212. Schweinebraten mit der Kruste oder Schwärtelbraten (für 8–10 Personen)

1½–2 kg Keule mit der Schwarte (mager),	Wasser zum Nachgießen,
1 Eßlöffel Salz z. Bestreuen,	1–2 Eßlöffel angerührtes Kartoffelmehl
1–1½ l kochendes Wasser,	oder ¼ l saure Milch, Sahne oder Buttermilch,
1 Zwiebel,	2–3 Eßlöffel Weizenmehl.
nach Belieben Gewürz- und Pfefferkörner,	

Die vorbereitete Keule wird gesalzen, mit Zwiebel, nach Belieben Gewürz, in die Bratpfanne gegeben, mit kochendem Wasser übergossen und zugedeckt im Ofen 1–1½ Stunden gekocht. (Die Schwarte nach oben, sie wird durch die zurückschlagenden Dämpfe weich). Die weiche Schwarte und die darunter liegende Fettschicht werden eingeschnitten (längs und quer, so daß Quadrate oder verschobene Vierecke entstehen) und die Keule unzugedeckt bei stärkerer Oberhitze 1½ Stunden gebraten (siehe fetter Braten Nr. 135, Seite 78). Während der letzten 15–20 Minuten der Bratzeit ist das Fleisch nicht mehr zu beschöpfen, damit die Schwartenstücke kroß werden. Der Zusatz von Sahne kann fortfallen und die Soße, die, wenn notwendig, entfettet werden muß, durch angerührtes Kartoffelmehl bündig gemacht werden. Beim Aufschneiden des Fleisches wird zuerst die Schwarte abgelöst.

Soll eine ganze Keule gebraten werden, empfiehlt es sich, nach ungefähr 1½–2 Stunden Bratzeit die Keule quer durchzuschneiden und in weiteren 1½ Stunden gar zu machen (im Ganzen bratet sie schwer durch).

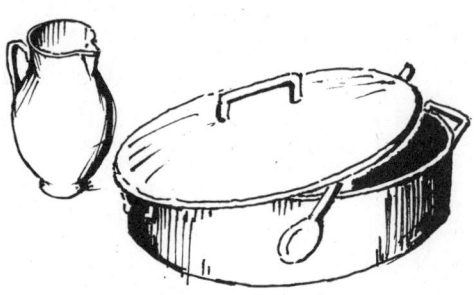

213. Schweineschmorbraten für 6–8 Personen

1½ kg Fleisch, Kamm- oder Kotelettstück,
1 Esslöffel Salz z. Bestreuen,
½ l kochendes Wasser,
1 Zwiebel,
nach Belieben Pfeffer- und Gewürzkörner,
Wasser zum Nachgießen,
¼ l saure Sahne, Milch oder Buttermilch,
2–2 Esslöffel Weizenmehl, oder
1–2 Esslöffel angerührtes Kartoffelmehl.

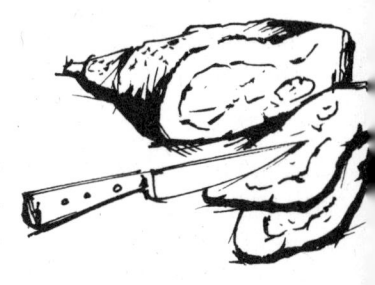

Das vorbereitete, gesalzene Fleisch wird im fest zu verschließenden Schmortopf mit kochendem Wasser übergossen, unter Hinzugeben der Gewürze und Nachgießen von nur Wasser oder Wasser und Sahne 2–2½ Stunden geschmort (siehe Nr. 135, Seite 78). An Stelle von Sahne kann auch ¼ l Weißbier zum Angießen verwendet werden.

214 Schinken, geräuchert, gekocht

1 geräucherter Schinken, Wasser

Der gewaschene, gebürstete Schinken wird in ein gebrühtes Tuch gebunden. In einer genügend großen Pfanne oder einem Topf wird er mit kaltem Wasser bedeckt angesetzt, langsam zum Kochen gebracht. Nach ½–¾ Stunden Kochzeit ist das Kochwasser zu prüfen. Ist es zu salzig, so muss es durch frisches Wasser ersetzt werden. Der Schinken muss an der Herdseite in 3–4 Stunden gar ziehen. Nach Entfernung der Schwarte, nach dem Auslösen des Knochens wird der Schinken in Scheiben geschnitten. Diese eignen sich als Beigabe zu Gemüsen oder können, mit glasierten Zwiebeln und Kartoffelbällchen ver-

ziert, mit einer Madeira – oder Burgundersoße zu Tisch gegeben werden (Nr. 116, Nr. 115).

Ein sehr stark geräucherter oder längere Zeit aufbewahrter Schinken kann vor dem Kochen 10–12 Stunden gewässert werden.

215. Schweinefilet (Lende), gebraten

1 Schweinefilet, 375–500 g schwer,	Wasser zum Nachgießen,
1 Teelöffel Salz zum Bestreuen,	⅛ l saure Milch, Sahne oder Buttermilch,
⅛ l kochendes Wasser,	1–2 Esslöffel Weizenmehl.

Das vorbereitete, gesalzene Fleisch wird als fetter oder halbfetter Braten behandelt (Nr. 135, Seite 78). Bratzeit 30–35 Minuten. Ist das Fleisch zu wenig fett, so muss es als halbfetter Braten behandelt werden. Zusatz von 40 g gebräunter Butter.

216. Schweinefilet, gebraten, als magerer Braten

1 Schweinefilet, 375–500 g schwer,	40–50 g Butter,
30–40 g Speck in Streifen,	Wasser nach Bedarf,
1–2 dünne Speckscheiben,	⅛ l saure Milch, Sahne oder Buttermilch,
Salz zum Bestreuen,	1–2 Esslöffel Weizenmehl.

Das vorbereitete, an der Oberseite von Fett befreite Fleisch wird gehäutet, gespickt, gesalzen, auf den Speckscheiben in der gebräunten Butter unter Hinzugießen von Wasser und Sahne in 30–35 Minuten gebraten. Die durch ein Sieb gegossene Soße wird, wenn notwendig, durch angerührtes Weizenmehl eingedickt.

217. Schweinefilet, geschmort, mit Madeira

1 Schweinefilet, 375–500 g schwer,	Wasser zum Nachgießen,
Salz zum Bestreuen,	1–2 Esslöffel Madeira,
⅛ l kochendes Wasser,	1 Esslöffel Weizenmehl in kaltem Wasser angerührt.

Das vorbereitete, gesalzene Fleisch wird im Schmortopf mit kochendem Wasser übergossen, unter Nachgießen von Wasser und Madeira 30–40 Minuten geschmort (Schmoren im eigenen Fett). Die Soße wird durch angerührtes Weizenmehl gedickt.

218. Schweinekoteletts, gebraten

4 Koteletts, je 100–125 g schwer,	50–60 g geriebene Semmel mit 1 Esslöffel Mehl, ½ Teelöffel Salz vermischt,
Salz zum Bestreuen,	
1 Ei oder Eiweißreste mit 1–2 Esslöffel Wasser verschlagen,	50–60 g Butter oder Schweinefett zum Braten.

Die vorbereiteten, gesalzenen Koteletts werden nach dem Panieren in gebräunter Butter oder dampfendem Schweinefett in 12–15 Minuten von beiden Seiten braungebraten. Ist das Fleisch sehr fett, so ist das am Außenrand liegende Fett abzuschneiden, in Würfel zu schneiden und zum Braten der Koteletts zu verwenden. (Das Panieren von Fleischstücken ist erst kurz vor dem Braten vorzunehmen, da durch langes Liegen die Panade erweicht, das Fleischstück schwerer zu braten ist.)

219. Schweinekoteletts, geschmort

4 Koteletts je 100–125 g schwer,
Salz zum Bestreuen,
(Pfeffer),
Mehl zum Einhüllen,
50 g Butter oder Schweinefett zum Anbraten,
1 Zwiebel,

⅜–½ l kochendes Wasser,
Wasser zum Nachgießen,
1–2 Esslöffel Weizenmehl in kaltem Wasser angerührt,
1 Esslöffel Mostrich,
Essig,
Salz nach Geschmack.

Die vorbereiteten, gesalzenen, in Mehl umgewendeten Koteletts werden in der gebräunten Butter oder dem dampfenden Schweinefett von beiden Seiten braun angebraten. Zwiebel, kochendes Wasser werden dazugegeben und die Koteletts, wenn notwendig, unter Nachgießen von Wasser zugedeckt 1–1¼ Stunden geschmort. Die durchgegossene Soße wird durch angerührtes Weizenmehl gedickt, nach Mostrich, Essig und Salz abgeschmeckt. Bei sehr fettem Fleisch kann das abgelöste, in Würfel geschnittene, ausgebratene Fett zum Anbraten der Koteletts verwendet werden.

220. Makkaronipudding mit Schweinefleisch, für 6 Personen

250 g Makkaroni,
2–3 l kochendes Salzwasser,
375 g Schweinefleisch ohne Knochen,
1 Semmel,
1 oder 2 Eier,

1 Teelöffel Zwiebelwürfel,
2 Esslöffel geriebenen Parmesankäse,
Salz nach Geschmack,
Butter, geriebene Semmel zur Form.

Die in kurze Stücke zerbrochenen Makkaroni werden in kochendem Salzwasser in 25–30 Minuten gargemacht, abgegossen, abgetropft. Das zweimal durch die Fleischmaschine gedrehte Fleisch wird, mit der geweichten, trocken ausgedrückten Semmel und den anderen Zutaten vermischt, nach Salz abgeschmeckt. Die Makkaronistücke werden darunter gemengt, und die Masse wird in die vorbereitete Puddingform fest eingedrückt. Sie braucht zum Garwerden im kochenden Wasserbade 1–1¼ Stunde. Als Soße eignet sich Tomatensoße (1½ mal die angegebenen Mengen.) (Nr. 111.)

Die Masse kann auch in einer mit Butter ausgepinselten Auflaufform in 1–1¼ Stunden gargebacken werden.

221. Geräucherte Speckscheiben

400–500 g gepökelten, geräucherten Schweinebauch.

Das Fleisch wird in 1–1½ cm dicke Scheiben geschnitten, die auf eine Stielpfanne gelegt, an der Herdseite im eigenen Fett gar werden. Sie eignen sich als Beigabe zu neuen Kartoffeln, zu Gemüse.

222. Gebackene Schinkenscheiben

250 g roher Schinken oder Lachsschinken in 4 Scheiben geschnitten, Milch zum Entsalzen.	*Zum Teig:* 75 g Mehl, 1 Ei, ⅛ l Milch, 1 Messerspitze Salz, 50–60 g Butter oder Palmin.

Die Schinkenscheiben werden durch Einlegen in Milch entsalzen (2–3 Stunden). Aus den angegebenen Zutaten wird ein Eierkuchen hergestellt, zu dem das Ei im Ganzen oder auch das Eigelb und Eischnee verwendet werden kann. Die darin umgewendeten Schinkenscheiben werden in gebräunter Butter oder in dampfendem Palmin von beiden Seiten braungebacken. Sie eignen sich als Beigabe zu Gemüse, zu grünem Salat, zu Kartoffelsalat. Besonders wohlschmeckend und zart sind sie, wenn Pariser Lachsschinken dafür verbraucht wird.

223. Schweinesülze oder Gallert I

500 g Schweinekamm,
500 g Ohren und Schnauze,
1 Kalbsfuß,
ungefähr 3 l Wasser,
1 Esslöffel Salz,

1 Zwiebel,
2 Pfeffer-, 2 Gewürzkörner,
Essig,
Salz nach Geschmack,
nach Bel. 1 saure Gurke oder 4–5 Pfeffergurken.

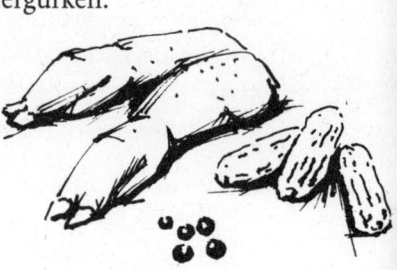

Fleisch, Ohren, Schnauze und Kalbsfuß werden im Wasser mit Salz, Zwiebel, Gewürz, nach Belieben auch Suppengemüse, in 2–3 Stunden weichgekocht. (Ohren, Schnauze und Fuß kalt ansetzen, das Fleisch in die kochende Flüssigkeit geben.) Das von den Knochen gelöste, abgekühlte Fleisch und nach Belieben saure Gurke oder Pfeffergurken werden in Würfel geschnitten. Die Brühe wird durch ein Sieb gegossen, entfettet, scharf nach Essig und Salz abgeschmeckt, mit den Fleisch- und Gurkenwürfeln vermischt. Die Masse muss unter öfterem Umrühren anfangen steif zu werden, ehe sie in mit kaltem Wasser auszuspülende Formen einzufüllen ist, weil sich sonst die Würfel von der Gallertmasse trennen würden. Um den Stand auf seine Festigkeit prüfen zu können, ist es günstig, die Zutaten einen Tag vor der Herstellung der Sülze zu kochen. (Er ist unter Umständen zu verdünnen bzw. durch Gelatine zu steifen.) Die Brühe kann auch geklärt werden (s. Nr. 260).

224. Sülze oder Gallert II

500 g Kalbsblatt,
500 g Pökelkamm,
1 Kalbsfuß,
125–250 g Schwarten,
ungefähr 3 l Wasser,

1 Esslöffel Salz,
Suppengemüse,
Essig,
Salz nach Geschmack.

Kalbsfuß und Schwarten werden in kaltem Wasser und Salz angesetzt. Das Fleisch wird dazugegeben, wenn das Wasser kocht. Die Zutaten werden mit dem Suppengemüse in 1½–2½ Stunden weichgekocht.

Die weitere Herstellung der Sülze ist die gleiche wie in Nr. 223. Die Hälfte der weichgekochten Schwarten kann durch die Maschine gedreht werden, die andere Hälfte in feine Würfel oder Streifen geschnitten. Als Soße zu Sülze eignet sich Remouladensoße (Nr. 129). Fein geschnittene Zwiebelwürfel und Essig können dazu gereicht werden.

225. Eisbeine

750–1000 g Eisbeine, auch gepökelter Rüssel, Schwanz, gepökelte Ohren,
ungefähr 2 l kaltes Wasser,
1 Zwiebel,
2 Pfeffer-, 2 Gewürzkörner.

Das gewaschene Pökelfleisch wird mit kaltem Wasser, Zwiebel und Gewürz angesetzt, in 2–3 Stunden weichgekocht. Als Beigabe Sauerkohl und Zwiebelsoße oder Sauerkohl und Erbsenbrei.

226. Pichelsteiner Fleisch für 6 Personen

250 g Schweinefleisch ohne Knochen,
250 g Rindfleisch ohne Knochen,
Salz zum Bestreuen, (Pfeffer),
Mehl zum Einhüllen,
50 g Butter, Palmin oder Rinderfett,
750 g Kartoffeln,
750 g Gemüse (Mohrrüben, Petersilienwurzel, Sellerie, Wirsingkohl),
1 Eßlöffel Zwiebelwürfel,
80 g Rindermark,
½ l gesalzenes, kochendes Wasser.

Beide Fleischarten werden in Würfel geschnitten (2 cm Kantenlänge). Diese mit Salz bzw. Pfeffer bestreut, in Mehl umgewendet, in heißem Fett braun angebraten. Kartoffeln und Gemüse werden nach der Vorbereitung in Scheiben geschnitten (Kartoffelscheiben ungefähr doppelt so dick als Gemüsescheiben). Fleischwürfel, Kartoffel-, Gemüsescheiben, Zwiebelwürfel und Rindermark in Stückchen werden in eine Puddingform oder einen fest zu verschließenden Topf geschichtet, kräftig gesalzenes kochendes Wasser wird darüber gefüllt und das Gericht im kochenden Wasserbade in 2½–3 Stunden gargemacht (Küchenwunder).

227. Spanisch Fricco für 6 Personen

250 g Schweinefleisch ohne Knochen,
250 g Rindfleisch ohne Knochen,
Salz zum Bestreuen,
(Pfeffer),
Mehl zum Einhüllen,
50 g Butter, Palmin oder Rinderfett,

1½ kg Kartoffeln,
1 Eßlöffel Zwiebelwürfel,
80 g Rindermark,
¼ l gesalzenes, kochendes Wasser,
¼ l saure Sahne,
1 Teelöffel Kümmel,
1 Eßlöffel gewiegte Petersilie.

Die Herstellung des Gerichtes ist die gleiche wie in Nr. 226. Nach der Hälfte der zum Garmachen des Gerichtes notwendigen Zeit wird die saure Sahne dazugegossen.

228. Schweizer Netzbraten für 6 Personen

250 g Schweinefleisch,
250 g Kalbfleisch,
1 Semmel,
1 Teelöffel Zwiebelwürfel,
1 Eßlöffel Butter,
1 Ei,
1 Teelöffel Salz, (Pfeffer),
1 Stück Schweinenetz,

1–2 dünn geschnittene Speckscheiben,
60 g Butter,
Wasser nach Bedarf,
⅛ l saure Milch, Sahne oder Buttermilch,
1–2 Eßlöffel Weizenmehl.

Die geschälte, geweichte, trocken ausgepreßte Semmel wird mit Zwiebelwürfel und Butter abgebrannt und zum Kloß nach dem Abkühlen mit dem zweimal durch die Maschine gedrehten Fleisch vermischt. Ei und Gewürz werden dazugegeben, die Masse wird durchgearbeitet, zu einem länglichen Brot geformt, in das gewässerte Schweinenetz eingehüllt und nach Vorschrift ¾–1 Stunde gebraten (siehe Nr. 135, Seite 78).

Schweizer Netzbraten eignet sich als kalter Aufschnitt, 1–2 hartgekochte Eier und 5–6 Pfeffergurken können in diesem Falle als Füllung für den Fleischteig verwendet werden. Beim Braten erübrigt sich der Zusatz von saurer Sahne und Mehl.

229. Kasseler, gebraten, für 6–8 Personen

1–1¼ kg Kasseler,
⅛–¼ l kochendes Wasser,
40 g gebräunte Butter,
Wasser nach Bedarf,

1 Esslöffel in kaltem Wasser angerührtes Kartoffelmehl oder
¼ l saure Sahne oder Milch,
2–3 Esslöffel Weizenmehl.

Kasseler ist das nur kurze Zeit gepökelte, leicht geräucherte Kotelettstück. Es ist in den meisten Fällen als halbfetter Braten zu behandeln. Das Fleisch wird mit kochendem Wasser übergossen. Ist dieses verdampft, wird die gebräunte Butter über das Fleisch gegossen und dieses unter Hinzugießen von Wasser bzw. saurer Sahne in 1½–2 Stunden gargebraten.

230. Vom Pökeln und Räuchern

Fleisch kann für längere Zeit haltbar gemacht werden entweder nur durch Pökeln oder durch Pökeln und Räuchern. Am besten eignen sich fette Fleischarten, wie Schweine- und Gänsefleisch dafür. Zum Pökeln werden gebraucht: Salz, Salpeter, Zucker, bzw. Wasser. Das Salz, das im Vergleich zu den Zubereitungsarten des Fleisches zum Pökeln in großer Menge verwendet wird, entzieht dem Fleisch Feuchtigkeit, um sich lösen zu können. Dadurch wird den Fäulnisbakterien eine ihrer Lebensbedingungen genommen. Der Zusatz von Salpeter verhindert die Veränderung des Fleischfarbstoffes durch Hitze. Der Zuckerzusatz soll die Lockerung der Fleischfaser günstig beeinflussen. Es werden gerechnet: für 500 g Fleisch, 50 g Salz, 2 g Zucker, 2 g Salpeter. Die vermischten Zutaten werden in das Fleisch eingerieben. Bei kleineren Fleischstücken wird im Allgemeinen die ganze Mischung zum Einreiben verbraucht. Bei einer größeren Anzahl größerer Fleischstücke wird ein Teil der Mischung übrigbleiben (die Oberfläche wächst nicht mit dem Gewicht). Der Rest der Mischung wird gewogen, mit Wasser aufgekocht, am Tage nach dem Einreiben über die Fleischstücke gegossen. Auf 1 kg der Mischung rechnet man 1 l Wasser. Kleinere, eingeriebene Fleischstücke und größere Mengen werden dicht aufeinander liegend in einen Steintopf, größere in ein Pökelfass (am besten aus Eichenholz) geschichtet. Die Fleischstücke sind täglich umzulegen und mit der sich bildenden Lake zu beschöpfen. Die Zeit für das Durchpökeln beträgt bei kleineren Fleischstücken 5–14 Tage (Lachsschinken, Kammstück), bei größeren und sehr fetten 4–6 Wochen (Schinken, Speckseiten). Können gepökelte Fleischstücke nach der zum Durchpökeln gerechneten Zeit nicht verbraucht werden, so müssen sie entweder geräuchert werden oder vor dem Gebrauch je nach ihrer Größe 4–10 Stunden gewässert werden. Bei solchen Fleischstücken ist das Kochwasser nach ½–¾ Stunden Kochzeit zu schmecken und wenn notwendig durch frisches Wasser zu ersetzen. Außer dieser Art des Pökelns, die als trockene Pökelung bezeichnet wird, wird die nasse angewendet. Sie eignet sich für mageres Fleisch, für Fleisch mit zarter Faser. Rinderzunge, Kalbsnuss sind nass zu pökeln. Es werden gerechnet: auf 2½ kg Fleisch 125 g Salz, 15 g Zucker, 15 g Salpeter, 1 l Wasser. Wasser, Salz, Salpeter, Zucker werden aufgekocht, nach dem Erkalten über das Fleischstück gegossen. Es muss von der Flüssigkeit bedeckt sein und öfters umgedreht werden. Eine Rinderzunge braucht 8 Tage zum Durchpökeln, eine Kalbsnuss 5–6 Tage. Die nasse Pökelung hat der trockenen gegenüber den Nachteil einer größeren Entwertung, aber den Vorteil einer saftigeren Muskelfaser.

Das Räuchern der dafür bestimmten Stücke ist im Stadthaushalt dem Fleischer zu überlassen. Bei der natürlichen Räucherung, bei der zur Raucherzeugung Wacholderbeersträucher, Eichen-

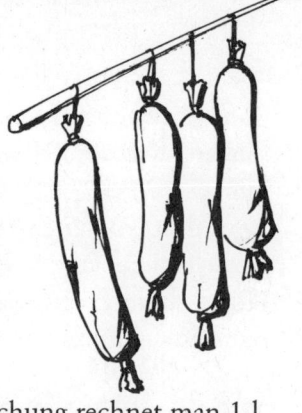

oder Buchenholzspäne verwendet werden, wirkt das im Rauch enthaltene Kreosot fäulniswidrig. Bei der künstlichen oder Schnellräucherei wird die gleiche Wirkung durch ein mehrmaliges Behandeln mit Holzessig erreicht. Durch Pökeln und Räuchern treten beim Fleisch nicht unerhebliche Gewichtsverluste und der Verlust der Extraktivstoffe ein. Gepökelte und geräucherte Fleischstücke sind zum Kochen immer mit kaltem Wasser anzusetzen.

231. Vom Wurstmachen

Soll im Haushalt eine größere Menge verschiedener Wurstarten hergestellt werden, so sind am Tage vorher verschiedene Vorbereitungen zu treffen. Wurstkräuter wie Majoran und Thymian sind zu sieben, die Därme sind mit häufig zu wechselndem, warmen Wasser, dem ein schwacher Aufguss von Salbeitee zugesetzt werden kann, zu reinigen; die notwendige Fleischmenge ist zu kochen. Das Fleisch wird mit kochendem Wasser, dem für 1 l 10–15 g Salz zuzusetzen sind, angesetzt und gar-, aber nicht zu weich gekocht (Wellfleisch). Außer Salz kann ein Zusatz von Pfeffer-, Gewürzkörnern und ganzen Zwiebeln gemacht werden. Das sich auf der Oberfläche der Brühe abzusetzende Fett kann bei der Herstellung von Wurst mitverbraucht werden; in der Brühe können die Kochwürste gargemacht werden.

232. Leberwurst

1 kg Schweineleber,
kochendes Wasser oder
Wellfleischbrühe zum
Überbrühen,
1 kg gekochtes Bauchfleisch,
250 g gekochtes Schweinerückenfett,
250 g grob geschnittene
Zwiebel,

250 g Fett (von der Wellfleischbrühe),
40–60 g Salz,
2 Esslöffel gesieb. Majoran,
1 Esslöffel gesieb. Thymian,
1 Messerspitze Pfeffer,
Fettdärme,
Wasser oder Wellfleischbrühe
zum Kochen der Würste.

Die Leber wird in große Stücke zerschnitten, mit Brühe oder Wasser überbrüht, abgetropft. Die geschnittene Zwiebel wird in Fett ½ Stunde an der Herdseite gekocht (weder Fett noch Zwiebel dürfen die Farbe verändern). Leber und gekochtes Fleisch werden drei- bis viermal durch die Maschine gedreht. Das Zwiebelfett wird durch ein Sieb dazugegeben, die Masse wird mit den Gewürzen vermischt, kräftig nach Salz abgeschmeckt. Das gekochte Schweinerückenfett kann in feine Würfel geschnitten unter die Masse gemischt werden, oder es wird mit Fleisch und Leber durchgedreht. Durch einen Wursttrichter wird die Masse in die gereinigten Fettdärme eingefüllt (nicht zu fest), die Därme zugebunden. Die Würste mit kaltem Salzwasser oder kalter Brühe angesetzt (Bratpfannen), langsam zum Kochen gebracht, nur einmal aufgekocht und durch Ziehen an der Herdseite in ¾–1 Stunde gargemacht. Die Würste werden in kaltes Salzwasser gelegt, an das man zur schnelleren Abkühlung Eisstückchen geben kann. Können die Würste nicht frisch verbraucht werden, so kann ein Teil überräuchert werden, oder zur Aufbewahrung für längere Zeit wird die Wurstmasse in Weckgläser (oder die Gläser anderer Einkochapparate) eingefüllt und 90 Minuten bei 100° C. sterilisiert. Im Glas aufzubewahrende Masse darf nicht so kräftig nach Salz abgeschmeckt werden. Bei *Trüffelleberwurst* rechnet man auf 500 g Wurstmasse 20 g in Würfel geschnittene Trüffel.

Bei *Sardellenleberwurst* auf 500 g Wurstmasse 50 g Sardellen, die nach ihrer Vorbereitung mit durch die Maschine gedreht werden. (Vorsicht Salz!)

233. Semmelleberwurst (Wellwurst)

500 g Schweineleber,	125 g Zwiebeln in 125 g Fett
kochende Wellfleischbrühe	gedünstet,
oder Wasser zum Über-	2 Esslöffel Majoran,
brühen,	1 Esslöffel Thymian,
1 kg gekochtes Bauch-	40–60 g Salz,
fleisch,	1 Messerspitze Pfeffer,
nach Bel. 250 g weichge-	Dünndärme,
kochte Schwarten,	Speile,
250 g Semmel in ⅜ l Brühe	Wasser oder Brühe zum Kochen.
geweicht,	

Die Herstellung der Wurstmasse ist die gleiche wie in Nr. 232; sie wird nur einmal durchgedreht. Schwarten und geweichte Semmel werden mit durch die Maschine gedreht, oder die vor dem Weichen in Würfel geschnittene Semmel wird unter die Fleischmasse gemischt. Die Würste müssen nach einmaligem Aufkochen 25–30 Minuten ziehen. Zu *Blutwurst* sind die gleichen Zutaten notwendig, nur werden an Stelle der Leber ¾–1 l Schweineblut gebraucht. Beide Arten von Wellwürsten werden frisch nur in Wasser gewärmt oder in Fett gebraten verwendet. Als Beigabe eignet sich Sauer- oder Grünkohl.

234. Blutwurst

1 kg gekochtes Fleisch, in	1 Esslöffel Majoran,
Würfel geschnitten,	1 Teelöffel Thymian,
250 g gekochte Schwarten,	½–¾ l Blut,
30 g Salz,	¼ l Brühe,
1 Esslöffel Gewürz,	krause Därme,
1 Teelöffel Nelke,	Wasser oder Brühe zum
1 Teelöffel Pfeffer,	Garmachen.

Das in kleine Würfel geschnittene Fleisch wird mit den durch die Maschine gedrehten Schwarten und den übrigen Zutaten vermischt in krause Därme gefüllt. Die mit kalter Flüssigkeit angesetzten Würste gebrauchen zum Garwerden nach einmaligem Aufkochen eine Zeit von ½ bis ¾ Stunden, abhängig von ihrer Dicke. (Bei vorsichtigem Einstechen mit einer Nadel darf der austretende Saft nicht mehr blutig sein.) Um die Masse vor dem Einfüllen abzuschmecken, wird eine kleine Menge in Fett gebraten.

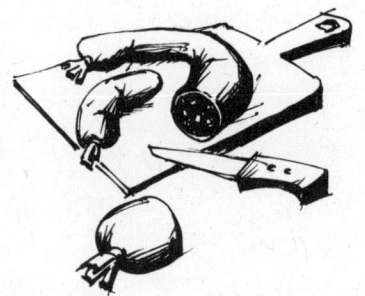

Würste, die nicht frisch verbraucht werden können, sind leicht zu überräuchern, oder die Masse ist durch Einkochen haltbar zu machen. (Siehe Nr. 232)

235. Zungenwurst

Die gleichen Zutaten wie in Nr. 234 und 1–2 gepökelte Schweinezungen oder Schlund, vorgekocht, in 1 bis 1½ Stunden weichgekocht, von der festen, weißen Haut befreit.

Zum Einfüllen für die Masse dicke Därme oder die Magenhaut.

Die Zungen werden mit der nach Nr. 234 hergestellten Wurstmasse in die Magenhaut eingefüllt, diese zugenäht und die Wurst 1 Stunde gekocht (auf schwach heißer Herdstelle). Während des Erkaltens wird der Magen zwischen zwei Holzbrettern gepresst. Die Wurst wird überräuchert.

236. Grützwurst

1½ kg gekochtes Fleisch,
500 g gekochte Schwarten,
500 g Gerstengrütze in
Brühe ausgequollen,
so viel Blut, dass eine
flüssige Masse entsteht,

2 Esslöffel Majoran,
1 Esslöffel Thymian,
Salz,
Pfeffer,
dünne Därme,
Brühe oder Wasser.

Fleisch und Schwarten werden durch die Maschine gedreht, mit der ausgequollenen Grütze, den Gewürzen und so viel Blut vermischt, dass eine flüssige Masse entsteht. Diese wird in Därme eingefüllt und die Würste in 25 bis 30 Minuten gargemacht (siehe Nr. 234). Die Masse kann auch in eine Pfanne oder Schüssel gefüllt werden und zugedeckt in kochendem Wasser in 1–1½ Stunde gargemacht werden. Kann die Wurstmasse nicht sofort verbraucht werden, so ist sie nach dem Erkalten mit flüssigem Schweinefett zu begießen. Bei kleineren Mengen kann die Masse in zerlassenem Schweinefett in einem Topf gargemacht werden.

237. Zervelatwurst

2½ kg durchwachsenes Fleisch (Vorderkeule),
500 g Schweinerückenfett,
50–60 g Salz,
5 g Pfefferkörner (weiß),
5 g Salpeter,
5 g Zucker,
Rinderdärme.

Fleisch und Schweinerückenfett werden drei- bis viermal durch die Maschine gedreht, mit den Gewürzen durchgeknetet (10–15 Minuten). Die Masse wird mit der Maschine fest in die vorbereiteten Därme eingefüllt, die Würste werden 8–10 Tage langsam geräuchert. (Vor dem Räuchern bleiben sie 1–2 Tage in einem frostfreien Raum hängen.)

238. Zervelatwurst mit Rindfleisch

2 kg Fleisch (Vorderkeule),
1 kg Rindfleisch (Kugel),
750 g Schweinerückenfett,
70–80 g Salz,
10 g weiße Pfefferkörner,
7 g Salpeter,
7 g Zucker,
Rinderdärme.

Die Herstellung ist die gleiche wie in Nr. 237.

239. Bratwurst

500 g mageres Fleisch,
500 g Schweinerückenfett,
20–30 g Salz,
3 g weiße Pfefferkörner,

1 g Muskatblüte,
1 g Koriander,
Dünndärme.

Das einmal durch die Maschine gedrehte Fleisch wird mit dem in Würfel geschnittenen Schweinerückenfett und den Gewürzen vermischt und in dünne Därme eingefüllt. Die Wurst kann nach dem Überbrühen mit kochendem Wasser auf der Pfanne in Schweinefett gebraten oder durch Knochen in polnischer Soße gargemacht werden. Als Beigabe eignet sich Sauerkohl. Die Wurst kann auch für 2–3 Tage ins Pökelfass gelegt werden und nach kurzem Räuchern auf die gleiche Weise wie die frische Wurst verwendet werden. Spinat-, Grün- oder Braunkohl eignen sich als Beigabe.

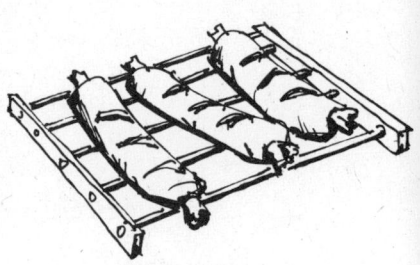

240. Brühwürstchen

250 g mageres Schweinefleisch,
250 g Schweinerückenfett (grüner Speck),

1 Esslöffel Salz,
1 Prise Pfeffer,
Hammeldärme.

Fleisch und Fett werden dreimal durch die Maschine gedreht, mit den Gewürzen vermischt, in Därme eingefüllt. Diese Würstchen, die als Beigabe zu Linsen, zu Sauerkohl passen, gebrauchen zum Garwerden in kochendem Wasser oder kochender Brühe 10–15 Minuten. Sie können auch paniert schwimmend in Ausbackfett gebacken oder auf der Pfanne in Schweinefett gebraten werden. Das Schweinerückenfett kann auch in Würfel geschnitten unter das durchgedrehte Fleisch gemischt werden.

Das Wild

Das Fleisch des Wildes ist leicht verdaulich, weil sein Fettgehalt gering, sein Gehalt an Extraktivstoffen groß ist. Es muss vor der Verwendung genügend lange gehangen haben, damit die durch die reichliche Bewegung festen Muskelfasern gelockert werden. Als Zubereitungsart wird in der Hauptsache das Braten angewendet, seltener das Schmoren und Dämpfen. Zum Haarwild gehören Hase, Reh, Hirsch, Wildschwein; zum Federwild oder Wildgeflügel Fasan, Rebhuhn, Birkhuhn, Schnepfe, Auerhahn, Wildente, Wildgans.

241. Erkennungszeichen für junge Hasen

Die Ohren oder Löffel eines jungen Hasen lassen sich der Länge nach leicht einreißen. Die Kopfhaut zwischen den Ohren ist nicht festgewachsen, sie liegt lose auf, die Krallen sind scharf. Die Stirnhaut des jungen, noch nicht ein Jahr alten Hasens zeigt einen weißen Fleck.

242. Die Vorbereitung des Hasens

Das Fell an der Innenseite der beiden Keulen wird aufgeschlitzt vom Gelenk bis zum Schwanz und vorsichtig von den Hinterläufen abgelöst; der Schwanz aus dem Fell gezogen. Die Hinterläufe werden zusammengebunden, der Hase aufgehangen, das Fell vom Rumpf gezogen, die Vorderläufe werden aus dem Fell gelöst. Die Ohren werden so abgeschnitten, dass sie am Fell bleiben. Das an der Schnauze festgewachsene Fell muss abgeschnitten werden. Der abgezogene Hase wird ausgenommen. Er wird an der Bauchseite aufgeschlitzt, die Eingeweide, das Blut werden entfernt. Bei der Teilung werden Kopf und Hals abgeschlagen, die beiden Vorderläufe abgelöst, die beiden Hinterläufe vom Rücken getrennt (einzeln oder zusammenhängend bleibend). Vom Rücken werden die Bauchlappen entfernt, die Rippen bis zum Rücken verkürzt. Der Kopf, aus dem die Augen zu entfernen sind, Hals, Rippen, Bauchlappen, Herz (Lunge) bilden das Hasenklein. Die Leber kann gebraten werden. Wird der Hase nach der Teilung gleich zubereitet, dann wird er gewaschen, sonst wird er bis zum nächsten Tage ungewaschen aufgehoben.

243. **Hasenbraten** für 6–8 Personen

1 Hase,	kochendes Wasser nach Bedarf,
100–125 g Speck,	⅜–½ l saure Sahne,
Salz zum Bestreuen,	2–3 Esslöffel Weizenmehl,
150–175 g Butter,	Salz nach Geschmack.

Rücken, Keulen und Vorderläufe werden gehäutet und mit feinen Speckfäden gespickt, mit Salz bestreut und nach Vorschrift gebraten (siehe Seite 78, Nr. 135). Die Vorderläufe gebrauchen zum Garwerden 20–25 Minuten, der Rücken 30–40 Minuten, die Keulen 1–1½ Stunde. Es empfiehlt sich, alle Teile zu gleicher Zeit in die gebräunte Butter zu geben und nach der für das Garwerden angegebenen Zeit herauszunehmen, bis zum Gebrauch warm zu stellen. Es können aber auch erst die Keulen die bestimmte Zeit gebraten werden, ehe der Rücken und als letztes die Vorderläufe dazugegeben werden. (Bei der zweiten Art werden die Fleischstücke, Rücken und Vorderläufe schwerer braun.) Sind mehrere Hasen zuzubereiten, so sind bei genügender Anzahl Rücken und Vorderläufe getrennt zu braten, und die Keulen auf dem Herde zu schmoren. Vom Spicken zurückbleibende Speckreste können beim Braten mitverbraucht werden. Die am unteren Ende des Rückens auf der Unterseite liegenden Filets können durch zwei Speckscheiben vor dem Austrocknen geschützt werden.

Der gebratene Rücken wird zum Anrichten nach seiner Größe quer in 4–6 Teile zerlegt, jede Keule in drei Stücke, die Vorderläufe bleiben im Ganzen. Als Beigabe zu Hasenbraten eignen sich Rotkohl, Apfelmus, Apfelkompott, Selleriesalat, Preiselbeerkompott.

244. Hase, geschmort (Verwendung für einen alten Hasen), für 6–8 Personen

1 Hase,	kochendes Wasser nach Bedarf,
100 g Speck,	¼–⅜ l saure Sahne mit 1–2 Esslöffel Weizenmehl verquirlt,
Salz zum Bestreuen,	
125–150 g Butter,	Salz nach Geschmack.

Die vorbereiteten, gespickten Hasenteile (Rücken, Keulen, Läufe) werden roh in Stücke geteilt (10 bis 12 Stück), mit Salz bestreut in gebräunter Butter angebraten und unter Hinzugießen von Wasser und mit Mehl verquirlter saurer Sahne in 1½–2 Stunden an der Herdseite weichgeschmort (siehe Seite 78, Nr. 135). Rückenstücke und Vorderläufe sind in kürzerer Zeit gar und sind mit den gargemachten Keulenstücken in der Soße noch einmal zu erhitzen.

Das Spicken mit Speckfäden kann bei dieser Zubereitungsart auch fortfallen, der Speck kann in Scheiben geschnitten zwischen die einzelnen Hasenstücke gelegt werden.

245. Hasenklein, Hasenpfeffer oder Schwarzhase

1 Hasenklein,	1 Teelöffel Zwiebelwürfel,
Salzwasser zum Vorkochen,	50 g Mehl,
kochendes Wasser,	½ l Brühe (von Hasenklein),
Salz,	Essig,
2–3 Esslöffel Essig,	Salz,
2 Pfeffer-, 2 Gewürzkörner,	Zucker nach Geschmack.
60 g Speck,	

Das gewaschene, gewässerte Hasenklein wird in kochendes Salzwasser gegeben, aufgekocht, das Wasser abgegossen. Es wird in Wasser mit Salz, Essig und Gewürz in 1–1½ Stunde weichgekocht. Das Fleisch wird von den Knochen gelöst, in Stücke geschnitten, in die nach Nr. 118 herzustellende Specksoße gegeben.

245a. Kaninchen

können ebenso wie Hasen vor- und zubereitet werden. Ein Kaninchen reicht für 4 Personen. Die zur Zubereitung notwendigen Zutaten sind dementsprechend zu kürzen. Bei wilden Kaninchen können die Fleischstücke vor dem Braten mit Mostrich bestrichen werden.

246. Reh vorzubereiten

Die Vorbereitung eines Rehs ist der eines Hasen ähnlich. Das Reh, das im Gegensatz zum Hasen vor dem Abhängen ausgeweidet wird, wird zum Abziehen des Felles nicht aufgehangen, sondern hingelegt. Das Fell wird an der Innenseite der Vorder- und Hinterläufe aufgeschlitzt, an den Bauchseiten gelöst und abgezogen. Die Teilung ist die gleiche wie beim Hasen. Rücken, Keulen und Vorderkeulen oder Blätter werden gebraten oder z. T. geschmort, Lappen, Kopf, Hals können zu Rehragout verwendet werden.

247. Rehrücken oder Ziemer für 8–10 Personen

1 Rücken von 2–2½ kg, kochendes Wasser nach Bedarf,
125–150 g Speck, ⅜–½ l saure Sahne,
Salz zum Bestreuen, 2–3 Eßlöffel Weizenmehl,
150–175 g Butter, Salz nach Geschmack.

Der gewaschene, gehäutete Rücken wird in dichten Reihen gespickt, gesalzen in die gebräunte Butter gegeben und unter Hinzugießen von Wasser und Sahne ¾ bis 1 Stunde gebraten (siehe Seite 78, Nr. 135). Für das Anrichten des Rehrückens gilt das Gleiche wie für den Kalbsrücken (Nr. 176).

An Stelle der verschiedenen Gemüse können zur Garnitur verschiedenfarbige Salate (Gurken-, Tomaten-, Sellerie-, Spargelsalat) in Muscheln angerichtet verwendet werden oder als

Kompott Preiselbeeren, Ananas, klargekochte Apfelscheiben in Pastetentöpfchen angerichtet.

248. Rehkeule, gebraten, für 8–10 Personen

1 Keule von 2–3 kg,
125–150 g Speck,
Salz zum Bestreuen,
150 g Butter,

⅜–½ l saure Sahne,
kochendes Wasser nach Bedarf,
2–3 Eßlöffel Weizenmehl,
Salz nach Geschmack.

Die gewaschene, gehäutete, gespickte Keule wird gesalzen und in der gebräunten Butter unter Angießen von Wasser und saurer Sahne 1¼–1¾ Stunden gebraten (Nr. 135).

249. Rehblatt, geschmort, für 4–6 Personen

1 Blatt von 1–1¼ kg,
75–100 g Speck,
Salz zum Bestreuen,
100 g Butter,

kochendes Wasser,
¼ l saure Sahne mit 1–2 Eßlöffel Weizenmehl verquirlt.

Die Knochen werden aus dem Blatt ausgelöst. Das Fleisch wird gewaschen, gehäutet, gespickt oder nur mit Speckscheiben belegt, mit einem gebrühten Faden zusammengebunden, gesalzen, in der gebräunten Butter angebraten, 1¼–1¾ Stunden nach Vorschrift geschmort (siehe Seite 78, Nr. 135).

250. Rehragout für 6–8 Personen

Lappen, Kopf und Hals des Rehs sind zum Ragout auf die gleiche Weise zu verwenden wie die Teile des Hasen zum Hasenpfeffer Nr. 245. Die dabei angegebenen Zutaten sind 1½–2 mal zu verbrauchen.

251. Zubereitung von Hirschfleisch

Rücken, Keule und Blatt sind vor der Zubereitung 2–3 Tage in Buttermilch oder in Essigwasser mit einem Zusatz von Rotwein einzulegen. Die Zubereitung ist bei allen drei Stücken die gleiche wie beim Reh. Der Unterschied liegt in der Länge der Brat- bzw. Schmorzeit.

Für den Rücken sind 2–2½ Stunden, für die in Stücke geteilte Keule sind 3 Stunden, für das Blatt sind 2½–3 Stunden zu rechnen.

252. Wildschweinkeule, gepökelt zu kochen,
für 16–20 Personen

1 Keule von 5–6 kg,	Essig,
trocken gepökelt nach	6 Wacholderbeeren,
Nr. 230 (4 Wochen),	3 Lorbeerblätter,
Wasser,	1–2 Zwiebeln.

Die nach Nr. 230 gepökelte Keule wird 4–6 Stunden gewässert, mit kaltem, nach Essig abgeschmecktem Wasser bedeckt aufgesetzt, mit den Gewürzen zum Kochen gebracht, an der Herdseite in 3–4 Stunden gargemacht. Das aufgeschnittene Fleisch wird mit Zitronenscheiben oder Zitronenvierteln, glasierten Zwiebeln, glasierten Kartoffelbällchen und grüner Petersilie angerichtet. Als Beigabe eignen sich Remouladen- oder Cumberlandsoße.

253. Wildschweinrücken oder -keule, ungepökelt zu braten,
für 16–20 Personen

1 Rücken oder 1 Keule	150 g Butter,
von 5–6 kg,	geriebenes Schwarzbrot,
4 l kräftig saures Essigwasser,	1 Esslöffel Zucker,
1 große Zwiebel,	½ Teelöffel Salz,
4 Pfeffer-, 4 Gewürzkörner,	1 Messerspitze gest. Zimt,
8 Wacholderbeeren,	1 Messerspitze gest. Nelke,
Salz zum Bestreuen,	zur Soße: 160–200 g Butter,
1 l Wasser,	200–240 g Weizenmehl,
1 Flasche Rotwein,	1–2 Esslöffel Johannisbeergelee,
Suppengemüse,	Salz nach Geschmack.

Das Essigwasser wird mit der Zwiebel und den Gewürzen aufgekocht, nach dem Erkalten über das geklopfte Fleisch gegossen.

In dieser Beize bleibt das Fleisch 3 Tage liegen; es ist täglich umzuwenden. Nach dieser Zeit wird es aus der Beize herausgenommen, gesalzen, in der Bratpfanne mit Wasser und Rotwein übergossen, das Suppengemüse dazugegeben und 1½ Stunden zugedeckt im Bratofen gebraten, dann unzugedeckt weitere 1½ Stunden. Die Butter wird zerlassen, mit so viel geriebenem Schwarzbrot vermischt, dass eine derbe Masse entsteht, die mit den angegebenen Gewürzen vermischt wird. Diese Masse wird auf die Oberseite des Bratens gestrichen, festgedrückt, das Fleisch unter Beschöpfung eine weitere halbe bis eine Stunde gebraten, bis die Kruste kross und das Fleisch gargeworden ist. Das Zerteilen muss der Kruste wegen vorsichtig vorgenommen werden. Als Soße wird die aus Butter und Mehl hergestellte, mittelbraune Mehlschwitze mit der Bratflüssigkeit und Wasser oder Brühe aufgefüllt und nach 25–30 Minuten Kochzeit mit dem Johannisbeergelee vermischt und abgeschmeckt. An Stelle dieser Soße kann zu Wildschweinbraten eine Cumberlandsoße gegeben werden. (Nr. 131)

254. Wildschweinkopf für 12–14 Personen

1 Kopf,
schwachsaures Essigwasser,
8–10 Wacholderbeeren,
2 Zwiebeln,
Majoran,
Thymian,
4 Pfeffer-, 4 Gewürzkörner,
Salz,
nach Belieben 1 Flasche Rotwein.

Der Schweinekopf wird, nachdem er sorgfältig gereinigt worden ist, 4–6 Stunden in öfter zu wechselndem Wasser gewässert. Er wird in ein Tuch eingebunden und mit Essigwasser bedeckt unter Hinzugabe der Gewürze, nach Belieben einer Flasche Rotwein zum Kochen gebracht, in

3½–4 Stunden weichgekocht. Er wird mit Zitronenscheiben oder -vierteln und Petersilie angerichtet. Als Soße eignen sich Remouladen- oder Cumberlandsoße.

Zahmes Geflügel

255. Erkennungszeichen für junges Geflügel

Bei jungen Hühnern lassen sich die Federn leicht ausziehen, der Brustknochen leicht eindrücken. Die Krallen junger Tauben sind spitz, der Schnabel weich. Die Luftröhre (Gurgel) junger Gänse ist weich und lässt sich leicht zusammendrücken, die Schwimmhäute sind leicht einreißbar.

256. Geflügel vorzubereiten

Alles getötete Geflügel lässt sich am leichtesten rupfen, solange es noch warm ist. Durch Brühen des Geflügels wird der Geschmack des Fleisches beeinträchtigt. Nach dem Rupfen wird das Geflügel gesengt. Zur Entfernung des Kropfes (Taube, Huhn), der Luft- und Speiseröhre wird an der Halshaut ein Querschnitt gemacht; der Hals kann im untersten Wirbel abgedreht werden. Zur Entfernung der Füße wird die um das Gelenk liegende Haut vorsichtig durchschnitten. Die freiliegenden Sehnen werden aus den Keulen herausgezogen. Zur Entfernung der Eingeweide kann ein Längs-, Quer- oder Rundschnitt (Knopflochschnitt) gemacht werden, bei letzterem wird ein Querschnitt zwischen Aftereröffnung und Steiß ausgeführt. Die Eingeweide werden erst gelockert, ehe sie, indem der Magen angefasst wird, vorsichtig herausgezogen werden, um ein Verderben der Leber durch die Verletzung der Galle zu vermeiden. Die Lungen, die fest an den Rippen sitzen, sind zu entfernen. Das so vorbereitete Geflügel wird gewaschen, nach Vorschrift zubereitet.

257. Huhn zu kochen für 4–6 Personen

1 altes Huhn, 1 Eßlöffel Salz,
1½–2 l kochendes Wasser, Suppengemüse.

Das vorbereitete Huhn wird in Wasser mit Salz und Suppengemüse in 2–3 Stunden weichgekocht. Nudeln, Reis eignen sich als Beigabe.

258. Huhn mit gelber Soße für 4–6 Personen

1 Huhn, 1–1½ kg schwer, 1–2 Eigelb m. 2–4 Eßlöffel
1½–2 l kochendes Wasser, Flüssigkeit verquirlt,
1 Eßlöffel Salz, Zitronensaft,
Suppengemüse, Wein,
z. Soße: 40–60 g Butter, Salz,
50–70 g Mehl, Zucker.
1–2 Eßlöffel Weiß- oder
Apfelwein,

Das vorbereitete Huhn wird in Wasser mit Salz und Suppengemüse in 2–3 Stunden weichgekocht, in Stücke geteilt. Aus Butter und Mehl wird eine helle Mehlschwitze hergestellt, die nach dem Auffüllen mit Hühnerbrühe und Wein 15–20 Minuten kochen muss, ehe sie mit Eigelb abgezogen, nach Wein, Zitronensaft, Salz und Zucker abgeschmeckt wird. Die Fleischstücke müssen in der Soße durchziehen. Als Beigabe eignet sich Reis (als Reisrand).

259. Hühnerfrikassee für 10–12 Personen

2 mittelgroße Hühner,
250 g Kalbsmilch,
1–2 Kalbszungen,
15 Krebse,
Fischklößchen von
250 g Fischfleisch,
Fleischklößchen von
125 g Kalb-,
125 g Schweinefleisch,
12 Stück Champignons
oder Morcheln, oder beides,
1 kleiner Kopf Blumenkohl,
Blätterteighalbmonde von
125 g Mehl,
zur Soße: 120 g Butter,
120 g Mehl,
Hühnerbrühe zum Auffüllen,
2–4 Esslöffel Weißwein,
4 Eigelb mit 6–8 Esslöffel süßer
Sahne verquirlt,
Weißwein,
Zitronensaft,
Salz,
Zucker.

Die vorbereiteten Hühner werden wie in Nr. 258 behandelt. Aus den Fleischstücken können die Knochen ausgelöst werden. Die Kalbsmilch ist nach Nr. 179 zu kochen, die Kalbszungen nach Nr. 179, die Krebse nach Nr. 324. Fisch- und Fleischklößchen siehe Nr. 75, 76. Die Kalbsmilch wird in große Würfel, die Kalbszungen werden in Scheiben geschnitten. Aus Butter und Mehl wird eine helle Mehlschwitze hergestellt, die nach dem Auffüllen mit Hühnerbrühe und Wein 15 bis 20 Minuten kochen muss, ehe sie mit Eigelb abgezogen, nach Wein, Zitronensaft, Salz und Zucker abgeschmeckt wird. Hühnerfleisch und Zungenscheiben müssen in einem Teil der Soße durchziehen, ehe das Frikassee angerichtet wird. Auf eine auf heißem Wasser stehende, tiefe, runde Platte wird umgekehrt ein Mittelteller gelegt. Auf diesem werden die Fleischstücke und Zungenscheiben verteilt, etwas Soße wird darüber gefüllt und die Platte mit Blumenkohl, Klößen, Kalbsmilchwürfeln, Pilzen verziert. Die Blätterteighalbmonde werden auf den Rand der Platte gelegt. Werden Krebse zum Frikassee verbraucht, so sind 8–10 Krebsnasen zu füllen (siehe Nr. 32), sie sind ebenso wie die Krebsschwänze zur Garnitur des Frikassees zu verwenden. Die Schalen können zur Herstellung von Krebsbutter (siehe Nr. 326) verbraucht werden, oder an Stelle der Frikasseesoße kann das Gericht mit einer Krebssoße fertiggemacht werden. An Stelle der in der Vorschrift angegebenen 120 g Butter sind dann 150–175 g Butter zu verbrauchen.

260. Huhn in Aspik für 4–6 Personen

1 Huhn,
1½–2 l kochendes Wasser,
1 Eßlöffel Salz,
Suppengemüse,
Weiß- oder Apfelwein,
Essig,
Zitronensaft,
Salz,
Gelatine,
Eiweiß,
Eierschale.

Das vorbereitete Huhn wird wie in Nr. 258 behandelt; in 8–10 Stücke geteilt (nach dem Abkühlen). Die durch ein Sieb gegossene Brühe wird entfettet, kräftig nach Wein, Essig, Zitronensaft, Salz abgeschmeckt, nach Belieben durch wenig Fleischextrakt oder Vitox gefärbt und geklärt. Dazu wird die Brühe gemessen. Auf 1 l Flüssigkeit werden 12 Blatt weiße Gelatine gerechnet, wenn das Gericht in eine Glasschüssel gegeben wird, 16 Blatt, wenn es nach dem Steifwerden gestürzt werden soll. Außerdem für 1 l Brühe 1½ Eiweiß und ½ Eierschale. Die Gelatine ist vor dem Gebrauch in kaltem Wasser einzuweichen und gut abgetropft in die abgekühlte, abgeschmeckte Brühe zu geben. Brühe, Gelatine, Eiweiß, abgewaschene, zerdrückte Eierschale werden in einem hohen Topf unter beständigem Schlagen mit dem Schneebesen zum Kochen gebracht (die Masse steigt im Topf), ½ Stunde zugedeckt an der Herdseite stehen gelassen, die Schaumdecke wird abgenommen, auf ein gebrühtes Tuch gegeben, die Brühe darüber gegossen. Die am Anfang in das darunter gestellte Gefäß laufende Flüssigkeit ist häufig noch trübe, sie muss ein zweites bzw. drittes Mal durchgegossen werden. Von der klaren Flüssigkeit wird so viel in die Glasschüssel gefüllt, dass sie 1–1½ cm hoch steht (Spiegel). Ist der Spiegel steif geworden, werden lagenweise Fleischstücke und Aspik eingefüllt. Die letzten Fleischstücke müssen mit Aspik bedeckt sein. (Es arbeitet sich am schnellsten, wenn die Glasschüssel in eine Schüssel mit kaltem Wasser und Eisstücken gestellt wird.) Soll das Aspik gestürzt werden, so ist die dafür bestimmte Form mit Öl auszupinseln und bis zum Gebrauch umgekehrt auf ein Stück Butterbrotpapier zu stellen, damit das überflüssige Öl ablaufen kann. Aspik kann verziert werden mit hartgekochten Eiern, Pfeffergurken, Kapern, weichgekochter Mohrrübe, Trüffelstücken, Krebsschwänzen. Bei Aspik, das gestürzt werden soll, wird die Garnitur auf den steifgewordenen Spiegel gelegt; sie muss vorsichtig mit Aspik tropfenweise festgegossen werden, ehe Fleischstücke aufgelegt werden können. Bei Aspik in der Glasschüssel angerichtet, wird die Garnitur aufgelegt, nachdem das Aspik über der letzten Fleischschicht fest geworden ist. Auch hierbei muss Aspik zum Festgießen der Garnitur zurückbleiben.

261. Paprikahuhn mit Reis

2 junge Hühner,
Salz zum Bestreuen,
75–125 g Butter,
1 Messerspitze Paprika,
¼–½ l kochendes Wasser,
30 g Mehl.

Die vorbereiteten Hühner werden je in 4 Stücke geteilt, gesalzen, in der zerlassenen Butter mit Paprika unter Hinzugießen von kochendem Wasser 1 Stunde gedünstet. Die Soße wird durch angerührtes Mehl bündig gemacht. Das Gericht wird mit Reis oder im Reisrand (Nr. 82) angerichtet.

262. Gebratene Hühner

2 junge Hühner,
Salz zum Bestreuen,
50–60 g Speck in Scheiben,
100–125 g Butter,
kochendes Wasser oder Brühe,
¼ l saure Sahne,
1–2 Eßlöffel Weizenmehl.

Die vorbereiteten Hühner werden innen und außen gesalzen. Die Brust und die hochgeschobenen Keulen mit Speckscheiben belegt, mit einem gebrühten Baumwollfaden umwickelt, und die Hühner in der gebräunten Butter nach Vorschrift 1–1½ Stunden gebraten (Nr. 135, S. 78). Die gebrühten, abgezogenen Füße so wie Herz und Magen werden gekocht, die Brühe kann zum Angießen beim Braten verbraucht werden. Die Hühner können auch gefüllt werden.

Zur Füllung werden gebraucht:

Leber und Herzen der Hühner,
1 Semmel,
20 g Butter,
1 Teelöffel gewiegte Petersilie,
Salz nach Geschmack,
1 Ei.

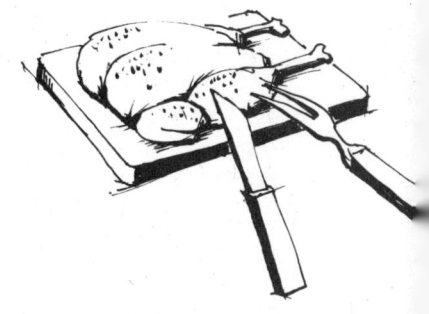

Die geschälte, geweichte, trocken ausgedrückte Semmel wird mit der Butter auf dem Herd abgerührt. Die gewiegten Herzen und Lebern, Petersilie, Ei und Salz werden dazugegeben, die Masse wird abgeschmeckt. Leber und Herz können auch zu Geflügelbrötchen verbraucht werden (Nr. 285).

263. Backhähnchen

2 junge Hähnchen,
Salz zum Bestreuen,
1 Ei mit 1–2 Esslöffel
Wasser verschlagen

50–60 g geriebene Semmel
mit 1 Esslöffel Mehl, 1 Teelöffel
Salz vermischt,
125–150 g Butter oder Ausbackfett.

Die frisch geschlachteten oder 10–12 Stunden abgehangenen Hähnchen werden vorbereitet, mit der Geflügelschere längsgeteilt oder geviertelt, gesalzen, in Ei und geriebener Semmel umgewendet und in der gebräunten Butter in der Pfanne gebraten oder schwimmend in Ausbackfett gebacken. An Stelle von Ei und geriebener Semmel kann auch Eierkuchenteig zum Eintauchen verwendet werden (siehe Nr. 222). Backzeit ungefähr 30 Minuten.

264. Pute, gefüllt und gebraten, für 12–16 Personen

1 Pute, 5½–6 kg schwer,
Salz zum Bestreuen,
75–100 g Speck
in Scheiben,
1–1½ l kochendes Wasser,

125–150 g Butter,
Wasser nach Bedarf,
½–¾ l saure Sahne,
4–5 Esslöffel Weizenmehl.

Zur Semmelfüllung:

2 Semmeln,
40 g Butter,
2 Eier, 1 Eigelb,
1 Teelöffel Zucker,
1 Teelöffel Salz,
3 bittere, 7 süße Mandeln,
25 g Korinthen oder Sultaninen.

Zur Fleischfüllung:

375 g Kalbfleisch,	2 Eier,
375 g Schweinefleisch,	Salz,
die Putenleber,	zur Verfeinerung
1½ Semmel,	15–20 Pistazien,
30 g Butter oder	Trüffelstückchen,
250 g Schweinefleisch,	25 g gekochten Schinken oder
250 g Kalbfleisch,	gepökelte, gekochte Zunge,
250 g Kalbsleber,	nach Belieben 500–700 g Maronen.

Bei der Vorbereitung der Pute darf die Halshaut nicht eingeschnitten werden, da sie zur Füllung gebraucht wird. Der Kropf wird von oben herausgezogen. Ehe die Pute gefüllt wird, wird die Öffnung zwischen Hals und Rumpf durch eine rohe Kartoffel oder ein Stück Hals verschlossen. Die gefüllte Halshaut wird zugenäht. Das Zunähen des Rumpfes erübrigt sich, wenn die Pute zum Ausnehmen durch einen Rundschnitt geöffnet worden ist. Die vorbereitete Pute wird innen gesalzen, gefüllt, außen mit Salz bestreut, die Brust und die hochgeschobenen Keulen werden mit Speckscheiben belegt, mit gebrühtem Baumwollfaden festgebunden. Die Pute wird in die Bratpfanne gelegt, mit kochendem Wasser übergossen und zugedeckt im Ofen oder auf dem Herde 1 Stunde unter öfterem Beschöpfen gekocht. Die Flüssigkeit wird abgegossen, die Pute mit gebräunter Butter übergossen und unzugedeckt im Ofen unter Hinzugießen der Kochflüssigkeit von Wasser nach Bedarf und saurer Sahne 2–2½ Stunden nach Vorschrift gebraten (siehe Nr. 135, Seite 78). Beim Anrichten wird die Füllung des Halses und Rumpfes in Scheiben geschnitten.

Der Kropf kann mit einer Semmel-, der Rumpf mit einer Fleischmasse gefüllt werden, oder beide nur mit Fleischfüllung. Oder der Rumpf wird mit vorbereiteten Maronen, die Halshaut mit Fleisch- oder Semmelmasse gefüllt.

Zur *Semmelfüllung* werden die geschälten, geweichten, trocken ausgedrückten Semmeln mit der Butter auf dem Herde abgerührt,

Eier, Eigelb, Zucker, Salz, die gebrühten, abgezogenen, geriebenen Mandeln, die gewaschenen getrockneten Korinthen oder Sultaninen werden dazugegeben. Die Masse wird abgeschmeckt.

Zur *Fleischfüllung* werden Semmeln und Butter auf die gleiche Weise verwendet. Das Fleisch wird mit der Leber 2–3 mal durch die Maschine gedreht, mit der abgekühlten Semmelmasse, den Eiern und Salz vermischt und abgeschmeckt. Die Masse kann verfeinert werden durch Pistazien, die 3–5 Minuten zu kochen sind, ehe sie abgezogen und längs halbiert werden, durch Trüffelstückchen und durch Schinken oder Zungenwürfel.

Werden *Maronen* verwendet, so sind diese an der spitzen Seite kreuzweise einzuschneiden, in kochendes Salzwasser zu geben, 10–15 Minuten zu kochen, abzugießen und heiß von der äußeren harten Schale und der darunter liegenden braunen Haut zu befreien.

265. Tauben zu kochen zu kräftiger Brühe mit Reis

2 alte Tauben,	125 g Reis,
1½ l Wasser,	Salz nach Geschmack,
1 Teelöffel Salz,	nach Belieben 30–40 g Butter,
Suppengemüse,	1 Teelöffel gewiegte Petersilie.

Die vorbereiteten Tauben, Herz und Magen werden in Wasser mit Salz und Suppengemüse in 1½–2 Stunden weichgekocht. Nach 1 Stunde Kochzeit wird der abgequirlte Reis dazugegeben. Die weichgekochten Tauben werden in Stücke geteilt, in der Suppe ausgegeben, die nach Salz abgeschmeckt, mit Butter und Petersilie vermischt wird.

266. Tauben, gefüllt und gebraten

4 junge Tauben,
Salz zum Bestreuen,
60–80 g Speck in Scheiben,
zur Füllung:
1½ Semmel,
30 g Butter,
1 Ei,
Herzen und Lebern,
1 Teelöffel gewiegte Petersilie,
Salz nach Geschmack,

zum Braten:
100–125 g Butter,
Wasser oder Brühe n. Bel.,
¼ l saure Sahne,
1–2 Esslöffel Weizenmehl.

Die vorbereiteten Tauben werden innen gesalzen, Halshaut und Rumpf gefüllt und zugenäht; die Tauben werden mit Salz bestreut, die Brust und die hochgeschobenen Keulen mit Speckscheiben belegt, mit gebrühtem Baumwollfaden festgebunden, die Tauben mit gebräunter Butter übergossen und nach Vorschrift gebraten (s. Nr. 135, S. 78), 1–1½ Stunden.

Zur Füllung werden die geschälten, eingeweichten, trocken ausgedrückten Semmeln mit der Butter auf dem Herd abgerührt. Nach dem Abkühlen werden die feingewiegten Lebern und Herzen, Ei, Petersilie und Salz dazugegeben.

267. Gans, gebraten, für 8–10 Personen

1 Gans, 4–5 kg schwer,
Salz zum Bestreuen,
1½ l kochendes Wasser,

Wasser z. Nachgießen,
1 Esslöffel Kartoffelmehl oder
2–3 Esslöffel Weizenmehl.

Zum Füllen: 500–750 g kleine Äpfel, gewaschen, von der Blüte befreit, 1 Stiel Beifuß,
oder
500 g Äpfel, gewaschen, geschält, in Achtel geteilt, mit 250 g Maronen vermischt (s. Vorbereitung der Maronen Nr. 264) und 1 Stiel Beifuß.

Bei der Vorbereitung der Gans (nach Nr. 256) lässt man nur das oberste Glied des Flügels am Rumpf, zur Entfernung der unteren Glieder wird die verbindende Haut durchschnitten, ebenso das Gelenk. Die Gans wird innen gesalzen, gefüllt, zugenäht (beim Rundschnitt, der unterhalb der Afteröffnung ausgeführt wird [s. Nr. 236], zugeknöpft), mit Salz bestreut, in der Pfanne mit kochendem Wasser übergossen und zugedeckt auf oder in den Herd 1–1½ Stunden gekocht. Sie wird dann unzugedeckt unter Nachgießen von Wasser 2–2½ Stunden gebraten (s. Nr. 135, Seite 78). Ist die Gans sehr fett, so ist die fette Haut der Brust, Flügel und Keulen während des Bratens öfter mit der Gabel einzustechen und das sich absetzende überflüssige Fett abzuschöpfen, ehe es sich bräunt. Während der letzten 10 Minuten der Bratzeit ist die Gans nicht mehr zu beschöpfen, damit die Haut knusprig bleibt. Um das Gleiche bei der Haut des Rückens zu erreichen, kann die Gans auf eine Bratenleiter oder nach der Hälfte der Bratenzeit auf den Grill gelegt werden. Ist die Gans gar (durch Einstechen mit einer Spicknadel in die Keule probieren), wird sie herausgenommen, die Soße wenn notwendig entfettet und durch angerührtes Weizen- oder Kartoffelmehl bündig gemacht. Beim Zerlegen der Gans werden zunächst die Keulen durch einen Schnitt im Gelenk vom Rumpf getrennt. Jede Keule kann durch Trennung des Gelenkes in zwei Stücke geteilt werden. Die Flügel werden auf die gleiche Weise vom Rumpf gelöst. Das Brustfleisch wird von beiden Seiten des Brustknochens abgeschnitten, schräg in dicke Scheiben geteilt. (Beim Schneiden auf der Hautseite auflegen.) Rücken und Rippen werden mit der Geflügelschere in Stücke geschnitten.

Das beim Ausnehmen der Gans unmittelbar unter der Bauchhaut liegende Fett wird nach dem Wässern in Würfel geschnitten und ausgebraten. Das zwischen den Därmen liegende Fett ist vorsichtig zu lösen und 4–6 Stunden zu wässern (Wasser öfters zu wechseln), ehe es ausgebraten wird. Bauch-, Darm- und Bratenfett zeigen nach der Abkühlung eine weiche Beschaffenheit. Es ist ratsam, um eine bessere Streichfähigkeit zu erzielen, sie nach dem Ausbraten mit ausgelassenem Schweinefett zu mischen. Die Hälfte des Gewichtes des Gänsefettes ist an Schweinefett zu verwenden. Beim Braten einer *jungen Gans* mit einem Gewicht von 2–3 kg, für 6 Personen ausreichend, ist ein Zusatz von 75 g gebräunter Butter notwendig (siehe Nr. 135, Seite 78). Sie braucht nur ½ Stunde gekocht und 1½–2 Stunden gebraten zu werden.

268. Gänseklein, gekocht, mit Soße

1 Gänseklein,
1½–2 l kochendes Wasser,
1 Eßlöffel Salz,
Suppengemüse,

zur Soße: 40 g Butter oder Margarine,
40 g Weizenmehl,
Gänsebrühe zum Auffüllen,
1 Eßlöffel gewiegte Petersilie.

Zum Gänseklein gehören Kopf, Hals, Flügel, Füße, Magen und Herz. Kopf und Füße sind mit kochendem Wasser zu überbrühen, damit vom Kopf die Federn, von den Füßen die äußere gelbe Haut entfernt werden können. Der Schnabel wird abgehackt, die Augen werden entfernt, der Kopf längst gespalten, die Krallen werden entfernt. Der Magen wird aufgeschnitten. Die innere dicke und die äußere blaue Haut werden abgezogen, so dass nur das rote Muskelfleisch zurückbleibt. Die sorgfältig geputzten, gewaschenen Teile des Kleins werden in Wasser mit Salz und Suppengemüse 2–2½ Stunden gekocht. Ein Teil der Brühe wird zum Auffüllen der Petersiliensoße verbraucht, in der das Klein angerichtet wird, der Rest kann zu einer Suppe verwendet werden.

269. Gänseklein, als Suppe gekocht

1 Gänseklein,
1½–2 l kochendes Wasser,
1 Eßlöffel Salz,

Suppengemüse,
50–60 g Reis.

Das nach Nr. 268 vorbereitete Gänseklein wird in Wasser mit Salz und Suppengemüse 2–2½ Stunden gekocht. In der durchgegossenen Brühe wird der abgequirlte Reis in ¾–1 Stunden ausgequollen. Das von den Knochen gelöste, in Stücke geschnittene Fleisch wird als Einlage in die Suppe gegeben.

270. Gänseweißsauer oder Gänsesülze

Gänseklein oder 1 Gans in Stücke zerteilt, oder die Überreste einer Gans, deren Brust zu Spickgans verbraucht wurde, kochendes Wasser,

Salz,
Suppengemüse,
Essig,
weiße Gelatine,
Eiweiß, Eierschale, wenn die Flüssigkeit geklärt werden soll.

Das vorbereitete Gänseklein oder die vorbereitete, roh in Stücke zerschnittene Gans werden in kochendem Wasser mit Salz und Suppengemüse in 2–2½ Stunden weichgekocht. Nach der Hälfte der Kochzeit wird etwas Essig dazugegossen. Die Brühe wird durch ein Sieb gegossen, entfettet, kräftig nach Essig und Salz abgeschmeckt, gemessen, und auf 1 l Flüssigkeit werden 10–12 Blatt Gelatine gerechnet, wenn sie ungeklärt bleibt. Soll sie geklärt werden, so sind auf 1 l 12–14 Blatt zu rechnen, 1½ Eiweiß und ½ Eierschale. Die vorher eingeweichte Gelatine wird in der noch heißen Brühe gelöst und diese nach dem Abkühlen über die Fleischstücke gegeben. Soll die Brühe geklärt werden, so ist sie nach Nr. 260 zu behandeln. Werden größere Mengen in einem Steintopf eingelegt, dann ist die Oberfläche des seifgewordenen Gerichtes mit flüssigem, abgekühltem Fett zuzugießen.

271. Gänsebrust zu pökeln (Spickgans)

1 Gänsebrust,
175 g Salz,

5 g Zucker,
3 g Salpeter.

Von einer vorbereiteten, nicht ausgenommenen Gans wird die Brust abgelöst. Die beiden Längs- und Querschnitte sind so auszuführen, dass von allen 4 Seiten möglichst viel Haut über dem Fleisch stehen bleibt. Die Haut auf der hochstehenden Kante des Brustknochens darf nicht verletzt erden, beide Brusthälften bleiben zusammenhängend. Sie werden von innen mit der Hälfte der Mischung von Salz, Salpeter und Zucker eingerieben, zusammengeklappt und die Haut ringsherum mit überwendlichen Stichen zusammengenäht. Mit der übrigen Mischung wird die Brust von außen eingerieben, in einen Steintopf gegeben, unter täglichem Wenden 8 Tage gepökelt. Sie wird dann 3-4 Stunden zwischen 2 Holzbrettern gepresst, in Mull eingenäht und 3-4 Tage geräuchert.

Nachdem die Brust abgelöst worden ist, wird die Gans ausgenommen, die übrigbleibenden Teile werden entweder auch gepökelt und mit Sauerkohl oder Kohlrüben zusammengekocht oder sie werden zu Gänsesülze verbraucht (Nr. 270).

272. Gänseleber gebraten

1 Gänseleber,
Milch,
Salz zum Bestreuen,
Mehl zum Einhüllen,

1 Zwiebel in Scheiben,
1 Apfel in Scheiben,
50 g Butter.

Die gewaschene Leber wird 2-3 Stunden in Milch gelegt. Nach dem Herausnehmen wird sie abgetrocknet und, wenn sie groß ist, in 2-3 Stücke geteilt. Diese werden gesalzen in Mehl umgewendet in die gebräunte Butter gegeben und 8-10 Minuten gebraten. Ist die Leber von beiden Seiten gebräunt, werden die Zwiebel- und Apfelscheiben dazugegeben. Die Leber kann auch paniert werden.

273. Gänseschwarzsauer

1 Gänseklein,
1½-2 l kochendes Wasser,
1 Eßlöffel Salz,
Suppengemüse,
250-375 g Backobst, in
½-¾ l Wasser eingeweicht,

Gänseblut,
2 Eßlöffel Weizenmehl,
Essig,
Zitronensaft,
Salz,
Zucker.

Das vorbereitete Gänseklein wird in Wasser mit Salz und Suppengemüse in 2-2½ Stunden weichgekocht, in Stücke geteilt. Das am

Vorabend des Kochtages eingeweichte Backobst wird in der Gänsebrühe gargemacht (½–¾ Stunden), zu dem Fleisch gegeben. Die Brühe wird durch Mehl, das in dem Gänseblut angerührt wird, bündig gemacht. Die nach Essig, Zitronensaft, Salz und Zucker abgeschmeckte Soße wird über Fleisch und Obst gegossen. Als Beigabe eignen sich Kartoffelklöße.

274. Entenschwarzsauer

Zum Entenschwarzsauer werden die gleichen Zutaten wie zum Gänseschwarzsauer (Nr. 273) gebraucht, nur an Stelle eines Gänsekleins für 4 Personen 2 Entenklein.

275. Entenbraten für 6–8 Personen

1 Ente von 2–2½ kg,
Salz zum Bestreuen,
½–¾ l kochendes Wasser,

Wasser zum Nachgießen,
1 Eßlöffel Kartoffelmehl oder
1–2 Eßlöffel Weizenmehl.

Zum Füllen: 500 g kleine Äpfel, Beifuß.

oder 375 g Äpfel, 250 g Maronen, Beifuß.

Die Zubereitung ist die gleiche wie beim Gänsebraten (Nr. 267), für das Garmachen ist eine Zeit von nur 2 Stunden zu rechnen.

Beim Braten einer *jungen Ente* mit einem Gewicht von 1½ kg, für 4–6 Personen ausreichend, ist ein Zusatz von 75 g gebräunter Butter notwendig. Sie braucht nur ¼ Stunde im Ofen gekocht und 1½–2 Stunden gebraten werden.

276. Entenklein, gekocht, mit Soße

Wie Gänseklein in Nr. 268, nur 2 Entenklein an Stelle eines Gänsekleins.

277. Entenweissauer

Wie Gänseweißsauer Nr. 270.

278. Gänseleberwurst

250 g Gänseleber,	Pfeffer,
250 fettes Bauchfleisch,	1 Teelöffel Majoran,
½ Zwiebel,	½ Teelöffel Thymian,
2 Eßlöffel Gänse- oder	die Haut des Halses oder
Schweinefett,	1 Stück Fettdarm,
Salz,	Wasser zum Kochen.

Die Gänseleber wird mit dem gekochten, abgekühlten, in Stücke geschnittenen Bauchfleisch drei- bis viermal durch die Maschine gedreht. Die Zwiebelwürfel werden in dem Fett an der Herdseite gedünstet. Das Zwiebelfett durch ein Sieb zur Fleischmasse gegeben. Diese wird scharf nach Salz abgeschmeckt, gewürzt, in die Halshaut oder den vorbereiteten Darm eingefüllt, mit kaltem Salzwasser bedeckt zum Kochen gebracht, in 30–40 Minuten gargemacht. Die Masse kann auch in einem Weckglas oder Pastetentopf durch Kochen im Wasserbade gargemacht werden. Sie ist dann weniger scharf nach Salz abzuschmecken. (Siehe Nr. 232)

279. Gänseleberpastete

Die Leber einer Stopfgans,	1 Prise gest. Gewürz,
375–500 g schwer,	375 g mageres Schweinefleisch,
Milch zum Übergießen,	375 g Schweinerückenfett (grüner
30–40 g geschälte Trüffeln	Speck),
(in der Büchse eingelegt),	Salz nach Geschmack,
3–4 Eßlöffel Madeira,	dünngeschnittene Scheiben von
Salz zum Bestreuen,	grünem Speck,
1 Prise Pfeffer,	zerlassenes Schweinefett.

Die Leber wird mit Milch übergossen 12 Stunden stehen gelassen. Sie wird abgetrocknet, in 4–6 Stücke geschnitten. Diese werden mit Trüffelstückchen gespickt (einspicken mit der Spicknadel, das Trüffelstückchen hineindrücken). Die gespickten Stücke werden mit Salz und Gewürz bestreut, mit Madeira übergossen. Man lässt sie 1–2 Stunden stehen (einmal umwenden). Fleisch, Schweinerückenfett und Leberabfälle werden drei- bis viermal durch die Maschine gedreht, wenn notwendig durch ein Pastetensieb gestrichen. Die Masse wird nach Salz abgeschmeckt. Eine Pastetenform aus Steingut wird mit dünnen Scheiben grünen Specks ausgelegt. Fleischteig und trocken abgetropfte Leberstücke werden lagenweise eingefüllt, als unterste, oberste Schicht und an den Seitenwänden Fleischteig. Die Oberfläche wird mit Scheiben von Schweinerückenfett zugedeckt. (Die Form kann bis dicht zum Rand gefüllt werden, da der Inhalt beim Garmachen zusammenfällt.) Der Deckel wird aufgelegt, die Form fest verschlossen durch einen mit Kleister bestrichenen Papierstreifen (Kleisterbrei von Weizenmehl und Eiweiß,

Breite des Streifens 4 cm). Die Form wird in Wasser im zugedeckten Topf 2–2½ Stunden gekocht, (so dass die Form bis zur Hälfte, höchstens bis zu ihrer Höhe in Wasser steht, es ist günstig, einen Einsatz in den Topf zu legen oder die Pastetenform auf einen Teller zu stellen). Nach der angegebenen Kochzeit wird die Pastete herausgenommen, der Papierstreifen vom Deckel entfernt, die Pastete abgekühlt. Sie wird mit zerlassenem, abgekühltem Schweinefett bis 1½ cm unterhalb des Randes zugegossen. Der Deckel wird wieder aufgelegt und durch einen 4 cm breiten, mit Kleister bestrichenen Streifen dicken Stanniolpapiers festgehalten. Auch die kleine, im Kopf des Deckels befindliche Öffnung ist mit Stanniol zu verkleben. Kühl aufbewahrt hält sich die Pastete mehrere Wochen. An Stelle von Pastetentöpfen können auch weite Weckgläser verwendet werden.

Trüffelreste können in Würfel geschnitten beim Einschichten zwischen die einzelnen Lagen gestreut werden. Frische Trüffeln werden in Wasser gründlich gebürstet, geschält, dann geschnitten. Die Trüffelschalen können mit Fleisch und Leber durch die Maschine gedreht werden.

Zum Anrichten wird von der Oberfläche der geöffneten Form das Fett entfernt, die Form einen Augenblick in heißes Wasser getaucht, auf ein Emaillebrett oder einen Porzellanteller gestürzt, das Schweinerückenfett entfernt. Die Oberfläche, die Seitenwände mit einem heißen Messer glattgestrichen. Die Pastete wird auf einem Glasteller gelegt, mit gehacktem oder in Formen ausgestochenen, nach Madeira abgeschmecktem Aspik, Trüffelstückchen und Petersilie verziert.

Wildgeflügel

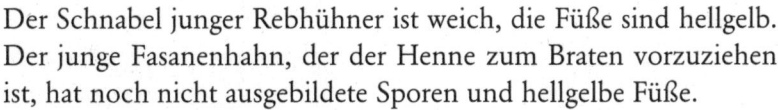

280. Erkennungszeichen für junge Rebhühner und Fasane

Der Schnabel junger Rebhühner ist weich, die Füße sind hellgelb. Der junge Fasanenhahn, der der Henne zum Braten vorzuziehen ist, hat noch nicht ausgebildete Sporen und hellgelbe Füße.

281. Rebhuhn, gebraten

2–4 junge Rebhühner,
Salz,
4 Wacholderbeeren,
60–80 g geräucherter Speck,

125–150 g Butter,
Wasser nach Bedarf,
¼ l saure Sahne,
1–2 Esslöffel Weizenmehl.

Die Rebhühner werden gerupft, gesengt, ausgenommen, mit einem feuchten Tuch ausgewischt, möglichst nicht gewaschen, innen gesalzen. Die Brust und die hochgeschobenen Keulen werden mit dünnen Speckscheiben umbunden, mit Salz bestreut. In gebräunter Butter werden sie ¾–1 Stunde nach Vorschrift gebraten (siehe Nr. 135, S. 78). Als Beigabe eignet sich Sauerkraut oder Weinsauerkraut.

282. Rebhühner in Gelee oder Rebhuhnweißsauer

2 alte Rebhühner,
2 l kochendes Wasser,
1 Esslöffel Salz,
Suppengemüse,
Essig,

Weißwein,
Zitronensaft,
Salz,
Gelatine,
Eiweiß, Eierschale.

Die vorbereiteten Rebhühner werden in Wasser mit Salz und Suppengemüse in 1½–2 Stunden weichgekocht, je in 4 Teile geteilt, weiter nach Nr. 260 oder Nr. 270 behandelt.

283. Rebhühner mit Wirsing

2 ältere Rebhühner,
40 g geräucherter Speck,
40 g rohen Schinken,
Salz zum Bestreuen,
75–100 g Butter,

kochendes Wasser,
750–1000 g Wirsing,
kochendes Wasser zum Überbrühen,
1 Esslöffel Weizenmehl,
Salz nach Geschmack.

Die Brust der vorbereiteten Rebhühner wird gehäutet und abwechselnd mit Speck- und Schinkenstreifen gespickt. Speck- und Schinkenreste werden in Würfel geschnitten. Die Speckwürfel werden bis zum Glasigwerden erhitzt, Schinkenwürfel und Butter dazugegeben. In die zerlassene, nicht gebräunte Butter werden die gesalzenen Rebhühner gegeben und 5–10 Minuten darin gedünstet (sie dürfen nur gelblich werden). Die äußeren schlechten Blätter des Kohles werden entfernt, die übrigen einzeln vom Strunk abgelöst, die dicke Rippe flach geschnitten und die Blätter mit kochendem Wasser überbrüht oder in kochendem Salzwasser 3–5 Minuten vorgekocht, das Wasser abgegossen. Der so vorbereitete Kohl wird zu den gedünsteten Rebhühner gegeben, knapp gleichstehend kochendes Wasser wird aufgefüllt und das Gericht in 1½–2 Stunden gargemacht. Es wird durch Weizenmehl in wenig kaltem Wasser angerührt, bündig gemacht, nach Salz abgeschmeckt. Beim Anrichten werden die Rebhühner längs geteilt.

284. Rebhühner mit Linsen (als dicke Suppe)

2 alte Rebhühner,	Suppengemüse,
60 g geräucherter Speck,	60 g Butter,
Salz,	30 g Mehl,
375 g Linsen,	Salz nach Geschmack.
1½–2 l Wasser,	

Die Rebhühner werden vorbereitet, gesalzen. Die Brust und die hochgeschobenen Keulen werden mit Speckscheiben belegt, diese festgebunden. Die am Tage vorher eingeweichten Linsen werden mit Wasser, Suppengemüse und Salz aufgesetzt. In die kochende Suppe werden die Rebhühner gegeben, und beides wird in 2–2½ Stunden weichgekocht. Das Fleisch der Rebhühner wird von den Knochen gelöst, von der Haut befreit und als Einlage in die Suppe gegeben. Die Suppe, zu der die Linsen auch durchgestrichen werden können, wird durch eine mittelbraune Mehlschwitze gedickt.

285. Fasan, gebraten, für 4–6 Personen

1 Fasan (Hahn),	100 g Butter,
Salz,	kochendes Wasser,
grüne Petersilie,	¼ l saure Sahne,
20–30 g Butter,	1–2 Eßlöffel Weizenmehl,
Zitronensaft,	Salz nach Geschmack.
40–60 g geräucherter Speck,	

In den Rumpf des vorbereiteten Fasans werden etwas grüne Petersilie und mit Zitronensaft verrührte Butter, nach Belieben auch die Leber, gegeben. Die Brust und die hochgeschobenen Keulen werden mit Speckscheiben belegt, diese festgebunden. Der gesalzene Fasan wird in der gebräunten Butter 1–1½ Stunde nach Vorschrift gebraten (Nr. 135, Seite 78). Als Beigabe Weinsauerkraut. Die Fasanenhenne, deren Fleisch trockener als das des Hahnes ist, wird auf die gleiche Weise behandelt (Hahn buntes Gefieder, Henne graues.) Ältere Hähne und Hennen sind durch Schmoren gar zu machen.

286. Wildente, gebraten, für 4–6 Personen

1 Wildente,	wenn nötig, 50–75 g gebräunte
Salz,	Butter,
2–3 Wacholderbeeren,	1–2 Eßlöffel Weißenmehl, oder
60 g geräucherter Speck	1 Eßlöffel Kartoffelmehl.
½ l kochendes Wasser,	

Die Wildente wird auf die gleiche Weise wie die zahme Ente vorbereitet. Die Haut, durch die Fleisch und Soße sehr leicht einen tranigen Geschmack bekommen, wird abgezogen, die Ente von beiden Seiten mit ganz dünngeschnittenen Speckscheiben belegt, diese festgebunden und die Ente je nach de raustretenden Fettmenge als fetter oder halbfetter Braten behandelt. (Nr. 135, S. 78, und Nr. 267) 1½–2 Stunden Bratzeit.

Wildgans ist auf die gleiche Weise zuzubereiten. Bratzeit 2½–3 Stunden. 1 Gans reicht für 6–8 Personen.

Das Klein kann auf die gleiche Weise wie das des zahmen Geflügels verbraucht werden.

287. Geflügelbrötchen

4 Hühnerlebern,	1 ganzes Ei oder 1 Eigelb,
1 Teelöffel Kapern, gewiegt,	1 Messerspitze Salz,
1 Teelöffel gewiegte Petersilie,	1 Prise Pfeffer,
	2 Semmeln,
1 Teelöffel Butter,	40 g Butter,
1 Eßlöffel geriebene Semmel,	1–2 Eßlöffel gerieb. Parmesankäse,
	(40–50 g Butter).

Die gewiegten Hühnerlebern werden mit Kapern, Petersilie, Butter, Semmel, Ei, Salz und Pfeffer auf dem Herde gerührt, bis ein fester Brei entsteht. Semmelscheiben werden von beiden Seiten in Butter gebräunt, dick mit der Lebermasse bestrichen, mit Käse bestreut und im Ofen 5 Minuten überbacken (Oberhitze) oder auf der Pfanne in gebräunter Butter mit der Lebermasse nach unten über-

braten. (Vorsicht beim Umdrehen.) Die Lebern von allen Wild- und zahmen Geflügel eignen sich zur Herstellung dieser Brötchen.
Sie können zum Anrichten des Bratens verendet werden oder als Beigabe zu Gemüse.

Fische und Krebse
288. Allgemeines

Das Fleisch der Fische ist in seiner Zusammensetzung dem Fleisch der Säugetiere ähnlich. Seine Verdaulichkeit ist von seinem Fettgehalt abhängig. Das Fleisch der fettarmen Fische, zu denen Schellfisch, Kabeljau, Goldbarsch, Dorsch, Scholle, Rotzunge, Seelachs, Seehecht, Zander, Hecht u. a. zu rechnen sind, ist leicht, das der fettreichen zu denen Aal, Lachs u. a. gehören, ist schwer verdaulich. Die leichte Verdaulichkeit ist eine Ursache des geringeren Sättigungswertes des Fischfleisches, der bei den einzelnen Fischgerichten durch Beigaben nicht nur von Kartoffeln, sondern auch von Gemüse gehoben werden kann. Fischfleisch sollte viel verendet werden, es bringt Abwechslung in die Beköstigung, und sein Nährwert ist besonders bei den billigen Sorten (Seefische) im Verhältnis zum Preis ein hoher. Durch die besondere Lebensweise der Fische, den besonderen Bau des Muskelgewebes geht Fischfleisch schnell in Fäulnis über. Aus diesem Grunde sind Flussfische möglichst lebend einzukaufen, beim Einkauf von Seefischen ist auf den Geruch, auf festes Fleisch, rote, schleimige Kiemen, klare Augen zu achten. Als Zubereitungsarten für Fischfleisch werden in der Hauptsache Kochen und Braten angeendet.

Das Fleisch der *Krebse* ist am wohlschmeckendsten von Anfang Mai bis Mitte August.

289. Fische vorzubereiten

Der zu tötende Fisch wird mit einem Tuch angefasst, durch einen Schlag auf den Kopf betäubt (Fleischklopfer oder Hackbeil). Mit einem spitzen, scharfen Messer wird die Hauptgräte dicht hinter dem Kopf durchschnitten. Der Fisch wird mit einem Fischschupper oder einem waagerecht anzusetzenden Messer vom Schwanz nach dem Kopf zu geschuppt. An der Bauchseite wird von der Afterflosse nach dem Kopf ein Einschnitt gemacht, die Eingeweide werden gelockert, entfernt, ebenso die das Innere auskleidende schwarze Haut. Die Kiemen werden herausgelöst, der Fisch wird gewaschen.

290. Fische zu kochen

Die verschiedenen Fischarten werden auf die gleiche Weise gekocht. Bleiben die Fische zum Kochen im Ganzen, so werden sie mit kaltem Wasser angesetzt, weil sie durch die Haut vor dem Auslaugen geschützt sind. Fischstücke dagegen werden in das kochende Wasser gegeben. Fischfleisch wird nur einmal aufgekocht und muss dann an der Seite des Herdes in 15–30 Minuten gar ziehen. Für eine Person werden 200–250 g Fisch gerechnet.

750–1000 g Fisch,	n. Bel. Pfeffer-, Gewürzkörner,
Suppengemüse,	1 Stückchen Lorbeerblatt,
1 Zwiebel,	Wasser, für 1 l 20 g Salz.

Suppengemüse, Zwiebel und Gewürz können in wenig Wasser (1 l) ausgekocht, mit kaltem Wasser gemischt werden. Der vorbereitete Fisch wird im Fischkocher oder in einer Pfanne mit Wasser bedeckt, Suppengemüse und Salz oder dem Gemüsewasser und Salz zum Kochen gebracht, aufgekocht, an der Herdseite in 15–20 Minuten gargemacht (nur ziehen, nicht kochen lassen, durch Herausziehen der Flossen probieren). Der Fisch kann stehend auf der Bratenschüssel angerichtet werden, mit grüner Petersilie, Tomaten-, Zitronenscheiben, hartgekochtem, gehacktem Ei verziert. Als Soße eignet sich zerlassene oder gebräunte Butter, 65 g für 4 Personen ausreichend, oder Mostrichbutter, bei Schellfisch, Kabeljau, Seelachs in Butter gebräunte Zwiebelwürfel, Mostrichsoße.

291. Fisch gedämpft

750–1000 g Fisch, Suppengemüse,
Salz zum Bestreuen, 40–60 g Butter oder Margarine
Zitronensaft zum in Flocken.
Beträufeln,

Der vorbereitete Fisch wird roh in Portionsstücke geschnitten. Diese werden mit Salz bestreut, mit Zitronensaft beträufelt. (Die Zitrone zur Hälfte durchschneiden, über den Fischstücken ausdrücken.) Das vorbereitete, in Streifen oder Würfel geschnittene Suppengemüse wird auf den Boden eines Topfes gegeben, die Fischstücke werden darauf gelegt, Butterflocken darüber verteilt. Der Topf wird in einen größeren Topf mit Wasser gestellt, beide Töpfe werden zugedeckt, das Wasser wird zum Kochen gebracht und die Fischstücke im eigenen Saft in 30–40 Minuten gargemacht. Die austretende Flüssigkeit ist zur Herstellung der Soße zu verbrauchen. (Die Fischstücke dürfen nur neben-, nicht übereinander liegen.) An Stelle der ineinander gestellten Töpfe kann auch das Küchenwunder benutzt werden. Oder der Fisch kann in dünnes, angefeuchtetes Pergamentpapier eingepackt und auf dem Rost in 30–40 Minuten gargemacht werden. Beim Garmachen auf dem Rost fallen das Suppengemüse und die Butterflocken fort. Das Papier muss öfters mit kaltem Wasser bepinselt werden.

292. Fische blau zu kochen

Zum Blaukochen eignen sich Fische, deren Haut mit einer Schleimschicht bedeckt ist, wie Karpfen, Forelle, Aal, Schleie. Die Schleimschicht darf nicht verletzt werden, da sie sich vom Kochen blau färbt. Der Fisch muss bei der Vorbereitung vorsichtig behandelt werden, er darf nicht geschuppt werden. Gekocht wird er nach Nr. 290. Durch Übergießen des vorbereiteten Fisches mit heißem, stark saurem Essigwasser soll eine bessere Blaufärbung erzielt werden. Der heiße Essig beeinflusst den Geschmack nachteilig.

293. Aal blau zu kochen

750–1000 g Aal,	1 Zwiebel,
Salz zum Abreiben,	2 Pfeffer-, 2 Gewürzkörner,
1–1½ l Wasser,	20–30 g Salz,
Suppengemüse,	(Essig n. Geschmack).

Beim Töten des Aales wird außer dem Einschnitt hinter dem Kopf auch ein Einschnitt am Schwanzende gemacht (Nr. 289). Der getötete Aal wird nach dem Ausbluten mit Salz abgerieben (die Schleimschicht ist sehr dick), in 5–6 cm lange Stücke geschnitten, das Stück nach dem Kopf wird 8–10 cm lang geschnitten, aufgeschnitten, vorsichtig die Galle entfernt. Die übrigen Stücke werden nicht aufgeschnitten, sondern die Eingeweide werden mit einem Quirlstiel herausgestoßen oder mit einem Messer entfernt, die Fischstücke werden gewaschen. Wasser, Suppengemüse, Zwiebel und Gewürz werden 20–30 Minuten gekocht. In der durchgegossenen, kräftig nach Salz (Essig) abgeschmeckten Flüssigkeit müssen die Aalstücke an der Herdseite 20–25 Minuten schwach kochen. (Das Fleisch des Aales wird durch seinen hohen Fettgehalt schwerer gar als das der übrigen Fische.) Die Aalstücke werden heiß mit Butter oder kalt mit einer Remouladensoße zu Tisch gegeben.

294. Aal in Dill

750–1000 g Aal,
Salz zu Abreiben,
1½ l Wasser, für 1 l
25 g Salz,
Suppengemüse,
2 Pfeffer-, 2 Gewürzkörner,
40 g Butter,

40 g Mehl,
½ l Aalbrühe m. Wasser,
n. Bel. ¹⁄₁₆ l süße Sahne,
n. Bel. 1 Teelöffel Butter,
1–2 Esslöffel gewiegter Dill, und gewiegte Petersilie.

Der getötete Aal wird mit Salz abgerieben, an einer um den Kopf gelegten Bindfadenschlinge aufgehängt. Die Haut unterhalb der Schnittwunde wird vorsichtig abgelöst und im Ganzen vom Fisch abgezogen. Er wird in Stücke geschnitten (s. Nr. 293), die Eingeweide werden entfernt, die Stücke gewaschen. In dem mit Salz, Suppengemüse und Gewürz gekochten Wasser werden die Fischstücke durch schwaches Kochen in 20–30 Minuten gargemacht. Zur Soße wird die helle Mehlschwitze mit Aalbrühe und Wasser (Vorsicht des Salzes wegen) nach Beleiben mit süßer Sahne aufgefüllt, nach 10–15 Minuten Kochzeit mit den Kräutern, der Butter vermischt und abgeschmeckt. Die Fischstücke müssen in der Soße ½ Stunde durchzeihen.

295. Aal in Gelee

1 kg Aal,
Salz zum Abreiben,
1½ l Wasser, für
1 l 25 g Salz,
Suppengemüse,

2 Pfeffer-, 2 Gewürzkörner,
Essig,
weiße Gelatine,
Eiweiß, Eierschale.

Der Aal wird nach Nr. 294 vorbereitet und gekocht. Die durchgegossene Brühe wird kräftig nach Essig abgeschmeckt, wenn nötig mit Wasser gemischt, gemessen und nach Nr. 260 geklärt und verwendet. Ein Zusatz von Essig kann auch schon beim Kochwasser gemacht werden.

296. Aalrollen (Rouladen) in Aspik

1–1½ kg Aal,	Salz nach Geschmack,
Salz zum Abreiben,	zum Garmachen:
zur Füllung:	½ l Wasser,
125 g Frischfleisch,	¹⁄₁₆ l Weißwein,
50 g Butter,	1 Esslöffel Essig,
½ Brötchen,	1 Zwiebel,
1 Ei,	1 Esslöffel Salz,
1 Eigelb,	Essig,
1 Teelöffel gew. Petersilie,	weiße Gelatine,
	Eiweiß, Eierschale.

Der getötete Aal wird mit Salz abgerieben, aufgehängt, die Haut abgezogen. Aus einem dünnen Aal ist eine Rolle, aus einem dicken All sind zwei Rollen herzustellen. Zur Herstellung einer Rolle wird der Aal an der Rückenflosse entlang aufgeschnitten, die Hauptgräte ausgelöst, die Eingeweide entfernt, ohne die Bauchhaut zu verletzen. Bei der Herstellung von zwei Rollen wird das Fleisch nach dem Ausnehmen in zwei Hälften vom Rücken aus von der Gräte gelöst. Am Schwanzende wird ein Stück Fleisch abgeschnitten, das zur Füllung verbraucht wird. Zur Füllung werden Butter, geschältes, geweichtes, trocken ausgepresstes Brötchen und Ei auf dem Herde abgerührt. In die abgekühlte Masse werden Eigelb, das grätenlose, 2-bis 3 mal durch die Maschine gedrehte Fischfleisch und Petersilie gegeben und die Masse nach Salz abgeschmeckt. Diese Füllung wird auf das mit einem feuchten Tuch abgewischte, mit Salz bestreute Aalfleisch gestrichen, dieses wird aufgerollt und durch einen gebrühten Baumwollfaden zusammengehalten. Wasser, Wein, Essig, Zwiebel und Salz werden erhitzt, die Rolle bzw. Rollen hineingegeben, in 25–30 Minuten gargemacht (nicht stark kochen lassen). Die Rollen werden herausgenommen, der Faden wird entfernt, und die Rollen werden zwischen zwei Holzbrettern leicht gepresst. Die durchgegossene, kräftig abgeschmeckte Brühe wird gemessen, Gelatine, Eiweiß, Eierschale berechnet und nach Nr. 260 geklärt. Die in 1–1½ cm dicke Scheiben geschnittenen Aalrollen werden in das Aspik eingelegt. (Zum Aspik ist so viel abgeschmeckte Brühe notwendig, als die zum Einlegen bestimmte Schüssel fasst, da durch das Klären Flüssigkeit verloren geht.)

297. Fisch grün

1 kg Fisch (Hecht, Zander, Schleie, Barben oder Barse),
1 Esslöffel Salz,
1 Zwiebel,
weißes Suppengemüse,
30 g Butter oder Margarine,
2 Pfeffer-, 2 Gewürzkörner,
1 Lorbeerblatt,

¾–1 l Wasser,
50 g Butter in Flocken,
40 g Weizenmehl in ⅛ l Milch oder süßer Sahne angerührt,
1 Eigelb,
1–2 Esslöffel gewiegter Dill und gewiegte Petersilie.

Die vorbereiteten, in Stücke geschnittenen Fische werden mit Salz bestreut. Das in Streifen geschnittene Suppengemüse wird im Fett gedünstet, mit Wasser und Gewürzen 10–15 Minuten gekocht. Die Fischstücke werden hineingegeben, Butterflocken darüber verteilt und die Stücke in 15–20 Minuten gargemacht. Die Flüssigkeit wird durch angerührtes Weizenmehl gedickt, nach 5–10 Minuten Kochzeit mit Eigelb abgezogen, mit den Kräutern vermischt, nach Salz abgeschmeckt. Die Soße kann vor dem Abziehen durch ein Sieb gegeben werden.

298. Hecht oder Zander
gespickt, gebraten für 4–6 Personen

1 Fisch von 1–1½ kg,
40–50 g geräucherter Speck,
Salz zum Bestreuen,
3–4 Speckscheiben,

75–100 g Butter,
Wasser nach Bedarf,
⅛–¼ l saure Milch, Sahne oder Buttermilch,
1–2 Esslöffel Weizenmehl.

Der Fisch wird vorbereitet. Vom Rücken wird von beiden Seiten ein 2 cm breiter Hautstreifen abgezogen. (Die Haut wird zu diesem Zweck am Kopf- und Schwanzende quer, dann am Rücken entlang eingeritzt.) Der freiliegende Fleischstreifen wird mit Speckfäden gespickt, der Fisch innen und außen gesalzen. Er wird auf den glasig gewordenen Speckscheiben in der gebräunten Butter nach Vorschrift 50–60 Minuten gebraten (Nr. 135, Seite 78). Zum Anrichten Zitronenscheiben oder -Achtel, Tomaten, Petersilienkartoffeln, grüne Petersilie.

299. Hecht oder Zander mit feinem Ragout angerichtet
für 6–8 Personen

Ein nach Nr. 298 zubereiteter Fisch wird auf einer langen oder runden Platte mit einem nach Nr. 179 zubereiteten feinen Ragout angerichtet.

300. Brathecht

4 kleine Hechte, je 200 bis 250 g schwer, oder 2 große, je 500 g schwer,
10 g Salz zum Bestreuen,
grüne Petersilie,
1 Ei mit 1–2 Esslöffel Wasser,
70–80 g ger. Semmel mit 1 Esslöffel Mehl, 1 Teelöffel Salz vermischt,
75–100 g Butter.

Die kleinen Hechte bleiben im Ganzen, die großen werden der Länge nach geteilt. Die vorbereiteten ganzen Fische werden mit einem Sträußchen Petersilie gefüllt, mit Salz bestreut, in Ei, geriebener Semmel, mit Mehl und Salz vermischt, umgewendet, in gebräunter Butter in 15 bis 20 Minuten in der Pfanne auf dem Herd gebraten.

301. Hecht mit Makkaroni für 6 Personen

1–1½ kg Hecht,
Wasser, für 1 l 20 g Salz,
Suppengemüse,
200 g Makkaroni,
Butter zum Ausstreichen der Form,

zur Soße: 100 g Butter oder Margarine,
65 g Mehl,
¼ l saure Sahne,
½ l kochendes Wasser,
65 g ger. Parmesan- oder Schweizerkäse,
geriebener Käse zum Bestreuen.

Der vorbereitete Fisch wird nach Vorschrift gekocht (Nr. 290), von Haut und Gräten befreit, in Stücke zerlegt. Die in kleine Stücke gebrochenen Makkaroni werden in der durchgegossenen Fischbrühe 25–30 Minuten gekocht. Von Butter, Mehl und Flüssigkeit wird eine helle Grundsoße hergestellt, die mit dem geriebenen Käse vermischt wird. Makkaroni, Fischstücke und Soße werden in eine gebutterte Auflaufform geschichtet (unten und oben Makkaroni), der Rest der Soße wird darüber gegossen, das Gericht mit geriebenem Käse bestreut, im Ofen ½ bis ¾ Stunden gebacken. Zur Verfeinerung des Gerichtes können die ausgelösten Schwänze und Scheren von 10 bis 15 Krebsen mit eingeschichtet, und das fertige Gericht kann mit Krebsbutter beträufelt werden.

Zur Verbilligung des Gerichts kann an Stelle von Hecht auch Schellfisch verbraucht werden.

302. Hecht mit Sauerkohl für 4–6 Personen

1–1½ kg Hecht,
Wasser, für 1 l 20 g Salz,
Suppengemüse,
750 g Sauerkohl,
75 g Schweinefett,
1 Teelöffel Zwiebelwürfel,
Wasser nach Bedarf,

zur Soße: 65 g Butter oder Margarine,
1 Teelöffel Zwiebelwürfel,
65 g Mehl,
¼ l Milch oder süße Sahne,
¼ l Fleischbrühe,
2 Esslöffel geriebenen Käse,
Salz nach Geschmack,
geriebener Käse,
Butterflocken.

Der vorbereitete Fisch wird nach Vorschrift gekocht (Nr. 290), von Haut und Gräten befreit, in Stücke zerlegt. Der gewaschene Sauerkohl wird im Schweinefett, in dem Zwiebelwürfel gedünstet worden sind, und mit wenig Wasser in ½–¾ Stunden gargemacht. Die helle Grundsoße wird mit dem Käse vermischt, nach Salz abgeschmeckt. Sauerkohl Fischstücke und Soße werden in eine gebutterte Auflaufform geschichtet (unten und oben Sauerkohl); der Rest der Soße wird darüber gegossen, das Gericht mit geriebenem Käse bestreut, Butterflöckchen werden darüber verteilt, und die Speise wird im Ofen ½ Stunde gebacken.

An Stelle von Hecht kann auch Schellfisch verbraucht werden.

Die Gerichte Nr. 301 und 302 können auch von Fischresten hergestellt werden.

303. Karpfen mit polnischer Soße

1 kg Karpfen,
Salz zum Bestreuen (1 Eßlöffel),
Suppengemüse,
30 g Butter oder Margarine,
½ l Bier, einfaches Bier, oder halb einfach, halb Malzbier, oder halb Berliner Weiß-, halb Malzbier,
1 Zwiebel,
1 Lorbeerblatt,
2 Gewürz-, 2 Pfefferkörner,
50–80 g Butter in Flocken,
80 g Fischpfefferkuchen, gerieben, in ⅛ l Bier oder Wasser geweicht,
Fischblut in 2 Eßlöffel Essig aufgefangen,
20 g Weizenmehl, in Wasser oder Bier angerührt,
Zucker,
Essig,
Salz,
Zitronensaft,
nach Belieben Rotwein nach Geschmack, 1 Eßlöffel Butter.

Der vorbereitete Karpfen wird in Stücke geteilt, diese mit Salz bestreut. Das in Steifen geschnittene Suppengemüse wird in Fett gedünstet, in Bier mit Zwiebel, Lorbeerblatt und Gewürz 10–15 Minuten gekocht. Die Fischstücke werden hineingegeben. Butterflöckchen darüber verteilt, die Stücke in 15–20 Minuten gargemacht. Fischpfefferkuchen, Blut, angerührtes Mehl werden dazugegeben und die Soße nach den angegebenen Zutaten abgeschmeckt. Die Flüssigkeit kann vor dem Dicken durch ein Sieb gegeben werden, in die gedickte Soße werden die Fischstücke zum Durchziehen gegeben.

304. Frischer Lachs, gekocht, für 14–16 Personen

1 Lachs, 4 kg schwer,
Wasser, dass der Fisch davon bedeckt ist,
für 1 l 40 g Salz,
Zwiebel,
Suppengemüse.

Der vorbereitete Fisch wird stehend auf den Einsatz eines Fischkochers gebunden, im Kocher mit kaltem Wasser bedeckt, mit Salz, Zwiebel und Suppengemüse zum Kochen gebracht, aufgekocht,

¾ Stunden ziehen gelassen. Er wird stehend angerichtet, mit Zitronenscheiben, Butterkugeln, Petersilienkartoffeln, Petersilie verziert. Als Soße wird zerlassene Butter (für 16 Personen 375 g Butter), Mayonnaise oder holländische Soße gegeben.

305. Frischer Lachs, in Stücken gekocht für 4 Personen

1 kg Lachs,	1 Zwiebel,
2–3 l Wasser, für 1 l 20 g	Suppengemüse.
Salz,	

Das vorbereitete Fischstück wird in Mull eingewickelt, mit einem Baumwollfaden umbunden, in das kochende Wasser mit Salz, Zwiebel und Suppengemüse gegeben, aufgekocht, 20 Minuten ziehen lassen. Garnitur und Soße wie in Nr. 304.

306. Lachsschnitten

| 1 kg Lachs, | Zitronensaft zum Beträufeln, |
| 1 Teelöffel Salz, | 50–60 g Butter. |

Das vorbereitete Fischstück wird von der Haut befreit, in ½ cm dicke Scheiben geschnitten. Diese werden mit Salz bestreut, mit Zitronensaft beträufelt. Nach einer halben Stunde werden sie abgetrocknet, mit erweichter, nicht flüssiger Butter bestrichen, auf erhitzter eiserner Pfanne unter einmaligem Wenden 6–8 Minuten gebraten. Als Beigabe: Remouladensoße.

307. Steinbutt für 10–12 Personen

| 1 Fisch von 2½–3 kg, | Zitronensaft, |
| Salz zum Abreiben, | Wasser, für 1 l 25 g Salz. |

Der Fisch wird mit Salz abgerieben. Kiemen und die Reste der Eingeweide werden entfernt. Der Fisch wird gewaschen. Die dunkle Haut auf der Oberseite wird an der Gräte entlang leicht eingeritzt, die helle Haut auf der Unterseite mit einer Gabel in Abständen von 3–4 cm durchstoßen. (Das Platzen der Haut wird dadurch eingeschränkt.) Der Kopf wird mit einem Baumwollfaden umwickelt. Der mit Zitronensaft beträufelte Fisch wird zum Kochen in ein Mundtuch eingeschlagen, auf zwei umgedrehte Teller in eine genügend große Pfanne gelegt, so dass die helle Unterseite nach oben kommt. Mit kaltem Salzwasser bedeckt wird der Fisch zum Kochen gebracht. 5 Minuten gekocht (schwach), 30–40 Minuten ziehen gelassen. Beim Anrichten auf genügend großer Platte (falls diese nicht vorhanden ist, ein Tablett mit einem Mundtuch bedeckt), wird die helle Haut schräg in Abständen von 5 cm durchschnitten, so dass verschobene Vierecke entstehen. Dadurch wird das Abheben des Fleisches erleichtert. Als Garnitur werden Butterkugeln auf kleinen Muscheln, ausgestochene Petersilienkartoffeln, Zitronenviertel, Tomaten oder gekochte Krebse, grüne Petersilie verwendet. Als Soße wird zerlassene Butter (für 10–12 Personen 250 g Butter), holländische Soße, Hummersoße, Remouladensoße gegeben.

Dem Kochwasser kann ein Zusatz von ¼ l Weißwein gemacht werden.

Bei Fischen über 3 kg Gewicht, deren Fleisch weniger zart ist, sind die steinartigen Erhebungen in der Haut zu entfernen.

308. Steinbutt, gebacken

1 kg Steinbutt,
Salz zum Abreiben,
Salz zum Bestreuen,
1 Esslöffel Zitronensaft
zum Beträufeln,
Mehl zum Einhüllen,

1 Ei oder Eiweißreste,
60 g geriebene Semmel, mit
1 Esslöffel Mehl,
1 Teelöffel Salz,
60–70 g Butter oder Ausbackfett.

Das mit Salz abgeriebene Fischstück, bei dem der Kopf zu entfernen ist, wird nach dem Waschen längs durchgeteilt, in 3–4 cm breite Stücke geschnitten. Diese müssen mit Salz bestreut, mit Zitronensaft beträufelt, ¾ bis 1 Stunde durchziehen. Nach dieser Zeit werden sie abgetrocknet, in Mehl, in

Ei, in geriebener Semmel umgewendet, in gebräunter Butter oder in dampfendem Ausbackfett in 6–8 Minuten gargemacht. Es wird Remouladensoße dazugegeben.

309. Seezunge, gekocht

1 kg Fisch,	Zitronensaft zum Beträufeln,
Salz zum Abreiben,	Salzwasser, für 1 l 25 g Salz.
1 Esslöffel Salz zum Bestreuen,	

Der mit Salz abgeriebene Fisch wird gewaschen. Die dunkle Haut der Ober- und die helle der Unterseite werden abgezogen. Dazu wird die Haut oberhalb der Schwanzflosse vorsichtig eingeritzt, damit die darunter liegende dünne Haut nicht verletzt wird. Der Fisch wird an der Schwanzflosse festgehalten, die Haut abgezogen. Der Kopf wird entfernt, der Fisch ausgenommen, gewaschen, mit Salz bestreut, mit Zitronensaft beträufelt. Zum Garmachen wird er mit kaltem Salzwasser bedeckt aufgesetzt, aufgekocht, 10–15 Minuten ziehen gelassen. Er wird mit grüner Petersilie, Zitronenscheiben oder Achteln verziert angerichtet. Als Soßen eignen sich holländische oder Champignonsoße.

Auf die gleiche Weise sind *Schollen* oder *Flundern,* die nicht abgezogen zu werden brauchen, zu behandeln.

310. See- oder Rotzunge, gebacken

1 kg Fisch,	Mehl zum Einhüllen,
Salz zum Abreiben,	1 Ei oder Eiweißreste,
1 Esslöffel Salz zum Bestreuen,	60–70 g geriebene Semmel mit 1 Esslöffel Mehl, 1 Teelöffel Salz vermischt,
Zitronensaft zum Beträufeln,	70–80 g Butter oder Ausbackfett.

Die Fische werden auf dieselbe Weise vorbereitet wie in Nr. 309 und zubereitet wie in Nr. 308. Die Fische werden nicht längs, sondern nur quer in 3 bis 4 Stücke geschnitten.

Als Soße Remouladensoße oder *kalte Kräutersoße* (eine echte oder unechte Mayonnaise mit ⅛ l geschlagener Schlagsahne und 2–3 Eßlöffel Kräutern vermischt. Dill, Petersilie, Schnittlauch).

311. Fisch, überbacken

1 kg Fisch, Schellfisch, Hecht oder Zander,
1 Eßlöffel Salz zum Bestreuen,
Zitronensaft zum Beträufeln,
zur Soße: 50 g Butter oder Margarine,
1 Teelöffel Zwiebelwürfel,
1 Teelöffel gew. Petersilie,
50–60 g Mehl,

3–4 Eßlöffel Tomatenbrei,
¼–⅜ l Brühe oder Wasser,
nach Belieben 1–2 Eßlöffel Weißwein, Zitronensaft,
Salz,
Zucker nach Geschmack,
nach Belieben 10–12 Champignons in Würfel geschnitten,
20 g Butter in Flocken,
20 g geriebene Semmel,
20 g geriebener Käse.

Der vorbereitete Fisch wird entgrätet (am Rücken entlang aufgeschnitten, in zwei Hälften von der Hauptgräte abgelöst). Bei Verwendung von Schellfisch werden die Hälften mit der Hautseite nach oben, am besten auf dem Einsatz eines Fischkochers mit kochendem Wasser überbrüht, die dunkle Haut abgezogen. Bei Verwendung von Flussfisch fällt das Brühen fort. Die Fischhälften werden mit der Hautseite auf ein Brett gelegt, das Fleisch wird mit einem breiten Messer von der Haut heruntergeschoben. Die Fischhälften werden auf eine Porzellan- oder Nickelplatte gelegt, mit Salz bestreut, mit Zitronensaft beträufelt. Nachdem das Fischfleisch eine halbe Stunde durchgezogen ist, wird ein Teil der dicken Soße darüber gefüllt, so dass die Fleischstücke davon bedeckt sind; nach Belieben mit Champignonwürfel bestreut. Butterflocken werden darüber verteilt, geriebene Semmel, geriebener Käse darüber gestreut. Die Platte wird auf einer Schüssel oder einem Topf mit kaltem Wasser in den Ofen geschoben und das Gericht ½–¾ Stunde überbacken. Der Rest der Soße wird etwas verdünnt dazu gereicht. Zur Soße wird die mit Zwiebelwürfel und Petersilie hergestellte hellgelbe Mehlschwitze mit Tomatenbrei, Wasser oder Brühe und Wein aufgefüllt und nach 20–25 Minuten Kochzeit abgeschmeckt.

312. Fischklöße

1 Hecht oder Zander,	(Pfeffer),
625–750 g schwer,	1 Ei,
1 Semmel,	nach Belieben 1 Esslöffel
1 Teelöffel Zwiebelwürfel,	geriebner Parmesankäse,
1 Teelöffel Butter,	kochendes Wasser.
1 Teelöffel Salz,	

Der vorbereitete Fisch wird von Gräten und Haut befreit, das Fischfleisch ein- bis zweimal durch die Maschine gedreht. Geschälte, geweichte, trocken ausgepresste Semmel, Zwiebelwürfel und Butter werden auf dem Herd abgerührt, Fischfleisch, Semmelkloß und die angegebenen Zutaten werden vermischt. Aus der Masse, die nach Salz abzuschmecken ist, werden längliche Klöße geformt, die nach einmaligem Aufkochen in Salzwasser an der Herdseite 10–15 Minuten ziehen müssen. (Es ist ein Probekloß zu kochen. Sollte die Masse zu weich sein, so ist ein Zusatz von Mehl zu machen.) Als Soße eignet sich Tomatensoße.

313. Fischbrötchen

500 g rohes Fischfleisch
(750–1000 g Fisch),
oder 375 gekochtes Fischfleisch (Reste),
1 Semmel,
1 Teelöffel Zwiebelwürfel,
1 Teelöffel Salz, (Pfeffer),

nach Belieben 1 Eßlöffel
gewiegte Petersilie,
nach Belieben 1 Eßlöffel
geriebener Parmesan- oder
Schweizerkäse,
1 Ei oder Eiweißreste,
geriebene Semmel zum
Einhüllen,
50–60 g Schweinefett.

Der Fleischteig wird auf die gleiche Weise wie in Nr. 312 hergestellt. Aus der Masse werden runde oder längliche Brötchen geformt, die nach dem Umwenden in geriebener Semmel in dampfendem Schweinefett 6–8 Minuten gebraten werden.
Jede Fischart eignet sich zur Herstellung von Brötchen.

314. Fischkoteletts

Es ist praktischer und billiger, die Koteletts fertig geschnitten zu kaufen, als sie selbst zu schneiden.

4 Koteletts, je 125–150 g
schwer,
1 Teelöffel Salz zum
Bestreuen,
Zitronensaft zum
Beträufeln,
Mehl zum Umwenden,

1 Ei oder Eiweißreste,
40–60 g geriebene Semmel, mit
1 Eßlöffel Mehl, 1 Teelöffel Salz
vermischt,
60 g Butter oder Schweine- oder
Mischfett.

Die mit einem feuchten Tuch abgetriebenen Koteletts werden gesalzen, mit Zitronensaft beträufelt. Nach ½ bis 1 Stunde werden sie abgetrocknet, in Mehl, verschlagenem Ei, geriebener Semmel umgewendet und in gebräunter Butter oder heißem Fett in 6–8 Minuten gebraten.

315. Fischsalat

Reste von gekochtem oder gebratenem Fisch können zur Herstellung des Salates verwendet werden, oder es wird Fisch dafür gekocht.

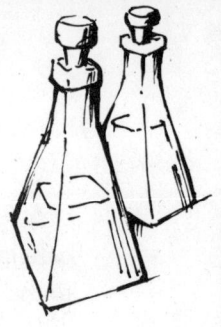

500 g Fischfleischreste oder	2–3 Esslöffel Essig oder
1 Fisch von 750–875 g,	Zitronensaft,
frischer Fisch wird nach	1 Teelöffel Zwiebelwürfel,
Vorschrift gekocht,	1 Teelöffel Salz,
2 Esslöffel Öl,	(Pfeffer),
	wenn nötig, etwas Wasser.

Das von Haut und Gräten befreite Fischfleisch wird in gleichmäßige Stücke zerteilt und zum Durchziehen in die vermischten Zutaten gegeben. Zum Anrichten Tomatenscheiben, grüne Petersilie.

316. Fischmayonnaise

1 Fisch von 1 kg, Hecht	Zitronensaft zum Beträufeln,
oder Zander, Schellfisch,	1 echte oder unechte
Kabeljau,	Mayonnaise,
kochendes Salzwasser, für	zur Garnitur; Aspik,
1 l 20–25 g Salz,	Tomaten,
1 Teelöffel Salz zum	hartgekochte Eier,
Bestreuen,	Petersilie.

Der nach Vorschrift vorbereitete und gargemachte Fisch wird nach dem Abkühlen von Haut und Gräten befreit, in Stücke zerteilt. Diese müssen gesalzen und mit Zitronensaft beträufelt in 1–1½ Stunden durchziehen, ehe sie mit sehr steifer echter oder unechter Mayonnaise gemischt werden. Ein Teil der Mayonnaise wird zum Überziehen der auf einem Glasteller oder in einer Glasschüssel bergartig angerichteten Masse zurückgelassen. Die angegebenen Zutaten sind zum Garnieren zu verwenden.

317. Fisch in Gelee

1 Fisch von 1 kg, Hecht oder Zander, Schellfisch, Kabeljau,
kochendes Salzwasser, für 1 l 20–25 g Salz,
1 Teelöffel Salz zum Bestreuen,
Zitronensaft zum Beträufeln,
Essig,
Zitronensaft,
Salz,
nach Belieben Weißwein nach Geschmack,
weiße Gelatine,
Eiweiß, Eierschale.

Der Fisch wird nach Nr. 316 behandelt. Die Fischbrühe, die nach Geschmack mit Wasser zu mischen und mit den angegebenen Zutaten abzuschmecken ist, wird geklärt (siehe Nr. 260). Aspik und Fischstücke werden lagenweise eingelegt. Werden billige Fischsorten verwendet, so kann das Klären fortfallen.

318. Frische oder grüne Heringe zu braten

500–750 g Heringe,
1–1½ Esslöffel Salz,
Mehl zum Einhüllen,
100 g Palmin oder Ausbackfett.

Die Haut der vorbereiteten Heringe wird an mehreren Stellen leicht eingeritzt. Die Heringe werden gesalzen 1–2 Stunden stehen gelassen. Sie werden abgetrocknet, in Mehl umgewendet, in dampfendem Palmin oder schwimmend in dampfendem Ausbackfett in 6–8 Minuten gargemacht.

319. Bratheringe zum Vorrat

1 Mandel grüne Heringe,
2 Esslöffel Salz,
Mehl zum Einhüllen,
Eiweißreste oder 1–2 Eier,
100–125 g geriebene Semmel, mit 1 Esslöffel Mehl,
1 Teelöffel Salz vermischt,
150–200 g Palmin,
1–1¼ l Essigwasser, halb und halb,
1 große Zwiebel in Scheiben,
4 Pfeffer-, 4 Gewürzkörner.

Die Heringe werden wie in Nr. 318 behandelt, nach dem Einhüllen in Mehl, in Ei und geriebener Semmel umgewendet, ehe sie gebraten werden. Scharf saures Essigwasser, Zwiebelscheiben und Gewürz werden aufgekocht und nach dem Erkalten über die gebratenen Heringe gegossen. Sie müssen wenigstens 2 Tage stehen bleiben, ehe sie zu verbrauchen sind.

Die Heringe sind dunkelbraun zu braten. Sind die Fische sehr groß, dann ist es des Durchbratens wegen günstig, sie nach der Vorbereitung längs zu teilen, die Hauptgräte zu entfernen.

320. Salzheringe einzulegen, zu marinieren

1 Mandel Heringe,
1–1¼ l Essigwasser,
ungefähr halb Essig, halb Wasser,
1 große Zwiebel in Scheiben,
4 Pfeffer-, 4 Gewürzkörner.

Die sorgfältig gewaschenen Heringe werden 24 Stunden gewässert, ausgenommen, nach Belieben der Länge nach geteilt, entgrätet. Essigwasser, Zwiebelscheiben und Gewürz werden aufgekocht, nach dem Abkühlen über die Heringe gegossen (irdenes oder Porzellangefäß). Die Heringshälften können nach 2–3 Tagen, die ganzen Heringe nach 3–6 Tagen verbraucht werden.

321. Salzheringe einzulegen auf andere Art

1 Mandel Heringe,
Essigwasser, halb und halb,
2–3 saure Äpfel,
1 saure Gurke,
1 Zwiebel in Scheiben,
nach Belieben 2–3 Tomaten in Scheiben,
½ l saure Sahne.

Die gewaschenen, gewässerten Heringe werden in Hälften geteilt, 24 Stunden in Essigwasser gelegt, herausgenommen. Sie werden schichtweise mit den in Scheiben geschnittenen Äpfeln, Gurken, Zwiebeln bzw. Tomaten in ein irdenes oder Porzellangefäß eingelegt, mit der sauren Sahne übergossen. Sie sind nach 1 Tag zu verbrauchen.

322. Heringsröllchen oder Rollmöpse

1 Mandel Salzheringe,
2–3 Esslöffel Mostrich,
1 Zwiebel in Würfel geschnitten,
saure Gurkenstücke,
1 l Essigwasser halb und halb,
1 Zwiebel in Scheiben,
2 Pfeffer-, 2 Gewürzkörner.

Die gewaschenen, gewässerten Heringe werden in Hälften geteilt, diese entgrätet oder nach dem Ausnehmen nur die Mittelgräte entfernt, mit Mostrich bestrichen, mit Zwiebelwürfeln bestreut, mit einem Stück saurer Gurke belegt, zusammengerollt, zugespeilt oder mit einem Faden umwickelt; mit dem mit Zwiebelscheiben und Gewürz aufgekochten, abgekühlten Essigwasser übergossen. Nach 3–4 Tagen sind sie zu verbrauchen. Die Heringsröllchen können auch mit einer Sahnesoße nach Nr. 321 fertiggemacht werden.

323. Heringe, Rollmöpse in Mayonnaise

Die nach Nr. 321 zu behandelnden Heringe und nach Nr. 322 zu behandelnden Rollheringe werden, nachdem sie 24 Stunden in Essigwasser durchgezogen sind, mit einer kräftig abgeschmeckten echten oder unechten Mayonnaise vermischt. Sie sind nach 2–3 Tagen zu verbrauchen.

324. Krebse zu kochen

1 Mandel große Krebse,
3 l Wasser,   1 Teelöffel Kümmel oder
3 Esslöffel Salz,   1 Strauß grüne Petersilie.

Die Krebse werden gewaschen, indem sie mit einer weichen Bürste in lauwarmem Wasser gereinigt werden. Wasser mit Salz, Kümmel oder Petersilie wird zum Kochen gebracht. Die Krebse werden nacheinander in das immer wieder stark kochende Wasser gegeben. Nach einmaligem Aufkochen müssen sie an der Herdseite im zugedeckten Topf in ½ Stunde gar ziehen. Es wird schaumig gerührte Butter dazugegeben. (Für 4 Personen 125 g.)

325. Aspik mit Krebsen

2 Kalbsfüße,   Salz n. Geschmack,
kaltes Wasser,   Eiweiß,
1 Esslöffel Salz,   Eierschale,
½ Zwiebel,   30 Krebse (gekocht),
Suppengemüse,   nach Beleiben 30 g geschälte
Weißwein,   Trüffel (aus der Büchse),
Zitronensaft,   125 g Büchsenchampignons.
Essig,

Die gewaschenen Kalbsfüße werden mit kaltem Wasser bedeckt, mit Salz, Zwiebel und Suppengemüse angesetzt, 3–4 Stunden gekocht (wenn notwendig Wasser nachgießen). Die durchgegossene Brühe wird kräftig nach Salz, Essig, Weißwein, Zitronensaft abgeschmeckt, Eiweiß und Eierschale nach ihrer Menge berechnet und geklärt (*keine* Gelatine), es muss soviel Brühe zum Klären sein, dass die zum Einlegen bestimmte Form bis zum Rande damit gefüllt ist, da durch das Klären Flüssigkeit verloren geht. Klären (siehe Nr.

260). Geklärter Stand, ausgelöste Krebsschwänze und Scheren, Trüffelstückchen und Champignons werden in eine mit Öl ausgepinselte, gut abgelaufene Form (Kuppelform) eingefüllt; nach dem Steifwerden gestürzt. Als Soße: Mayonnaise, kalte Kräutersoße, Remouladensoße.

Die kleinen unansehnlichen Fleischstücke der Krebse können zu einer Suppe verbraucht werden, die Krebsschalen zur Herstellung von Krebsbutter.

326. Krebsbutter

Krebsschalen, Butter.

Die Schalen gekochter Krebse werden getrocknet, im Steinmörser fein zerstoßen oder ungetrocknet gewiegt, dann gewogen. Krebsschalen und Butter in gleicher Menge werden an der Herdseite ½ Stunde gedünstet. Die Butter darf sich nicht bräunen; es wird reichlich Wasser aufgefüllt und die Masse ½ Stunde gekocht. Sie wird durch ein Haarsieb in eine Schüssel gegossen. Die erstarrte Butter wird von der Oberfläche abgenommen und nochmals erhitzt. Soll sich die Krebsbutter längere Zeit halten, so wird sie in einem kleinen Weckglase 15 Minuten bei 75° C sterilisiert.

327. Hummern zu kochen

2 Hummern,
ungefähr 4 l Wasser,
für 1 l 1 Esslöffel Salz,

1 Teelöffel Kümmel oder
1 Strauß grüne Petersilie.

Die Hummern werden ebenso wie die Krebse gereinigt und gekocht. Hummern von 500 g Gewicht werden 20 bis 25 Minuten langsam gekocht und 10 Minuten zum Ziehen an die Herdseite gestellt. Zum Anrichten werden Scheren und Beine abgebrochen, die Schale an der Innenseite entfernt (am besten mit einer Geflügelschere), so dass das Fleisch bloßliegt. Der Körper wird vom Kopf bis zum

Schwanz in zwei Teile geteilt. Die auf der Platte aufgelegten Hummern werden mit grünem Salat, Zitronenscheiben oder -achteln verziert. Es wird schaumiggerührte Butter dazu gereicht. Für 4 Personen 125 g Butter.

328. Hummer-Mayonnaise

2 frische Hummern,	1 Teelöffel Salz zum Bestreuen,
ungefähr 4 l Wasser,	Zitronensaft zum Beträufeln,
für 1 l E Esslöffel Salz,	1–1½ echte oder unechte
1 Teelöffel Kümmel oder	Mayonnaise.
1 Strauß grüne Petersilie,	

Die Hummern werden nach Nr. 327 behandelt. Das aus den Schalen gelöste Fleisch wird in Stücke geteilt, die mit Salz bestreut, mit Zitronensaft beträufelt 1–2 Stunden durchziehen müssen. Die abgetropften Stücke werden abwechselnd mit dem größten Teil der sehr steifen Mayonnaise auf einem Glasteller oder in einer Glasschüssel bergartig angerichtet, mit dem Rest der Mayonnaise überzogen. Zur Garnitur sind hartgekochte, in Viertel geteilte Eier, Zitronenviertel, helles Aspik, Salatblätter, die Hummerscheren zu verwenden.

Eierspeisen

329. Allgemeines

Die vielseitige Verwendung der Eier erklärt sich aus ihren für die Herstellung verschiedener Gerichte wichtigen Eigenschaften. Das ganze Ei, Eigelb und Eiweiß getrennt, wirken bindend, lockernd, klärend. Neben Hühnereiern werden vereinzelt Enten- und Gänseeier verbraucht. Wo dies der Fall ist, sind an Stelle von 2 bzw. 3 Hühnereiern 1 Enten- oder 1 Gänseei zu rechnen.

Die zu verbrauchenden und die zur Aufbewahrung bestimmten Eier sollen frisch sein. Das einfachste Prüfungsmittel dafür ist das Durchleuchten mit dem Eierprüfer. Ist dieser nicht vorhanden, so kann die Salzwasserprobe gemacht werden. In einer 7–10 %igen Salzwasserlösung (auf 1 l Wasser 70–100 g Salz) sinken frische Eier unter, schlechte schwimmen. Ein frisches, im dunklen Raum gegen das Licht gehaltenes Ei darf wie im Eierprüfer keine dunklen Flecke zeigen. Ein starkes Schwappen des Ei-Inhaltes ist ein Zeichen für ein älteres Ei, da durch die Porosität der Schale eine größere Menge Flüssigkeit verdunstet ist. Eier sind für kürzere Zeit im Eierständer aufzubewahren, um einem Anknicken vorzubeugen. Es empfiehlt sich, sie öfters umzudrehen, um ein Zerreißen der Hagelschnüre, durch die das Eigelb im Eiweiß hängt, zu vermeiden. Abgesehen vom Ineinanderlaufen von Eigelb und Eiweiß ruft das durch die Poren der Schale mit der Luft in Berührung kommende Eigelb durch seinen Gehalt an Schwefel ein schnelles Schlechtwerden hervor. Es kommt zur Bildung von Schwefelwasserstoff. Von den Aufbewahrungsarten für längere Zeit, dem Einwickeln in Zeitungspapier, dem Einlegen in Siede, in Kalkwasser, in Wasserglas (auf 10 l Wasser 1 l Wasserglas), in Garantol, hat sich das

Letztere am besten bewährt. Genaue Angaben liegen jeder Garantolpackung bei.

Trockenei (Dried Whole Eggs) ist ein brauchbarer Ersatz für frische Eier, besonders in der Zeit, in der letztere schwer zu haben sind. Die lockernde Eigenschaft des zu Schnee geschlagenen Eiweiß, seine klärende Wirkung fallen beim Trockenei fort. Das ihm durch die Trocknung entzogene Wasser muss ihm im Allgemeinen wieder zugesetzt werden. Auf 2 gestrichene Esslöffel Trockenei rechnet man 3 Esslöffel Wasser.

Es ist zu verwenden:

zum Panieren:
für Kloßteige,
für Gebäck (Mürbeteig),
für Eierkuchen,
neben Frischei zu Rührei
u. a. m.

Kochvorschriften für besondere Gerichte sind auf den Büchsen angegeben.

330. Eier zu kochen

Die Eier werden am besten mit kaltem Wasser angesetzt und zum Kochen gebracht. Soll der Inhalt des Eies weich bleiben, wird es 3–4 Minuten, soll er hart werden, wird es 8–10 Minuten gekocht. Nach der angegebenen Kochzeit werden die Eier für einen Augenblick in kaltes Wasser gelegt (abgeschreckt), um Schale und Schalenhaut leicht lösen zu können. Werden hartgekochte zur Garnitur, zu gefüllten Eiern gebraucht, so ist es günstiger, sie zur Abkühlung im kalten Wasser liegen zu lassen (Wasser erneuern). Schmutzige Eier sind vor dem Kochen mit Salz und wenig Wasser zu reinigen.

331. Rühreier

8–12 Eier,
6–8 Esslöffel Wasser oder Milch,
1 Teelöffel Salz,
50–75 g Butter oder ger. Speck in Würfel geschnitten,
nach Belieben 1 Esslöffel Schnittlauch.

Die mit Wasser und Salz verquirlten Eier werden in die zerlassene Butter gegossen. Die gerinnende Masse wird in großen Stücken vom Boden der Pfanne mit einem Löffel abgelöst. Die Masse muss vom Herd genommen werden, ehe sie fest geronnen ist, da sie noch nachgerinnt. Die Rühreier werden mit dem Schnittlauch vermengt oder mit Schnittlauch bestreut. Wird an Stelle der Butter Speck verwendet, so müssen die Speckwürfel hellbraun werden, ehe die gequirlte Eiermasse dazugegossen wird.

Von Gemüsen eignen sich Spargel und Morcheln besonders gut als Beigabe.

332. Rührei mit Bückling

2 Bücklinge,
50–75 g Butter,
8 Eier,
6 Esslöffel Wasser,
1 Teelöffel Salz.

Der von Haut und Gräten befreite Bückling wird in Stücke geteilt, die in der zerlassenen Butter gedünstet werden, ehe die verquirlte Eiermasse darüber gegossen wird.

Zu *Rührei mit Schinken* ist an die Stelle der Bücklinge 125 g roher Schinken, in Würfel geschnitten, zu verbrauchen. (Vorsicht! Salz!)

333. Setzeier

8 Eier,	Salz,
40 g Butter,	(Pfeffer).

In jede Vertiefung einer Setzeierpfanne ist etwas Butter zu geben, in die nicht gebrauchten werdenden Vertiefungen etwas Wasser. Die Eier werden vorsichtig aufgeschlagen, damit die das Eigelb umschließende Haut nicht zerreißt, in die Vertiefung gegeben, zum Gerinnen gebracht, mit Salz bestreut. An Stelle der Setzeierpfanne kann auch eine Eierkuchenpfanne benutzt werden. Das Gerinnen muss auf einer nicht zu heißen Stelle vor sich gehen.

334. Verlorene oder Falleier

8 Eier,	2 Esslöffel Salz,
ungefähr 2 l Wasser,	(1 Esslöffel Essig)

Die Eier werden nacheinander vorsichtig in eine kleine Suppenkelle aufgeschlagen. Diese wird in das kochende Salzwasser gehalten. Fängt das Eiweiß an zu gerinnen, lässt man das Ei in das Wasser gleiten, in dem es in 3 bis 4 Minuten zu richtiger Beschaffenheit gerinnt. Es wird eine Speck- oder Mostrichsoße dazugegeben. Die Eier können auch in der fertigen Soße zum Gerinnen gebracht werden.

335. Gefüllte oder russische Eier

6 Eier,	25 g roher oder gekochter
40 g Butter,	Schinken,
4 Sardellen oder etwas	Salz nach Geschmack,
Sardellenpaste,	zur Garnitur: Kapern, Sardellen,
1 Teelöffel gew. Kräuter,	Schinken oder Lachs.

Die hartgekochten, abgeschreckten, geschälten Eier werden längs in Hälften geteilt. Das Eigelb wird vorsichtig herausgenommen, durch ein feines Sieb gerührt. Die gewaschenen, ent-

gräteten Sardellen werden fein gewiegt, der Schinken wird in kleine Würfel geschnitten. Die schaumig gerührte Butter wird mit allen Zutaten vermischt und die Masse abgeschmeckt. Sie wird in die Weißeihälften eingefüllt, so dass sie wie ein ganzes Eidotter wirkt. Zur Garnitur sind Kapern, Sardellen, Schinken- oder Lachsstreifen zu verwenden. Die Eier können in einer Mayonnaise, Remouladen- oder kalter Kräutersoße angerichtet werden.

336. Einfache Eierkuchen 7–8 Stück

500 g Mehl,
1 l Flüssigkeit, Wasser oder Milch oder halb und halb,
4–6 Eigelb und Eiweiß zu Schnee,

1 Teelöffel Salz,
50–60 g Butter, Schweinefett oder Mischfett oder Palmin,
Zucker zum Bestreuen.

Die mit Eigelb verquirlte Flüssigkeit wird nach und nach in das Mehl eingerührt, Salz und das steifgeschlagene Eiweiß werden dazugegeben. In einer Eierkuchenpfanne wird das Fett erhitzt, eine Kelle Teig hineingegeben, von der Unterseite braun gebacken, umgedreht, etwas Fett dazugegeben, wieder gebacken, auf eine runde Platte gegeben, mit Zucker bestreut. Der Eierkuchen kann durch Hochwerfen umgedreht werden oder mit einem Pfannenmesser oder unter Benutzung eines Topfdeckels.

337. Feine Eierkuchen

6 Eier, getrennt,
¼–⅜ l Milch,
60–10 g Mehl,

½ Teelöffel Salz,
50–60 g Butter oder Fett,
Zucker zum Bestreuen.

Herstellung wie in Nr. 336.

338. Plinsen 8–9 Stück

⅜ l Milch,
5 ganze Eier,
1 Eßlöffel zerlassene
Butter,

125 g Mehl,
1 Messerspitze Salz,
70–80 g Butter oder Fett.

Aus dem nach Nr. 336 herzustellenden Teig werden ganz dünne Kuchen gebacken. Sie werden heiß mit Marmelade bestrichen, zusammengerollt, mit Zucker bestreut.

Oder: Die Plinsen werden mit feingeschnittenem, in Butter gedünstetem Schnittlauch bestrichen, zusammengerollt, mit gebräunter Butter beträufelt.

Oder: Feingewiegte Bratenreste mit 3–4 vorbereiteten, feingewiegten Sardellen, einem Teelöffel Zwiebelwürfel in 50 g Butter gedünstet, werden auf die Plinsen gestrichen, und diese nach dem Zusammenrollen mit brauner Butter beträufelt.

339. Hefeplinsen, (sächsisch)

500 g Mehl,
40 g Hefe,
¼ l Milch,
3 Eier, getrennt,
1 Messerspitze Salz,
50 g Zucker,
¾ l Milch,

Speck zum Einreiben der Pfanne,
zerlassene Butter zum
Bestreichen,
Zucker,
nach Belieben Zimt zum
Bestreuen,
nach Belieben 2 Eßlöffel
gereinigte Korinthen.

In die Mitte des gesiebten Mehles wird eine Vertiefung gemacht. Die Hefe wird hineingebröckelt und mit ⅛ l lauwarmer Milch zu einem weichen Teig verrührt. Ist der Vorteig oder das Hefestück aufgegangen, wird die mit Eigelb, Salz und Zucker verquirlte übrige Milch nach und nach dazugerührt. Der Eierschnee wird unter den glattgerührten Teig gezogen. In der erhitzten, mit Speck ausgeriebenen Pfanne werden dünne Plinsen gebacken, die mit zerlassener Butter bestrichen, mit Zucker bzw. Zimt bestreut, zusammengerollt werden. Es wird Pflaumenmussoße dazugegeben, oder die Plinsen werden als Gebäck zum Kaffee gereicht.

340. Frühstückseierkuchen (Omelette), 3–6 Stück

6 Eier,	30–40 g Butter,
⅛ l Milch,	(1 Teelöffel gewiegte Petersilie),
1 Messerspitze Salz,	1–2 Esslöffel geriebener Käse
1 Esslöffel Weizenmehl	oder Sardellenbutter von 30 g
oder Mondamin,	Butter und Sardellenpaste.

Eier, Milch, Salz, Mehl werden verquirlt, (die Petersilie wird dazugegeben). In die in der Eierkuchenpfanne heißgemachte, nicht gebräunte Butter wird die Teigmasse gegossen und unter Einstechen mit einer Gabel nur von der unteren Seite hellbraun gebacken. Auf die obere ungebackene, nur festgewordene Masse wird geriebener Käse gestreut oder Sardellenbutter gestrichen und der Eierkuchen zusammengerollt oder -geklappt. Frühstückseierkuchen können gefüllt werden mit Pilzen, wie Champignons, Steinpilzen, Pfifferlingen, mit Gemüsen, wie Erbsen, Spargel, Spinat; mit Fleischfüllung nach Nr. 338, mit Schinken.

341. Fruchteierkuchen (Omelette aux confitures), 2–3 Stück

Man rechnet im Allgemeinen für 1 Person 1 Ei.

4–6 Eier, getrennt,	30 g Butter,
2 Esslöffel Zucker,	Marmelade oder Gelee,
1 Esslöffel Weizen- oder	Zucker oder Puderzucker zum
Kartoffelmehl,	Bestreuen.
1 Prise Salz,	

Eigelb und Zucker werden in 10 Minuten schaumig gerührt, Mehl und Salz dazugegeben. Der Eierschnee wird leicht darunter gezogen. Der Teig wird in der heißgemachten Butter nur von der Unterseite hellbraun gebacken. Auf die festgewordene Oberseite wird Marmelade oder Gelee gegeben, der Eierkuchen zur Hälfte zusammengeklappt, mit Zucker oder Puderzucker bestreut. An Stelle von Marmelade oder Gelee kann jede Art von Kompott, wie Erdbeeren, Himbeeren, Pfirsiche, Aprikosen u. a. m., ohne Saft verwendet werden.

Der von der Unterseite braun gebackene Eierkuchen kann während des Backens der Unterseite mit einer Schüssel oder einem Deckel bedeckt oder zum Übertrocknen der Oberseite für einige Minuten in den heißen Bratofen geschoben werden.

Ein Schaumeerkuchen ist kurz vor dem Gebrauch herzustellen, da er leicht zusammenfällt.

342. Fruchteierkuchen auf andere Art

4–6 Eier, getrennt,
4–6 Esslöffel Milch oder Wasser,
1 Esslöffel Weizen- oder Kartoffelmehl,
1 Prise Salz,
30 g Butter,
Marmelade oder Gelee,
Zucker oder Puderzucker.

Eigelb, Mehl, Milch und Salz werden verquirlt, der Eierschnee wird darunter gezogen. Weitere Behandlung siehe Nr. 341.

343. Soleier

Hartgekochte Eier werden in kaltes Wasser gelegt. Nach dem Abkühlen werden sie auf einem Brett gerollt, bis die Schale eingedrückt ist.

Wasser für 1 l 100–125 g Salz und ½ Teelöffel Kümmel, wird mit den Gewürzen aufgekocht und nach dem Abkühlen über die angeknickten Eier gegossen. Nach 1–2 Tagen sind die Eier genügend durchgezogen. Der Zusatz von Kümmel kann auch fortfallen.

344. Kiebitz- und Möweneier

werden mit kaltem Wasser angesetzt, 10 Minuten gekocht, abgeschreckt, mit Butter gereicht.

Das Gemüse

345. Allgemeines

Der Verbrauch an Gemüsen ist durch die Erkenntnis seiner Bedeutung für den Körper, durch die wachsende Anhängerschaft der Ernährungsformen Vegetarismus und Rohkost gestiegen. Mineralstoffe und Vitamine oder Ergänzungsstoffe machen es wertvoll. Bei seiner Behandlung in der Küche kommt es darauf an, diese dem Gemüse möglichst zu erhalten. Es ist frisch geerntetes, nicht lange gelagertes Gemüse zu verbrauchen. Das früher bei vielen Gemüsearten angewendete Vorkochen und Fortgießen des Vorkochwassers, sollte ganz fortfallen bzw. stark eingeschränkt werden. Da, wo es sich als notwendig erweist (Störungen des Verdauungsapparates), ist das Kochwasser anderweitig zu verwenden (zu Suppen). Eine Ausnahme bildet das Brüh- oder Vorkochwasser verschiedener Kohlarten, das einen strengen Geschmack hat. Starke Düngung kann den Geschmack von Gemüse, z. B. Spinat, ungünstig beeinflussen und ein Garmachen in viel Wasser notwendig machen. Die Zubereitung von Gemüse kann verschieden sein.

1. Die meisten Gemüse eignen sich zu Eintopfgerichten, bei denen sie mit Fleisch (Rind-, Hammel-, Schweinefleisch) zusammengekocht werden. Die Brühe wird durch eine Mehlschwitze gebunden.

2. Das Gemüse wird im eigenen Saft gargemacht, durch eine Mehlschwitze gebunden, bei der der Gemüsesaft zum Auffüllen verbraucht wird.

3. Das Gemüse wird in Butter oder Margarine gedünstet, in wenig kochendem Wasser mit Salz gargemacht; durch angerührtes Mehl oder eine Mehlschwitze gedickt.

4. Das Gemüse wird in reichlich Salzwasser weichgekocht, abgegossen, mit gebräunter oder zerlassener Butter übergossen (Spargel, Blumenkohl, Wachsbohnen, Schwarzwurzeln). Verwendung des Wassers zu Suppen. Diese Art der Herstellung ist die teuerste.

In der gemüsearmen Zeit ist Büchsengemüse ein Ersatz für das frische Gemüse. Der Inhalt der Büchsen ist nach ihrem Öffnen in einen Topf zu schütten und zu erhitzen. Die weitere Behandlung ist die gleiche, wie bei den entsprechenden frischen Gemüsen. Von Büchsengemüse ist 1¼–1½ mal so viel wie von frischem Gemüse zu rechnen.

Dörrgemüse, das nur verhältnismäßig selten verbraucht wird, da sein Geschmack und sein Wert durch das Trocknen stark beeinflusst worden sind, muss am Vorabend des Kochtages eingeweicht werden. Von Dörrgemüse ist der 5.–6. Teil der Menge an frischem Gemüse zu verwenden.

346. Spinat

1–1½ kg Spinat,
4 l kochendes Salzwasser,
für 1 l 1 Esslöffel Salz,
1 Teelöffel Zwiebelwürfel,
40 g Butter oder Margarine oder Mischfett,
30 g Mehl,
Salz nach Geschmack.

Der Spinat wird verlesen, indem die Wurzeln abgeschnitten, die schlechten Blätter, sehr starke Stiele entfernt werden. Er wird mehrere Male gewaschen, abgetropft, auf schwach heißer Stelle ohne Wasser erhitzt, bis die Blätter zusammenfallen und weich geworden sind. Sie werden durch die Fleischmaschine gedreht oder gewiegt. Die aus Fett, Zwiebel und Mehl hergestellte helle Mehlschwitze wird mit dem Spinatsaft aufgefüllt und nach dem Kochen mit dem Spinatbrei vermischt, das Gemüse nach Salz abgeschmeckt. Der nicht gesalzene Spinat kann auch nach Beleiben mit vier vorbereiteten, fein gewiegten Sardellen vermischt werden.

2. Art der Zubereitung. Der vorbereitete Spinat wird in dem kochenden Salzwasser in 8–10 Minuten weichgekocht, nach der angegebenen Art fertiggestellt. Ein Teil des Kochwassers ist zum Auffüllen der Mehlschwitze zu verbrauchen, der Rest für eine Suppe.

3. Art der Herstellung. Bei dem nach der ersten Art zubereiteten Spinat wird der Spinatsaft stark eingekocht, ehe er mit dem Spinatbrei und der Butter vermischt und erhitzt wird. Bei dieser Art der Zubereitung sind für eine Person 1 Pfund Spinat und 20 g Butter zu nehmen.

4. Art der Herstellung. Junger, vorbereitete Spinat kann unzerkleinert in Butter 10–15 Minuten gedünstet werden. Zur Garnitur von Spinat können hartgekochte, in Viertel, in Achtel oder in Scheiben geschnittene Eier verwendet werden.

347. Spinatpudding

750–1000 g Spinat,
100 g Butter oder Margarine,
3 Eier, getrennt,
2 Semmeln,
100 g Mehl,
2 Esslöffel geriebenen Käse
(Schweizer oder Parmesan),
Salz,
(Pfeffer),
Fett,
ger. Semmel z. Form.

Der nach Nr. 246 vorbereitete, im eigenen Saft gargemachte Spinat wird nach dem Abtropfen mit der eingeweichten, trocken ausgedrückten Semmel durch die Fleischmaschine gedreht. In die schaumiggerührte Butter werden Eigelb, geriebener Käse, Spinat-, Semmelbrei und Mehl gegeben, der Eierschnee wird darunter gezogen. Die nach Salz abgeschmeckte Masse wird in die mit Butter ausgestrichene, mit geriebener Semmel ausgestreute Form eingefüllt (bis zu ¾ der Höhe der Form) und im kochenden Wasserbade 1 Stunde gekocht. Das Spinatwasser kann zur Suppe verbraucht werden. Zum Spinatpudding eignet sich eine Sardellensoße.

348. Karotten und Schoten (Erbsen)

500 g Karotten (ohne Grün gewogen),
750–1000 g Schoten,
40–50 g Butter oder Margarine,
½ l kochendes Wasser,
1 Teelöffel Salz,
1 Esslöffel Weizenmehl,
Salz,
Zucker nach Geschmack,
1 Teelöffel gewiegte Petersilie.

Die geputzten, gewaschenen Karotten werden, wenn sie zu groß sind, auf die Hälfte oder in Viertel geschnitten. Die Erbsen werden ausgepalt, Karotten und Erbsen werden in der Butter gedünstet, in kochendem Wasser mit Salz in ¾–1 Stunde gargemacht (nicht stark kochen lassen). Das in wenig Wasser angerührte Mehl wird dazugegeben, gargemacht, das Gemüse nach Salz und Zucker abgeschmeckt und mit Petersilie vermischt. Oder: Das in Wasser mit Salz weichgekochte Gemüse wird mit einer Mehlschwitze von 40 g Butter und 20 g Mehl vermischt. Die Erbsenmenge kann gekürzt werden, wenn ein Teil der abgezogenen Schalen mitgekocht wird.

349. Schotengemüse (Herstellung wie in Nr. 348 von frischen, grünen Erbsen)

1½–2 kg Schoten,
40–50 g Butter,
½ l kochendes Wasser,
1 Teelöffel Salz,
1 Teelöffel Weizenmehl,
Salz,
Zucker nach Geschmack,
1 Teelöffel grüne Petersilie.

350. Mohrrüben

875–1000 g Mohrrüben,
40–60 g Butter oder
Margarine,
½–¾ l Wasser,
1 Teelöffel Salz,
1 Eßlöffel Weizenmehl,
Salz,

Zucker nach Geschmack,
1 Teelöffel gew. Petersilie
oder 1 Mehlschwitze von 40 g
Butter, Margarine oder Mischfett,
20 g = 2 Eßlöffel Mehl.

Die geputzten, gewaschenen Mohrrüben werden in feine Stifte geschnitten, entweder in Fett gedünstet, mit Wasser und Salz weichgekocht, durch angerührtes Mehl bündig gemacht, oder die in Wasser weichgekochten Mohrrüben werden mit der aus den Zutaten hergestellten, mit dem Mohrrübenwasser aufgefüllten, hellen Mehlschwitze vermischt. (Siehe Nr. 345.) Mit Fleisch zusammengekocht siehe Nr. 701.

351. Spargel zu kochen

1–2 kg Spargel,
3–4 l kochendes Salzwasser,
für 1 l 1 knapper Eßlöffel
Salz,

1 Messerspitze Zucker,
75 g Butter,
2 Eßlöffel geriebene Semmel.

Der gewaschene Spargel wird mit einem scharfen Messer oder Spargelschäler geschält. Das Spargelmesser wird unterhalb des Kopfes angesetzt und die Schale am oberen Ende dünn, nach unten zu dicker werdend, entfernt. An der Schnittfläche wird eine dünne Scheibe abgeschnitten. Die abgespülten Spargelstangen werden lose oder in Päckchen von 8–10 Stück zusammengebunden im Spargelkocher oder in einer Pfanne, die Köpfe möglichst nach einer Seite gerichtet, in kochendem Wasser mit Salz und Zucker in 30–40 Minuten gargemacht. Der gut abgelaufene, von den Fäden befreite Spargel wird auf einer Spargelplatte angerichtet, mit gebräunter Butter, in der die geriebene Semmel verrührt wird, übergossen. (Das Kochwasser ist zu Suppe zu verbrauchen). Der Spargel kann auch von der Schnittfläche nach dem Kopf zu geschält werden (Kartoffelschäler).

352. Spargelgemüse

1 kg Spargel,
¾–1 l kochendes Wasser,
1 Teelöffel Salz,
1 Messerspitze Zucker,
zur Soße: 40 g Butter oder Margarine,

40 g Mehl,
Spargelwasser,
1 Eigelb,
Zitronensaft,
Salz,
Zucker.

Der vorbereitete Spargel wird in 4–5 cm lange Stücke geschnitten, die in dem kochenden Wasser mit Salz und Zucker in 30–40 Minuten gargemacht werden. Die Stücke werden zum Durchziehen in die holländische Soße gegeben.

353. Kohlrabi oder Oberrüben

1 Mandel mittelgroße Kohlrabi,
30–40 g Butter oder Margarine,
½ l kochendes Wasser,

1 Teelöffel Salz,
20 g Butter,
20 g Mehl,
Salz nach Geschmack.

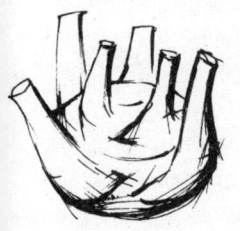

Die Knollen werden geschält (alle holzigen Teile sind zu entfernen), in Scheiben geschnitten, in Butter gedünstet, mit kochendem Wasser und Salz in ¾ bis 1 Stunde weichgekocht. Die jungen, grünen Blätter werden von den Blattrippen abgestreift, in Salzwasser weichgekocht, abgegossen gewiegt oder durch die Fleischmaschine gedreht. Kohlrabischeiben und Grün werden mit einer hellen Grundsoße vermischt, bei deren Herstellung zum Auffüllen das Gemüsewasser zu verwenden ist, oder die Kohlrabischeiben werden bergartig angerichtet und das Grün herumgelegt. Die Kohlrabiblätter können auch roh in Streifen geschnitten mit den Kohlrabischeiben zusammen gargemacht werden (mit Hammel- oder Schweinefleisch zusammen gekocht).

354. Kohlrabi ohne Grün

1–1½ Mandel Kohlrabi,	1 Teelöffel Salz,
40–50 g Butter oder	1 Esslöffel Weizenmehl,
Margarine oder Mischfett,	Salz nach Geschmack.
½–¾ l kochendes Wasser,	

Die vorbereiteten, in Scheiben geschnittenen Kohlrabi werden in Fett gedünstet, in kochendem Wasser mit Salz in ¾ Stunden gargemacht, durch in wenig Wasser angerührtes Mehl gedickt, nach Salz abgeschmeckt.

355. Wirsingkohl oder Welschkraut

1–1½ kg Kohl,	1 Teelöffel Zwiebelwürfel,
kochendes Salzwasser, für	Wasser oder Brühe nach Bedarf,
1 l 1 Esslöffel Salz,	1 Esslöffel Weizenmehl,
40–60 g Butter oder	Salz nach Geschmack.
Margarine,	

Die Blätter des Kohlkopfes werden einzeln abgelöst, die dicke Rippe wird flach geschnitten. Die Blätter werden in kochendem Salzwasser 3–5 Minuten vorgekocht, das Wasser abgegossen. Die Zwiebelwürfel werden in Fett gedünstet, der Kohl wird dazugegeben, Brühe oder Wasser aufgefüllt und der Kohl in 1½–2 Stunden weichgekocht. Das Gemüse wird durch in wenig Wasser angerührtes Weizenmehl gedickt, nach Salz abgeschmeckt.

356. Kohlrollen

1 großer Kopf Wirsing-
oder Weißkohl,
kochendes Salzwasser,
3–4 l, auf 1 l 1 Eßlöffel Salz,
zum Fleischteig:
250–375 g Fleisch, halb
Schwein-, halb Rindfleisch
oder nur Schweinefleisch,
1 Eßlöffel Butter,

½–1 Semmel,
½ Teelöffel Zwiebelwürfel,
n. Bel. ½ Ei,
Salz nach Geschmack,
zum Dünsten:
30–40 g ger. Speck in Scheiben,
20–30 g Butter in Flocken,
½ l kochendes Wasser oder Brühe,
1–2 Eßlöffel Weizenmehl.

Die Rollen können auch durch Schmoren gargemacht werden. In diesem Falle werden gebraucht:

Mehl zum Einhüllen,
50–60 g Fett zum Anbra-
ten, Palmin oder Schweinefett oder Mischfett,
30–40 g geräucherter Speck
in Scheiben,

½ l kochendes Wasser oder
Brühe,
Wasser zum Nachgießen,
1–2 Eßlöffel Weizenmehl,
Salz nach Geschmack.

Der Kohl wird nach Nr. 355 vorbereitet; der Fleischteig nach Nr. 164. Er wird in 8 Teile geteilt, zu Rollen geformt. Jede Rolle wird in 4–5 Kohlblätter eingewickelt (als äußerstes ein großes Blatt), mit einem Baumwollfaden umbunden. Die Speckscheiben werden bis zum Glasigwerden erhitzt, die Kohlrollen daraufgegeben (möglichst nicht übereinander), Butterflöckchen darüber verteilt, kochende Flüssigkeit wird aufgefüllt, und die Kohlrollen werden in 1½–2 Stunden gargemacht. (Falls notwendig, muss Flüssigkeit nachgegossen werden.) Die Fäden sind zu entfernen. Die Soße ist durch angerührtes Mehl bündig zu machen.

Kräftiger im Geschmack ist das Gericht, wenn die Rollen durch Schmoren gargemacht werden. Sie werden nach dem Umwickeln mit einem Faden im Mehl umgewendet, in dampfendem Schweinefett oder Palmin in einer Stilpfanne braun angebraten. Die Speckscheiben werden im Schmortopf gebräunt, die Kohlrollen dazugegeben, kochende Flüssigkeit wird aufgefüllt und die Rollen 1½–2 Stunden geschmort. Das Gericht ist wie beim Dünsten angegeben, fertig zu stellen.

357. Rotkohl

750–1000 g Rotkohl,	1 Eßlöffel Salz,
1 l kochendes Wasser, mit 4 Eßlöffeln Essig,	2 Eßlöffel Zucker,
	2 Eßlöffel Essig,
250–500 g Äpfel,	kochendes Wasser,
75 g Schweinefett,	1–2 rohe Kartoffeln.

Der Kopf wird auf die Hälfte geteilt, der Strunk entfernt. Der Kohl wird in feine Streifen geschnitten oder gehobelt, mit kochendem Essigwasser überbrüht, nach 2–3 Minuten abgegossen. Die gewaschenen, geschälten Äpfel werden in dünne Scheiben geschnitten. (Schalen und Kerngehäuse werden ausgekocht, das Wasser wird zum Angießen für den Kohl verbraucht.) In das zerlassene Fett werden abwechselnd Kohl und Apfelscheiben mit Essig, Salz und Zucker gegeben. Wasser oder Schalenwasser wird aufgefüllt und der Kohl in 2–2½ Stunden gargemacht. Er ist nach Essig, Salz und Zucker abzuschmecken und kann durch 1–2 rohe, geriebene Kartoffeln bündig gemacht werden.

358. Grün- oder Braunkohl

1–1½ kg Kohl,	1 Eßlöffel Zwiebelwürfel,
kochendes Salzwasser,	kochendes Wasser oder Brühe,
für 1 l 1 Eßlöffel Salz,	1–2 Eßlöffel Weizenmehl,
50–75 Schweinefett,	Salz nach Geschmack.

Die von der Rippe abgestreiften Blätter werden gewaschen, roh gewiegt. In dem zerlassenen Fett werden die Zwiebelwürfel gedünstet, der Kohl, Wasser oder Brühe und Salz werden dazugegeben und der Kohl in 2–2½ Stunden gargemacht. Er wird durch Überstäuben mit Mehl oder durch eine Mehlschwitze (20 g Fett, 20–30 g Mehl) bündig gemacht und nach Salz abgeschmeckt. Die vorbereiteten Blätter können auch in Salzwasser 20 Minuten gekocht, durch die Fleischmaschine gedreht und dann auf die gleiche Weise wir der grob gewiegte Kohl zubereitet werden. Grünkohl kann mit Schweinefleisch und besonders wohlschmeckend mit *Rauchfleisch* zusammen gekocht werden.

359. Sauerkohl oder Sauerkraut

750 g Sauerkohl,
75 g Schweinefett oder
Speck,
1 Esslöffel Zwiebelwürfel,

Wasser nach Bedarf,
Salz,
Zucker,
n. Bel. 1–2 rohe Kartoffeln.

1. Art der Zubereitung. Der je nach seinem Säuregehalt ein oder mehrere Male gewaschene Kohl wird in das zerlassene Schweinefett, in dem die Zwiebelwürfel gedünstet worden sind, gegeben, mit wenig Wasser 1/2 bis 3/4 Stunden gekocht, nach Beleiben durch rohe, geriebene Kartoffeln bündig gemacht, nach Salz und Zucker abgeschmeckt.

2. Art der Zubereitung. Der vorbereitete Kohl wird in wenig Wasser 10–15 Minuten gekocht, das Wasser abgegossen, der Kohl mit Fett und Zwiebelwürfel vermischt, erhitzt und abgeschmeckt.

360. Rosenkohl

750–1000 g Rosenkohl,
2–3 l kochendes Wasser, für
1 1 1 Esslöffel Salz,
40 g Butter oder Margarine,

20 g Mehl,
½ l Wasser oder Brühe,
Salz nach Geschmack.

Der geputzte Kohl wird in kochendem Salzwasser 3–5 Minuten vorgekocht. Nach dem Abtropfen oder unvorgekocht wird er in der hellen Grundsoße in ½–¾ Stunden gargemacht, nach Salz abgeschmeckt. *Oder* der geputzte Kohl wird in kochendem Salzwasser in 20 bis 30 Minuten gargemacht, nach dem Abgießen in 75 g Butter durchgeschwenkt und abgeschmeckt, nach Belieben beim Anrichten mit geriebenem Parmesan- oder Schweizerkäse bestreut.

361. Blumenkohl

1 großer Kopf oder 2 kleine Köpfe Blumenkohl,
2–3 l kochendes Wasser,
für 1 l 1 Esslöffel Salz,
1 Messerspitze Zucker,
50–60 g Butter,
1–2 Esslöffel geriebene Semmel.

Der von den Blättern und dem unteren Stielende befreite, gewaschene Blumenkohl wird in kochendem Salzwasser mit Zucker unter einmaligem Wenden 30–40 Minuten gekocht. (Beim Hineingehen ins Wasser den Strunk nach oben.) Der sehr trocken abgetropfte Kohl wird auf der Schüssel mit gebräunter Butter, die mit geriebener Semmel vermischt worden ist, übergossen. Oder er wird mit einer holländischen Soße (Nr. 109) gereicht. Sehr lose Blumenkohlköpfe sind nach dem Putzen zur Entfernung von Insekten für ¼ Stunde in Essigwasser zu legen. Der nach der Herstellung der Soße bleibende Rest des Kochwassers ist zu Suppe zu verbrauchen.

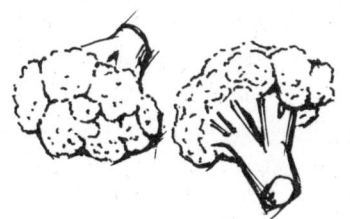

362. Blumenkohl, überbacken (au gratin)

Ein nach Nr. 361 gekochter Kopf Blumenkohl wird in eine Porzellan- oder Duraxauflaufform gegeben, mit einer dicken holländischen Soße übergossen, mit geriebener Semmel, geriebenem Käse (Schweizer- oder Parmesankäse) bestreut, Butterflöckchen werden darüber verteilt, und das Gericht wird 20–25 Minuten im Ofen überbacken.

363. Teltower Rüben

750 g Rüben,
kochendes Salzwasser,
2 l für 1 l 1 Eßlöffel Salz,
30 g Butter, Palmin oder
Rinderfett,
1 Eßlöffel Zucker,
2 Eßlöffel Mehl (gestrichen),
½ l Brühe oder Wasser,
1 Teelöffel Salz,
1 Eßlöffel Butter.

Die geputzten, gewaschenen Rüben werden in kochendem Salzwasser 3–5 Minuten vorgekocht. Der Zucker wird in dem nur zerlassenen Fett unter Rühren gebräunt, das Mehl dazugegeben, durchgerührt, die Mehlschwitze mit Brühe oder Wasser aufgefüllt, aufgekocht, nach Salz abgeschmeckt. In dieser Soße werden die vorgekochten Rüben in 1–1¼ Stunde gargemacht, die Butter wird dazugegeben.

364. Kohl- oder Erdrüben

1–1¼ kg Rüben (gelb),
3 l kochendes Wasser, für
1 l 1 Eßlöffel Salz,
30 g Butter, Palmin oder
Rinderfett,
1 Eßlöffel Zucker,
2 Eßlöffel Mehl,
½ l Brühe oder Wasser,
1 Teelöffel Salz,
1 Eßlöffel Butter.

Die gewaschenen Rüben werden in 1½ cm dicke Scheiben geschnitten, diese geschält, in Würfel oder Streifen geschnitten, in Salzwasser 8–10 Minuten vorgekocht. Die weitere Behandlung ist die gleiche wie in Nr. 363. Wohlschmeckender ist das Gemüse mit Pökel- oder Rauchfleisch zusammen gekocht.

365. Kohlrüben mit Pökelfleisch

500–625 g Pökel- oder
Rauchfleisch,
¾–1 l kaltes Wasser,
1–1¼ kg Kohlrüben,

30–40 g Butter oder Margarine,
2 Eßlöffel Mehl,
Salz nach Geschmack.

Das gewaschene Fleisch wird in kaltem Wasser angesetzt, ¾–1 Stunde gekocht. Die nach Nr. 364 vorbereiteten, nicht vorgekochten Kohlrüben werden dazugegeben, in ¾–1 Stunde weichgekocht. Das Gemüse wird durch die mit der Kochflüssigkeit aufgefüllte gelbliche Mehlschwitze gedickt, nach Salz abgeschmeckt.

366. Grüne Bohnen

1 kg Bohnen,
Wasser oder Brühe,
1 Eßlöffel Salz,
Pfefferkraut,

40 g Butter oder Margarine,
20 g Mehl,
½ l Bohnenbrühe,
Salz,
nach Bel. Essig und Zucker.

Die abgezogenen Bohnen werden entweder geschnitzelt oder in 2–3 Stücke gebrochen. Mit Wasser oder Brühe bedeckt, werden sie mit Salz und Pfefferkraut ¾–1 Stunde gekocht. Das Gemüse wird durch die mit der Bohnenbrühe aufgefüllte Mehlschwitze gedickt, nach Salz, nach Belieben nach Essig und Zucker abgeschmeckt.

Oder die in Salzwasser weichgekochten Brechbohnen werden nach dem Abgießen in 50–60 g Butter geschwenkt, mit 1 Teelöffel gewiegter Petersilie vermischt, nach Salz abgeschmeckt. Grüne Bohnen eignen  sich zum Zusammenkochen mit Hammelfleisch. Zutaten dafür nach Nr. 365. Das Fleisch ist mit kochendem Wasser anzusetzen.

367. Wachsbohnen

1 kg Bohnen,
Wasser oder Brühe,
1 Esslöffel Salz,
40 g Butter oder Margarine,
20 g Mehl,

½ l Bohnenbrühe,
Salz nach Geschmack,
1 Teelöffel gewiegte Petersilie.

Die in Stücke gebrochenen Bohnen werden nach Nr. 366 zubereitet.

Oder die abgezogenen ganzen Bohnen werden in reichlich Salzwasser ½–¾ Stunde gekocht, nach dem Abtropfen auf länglicher Platte mit 60–70 g gebräunter Butter, die mit 1–2 Esslöffel geriebener Semmel vermischt werden kann, übergossen. Das Kochwasser der Bohnen kann zu Suppen verbraucht werden.

368. Büchsenbohnen

sind nach dem Abtropfen auf einem Durchschlag nach Nr. 366 zuzubereiten.

369. Getrocknete Bohnen

werden 4–6 Stunden vor der Zubereitung eingeweicht, nach Nr. 366 zubereitet. An Stelle von 2 Pfund frischen Bohnen sind 175–200 g getrocknete Bohnen zu verbrauchen.

370. Schwarzwurzeln

750–1000 g Schwarzwurzeln,
kaltes Wasser mit 1–2 Esslöffel Essig und 1 Esslöffel Mehl,

2 l kochendes Wasser mit 2 Esslöffel Salz,
60 g Butter,
1–2 Esslöffel geriebene Semmel oder eine holländische Soße.

Die gewaschenen Wurzeln werden nach dem Abschaben in Essigwasser mit Mehl gegeben, um das Verfärben einzuschränken. Nach dem Abspülen werden sie entweder im Ganzen oder in Stücke ge-

schnitten (4–5 cm lang) in kochendem Salzwasser 30–40 Minuten gekocht. Die ganzen Wurzeln werden nach dem Abtropfen auf länglicher Platte mit gebräunter Butter, die mit geriebener Semmel vermischt werden kann, übergossen. Die Schwarzwurzelstücke werden in einer holländischen Soße gereicht.
Oder

750–1000 g Schwarzwurzeln,	1 Teelöffel Salz,
Wasser mit Essig und Mehl,	2 Esslöffel Weizenmehl (gestrichen),
40 g Butter oder Margarine,	1 Eigelb,
½ l kochendes Wasser,	Salz nach Geschmack.

Die vorbereiteten, in Stücke geschnittenen Schwarzwurzeln werden in dem zerlassenen Fett gedünstet, mit Wasser und Salz 30–40 Minuten gekocht, durch in wenig Wasser angerührtes Mehl gedickt. Die Soße wird mit dem Eigelb abgezogen, nach Salz abgeschmeckt.

371a. Gurkengemüse (dunkel)

1¼ kg Gurken,	60 g geräucherten Speck,
2 Esslöffel Essig,	1 Esslöffel Zwiebelwürfel,
1 Teelöffel Zucker,	50–60 g Mehl,
1 Teelöffel Salz,	½–¾ l Gurkenflüssigkeit,
1 Prise Pfeffer,	Essig,
1 Esslöffel Zucker zu Karamell gebrannt, mit Wasser gelöscht,	Salz, Zucker nach Geschmack.

Die Gurken werden von der Blüte nach dem Stiel geschält, in 3 cm dicke Scheiben geschnitten, mit Essig, Zucker, Salz und Pfeffer vermischt, 1–1½ Stunden stehen gelassen zum Durchziehen (Topf). Der Zucker wird in einem eisernen Topf oder einer eisernen Stielpfanne unter beständigem Rühren zu Karamell gebrannt, mit kaltem Wasser gelöscht (Vorsicht!). Die Karamellflüssigkeit wird über die Gurkenstücke gegossen, die knapp davon bedeckt in ¾–1 Stunde gargemacht werden (sie müssen glasig werden). Die Speckwürfel werden hellbraun ausgebraten, auf ein Sieb gegossen, die Zwiebelwürfel werden in dem durchgelaufenen Fett hellgebräunt, auf das Sieb zu den Speckwürfeln gegeben. Das durchgetropfte Fett wird zur Herstellung einer mittelbraunen Mehlschwitze verbraucht, die nach dem Auffüllen mit Gurkenflüssigkeit 25–30 Minuten kochen muss, ehe sie nach Salz, Zucker, Essig abgeschmeckt und mit den Gurkenstückchen vermischt wird. Speck und Zwiebelwürfel werden über das fertige Gericht gestreut.

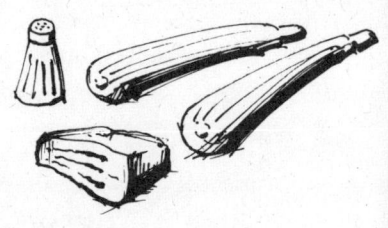

Werden dicke, gelbe Gurken verwendet, so sind diese nach dem Schälen zu halbieren, von den Kernen zu befreien, längs noch einmal zu teilen, in Stücke zu schneiden. Durch den Wegfall der Kerne ist die zu verwendende Menge auf 1¾–2 kg zu erhöhen.

371b. Gurkengemüse (hell)

1¼ kg Gurken,
50–60 g Butter oder Margarine,
1 Esslöffel Zwiebelwürfel,
1 Esslöffel Salz,
kochendes Wasser,
40 g Mehl in ¼ l Wasser angerührt,
4 Tomaten gebrüht, abgezogen, in Viertel geteilt,
Salz,
Zucker nach Geschmack.

Die nach Nr. 371 vorbereiteten Gurkenstücke werden mit Zwiebelwürfel und Salz in dem Fett gedünstet, in Wasser gargekocht, die Flüssigkeit mit dem angerührten Mehl gedeckt. Die Tomatenviertel müssen in der nach Salz und Zucker abgeschmeckten Flüssigkeit garziehen.

372. Gurken, gefüllt

4 Gurken,	1 Prise Pfeffer,
zum Fleischteig:	1 Esslöffel Zucker zu Karamell,
250 g Fleisch, halb Rind-,	Wasser zum Löschen,
halb Schweinefleisch,	60 g Speck,
½ – ¾ Semmel,	1 Esslöffel Zwiebelwürfel,
1 Teelöffel Zwiebelwürfel,	50 – 60 g Mehl,
1 Esslöffel Butter,	½ – ¾ l Gurkenflüssigkeit,
½ Ei,	Essig,
Salz nach Geschmack,	Salz,
2 Esslöffel Essig,	Zucker nach Geschmack.
1 Teelöffel Zucker und Salz,	

Die geschälten Gurken werden längs geteilt, die Kerne entfernt. Die Höhlung wird mit einem nach Nr. 164 herzustellenden Fleischteig gefüllt, die Gurkenhälften werden aufeinander gelegt, mit einem Baumwollfaden umwickelt, weiter nach Nr. 371 behandelt wie die in Stücke geschnittenen Gurken. Zum Garmachen ist eine Pfanne oder ein flaches Gefäß zu benutzen, in dem die Gurken nebeneinander liegen. Bei der Herstellung der Soße können Speck und Zwiebelwürfel auch fortfallen, und als Fett zur hellen oder dunklen Mehlschwitze können 50 bis 60 g Butter verwendet werden.

373. Kürbisbrei

1 kg Kürbisstücke	¼ l Milch,
(1½ – 1¾ kg Kürbis),	40 g Butter oder Margarine,
½ l Wasser,	n. Bel. 1 Eigelb,
1 Nelke,	Salz nach Geschmack.
1 Stück Zimt (2–3 cm),	

Die mit Wasser und Gewürzen weichgekochten Kürbisstücke werden durch ein Sieb gestrichen. Der Brei wird mit Fett und Milch, die mit 1 Eigelb verquirlt werden kann, erhitzt, nach Salz abgeschmeckt.

374. Mischgemüse, Leipziger Allerlei

1 kg verschiedene Gemüse, entweder: frisch oder z. T. Büchsengemüse, Spargel oder Blumenkohl, Erbsen, Mohrrüben oder Karotten, Morcheln oder Steinpilze, 60 g Butter, Salz nach Geschmack, 1 Eßlöffel gew. Petersilie oder 1 Mehlschwitze von 40 g Butter, 20 g Mehl.

Die vorbereiteten, gargemachten oder nur erhitzten Gemüse werden nach dem Abtropfen entweder nur mit Butter durchgeschwenkt, mit Petersilie vermischt, nach Salz abgeschmeckt, oder sie werden mit der unter Verwendung des Gemüsewassers hergestellten Mehlschwitze vermischt. Die einzelnen Sorten können auch getrennt in einer Schüssel angerichtet werden.

375. Artischocken

4 Artischocken, 2–3 l kochendes Wasser, für 1 l 1 Eßlöffel Salz, Saft ½ Zitrone, n. Bel. 40 g Butter, 80 g Butter schaumig gerührt oder eine holländische Soße.

Die schlechten Blätter werden entfernt, die Spitzen der übrigen beschnitten. Die Artischocken werden in Salzwasser mit Zitronensaft, nach Belieben auch Butter, in 1½ Stunde weichgekocht. (Probieren durch Herausziehen eines Blattes.) Die mittleren Blätter und das Faserige im Innern werden entfernt und die Artischocken auf länglicher Platte in einer holländischen Soße, zu deren Herstellung das Artischockenwasser zu verbrauchen ist, angerichtet, oder sie werden mit schaumig gerührter Butter gereicht.

376. Glasierte Maronen oder echte Kastanien

eignen sich zur Garnitur für Rot-, Grün- oder Braunkohl, zu Kassler, zu Schinken in Burgunder.

250 g Maronen,	Weißwein,
kochendes Wasser,	40 g Butter,
2 Esslöffel Zucker,	½ Teelöffel Salz,
¼ l Brühe, Wasser oder	wenn notwendig Flüssigkeit zum Nachgießen.

Die an der Spitze kreuzweise eingeschnittenen Maronen werden in reichlich Wasser 10 Minuten gekocht. Nach dem Abgießen werden die äußere Schale und die innere braune Haut entfernt. Der Zucker wird unter beständigem Rühren im eisernen Tiegel gebräunt, mit Brühe, Wasser oder Wein gelöscht, Butter, Salz und die Maronen werden dazugegeben und letztere an der Herdseite unter öfterem Schütteln gargemacht und glasiert. Wenn notwendig, muss Flüssigkeit nachgefüllt werden.

377. Zwiebeln glasiert

sind zur Garnitur für Schinken zu verwenden. Für die kleinen, geschälten, mit kochendem Wasser überbrühten Zwiebeln sind die gleichen Zutaten wie in Nr. 376 auf dieselbe Weise zu verwenden (¾–1 Stunde sind für das Weichwerden und Glasieren zu rechnen.)

378. Gefüllte Zwiebeln

4 große oder 8 kleinere Zwiebeln,	½ Teelöffel Zwiebelwürfel,
2 l kochendes Salzwasser,	1 Esslöffel Butter,
für 1 l 1 Esslöffel Salz,	n. Bel. ½ Ei,
zum Fleischteig 250 g	Salz nach Geschmack,
Fleisch, halb Rind-, halb	½ Teelöffel,
Schweinefleisch, oder halb	40 g Butter,
Kalb-, halb Schweine-	1 Teelöffel Zucker,
fleisch,	½ l Brühe oder Wasser,
½ Semmel,	1 Teelöffel Salz,
	1 Teelöffel Kartoffelmehl.

Es sind einheimische Zwiebeln zu verwenden oder spanische (Oportozwiebeln), die größer als die einheimischen sind. Die geschälten Zwiebeln werden 2–3 Minuten in kochendem Salzwasser vorgekocht. An der Spitze wird mit einem scharfen Messer ein Deckel abgeschnitten, die Zwiebeln werden mit einem Kartoffelausbohrer ausgehöhlt. Das Innere wird mit dem aus den Zutaten hergestellten Fleischteig gefüllt, der Deckel aufgelegt, durch einen Baumwollfaden festgehalten. Die Zwiebelabfälle werden mit 1 Teelöffel Zucker in Butter gebräunt. Brühe oder Wasser wird aufgefüllt, nach fünf Minuten Kochzeit wird die Masse durch ein Sieb gegossen. In der nach Salz abgeschmeckten Flüssigkeit werden die Zwiebeln, nebeneinander in einem passende Gefäß stehend, zugedeckt in ½ – ¾ Stunde weichgedünstet. Das Küchenwunder ist zum Garmachen geeignet. Die Soße ist durch angerührtes Kartoffelmehl zu dicken.

379. Gefüllte Tomaten

8 mittelgroße Tomaten, rot, rund und fest.

Füllung I.

1 Semmel, geschält,
½ Teelöffel Zwiebelwürfel,
1 Esslöffel Butter,
½ Ei,
125 gehacktes Fleisch, halb
Schweine-, halb Kalbfleisch,
1 Esslöffel geriebener Käse,
nach Belieben etwas Sardellenpaste,
Salz nach Geschmack.

Füllung II.

1 Semmel, geschält,
1 Esslöffel Butter,
1 Ei,
50 g ger. Schweizerkäse,
Salz nach Geschmack,
wenn nötig Tomatenbrei.

Füllung III.

1 Semmel, geschält,
1 Esslöffel Butter,
1 Ei,
250 g Pilze, Champignons,
Steinpilze, Pfifferlinge,
in Würfeln oder gewiegt,
1 Eigelb,
wenn nötig, Tomatenmark,
Salz nach Geschmack.

Füllung IV.

60 g ger. Schwarzbrot,
40 g Butter,
1 Eigelb,
1 Teelöffel gew. Petersilie,
Tomatenmark,
½ Teelöffel Salz,
1 Prise Pfeffer.

Zum Überbacken:

30 g Butter in Flocken,
2–3 Esslöffel ger. Käse,
2–3 Esslöffel ger. Semmel.

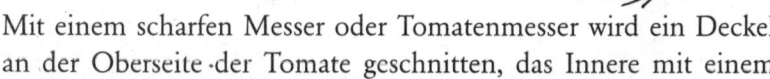

Mit einem scharfen Messer oder Tomatenmesser wird ein Deckel an der Oberseite der Tomate geschnitten, das Innere mit einem

Kartoffelbohrer ausgehöhlt, so dass ½-1 cm Fleisch stehen bleibt. Die ausgehöhlten Tomaten werden gesalzen, mit einer der angegebenen Füllungen bis zu ¾ ihrer Höhe gefüllt, der Deckel wird draufgelegt. In einer mit Butter ausgepinselten Tortenform oder einem flachen gebutterten Gefäß werden die Tomaten nebeneinander stehend mit Butterflöckchen belegt, mit geriebenem Käse, geriebener Semmel überstreut. Im Herd werden die Tomaten in 20-30 Minuten überbacken oder auf dem Herd im gedeckten Topf gedämpft. Das Küchenwunder kann zum Dämpfen und Überbacken benutzt werden.

Zur *Füllung I* ist ein Fleischteig herzustellen. Nr. 164.

Zu *Füllung II und III* wird die geschälte oder abgeriebene, eingeweichte, trocken ausgepresste Semmel mit Butter und dem verquirlten Ei auf dem Herde angerührt, so dass ein weiches Rührei entsteht. Die übrigen Zutaten werden dazugegeben. Als Tomatenmark ist ein Teil der ausgehöhlten, durchgestrichenen Tomatenmasse zu verbrauchen.

Zu Füllung IV wird das Schwarzbrot in der Butter geröstet.

Werden zur Füllung III Büchsenchampignons verwendet, so kann ein größerer Pilz als Deckel aufgesetzt werden.

Gefüllte Tomaten eignen sich zur Garnitur für ein größeres Bratenstück oder können als selbständiges Gericht gegeben werden. Reis mit holländischer Soße ist eine passende Beigabe. Makkaroni, Spaghetti.

380. Tomatengemüse

750-1000 g Tomaten,   1 Teelöffel Zwiebelwürfel,
kochendes Wasser,   1 Esslöffel Weizenmehl,
50-60 g geräucherter Speck, Salz,
40 g Butter oder Margarine, Zucker nach Geschmack.

Die Tomaten werden mit kochendem Wasser überbrüht, die Haut wird abgezogen. Die Speckwürfel werden glasig angebraten, die Zwiebelwürfel darin gedünstet, die in Viertel geschnittenen Tomaten dazugegeben und in ½–¾ Stunde gargemacht. Das durch in wenig Wasser angerührtes Weizenmehl gedickte Gemüse wird nach Salz und Zucker abgeschmeckt. 2–4 hartgekochte, in Viertel oder Achtel geschnittene Eier oder Fleischklößchen, siehe Nr. 379 I, können mit dem Gemüse zusammen angerichtet werden.

381. Gemüsesülze

Verschiedene Gemüse, Blumenkohl, Spargel, Erbsen, Karotten, Morcheln, Rosenkohl, frisch oder als Büchsengemüse, Gemüsewasser,	Weißwein, Essig, Zitronensaft, Salz, Gelatine, Eiweiß, Eierschale.

Das Kochwasser des Gemüses, wenn notwendig auch das des Büchsengemüses wird kräftig nach Salz, Wein, Zitronensaft, Essig abgeschmeckt, wenn nötig durch etwas Fleischextrakt oder Vitox leicht gefärbt, gemessen, nach der Menge Gelatine, Eiweiß und Eierschale berechnet und geklärt (siehe Huhn in Aspik, Nr. 260). Das Gemüse wird in eine Glasschale oder in eine zu stürzende, mit Öl ausgepinselte Form eingelegt. Als Soßen eignen sich Mayonnaise, Remoulade, kalte Kräutersoße. An Stelle des Gemüsewassers kann auch eine kräftige Fleischbrühe, die mit denselben Zutaten abzuschmecken ist, verwendet werden.

Pilze

382. Allgemeines

Pilze werden frisch und getrocknet verendet. Frische Pilze sollen möglichst bald nach dem Sammeln verbraucht werden, da sie durch ihr Wachstum bedingt schneller in Fäulnis übergehen als andere pflanzliche Nahrungsmittel und dadurch der Gesundheit schädlich wirken. Für getrocknete Pilze gilt das Gleiche wie für alle getrockneten Nahrungsmittel; sie müssen vor dem Gebrauch eingeweicht werden. Für getrocknete Morcheln genügt zum Quellen eine Zeit von 2 Stunden, da sie infolge des Baues ihres Gewebes (Schlauchpilze) schnell das ihnen beim Trocknen entzogene Wasser aufnehmen. Andere Arten getrockneter Pilze sind am Vorabend des Kochtages einzuweichen.

383. Morcheln

1 kg Morcheln,
Wasser zum Vorkochen,
60–70 g Butter,
½ Teelöffel Zwiebelwürfel,

1 Teelöffel Salz,
Wasser oder süße Sahne nach Bedarf,
1 Teelöffel gew. Petersilie.

Behandlung frischer und getrockneter Morcheln (siehe Nr. 101, Seite 62). Die vorgekochten Morcheln werden nach dem Abgießen zerschnitten. In der zerlassenen Butter werden die Zwiebelwürfel gedünstet, die Morcheln hinzugegeben und mit Salz, wenn notwendig unter Zusatz von Wasser oder süßer Sahne (⅛ l), in 10–15 Minuten gargemacht. Die nach Salz abgeschmeckten Pilze werden mit der Petersilie vermischt. Zur Verlängerung kann etwas mehr Flüssigkeit verbraucht werden, die durch einen Teelöffel angerührtes Weizenmehl zu dicken ist.

384. Pfifferlinge oder Galuschel

1 kg Pilze,
(kochendes Salzwasser, für 1 l 1 Esslöffel Salz),
60 g Speck
oder 30 g Speck und
30 g Butter oder Margarine,

1 Teelöffel Zwiebelwürfel,
Wasser oder süße Sahne nach Bedarf,
1 Teelöffel Salz,
1 Esslöffel Weizenmehl,
1 Teelöffel gew. Petersilie.

Der Stiel der Pilze wird abgeschabt, das Stielende abgeschnitten. Die Pilze werden, wenn sie sehr groß sind, zerschnitten, 3–4 mal gewaschen, in kochendem Salzwasser 10 Minuten vorgekocht, abgegossen. Durch das Vorkochen wird ihnen der strenge Geschmack ge-

nommen. Es kann, da ein Verlust an Nährstoffen eintritt, auch fortfallen. Die Speckwürfel werden glasig ausgebraten. Die Zwiebelwürfel dazugegeben und nacheinander die Pilze, um sie anbraten zu können. Sie werden mit Salz unter Hinzugabe von Flüssigkeit in 20-30 Minuten gargemacht, durch angerührtes Mehl gebunden, nach Salz abgeschmeckt, mit Petersilie vermischt. Vorgekochte Pilze können auch nur in Fett in 10-15 Minuten gargemacht werden.

385. Steinpilze

1 kg Pilze,	1 Teelöffel Salz,
50 g Butter,	⅛ l süße Sahne,
1 Teelöffel Zwiebelwürfel,	1 Esslöffel Mehl.
1 Teelöffel gew. Petersilie,	

Der Stiel der Pilze wird abgeschabt, das Stielende abgeschnitten. Bei sehr großen Pilzen wird die Haut des Hutes abgezogen, unter Umständen das Röhrengeflecht an der Unterseite des Hutes entfernt. Die Pilze werden gewaschen, in Scheiben geschnitten. In der zerlassenen Butter werden die Zwiebelwürfel, die Pilze gedünstet und unter Hinzgabe von Salz und Flüssigkeit in 20 bis 30 Minuten gargemacht. Das Gericht wird durch angerührtes Mehl gedickt, nach Salz abgeschmeckt, mit Petersilie vermischt.

386. Champignons

750-1000 g Champignons,	1 Messerspitze Zwiebelwürfel,
klein, fest und weiß,	1 Teelöffel Salz,
Zitronensaft zum	⅛ l süße Sahne,
Beträufeln,	1 Teelöffel Mehl,
50-75 g Butter,	n. Bel. Zitronensaft.

Die gewaschenen, geputzten Pilze werden, wenn nötig, mit Zitronensaft beträufelt, um die Verfärbung einzuschränken. Sie werden

in der zerlassenen Butter mit Salz unter Zusatz von Sahne in 20–30 Minuten gargemacht.

387. Reizker, gebraten

750–1000 g Reizker, kochendes Salzwasser zum Brühen, 1–2 Eier,

80–100 g ger. Semmel, mit 1 Teelöffel Salz vermischt, 80–100 g Schweinefett.

Hut und Stiel des Pilzes werden getrennt, geputzt, nach dem Waschen mit kochendem Wasser überbrüht. Die abgetropften Pilze werden in Ei, in geriebener mit Salz vermischter Semmel umgewendet, in dampfendem Fett braun gebraten.

Reizker können auch nach Nr. 385 zubereitet werden, ebenso jede Mischung verschiedener Pilzarten.

Kartoffelgerichte

388. Allgemeines

Der Wert der Kartoffel liegt in ihrem Stärke- und Eiweißgehalt. Abhängig vom Gehalt an Wasser schwankt der an Stärke zwischen 18–20 Prozent. Der Stärkegehalt macht die Kartoffel als Zuspeise zu kohlehydratarmer Kost geeignet. Der Zellstoff, der die Stärkekörner umschließt, wird beim Kochen erweicht, die Stärkekörner quellen und sprengen die Zellhäute. Das Eiweiß der Kartoffel, von dem sie bis zu 2 Prozent enthält, ist eine hochwertige Eiweißart, da es sich aus den zur Zellbildung notwendigen Aminosäuren aufbaut.

Der Wintervorrat an Kartoffeln ist im frostfreien, trockenen Keller aufzubewahren. Eine längere Zeit anhaltende Temperatur von 0 Grad oder ein langsames Sinken auf minus 2 Grad soll durch die Anhäufung eines idastatischen Fermentes eine erhöhte Zuckerbildung zur Folge haben. Da der Zucker nicht so schnell von der

Kartoffel veratmet werden kann, schmeckt sie süß. Bringt man süß gewordene Kartoffeln für eine Zeit in Räume mit einer Temperatur von 20–25 Grad, so soll der kleinere Teil des gebildeten Zuckers veratmet, der größere wieder in Stärke zurückverwandelt werden. Bei plötzlich auftretendem Frost erfrieren die Kartoffeln.
Kartoffeln sollen möglichst in der Schale gekocht werden zur Einschränkung des Eiweißverlustes.

389. Kartoffeln zu kochen

1 kg Kartoffeln,	bei Pellkartoffeln nach Bel.
Wasser,	1 Teelöffel Kümmel.
1 Eßlöffel Salz,	

Die gewaschenen, geschälten, abgespülten Kartoffeln werden mit kaltem Wasser bedeckt, mit Salz angesetzt, vom Kochen an in ungefähr ½ Stunde gargemacht. Die abgegossenen Kartoffeln werden an der Herdseite im halb zugedeckten Topf abgedampft. Zum Kochen von Kartoffeln eignet sich der Kartoffeldämpfer.

390. Bratkartoffeln

750 g in der Schale ge-	Speck oder Butter,
kochte Kartoffeln,	1 Teelöffel Zwiebelwürfel,
60–80 g Schmalz, Palmin,	1 Eßlöffel Salz.

Die in der Schale gekochten, geschälten Kartoffeln werden nach dem Abkühlen in ungefähr ½ cm dicke Scheiben geschnitten. Das Fett wird erhitzt. Die Speckwürfel werden glasig angebraten. Die Kartoffelscheiben werden hineingeschüttet und müssen erst von der Unterseite anbräunen, ehe sie mit einem Messer oder Pfannenmesser umgeendet werden. Das Salz wird während des Bratens darüber gestreut. Die Zwiebelwürfel werden kurz vor der Fertigstellung dazugegeben.

391. Bauernessen

750 g Kartoffeln,	1 Teelöffel Salz,
60–80 g Butter, Schmalz,	125 g gekochten Schinken oder
Palmin oder Speck,	125–250 g Knoblauch- oder
2–4 Eier,	Jagdwurst.
2–4 Esslöffel Wasser,	

Es werden Bratkartoffeln nach Nr. 390 hergestellt. Die mit Wasser und Salz verquirlten Eier werden über die Bratkartoffeln in der Pfanne gegossen, zum Gerinnen gebracht. Schinken oder Wurst, in Würfel geschnitten, wird darunter gemischt.

392. Kartoffeln im Ganzen gebraten

750 g Kartoffeln in der Schale gekocht,	50 g Butter oder Palmin, 1 Teelöffel Salz

Die gekochten Kartoffeln werden geschält, gleichmäßig rund verschnitten, in gebräunter Butter oder dampfendem Palmin von allen Seiten braun gebraten, mit Salz bestreut. Sie eignen sich zur Beigabe zu Gemüsen oder, in kleineren Mengen hergestellt, zu deren Verzierung.

393. Kartoffeln, roh ausgebacken zur Garnitur

Kartoffeln,	Fett zum Ausbacken,
kochendes Wasser,	Salz zum Bestreuen.

Die gewaschenen, geschälten, abgespülten Kartoffeln werden in Scheiben oder Streifen (pommes-frites) geschnitten oder mit einem Kartoffelbohrer Bällchen ausgestochen. Scheiben, Streifen oder Bällchen werden mit kochendem Wasser überbrüht, abgetrocknet und in kleinen Mengen nacheinander in dampfendem Ausbackfett braungebacken.

Nach dem Abtropfen auf einem Durchschlag bzw. auf Filtrierpapier werden sie mit Salz bestreut. Werden zu große Mengen auf einmal in das Fett gegeben, so fängt es wegen der zu starken Abkühlung an zu schäumen und überzulaufen. Besonders gut geeignet ist die Wunderpfanne dafür. Die rohen Kartoffelreste sind zu Kartoffelsuppe oder Brei zu verbrauchen.

394. Glasierte Kartoffelbällchen zur Garnitur

250 g kugelig ausgestochene Kartoffelbällchen, kochendes Wasser,

125 g Butter, Puderzucker zum Bestäuben.

Die ausgestochenen Bällchen werden mit kochendem Wasser gebrüht, abgetrocknet. Sie werden in die gebräunte Butter gegeben (Stieltopf) und unter beständigem Schütteln hellbraun gebraten. Durch eine Streubüchse oder ein kleines Sieb wird Puderzucker darüber gestreut, durch den die Kartoffeln glasiert werden und nachdunkeln. (2–3 mal Puderzucker verbrauchen.) Sie sind zur Garnitur für große Bratenstücke geeignet.

395. Kartoffelbällchen von gekochten Kartoffeln zur Garnitur (Croquettes)

250 g gekochte Kartoffeln,
25 g Butter,
1–2 Eigelb,
1–2 Eßlöffel geriebener Käse, (trocken),

1–2 Eßlöffel Mehl,
Salz nach Geschmack,
40–50 g Semmel,
Fett zum Ausbacken.

Die Butter wird schaumig gerührt, Eigelb, die geriebenen oder durch die Mandelmühle gedrehten Kartoffeln, Käse, Mehl werden dazugegeben. Aus der nach Salz abgeschmeckten Masse werden kleine Kugeln geformt, die nach dem Umwenden in geriebner Semmel in Ausbackfett hellbraun gebacken werden. Sie müssen auf einem Durchschlag bzw. Filtrierpapier abtropfen.

396. Kartoffelpuffer

1 kg Kartoffeln,	1 Teelöffel Salz,
2 Eßlöffel Weizenmehl,	150–175 g Schmalz oder Palmin.
1–2 Eier,	

Die vorbereiteten Kartoffeln werden während des Reibens mit Mehl bestreut, um die Verfärbung einzuschränken. Eier und Salz werden mit der geriebenen Masse vermischt. Mit einem Löffel wird der Teig in das dampfende Fett gegeben, breitgedrückt, von beiden Seiten braungebacken. Die Puffer werden mit Zucker bestreut. Es wird Kompott, Salat oder Kaffee dazugegeben.

397. Kartoffelbrei oder Rührkartoffeln

1 kg Kartoffeln,	1 Teelöffel Salz,
Salzwasser zum Kochen,	nach Belieben 1 Teelöffel
⅜–½ l Milch,	Zwiebelwürfel.
30–40 g Butter oder Margarine,	

Die vorbereiteten Kartoffeln werden gekocht, abgegossen, abgedampft, durch die Kartoffelpresse gedrückt oder zerstampft. Kochende Milch, Butter, in der die Zwiebelwürfel gedünstet werden können, und Salz werden dazugegeben. Die Masse wird mit dem Löffel oder Schneebesen schaumig geschlagen.

398. Brühkartoffeln ohne Fleisch

1–1¼ l Wasser,	1 Eßlöffel Zwiebelwürfel,
Maggi oder Vitox,	2 Eßlöffel Butter oder
1 Eßlöffel Salz,	Margarine,
Suppengemüse,	1 Eßlöffel gew. Petersilie,
1 kg Kartoffeln,	Salz nach Geschmack.

Wasser mit Maggi oder Vitox, Salz, in Streifen geschnittenem Suppengemüse wird 10 Minuten gekocht. Die vorbereiteten, in dicke Scheiben oder Stücke geschnittenen Kartoffeln werden in die Flüssigkeit in 25 bis 30 Minuten gargemacht. Das nach Salz abgeschmeckte Gericht wird mit in Butter gedünsteten Zwiebelwürfeln, mit gewiegter Petersilie vermischt. Kartoffeln mit Brühe siehe Rindfleisch und Brühkartoffeln.

399. Kartoffelgemüse

1 kg Kartoffeln,
¾–1 l Brühe oder Wasser mit Maggi,
1 Teelöffel Salz,
40 g Butter oder Margarine,

15–20 g Mehl,
1 Esslöffel Zwiebelwürfel,
¼–⅜ l Brühe oder Wasser mit Maggi.

Die vorbereiteten, in Scheiben geschnittenen Kartoffeln werden in der Flüssigkeit mit Salz an der Herdseite gargemacht. Die aus Butter, Mehl und Zwiebelwürfel hergestellte mittelbraune, mit Flüssigkeit aufgefüllte Mehlschwitze wird nach 20–25 Minuten Kochzeit mit den Kartoffeln vorsichtig gemischt.

400. Saure Kartoffeln

1 kg Kartoffeln als Pellkartoffeln gekocht,
125 g Speck,
1 Esslöffel Zwiebelwürfel,

3–4 Esslöffel Essig,
1 Teelöffel Salz,
Essig,
Salz nach Geschmack.

Die gekochten, geschälten Kartoffeln werden in Scheiben geschnitten. Der würflig geschnittene Speck wird glasig ausgebraten, mit den Zwiebelwürfeln hell gebräunt, Essig und Salz werden dazugegeben und die Specksoße wird über die in Scheiben geschnittenen Kartoffeln gegossen. Das Gericht ist vor dem Anrichten nach Essig und Salz abzuschmecken.

401. Herings- oder Prinzesskartoffeln

1 kg Kartoffeln, als Pellkartoffeln gekocht,
2 Heringe,
60 g Butter oder Margarine,
1 Scheibe Schinken,
1 Esslöffel Zwiebelwürfel,
nach Bel. 2–3 Eier,
60 g Mehl,
½–⅝ l Flüssigkeit, halb Brühe, halb Milch oder Sahne,
Salz nach Geschmack,
1–2 Esslöffel geriebener Käse,
20–30 g Butter in Flocken.

Die Kartoffeln werden in Scheiben geschnitten, die gewässerten Heringe werden abgezogen, entgrätet, in Würfel geschnitten. Aus den angegebenen Zutaten wird eine helle Soße bereitet. Kartoffelscheiben und Heringswürfel werden schichtweise in eine gebutterte Auflaufform gefüllt. Die Soße wird darüber gegossen. Parmesankäse darauf gestreut, Butterflöckchen werden darüber verteilt, und das Gericht wird 20–30 Minuten im Herd überbacken. Es kann auch in einer Schüssel angerichtet werden, nachdem Kartoffeln, Heringe und Soße miteinander vermischt worden sind.

Die Hülsenfrüchte

Erbsen, Bohnen, Linsen

402. Allgemeines

Die Hülsenfrüchte, zu denen Erbsen, Bohnen und Linsen zu rechnen sind, unterschieden sich von den anderen pflanzlichen Nahrungsmitteln durch ihren hohen Gehalt an Eiweiß. Es kommt in der Hauptmenge als Legumin vor, das im Vergleich zu anderen Eiweißarten schwer ausnutzbar ist. Außer 23–25 Prozent Eiweiß sind in den Hülsenfrüchten 50–52 Prozent Kohlenhydrate enthalten. Trotz der großen Stärkemenge ist bei ihrer Verwendung eine Beigabe von Kartoffeln erwünscht, da diese durch ihren Basengehalt den Säureüberschuss der Hülsenfrüchte einschränken. Der sehr niedrige Fettgehalt, 1½–2 Prozent, erfordert bei der Zubereitung einen reichlichen Fettzusatz.

Die Hülsenfrüchte sind am Vorabend des Kochtages zu verlesen, zu waschen und einzuweichen. Es ist möglichst weiches Wasser zu verwenden, da durch den Kalkgehalt des harten Wassers das Quellen und Weichwerden erschwert wird. Hartes Wasser ist vor dem Gebrauch durch einen Zusatz von Natron zu enthärten. Alte Früchte werden sehr schwer weich.

403. Erbsenbrei von gelben Erbsen

750–1000 g Erbsen,
1½–2 l Wasser zum Einweichen,
1 l fette Brühe oder Wasser und Speckschwarten,
1 Teelöffel Salz,

40 g Fett,
20–30 g Mehl,
40 g Butter oder Speck,
1–2 Esslöffel Zwiebelwürfel,
Salz nach Geschmack.

Von geschälten Erbsen sind 750 g ausreichend, von ungeschälten sind 1 kg zu rechnen.

Die vorbereiteten Erbsen werden mit dem Einweichwasser und Salz unter Nachgießen von Brühe oder Wasser in 2–2½ Stunden weich gekocht, durch ein Sieb gerührt. Die durchgestrichene Masse wird mit der Mehlschwitze vermischt (die auch fortfallen kann), aufgekocht, nach Salz abgeschmeckt und beim Anrichten mit in Butter gebräunten Zwiebelwürfeln oder mit gebräunten Speck- und Zwiebelwürfeln übergossen. Zu Erbsenbrei eignet sich Sauerkohl.

404. Löffelerbsen

750 g geschälte Erbsen,
1½ l Wasser zum Einweichen,
375–500 g Rauchfleisch oder durchwachsener Speck,

1 l kaltes Wasser,
40 g Fett,
20 g Mehl,
Salz nach Geschmack.

Fleisch oder Speck werden mit kaltem Wasser angesetzt, 10 Minuten gekocht. Die vorbereiteten Erbsen werden mit dem Einweichwasser dazugegeben, beides wird zusammen weichgekocht. Die Erbsen müssen weich sein, ohne zu zerfallen. Die Flüssigkeit der Erbsen wird durch eine Mehlschwitze gedickt, das Gericht nach Salz abgeschmeckt.

405. Linsen oder Bohnen

500–750 g Linsen oder Bohnen,
1–1½ l Wasser zum Einweichen,
1–1½ l fette Brühe oder Wasser und Speckschwarten,

1 Teelöffel Salz,
60 g Fett oder Speck,
20–30 g Mehl,
1 Esslöffel Zwiebelwürfel,
n. Bel. Essig und Zucker.

Die vorbereiteten Hülsenfrüchte werden mit dem Einweichwasser und Salz unter Nachgießen von Brühe oder Wasser in 2–2½ Stunden weichgekocht. Sie werden mit der aus Speck, Zwiebelwürfel und Mehl hergestellten, mit der Brühe der Hülsenfrüchte aufgefüllten, gekochten Mehlschwitze vermischt, nach Salz abgeschmeckt. Mit Fleisch zusammengekocht, siehe Nr. 404.

406. Bohnen, süß-sauer

500 g weiße Bohnen,	1 Esslöffel Zwiebelwürfel,
1 l Wasser zum Einweichen,	60 g Fischpfefferkuchen in ½ l Bohnenbrühe verrührt,
Wasser oder Brühe zum Nachgießen,	oder 40 g Mehl, Essig (3–4 Esslöffel),
50 g Butter, Mischfett oder Margarine, oder 60 g Speck,	Salz, Zucker nach Geschmack.

Die vorbereiteten Bohne werden mit dem Einweichwasser und 1 Teelöffel Salz unter Nachgießen von Brühe oder Wasser in 2–2½ Stunden weichgekocht. In der zerlassenen Butter oder den glasig gewordenen Speckwürfeln werden die Zwiebelwürfel gedünstet, der angerührte Fischpfefferkuchen, Essig, Salz und Zucker werden nach Geschmack dazugegeben und die durchgekochte Soße wird mit den Bohnen vermischt. An Stelle des Fischpfefferkuchens kann Mehl zur Herstellung einer gelblichen Mehlschwitze verbraucht werden.

407. Puff- oder Sauerbohnen

| 750–1000 g Bohnen ohne Hülsen, | 75 g Butter oder 100 g Speck, 1 Esslöffel gew. Petersilie, |
| 2–3 l kochendes Salzwasser, für 1 l 1 Esslöffel Salz, | 1 Teelöffel Salz (Pfeffer). |

Die Bohnen werden in kochendem Salzwasser in ¾ bis 1 Stunde weichgekocht, abgegossen. In der zerlassenen Butter oder den glasig ausgebratenen Speckwürfeln werden die abgetropften Bohnen mit Petersilie und Salz bzw. Pfeffer durchgeschwenkt.

Getreide-Erzeugnisse

Nahrungsmittel aus dem ganzen Getreidekorn, wie Reis, Hirse, und grobe Mahlerzeugnisse, wie Graupen, Grütze, Haferflocken, werden bei ihrer Verwendung mit kalter Flüssigkeit angesetzt, damit die Stärke quellen kann. Aus Mehl hergestellte Nahrungsmittel, wie Teigwaren, werden mit kochendem Wasser angesetzt. Die feinen Mahlerzeugnisse, wie Grieß und Mehl, werden in kaltem Wasser angerührt, in kochende Flüssigkeit gegeben.

408. Graupen mit Fleisch

375–500 g Hammel- oder Rindfleisch, oder 250–375 g durchwachsener Speck,	1 Stück Sellerie, 375–500 g Graupen, Wasser zum Nachgießen,
1½ l kochendes Wasser,	1 Eßlöffel Fett,
1 Eßlöffel Salz,	Salz nach Geschmack.

Das vorbereitete Fleisch oder der Speck werden in Wasser mit Salz und Sellerie 10 Minuten gekocht, die abgequirlten Graupen werden dazugegeben und unter Nachgießen von Wasser in 2–3 Stunden abhängig von der Stärke der Graupen, weichgekocht. Das Fleisch wird nach 1–1½-stündigem Kochen herausgenommen. Unter das nach Salz abgeschmeckte Gericht wird die Butter gemischt. Grobe Graupen (Kälberzähne) können am Vorabend des Kochtages eingeweicht werden. Zum Kochen ist ein irdener oder ein gut emaillierter Topf zu benutzen.

409. Hirse mit Schweinefleisch

375–500 g Schweinefleisch,   250–375 g Hirse,
1½ l kochendes Wasser,   Wasser zum Nachgießen,
1 Eßlöffel Salz,   Salz nach Geschmack.

Zubereitung wie in Nr. 408.
Hirse hat einen bitteren Geschmack. Um ihn zu mildern, wird die Hirse, ehe sie zum Fleisch gegeben wird, mit kaltem Wasser bedeckt, angesetzt, aufgekocht, das Wasser abgegossen. Sie ist dann noch 2–3 mal unter Rühren mit kochendem Wasser zu brühen. Hirse braucht 2 Stunden zum Ausquellen.

410. Milchhirse

250–375 g Hirse,   1–1½ l Milch oder Magermilch,
½ l kaltes Wasser,   65 g Butter gebräunt,
1 Teelöffel Salz,   Zucker und Zimt.

Die nach Nr. 409 vorbereitete Hirse wird mit Wasser und Salz angekocht und unter Angießen von Milch in 2 Stunden ausgequollen. Das Gericht wird mit gebräunter Butter übergossen. Zucker und Zimt werden dazu gereicht.

411. Milchgrießbrei

¾ l Milch oder Magermilch,   65 g Butter gebräunt,
1 Teelöffel Salz,   Zucker und Zimt.
100 g Grieß in ¼ l Milch
angerührt,

Milch und Salz werden aufgekocht, der in kalter Milch angerührte feine Grieß wird dazugegeben, unter Rühren 10 Minuten gekocht. Das Gericht wird mit gebräunter Butter übergossen, Zucker und Zimt werden dazu gereicht. Grober Grieß kann trocken in 1 l kochende Milch mit Salz geschüttet werden und muss in 15–20 Minuten ausquellen.

412. Reis als Beigabe zu Fleisch (I)

250 g Reis,
40–50 g Butter oder Margarine,
1 Stück Sellerie,
1 Zwiebel,
1 l Wasser mit 1 Teelöffel Salz oder 1 l Brühe.

Der abgequirlte, abgegossene Reis wird mit Sellerie und Zwiebel im zerlassenen Fett gedünstet, unter Hinzgabe von Wasser mit Salz oder Brühe in ¾–1 Stunde an der Herdseite ausgequollen. (irdener oder gut emaillierter Topf, möglichst wenig rühren, schütteln), oder er wird nach Nr. 82 gekocht.

Reis als Beigabe zu Fleisch (II)

250 g Reis, reichlich kochendes Salzwasser.

Der abgequirlte Reis wird in viel kochendem Salzwasser 10–15 Minuten gekocht (abhängig von der Sorte). Er wird auf einen Durchschlag gegossen und auf diesem in kochend heißes Wasser eingehängt, zugedeckt, bis zum Gebrauch warm gehalten. Der Durchschlag darf nicht in das Wasser hineinhängen.

413. Reis mit grünen Erbsen (Risi-pisi)

250 g Reis,
50–75 g Butter oder Margarine,
1 l Wasser mit 1 Teelöffel Salz oder 1 l Brühe,
250 g frische grüne Erbsen, oder die gleiche Menge Büchsenerbsen,
30–40 g Butter oder Margarine,
Salz nach Geschmack.

Unter den nach Nr. 412 gargemachten Reis werden die in Butter gedünsteten Erbsen gemischt.

414. Milchreis

250 g Reis,
30–40 g Butter oder Margarine,
¼ l Wasser,
½ Teelöffel Salz,
¾ l Milch,
40–60 g Butter, gebräunt,
Zucker und Zimt.

Der vorbereitete Reis wird in der Butter gedünstet, mit Wasser und 1 Teelöffel Salz angekocht, unter Zugießen von Milch in ¾–1 Stunde an der Herdseite ausgequollen, mit gebräunter Butter, Zucker und Zimt zu Tisch gegeben.

415. Gerösteter Reis (italienischer Reis, Risotto)

100 g Butter oder Margarine,
250 g Reis,
¾–1 l nach Salz abgeschmeckte Brühe,
40 g geriebener Parmesankäse.

Der Reis (gute Sorte, Karolina- oder Pantareis) wird verlesen, mit einem Tuch abgerieben, in der zerlassenen Butter unter Rühren hellgelb geröstet, mit der Brühe in ¾–1 Stunde an der Herdseite ausgequollen. Der geriebene Käse wird vorsichtig darunter gemischt. Der Reis kann auch durch Safran gelbgefärbt werden. Zu diesem Zweck wird eine Messerspitze Safran, in wenig Wasser gelöst, zu dem halbgargemachten Reis gegeben.

416. Makkaroni zu kochen

250 g Makkaroni,
3–4 l kochendes Salzwasser, für 1 l 1 Esslöffel Salz,
40–50 g Butter,
1–2 Esslöffel geriebener Käse.

Die in Stücke gebrochenen Makkaroni werden in kochendem Salzwasser in ¾–1 Stunde gargemacht. Nach dem Abgießen und Abtropfen werden sie mit der Butter vermischt, mit geriebenem Käse bestreut zu Tisch gegeben.

417. Makkaroni mit Schinken

250 g Makkaroni, 40–50 g Butter oder Margarine,
3–4 l kochendes Salzwasser 125 g gekochter Schinken,
für 1 l 1 Esslöffel Salz, 1–2 Esslöffel geriebener Käse.

Unter die nach Nr. 416 zubereiteten Makkaroni wird der in Würfel geschnittene Schinken gemischt. Makkaroni und Schinken können auch in eine gebutterte Auflaufform gefüllt, mit ¼ l süßer oder saurer Sahne übergossen, die mit 1–2 Eiern verquirlt werden kann, mit geriebenem Käse bestreut, ½–¾ Stunden im Herd überbacken werden.

418. Risotto mit Tomatenbrei

100 g Butter oder Margarine, 375–500 g Tomaten oder 4–5
250 g Reis, Esslöffel Tomatenbrei,
¾–1 l nach Salz abge- 40 g geriebener Käse.
schmeckte Brühe,

Unter den nach Nr. 415 zu behandelnden Reis wird nach der Hälfte der Kochzeit der aus frischen Tomaten herzustellende oder schon fertiger Tomatenbrei gemischt.
Reis und Makkaroni können auch mit einer Tomatensoße gegeben werden.

419. Nudeln mit Schinken

Siehe Nr. 417.

Klöße

Werden in kochendes Salzwasser gegeben und müssen nach einmaligem Aufkochen im offenen Gefäß an der Herdseite in 10–15 Minuten garziehen. Ein flaches Gefäß mit großer Oberfläche (Bratpfanne) ist günstig dafür, da in diesem die Klöße nicht übereinander, sondern nebeneinander liegen. Abhängig von der Beschaffenheit des Kloßteiges sind die Klöße entweder vorher zu formen und können dadurch alle zu gleicher Zeit in das kochende Salzwasser gegeben werden, oder sie werden mit einem im Kloßwasser erhitzten Löffel in dieses abgestochen. Es empfiehlt sich, einen Probekloß zu kochen, um bei zu weicher Beschaffenheit des Teiges diesen durch einen Zusatz von Mehl fester zu machen.

420. Hefeklöße (ungefähr 12 Stück)

500 g Mehl,
30–40 g Hefe,
⅛–¼ l Milch,
40–60 g zerlassenes Fett,
Butter oder Margarine,
1–2 Eier,

1 Teelöffel Salz,
3–4 l kochendes Salzwasser
(für 1 l 1 Eßlöffel Salz),
40–60 g Butter oder Margarine,
1–2 Eßlöffel geriebene Semmel.

Der aus dem gesiebten Mehl, der angewärmten Milch und der Hefe hergestellte Vorteig (Hefestück) wird nach dem Aufgehen mit zerlassenem Fett, Eiern und Salz vermischt und glattgeschlagen. Aus dem aufgegangenen Teig werden mit der Hand oder durch Ausstechen des dick ausgerollten Teiges mit einem Glas oder einer Ringform Klöße geformt, die nach nochmaligem Aufgehen auf bemehltem Brett in kochendem Salzwasser unter einmaligem Wenden in 10–15 Minuten gargemacht werden. Die gut abgetropften Klöße werden mit zwei Gabeln etwas aufgerissen, in die entstandene Öffnung wird etwas gebräunte, mit geriebener Semmel vermischte Butter gegeben. Werden Kompott oder Pflaumenmussoße zu den Klößen gegeben, so kann der Teig durch 1–2 Esslöffel Zucker gesüßt, durch etwas abgeriebene Zitronenschale gewürzt werden. Sollen Hefeklöße durch Dampf gargemacht werden, wodurch sie besser aussehen, aber trockener sind, so ist ein Topf mit großer Oberfläche bis zu drei Viertel seiner Höhe mit kochendem Wasser gefüllt, mit einem Tuch oder einem Stück alter Tüllgardine zu bespannen. Die Klöße werden mit genügend Abstand des Aufgehens wegen daraufgelegt, mit einer runden Emailleschüssel zugedeckt und ohne Umwenden in derselben Zeit gargemacht. Wird der Kartoffeldämpfer zum Garmachen durch Dampf benutzt, wobei aber nur kleine Mengen zu gleicher Zeit fertiggemacht werden können, so ist der durchlochte Boden des Topfes mit Speckschwarte oder Butter einzufetten. Übriggebliebene Hefeklöße sind in Scheiben zu schneiden und in Butter oder Schmalz zu backen, mit Zucker zu bestreuen.

421. Dampfnudeln

Die gleichen Zutaten wie in Nr. 420. Außerdem:

¼ – ⅛ l Milch,   2 Esslöffel Zucker,
40 g Butter oder Margarine,   1 Stückchen Vanille.

Die nach Nr. 420 hergestellten Hefeklöße werden zum letzten Aufgehen in eine gebutterte Bratpfanne gegeben, nach dem Aufgehen im Herd unter Verbrauch der mit den angegebenen Zutaten aufgekochten Milch in 10–15 Minuten gebacken. Gekochtes Obst oder Vanillesoße wird dazugegeben.

422. Semmelklöße

3 alte Semmeln,	60 g Butter oder Margarine,
2 Eßlöffel Mehl,	2–3 Eier,
1 Teelöffel Salz,	kochendes Salzwasser,
50 g geriebene Semmel,	3–4 l, für 1 l 1 Eßlöffel Salz.

Die Geweichten, trocken ausgedrückten Semmeln werden durch die Fleischmaschine gedreht, mit Mehl, Salz, geriebener Semmel vermischt. In der zerlassenen Butter wird die Semmelmasse an der Herdseite zum Kloß abgerührt. In die heiße Masse wird ein gut verquirltes Ei, in die abgekühlte werden 1–2 Eier gegeben. Abhängig von der Beschaffenheit der Masse können längliche Klöße mit zwei in kochendem Wasser erhitzten Eßlöffeln geformt, auf ein gefettetes Emaillebrett gelegt, zu gleicher Zeit ins kochende Salzwasser gegeben werden, oder, falls die Masse zu weich ist, sind die Klöße ins kochende Salzwasser abzustechen. Sie müssen nach einmaligem Aufkochen in 10 bis 15 Minuten garziehen.

Sollen Semmelklöße süß abgeschmeckt mit Kompott gereicht werden, so sind neben den angegebenen Zutaten 2 Eßlöffel Zucker und 25 g gebrühte, abgezogene, grob gehackte Mandeln zu verbrauchen.

423. Tiroler Knödel

3–3½ alte Semmeln,	75–100 g Schinken in Würfeln,
¼ l Milch,	Mehl zum Einhüllen,
2–3 Eier,	kochendes Salzwasser oder
1/ Teelöffel Salz,	Pökelbrühe.
75–100 g Mehl,	

Milch, Eier und Salz werden verquirlt und über die in Würfel geschnittenen Semmeln gegeben. Ist die Flüssigkeit aufgesogen, wird die Masse mit Mehl vermischt. In die Mitte der zu formenden Klöße wird in Würfel geschnittener Schinken gefüllt. Die in Mehl umgewendeten Klöße werden in kochendem Salzwasser in 10–15 Minuten gargemacht. Sie eigenen sich als Beigabe zu Sauerkohl, zu Salat.

424. Serviettenkloß

3 alte Semmeln,
70 g Butter oder Margarine,
3–4 Eigelb,
30 g Mehl,
1 Teelöffel Salz,
3–4 Eiweiß, zu Schnee,
kochendes Salzwasser.

Die Butter wird schaumig gerührt, Eigelb, Mehl, Salz, die vorher eingeweichten, trocken ausgepressten, durch die Fleischmaschine gedrehten Semmeln werden dazugegeben. Der Eierschnee wird darunter gezogen. Die Teigmasse wird auf die gebutterte Mitte eines gebrühten, gut ausgewundenen Tuches gegeben. Unterhalb der vier zusammengenommenen Zipfel wird das Tuch zusammengebunden und mit demselben Band an den Griff eines Topfdeckels oder an einen quer über einen Topf gelegten Holzlöffelstiel festgebunden. Der Kloß wird in einen hohen Topf mit kochendem Salzwasser eingehangen (er darf den Boden nicht berühren) und 1–1½ Stunde gekocht.

425. Mehlklöße

250 g Mehl,
1 Ei,
1 Teelöffel Salz,
1 Esslöffel Butter,
½ Teelöffel Backpulver,
ungefähr ⅛ l Wasser oder Milch,
kochendes Salzwasser.

Mehl, Ei, Salz, zerlassene Butter und Backpulver werden mit so viel Flüssigkeit verrührt, dass ein nicht zu fester Teig entsteht, der tüchtig geschlagen werden muss. (Probekloß kochen.) Die in kochendes Salzwasser abgestochenen Klöße werden in 10–15 Minuten gargemacht. Sie dürfen innen nicht mehr teigig sein. Mehlklöße eignen sich als Beigabe zu gebratenem Fleisch, zu Backobst.

Diese Masse kann auch als Serviettenkloß, nach Nr. 424 gekocht und in Scheiben geschnitten, gereicht werden.

426. Apfelklöße

Die gleichen Zutaten wie in Nr. 425, außerdem:

375–500 g Äpfel,
60 g Butter, gebräunt,
Zucker und Zimt.

Unter den nach Nr. 425 herzustellenden Teig werden die geschälten, in Würfel geschnittenen Äpfel gemischt.
Die gargekochten, abgetropften Klöße werden mit brauner Butter übergossen mit Zucker und Zimt gereicht.

427. Schinkenklöße

Die gleichen Zutaten wie in Nr. 425, außerdem:

125 g gekochter Schinken,
60 g Butter, gebräunt, oder
70 g geräucherter Speck.

Unter den nach Nr. 425 herzustellenden Teig werden Schinkenwürfel gemischt. Die gargemachten abgetropften Klöße werden mit brauner Butter oder gebräunten Speckwürfeln übergossen. Backobst kann dazu gereicht werden.

428. Speckklöße

Die gleichen Zutaten wie in Nr. 425, außerdem 50 g geräucherten Speck in Würfel geschnitten, gebräunt, unter die Masse gemischt. Durch das hinzukommende Fett ist die Flüssigkeitsmenge etwas zu kürzen.

429. Käseklöße

750 g Quark,	n. Bel. 40 g Mandeln,
1 ganzes Ei; 1 Eigelb,	60 g Korinthen,
½ Teelöffel Salz,	kochendes Salzwasser,
125–150 g Weizenmehl,	50–60 g Butter, gebräunt,
	Zucker und Zimt.

Der durch ein Haarsieb gestrichene Quark wird mit Ei, Eigelb, Salz und Mehl, den gebrühten, abgezogenen, grob gewiegten Mandeln, den gereinigten, getrockneten Korinthen vermischt. Aus der Masse werden Klöße geformt oder in das kochende Salzwasser abgestochen, die in 10–15 Minuten gargemacht werden. Sie werden nach dem Abtropfen mit gebräunter Butter übergossen, mit Zucker und Zimt gereicht. Die Käsemasse kann auch in Form von Plätzchen in der Pfanne in Butter, Schmalz oder Palmin gebacken und mit Kompott gereicht werden.

430. Kartoffelklöße

1 kg Kartoffeln,	kochendes Salzwasser,
150–200 g Mehl,	1 alte Semmel,
1 Teelöffel Salz,	30–40 g Butter oder Margarine.
1–2 verquirlte Eier,	

Die Kartoffeln können am Tage vor dem Gebrauch als Pellkartoffeln gekocht werden oder vor der weiteren Zubereitung als Salzkartoffeln am Tage des Gebrauchs. Die geschälten Pellkartoffeln sind kalt durch die Mandelmühle zu drehen, die abgedampften Salzkartoffeln heiß durch die Kartoffelpresse zu geben oder zu zerstampfen. Kartoffelkloßteig ist kurz vor dem Kochen der Klöße zu mischen. Vorbereitete Kartoffeln, Mehl und Salz werden vermischt, die verquirlten Eier dazugerührt. Die Masse wird schnell verknetet. In die Mitte der zu formenden Klöße können in Fett gebräunte Semmelwürfel gegeben werden, oder diese werden mit dem Teig vermischt. Die Klöße sind in 15–20 Minuten gar zu machen.

431. Kartoffelklöße mit Kartoffelmehl

750 g gekochte Kartoffeln,
100 g Kartoffelmehl,
1 Eßlöffel Salz,

3/16 l kochende Milch,
kochendes Salzwasser.

Über die geriebenen oder durch die Mandelmühle gedrehten Kartoffeln werden Kartoffelmehl und Salz gestreut (nicht vermischt). Die kochende Milch wird darüber gegossen. Die Masse verrührt und durchgeknetet. Die kugelig geformten, in Kartoffelmehl umgewendeten Klöße werden in kochendem Salzwasser in 8 Minuten gargemacht.

432. Kartoffelkloßmasse gebacken als Auflauf oder Ring

60 g Butter oder Margarine,
1–2 Eigelb,
50 g geriebener Käse, halb Schweizer-, halb Parmesankäse,
1 kg Kartoffeln,

30–40 g Mehl,
1 Eßlöffel Salz,
1–2 Eiweiß zu Schnee
(1/8 l saure Sahne),
Butter,
geriebene Semmel zur Form.

Zu der schaumiggerührten Butter oder Margarine werden Eigelb, Käse, die geschälten, gekochten, heiß durch die Presse gedrückten Kartoffeln, Mehl und Salz gegeben. Wird die Masse als Auflauf gebacken, wird die saure Sahne darunter gemischt, beim Backen als Ring im Rand muss sie fortgelassen werden. Der Eierschnee wird darunter gezogen und die Masse in der gebutterten Auflaufform oder in der gebutterten, mit geriebener Semmel ausgestreuten Ringform 3/4–1 Stunde gebacken. Der Ring kann auch durch Kochen im Wasserbade in 3/4–1 Stunde gargemacht werden. Er ist mit Gulasch, Ragout, mit Gemüsen anzurichten.

433. Kartoffelklöße aus rohen Kartoffeln

1 ½ kg rohe Kartoffeln, 1 Semmel, in Würfel,
1 Esslöffel Salz, 30 g Margarine oder Schmalz,
Grießbrei von ½ l Milch, kochendes Salzwasser.
60 g Grieß,

Die gewaschenen, geschälten Kartoffeln werden in kaltes Wasser gerieben. Das Wasser wird so oft erneuert, bis die Kartoffelmasse hell ist. Sie wird mit einem Tuch ausgedrückt, mit dem kochenden Grießbrei überbrüht. Die aus der Masse geformten Klöße werden in kochendem Salzwasser in 10–15 Minuten gargemacht. Die in Fett gebräunten Semmelbröckchen werden zur Füllung der Klöße verbraucht.

434. Kartoffelklöße aus rohen und gekochten Kartoffeln

1 kg rohe Kartoffeln, 1 Semmel in Würfel,
500 g gekochte Kartoffeln, 30 g Margarine oder Palmin,
2 Eier, kochendes Salzwasser.
1 Esslöffel Salz,

Die rohen Kartoffeln werden wie in Nr. 433 behandelt. Die trocken ausgepresste Kartoffelmasse wird mit den gekochten, geriebenen Kartoffeln, Eiern, Salz, den in Margarine oder Palmin gerösteten Semmelbröckchen vermischt. Jeder geformte Kloß wird sofort nach dem Formen in das kochende Salzwasser gegeben. Die Klöße gebrauchen zum Garwerden 15–20 Minuten.

Obst

Regelmäßiger Genuss besonders von frischem Obst ist wegen des Gehaltes des Obstes an organisch gebundenen Mineralstoffen, an Vitaminen für die Gesundheit von Wichtigkeit. Außer in frischem Zustande wird das Obst gekocht und getrocknet verwendet. Von frischem Obst werden zur Herstellung von Kompott für 4 Personen 750–1000 g gerechnet, von getrocknetem 250–375 g. Letzteres ist wie alle getrockneten Nahrungsmittel am Vorabend des Kochtages nach gründlichem Waschen (zwei- bis dreimal lauwarm) in kaltem Wasser einzuweichen. Im Durchschnitt wird auf 500 g getrocknetes Obst 1 l Wasser gerechnet (bei Apfelringen bis zu 1½ l, da das geschälte und geschnittene Obst eine größere Wassermenge aufzunehmen vermag). Das Obst ist am Kochtage im Einweichwasser gar zu machen.

Der Zuckerzusatz richtet sich nach dem Säuregehalt der einzelnen Früchte. Er schwankt zwischen 150–200 g für 750–1000 g Obst. Als geschmackgebende Zutaten kommen Zitronenschale und Zimt in kleinen Mengen zum Verbrauch. Der Saft des gekochten Obstes kann durch wenig Stärkemehl bündig gemacht werden.

435. Erdbeeren, roh

750–1000 g Garten- oder Walderdbeeren,
4–6 gestrichene Esslöffel Zucker, n. Bel. ¼ l Schlagsahne.

Walderdbeeren werden in kaltem Wasser in einem Durchschlag gewaschen, abgetropft. Gartenerdbeeren werden am Stiel angefasst, einzeln in kaltem Wasser abgespült, Stiel und Kelchblatt entfernt. Sehr große Beeren können zerschnitten werden. ¾–1 Stunde vor dem Gebrauch werden die Beeren eingezuckert. Schlagsahne kann dazu gereicht werden.

436. Himbeeren, roh

500–750 g Beeren,   4–6 Esslöffel Zucker.

Die auf einem Durchschlag gewaschenen Beeren werden gezuckert.

437. Johannisbeeren, roh

500–750 g Johannisbeeren,   6 Esslöffel Zucker.

Die mit den Stielen gewaschenen Beeren werden mit einer Gabel abgestreift und gezuckert.

438. Blaubeeren, Brombeeren, roh

500–750 g Beeren,   4–6 Esslöffel Zucker.

Die im Durchschlag gewaschenen, abgetropften Beeren werden gezuckert.

439. Johannisbeerkompott

500–750 g Beeren,   100–150 g Zucker.

Die nach Nr. 437 vorbereiteten Johannisbeeren werden mit dem Zucker vermischt, an der Herdseite unter Schütteln aufgekocht.

440. Stachelbeerkompott

500–750 g Stachelbeeren,   ¼ l Wasser,
100–125 g Zucker,   1 Stück Zimt oder Zitronenschale.

Die von Stiel und Blüte befreiten, gewaschenen Beeren werden in der mit der geschmackgebenden Zutat aufgekochten Zuckerlösung gekocht, bis sie anfangen zu platzen.

441. Rhabarberkompott

| 500–750 g Rhabarber, | ¼ l Wasser, |
| 100–125 g Zucker, | 1 Stück Zimt oder Zitronenschale. |

Der gewaschene, in Stücke geschnittene Rhabarber wird nach Nr. 440 zu Kompott gekocht.

442. Kirschkompott

500–750 g Kirschen,	⅛ – ¼ l Wasser,
bei süßen 50–75 g Zucker,	1 Stück Zimt oder Zitronen-
bei sauren 125–150 g Zucker,	schale.

Die entstielten Kirschen werden gewaschen, nach Belieben entsteint, in der mit der geschmackgebenden Zutat aufgekochten Zuckerlösung weichgekocht. Werden die Kirschen entsteint, so ist der dabei austretende Saft mit zur Zuckerlösung zu verwenden, auch können die Kerne von 3–5 aufgeklopften Kirschsteinen mitgekocht werden.

443. Kirsch- und Stachelbeerkompott

| 175–200 g Zucker, | 375 g rote Kirschen, |
| ⅛ – ¼ l Wasser, | 375 g Stachelbeeren. |

Zucker und Wasser werden aufgekocht. Die entstielten, gewaschenen, entsteinten Kirschen werden dazugegeben und fast weichgekocht, ehe die von Stiel und Blüte befreiten, gewaschenen Stachelbeeren dazugeschüttet werden. Sie werden mitgekocht, bis sie anfangen zu platzen.

444. Blaubeerkompott

500–750 g Beeren,   50–75 g Zucker.

Die verlesenen, schnell gewaschenen Blaubeeren werden nach dem Abtropfen mit Zucker vermischt, im eigenen Saft aufgekocht.

445. Pflaumenkompott

500–75 g Pflaumen, Reine-   100–125 g Zucker,
clauden, blaue Pflaumen   ⅛–¼ l Wasser,
oder Mirabellen,   1 Stück Zimt oder Zitronen-
                                     schale.

Die gewaschenen, entsteinten Pflaumen werden in der mit der geschmackgebenden Zutat aufgekochten Zuckerlösung weichgekocht. Die Kerne von 3–5 aufgeklopften Steinen können mitgekocht werden. Sollen die Pflaumen geschält werden, so werden sie vor dem Entsteinen am besten in einem Durchschlag in kochendes Wasser gehängt, nach ein paar Minuten herausgenommen. Die Haut wird abgezogen, die Früchte werden entsteint.

446. Pfirsich-Aprikosenkompott

500–750 g Pfirsiche oder   ⅛–¼ l Wasser,
Aprikosen,   Saft von ½ Zitrone.
100–150 g Zucker,

Zucker, Wasser, Zitronensaft werden in einem flachen Topf mit großer Oberfläche aufgekocht. Die nach Nr. 445 behandelten, geschälten, halbierten, entsteinten Früchte werden lagenweise in der Zuckerlösung weichgekocht. Falls notwendig, muss Wasser nachgegossen werden.

447. Birnenkompott

500–750 g Birnen,	1 Stück Zimt,
50–75 g Zucker,	Zitronenschale.
¼–¾ l Wasser,	

Die gewaschenen, geschälten, auf die Hälfte, in Viertel oder Achtel geschnittenen, vom Kerngehäuse befreiten Birnen werden in der Zuckerlösung mit den Gewürzen weichgekocht. (Die Länge der Kochzeit ist von der Birnensorte abhängig, ½–1 Stunde.)

448. Apfelkompott

500–750 g Äpfel (süße Sorte) z. B. Goldparmäne,	⅛–¼ l Wasser,
75–100 g Zucker,	1 Stückchen Zitronenschale,
	nach Belieben Zitronensaft.

Zubereitung wie in Nr. 447. Die Äpfel werden in Achtel oder dicke Scheiben geschnitten.

449. Geleeäpfel

8 kleine süße Äpfel (Borsdorfer, Goldparmänen),	⅛–¼ l Wasser,
150 g Zucker,	Johannisbeergelee,
Saft von ½ Zitrone,	wenn nötig, Wasser zum Nachgießen.

Das Kerngehäuse wird aus den gewaschenen Äpfeln mit einem Apfelausstecher entfernt, die Äpfel werden geschält. Zucker, Zitronensaft und Wasser werden in einem flachen Topf mit großer Oberfläche zum Kochen gebracht. Die Äpfel nebeneinanderstehend, wenn notwendig unter einmaligem Umdrehen in der Lösung glasiggekocht. Beim Anrichten werden die Öffnungen mit Johannisbeergelee gefüllt, der Saft wird darüber gegossen.

450. Apfelmus

750–1000 g saure Äpfel, (1 Stück Zitronenschale),
⅛ l Wasser, wenn notwen- 100–125 g Zucker.
dig, Wasser zum
Nachgießen,

Die gewaschenen, von Stiel und Blüte befreiten Äpfel werden in Scheiben geschnitten, mit Wasser und Zitronenschale schnell weichgekocht (gut emaillierter Topf), durch einen Durchschlag oder ein Haarsieb gestrichen. Das Mus wird gesüßt. Sehr fleckige Äpfel müssen unter Umständen geschält werden. schlechte Stellen sind zu entfernen.

451. Fliedermus (Holunder)

500 g Fliederbeeren, 2 Semmeln in Scheiben
75–100 g Zucker, geschnitten.

Die gewaschenen reifen Beeren werden von den Stängeln gepflückt, im eigenen Saft gekocht, bis Mus daraus entsteht. Dieses wird gesüßt und über die in eine Schüssel gelegten Semmelscheiben gegossen.

452. Birnen und Klöße (als Fastengericht geeignet)

750–1000 g Birnen, (⅛ l süße Sahne) oder Milch,
½–¾ l Schalenwasser, Birnenflüssigkeit (½ l),
50 g Zucker, Zitronensaft,
40 g Butter oder Margarine, Salz,
40 g Mehl, Zucker.

Zutaten und Herstellung der Semmelklöße siehe Nr. 422.
Die Birnen werden gewaschen, geschält. Die Schalen in 1–1¼ l Wasser ausgekocht. In dem abgegossenen, mit Zucker aufgekochten Schalenwasser werden die halbierten oder in Viertel oder Ach-

tel geschnittenen, vom Kerngehäuse befreiten Birnen weichgekocht (½ bis 1 Stunde). Aus Fett und Mehl wird eine helle Mehlschwitze hergestellt, die mit süßer Sahne und Birnenflüssigkeit aufgefüllt, nach dem Kochen nach Zitronensaft, Salz, wenn notwendig nach Zucker abgeschmeckt wird. Die Birnen werden mit den Semmelklößen und der Soße zusammen angerichtet.

453. Birnen mit Fleisch und Klößen

375–500 g Schweinefleisch,   20 g Mehl,
1 l kochendes Wasser,   ½ l Brühe,
1 Teelöffel Salz,   Salz,
750 g Birnen,   Zucker (Zitronensaft).
20 g Butter oder Margarine,

Semmelklöße nach Nr. 422.

Das vorbereitete Fleisch wird in kochendem Salzwasser ¾–1 Stunde gekocht, die vorbereiteten, halbierten, vom Kerngehäuse befreiten Birnen werden dazugegeben, mit dem Fleisch weichgekocht. Die helle Mehlschwitze wird nach dem Auffüllen mit der Brühe 10 bis 15 Minuten gekocht, nach Salz, Zucker, nach Bel. nach Zitronensaft abgeschmeckt, mit Fleisch, Birnen und Semmelklößen zusammen angerichtet.

454. Backobst

250–375 g getrocknetes   1 Stückchen Zitronenschale,
Obst,   Zimt,
½–¾ l Wasser zum   50–75 g Zucker.
Einweichen,

Das gewaschene, eingeweichte Obst (siehe Seite 249) wird mit dem Einweichwasser und der geschmackgebenden Zutat im irdenen oder gut emaillierten Topf an der Herdseite weichgekocht und gesüßt. Kochzeit ungefähr ½ Stunde.

455. Backobst mit Klößen

250–375 g getrocknetes Obst,
½–¾ l Wasser zum Einweichen,
1 Stückchen Zimt,
Zitronenschale,

30 g Butter oder Margarine,
30 g Mehl,
1 Prise Salz,
50–75 g Zucker,
wenn nötig, Zitronensaft.
Grieß- oder Semmelklöße.

Das nach Nr. 454 gekochte Backobst, wird durch eine mit der Flüssigkeit des Obstes aufgefüllte Mehlschwitze bündig gemacht, mit Klößen zu Tisch gegeben.

456. Backobst mit Fleisch und Klößen, Schlesisches Himmelreich

375–500 g frisches Schweinefleisch oder Rauchfleisch,
¾–1 l Wasser,
(1 Teelöffel Salz),
250 g getrocknetes Obst,

½ l Wasser z. Einweichen,
30 g Butter oder Margarine,
30 g Mehl,
1 Prise Salz,
50 g Zucker,
wenn nötig, Zitronensaft,
Semmelklöße.

Frisches Schweinefleisch wird nach der Vorbereitung mit kochendem Salzwasser, Rauchfleisch mit kaltem Wasser ohne Salz angesetzt, ¾–1 Stunde gekocht. Das vorbereitete Backobst wird mit dem Einweichwasser dazugegeben, mit dem Fleisch zusammen weichgekocht. Das Gericht wird durch eine Mehlschwitze, für die zum Auffüllen die Fleisch-Obst-Brühe zu verwenden ist, gedickt, mit Semmelklößen angerichtet.

457. Maiskolben

16–20 Maiskolben, 2 gestrichene Esslöffel Salz,
2 l kochendes Wasser, 100 g Butter.

Die enthülsten Kolben werden in kochendem Salzwasser in 15–20 Minuten weichgekocht, abgegossen, abgetropft. Zu Sahne gerührte Butter, die beim Essen daraufgestrichen wird, wird dazu gereicht.

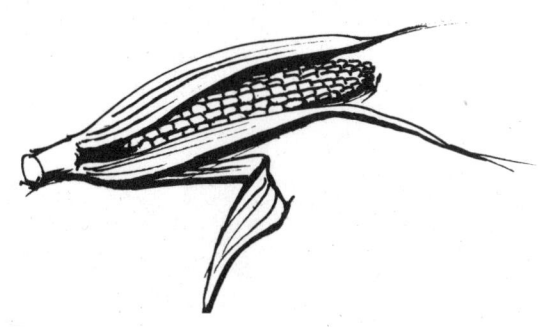

Salate

Gemüse, roh oder gekocht, Obst, Fisch und Fleisch werden zur Herstellung von Salaten verwendet.

458. Kopf- und Blattsalat

2–3 Köpfe Salat,
2–3 Esslöffel Öl,
2–3 Esslöffel Essig oder Saft von ½ Zitrone,
½ Teelöffel Salz,
1 Teelöffel Zucker,
n. Bel. 1 Esslöffel Schnittlauch oder 1 Messerspitze Zwiebelwürfel, verschiedene Salatkräuter (Gurkenkraut, Pimpinelle usw.).

Die äußeren grünen, harten Blätter des Kopfes werden entfernt, die größeren Blätter zur Hälfte geteilt, die kleineren im Ganzen gelassen. Die gewaschenen Blätter werden zum Abtropfen auf einen Durchschlag, Salatschwenker, oder auf ein Handtuch gegeben. (Zurückgebliebenes Wasser macht Salat unansehnlich, er fällt zusammen.) Kurz vor dem Gebrauch werden Öl, Essig oder Zitronensaft, Salz, Zucker und Schnittlauch darüber gegeben, vorsichtig unter den Salat gemischt oder der Salat wird erst mit Öl gemischt und dann mit den geschmackgebenden Zutaten;
oder:

30g Speck in Würfel,
2–3 Esslöffel Essig,
½ Teelöffel Salz,
1 Teelöffel Zucker.

Die Speckwürfel werden hellbraun ausgebraten, der Essig wird dazugegeben. Die nach Salz und Zucker abgeschmeckte Flüssigkeit wird nach dem Abkühlen über den vorbereiteten Salat gegossen, dieser damit vermischt;

oder:

⅛ l saure oder süße Sahne, ½ Teelöffel Salz,
Saft von ½–1 Zitrone, 1 Teelöffel Zucker,
(1 Teelöffel Zwiebelwürfel), n. Bel. 1 Esslöffel Kräuter.

Die vermischten Zutaten werden über den vorbereiteten Salat gegeben.

459. Rapunzensalat

150–200 g Rapunzen, ½ Teelöffel Salz,
2–3 Esslöffel Öl, 1 Teelöffel Zucker.
2–3 Esslöffel Essig oder Saft
von ½ Zitrone,

Die Wurzeln werden abgeschnitten, die schlechten Blätter entfernt. Der Salat muss mehrere Male gewaschen werden. Er wird nach dem Abtropfen mit den angegebenen Zutaten vermischt. Rapunzensalat kann mit anderen Salaten, wie Sellerie-, Kartoffelsalat, zusammen angerichtet werden.

460. Endiviensalat

1–2 Köpfe Endivie, von ½ Zitrone,
2–3 Esslöffel Öl, ½ Teelöffel Salz,
2–3 Esslöffel Essig oder Saft 1 Teelöffel Zucker.

Die verlesenen Blätter werden gewaschen, in Streifen geschnitten, nach dem Abtropfen mit den angegebenen Zutaten vermischt.

461. Gurkensalat

1–2 Gurken, ½ Teelöffel Salz,
2–3 Esslöffel Öl, 1 Teelöffel Zucker,
2–3 Esslöffel Essig oder n. Bel. 1 Esslöffel Schnittlauch.
Saft von ½ Zitrone,

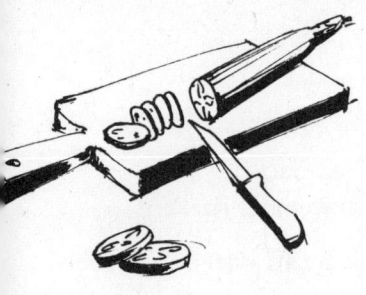

Die Gurken werden von der hellen Seite nach dem Stielansatz geschält, gekostet, ob sie bitter sind, in feine Scheiben geschnitten oder gehobelt. Die Gurkenscheiben werden mit den angegebenen Zutaten vermischt.

Oder:

⅛ l saure oder süße Sahne,   ½ Teelöffel Salz,
Saft von ½–1 Zitrone, oder   ½ Teelöffel Zwiebelwürfel,
2–3 Esslöffel Essig,   1 Teelöffel Zucker.

Die Gurkenscheiben werden in die vermischten Zutaten gegeben.

462. Tomatensalat

500–750 g Tomaten,   ½ Teelöffel Salz,
2–3 Esslöffel Öl,   1 Teelöffel Zucker,
2–3 Esslöffel Essig oder Saft   1 Teelöffel Zwiebelwürfel.
von ½ Zitrone,

Die mit einem scharfen Messer (Tomatenmesser) in Scheiben geschnittenen Tomaten werden mit den angegebenen Zutaten lagenweise in die Schüssel geschichtet, in der der Salat gereicht wird.

463. Spinatsalat

250–500 g Spinat,   Saft von ½ Zitrone,
3 Esslöffel Öl,   ½ Teelöffel Salz,
2–3 Esslöffel Essig, oder   1 Teelöffel Zucker.

Der verlesene, gewaschene, abgetropfte rohe Spinat wird in ganz feine Streifen geschnitten, die mit den angegebenen Zutaten ½ Stunde vor dem Gebrauch vermischt werden.

464. Petersilienwurzel- oder Mohrrübensalat

500 g Petersilienwurzeln oder Mohrrüben,	Saft von ½–1 Zitrone,
¼ l süße Sahne,	½ Teelöffel Salz, wenn notwendig, Zucker.

Die gewaschenen, geschabten Petersilienwurzeln oder Mohrrüben werden grob geraspelt und mit den angegebenen Zutaten vermischt. Rohe Gemüsesalate, wie Blatt-, Gurken-, Spinat-, Petersilienwurzel-, Tomatensalat, können nebeneinander auf einer Platte angerichtet werden.

465. Kraut- oder Kohlsalat

500–625 g Rot- oder Weißkohl,	1–2 Esslöffel Essig,
(1 l kochendes Wasser mit 2–3 Esslöffel Essig),	½ Teelöffel Salz,
2 Esslöffel Öl,	½ Teelöffel Zwiebelwürfel, ½ Teelöffel Zucker.

Der von den äußeren Blättern befreite, auf die Hälfte geschnittene Kohlkopf wird nach der Entfernung des Strunkes in feine Streifen geschnitten oder gehobelt. Der gehobelte Kohl wird mit kochendem Essigwasser übergossen, nach 2–3 Minuten zum Abtropfen auf einen Durchschlag gegeben oder 15–20 Minuten vorgekocht, nach dem Abtropfen mit den Zutaten vermischt. An Stelle von Öl kann 50 g geräucherter, in Würfel geschnittener, hellbraun ausgebratener Speck verwendet werden.

Oder:

500–625 g Rot- oder Weißkohl,	2 Esslöffel Öl,
½–1 Teelöffel Salz,	2–3 Esslöffel Essig,
2–3 Äpfel,	½ Teelöffel Zucker.

Der gehobelte rohe Kohl wird mit dem Salz und den gewaschenen, geschälten, geriebenen Äpfeln gestampft (Reibekeule), mit den übrigen Zutaten vermischt und abgeschmeckt.

466. Spargelsalat

750 g Spargel,	2–3 Eßlöffel Essig oder
2 l kochendes Wasser,	Zitronensaft,
für 1 l 1 Eßlöffel Salz,	½ Teelöffel Salz,
1 Prise Zucker,	½ Teelöffel Zucker.
2 Eßlöffel Öl,	

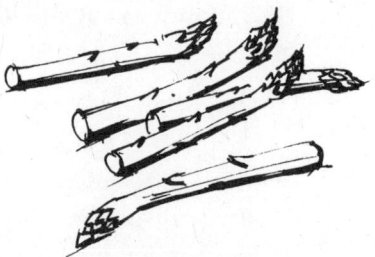

Der gewaschene, geschälte, in 4–5 cm lange Stücke geschnittene Spargel wird in kochendem Salzwasser mit einer Prise Zucker in ½–¾ Stunde weichgekocht. Die abgetropften Spargelstücke werden nach dem Abkühlen mit den angegebenen Zutaten vermischt. Der Salat muß ½–¾ Stunde durchziehen. Spargel-, Sellerie-, Kartoffel-, Gemüsesalat können zur Verfeinerung mit einer echten oder unechten Mayonnaise angerichtet werden. In diesem Falle müssen die weichgekochten Gemüse erst in Essigwasser mit Salz und Zucker ½ Stunde durchziehen, ehe sie nach dem Abtropfen auf einem Durchschlag mit der abgeschmeckten Mayonnaise Nr. 128 vorsichtig gemischt werden.

467. Hopfenkeimchensalat

375–500 g Hopfen-	2 Eßlöffel Öl,
keimchen,	2–3 Eßlöffel Essig oder
2 l kochendes Wasser,	Zitronensaft,
für 1 l 1 Eßlöffel Salz,	½ Teelöffel Salz,
	½ Teelöffel Zucker.

Die gewaschenen Hopfenkeime werden in kochendem Salzwasser in 15–20 Minuten weichgekocht. Nach dem Abtropfen und Abkühlen werden sie mit den angegebenen Zutaten vermischt.

468. Blumenkohlsalat

1 große Rose Blumenkohl,   2–3 Eßlöffel Essig oder
2 l kochendes Wasser,   Zitronensaft,
für 1 l 1 Eßlöffel Salz,   ½ Teelöffel Salz,
1 Prise Zucker,   ½ Teelöffel Zucker.
2 Eßlöffel Öl,

Der in Rosen geteilte Blumenkohl wird nach dem Garmachen wie Spargelsalat behandelt. (Nr. 466.)

469. Bohnensalat von grünen oder Wachsbohnen

750 g Bohnen,   2 Eßlöffel Öl,
2 l kochendes Wasser,   2–3 Eßlöffel Essig,
für 1 l 1 Eßlöffel Salz,   ½ Teelöffel Salz,
nach Belieben: 1 Teelöffel   ½ Teelöffel Zucker,
Zwiebelwürfel, ⅛ l kochen-   n. Bel. 1 Teelöffel gew. Petersilie.
des Wasser,

Die abgezogenen, gewaschenen Bohnen werden in 4–5 cm lange Stücke geschnitten oder gebrochen, in kochendem Salzwasser in ¾–1 Stunde weichgekocht, abgegossen, abgekühlt.

Die Zwiebelwürfel werden mit kochendem Wasser übergossen, die Flüssigkeit nach dem Abkühlen mit Öl vermischt, mit Essig, Salz und Zucker abgeschmeckt, über die Bohnen gegossen, die darin durchziehen müssen.

470. Selleriesalat

1–2 Sellerieknollen   2 Eßlöffel Öl,
(750–1000 g),   2–3 Eßlöffel Essig oder
2–3 l kochendes Wasser,   Zitronensaft,
für 1 l 1 Eßlöffel Salz,   ½ Teelöffel Salz,
nach Belieben 1 Teelöffel   ½ Teelöffel Zucker.
Zwiebelwürfel, ⅛ l kochen-
des Wasser,

Die saubergebürsteten Sellerieknollen werden in kochendem Salzwasser in 1–1½ Stunde weichgekocht, in kaltes Wasser gelegt, geschält, in Scheiben oder Streifen geschnitten (Buttermesser.) Weitere Behandlung siehe Nr. 466 und 469.

An Stelle der frischen Sellerie kann eine 1-kg-Büchse Sellerie verwendet werden, die weißer, aber weniger kräftig im Geschmack ist.

471. Gemischter Gemüsesalat

750–1000 g verschiedene Gemüse, roh oder Büchsengemüse (Spargel, Blumenkohl, Erbsen, Karotten, Sellerie, Bohnen),	für rohes Gemüse: kochendes Salzwasser, 2–3 Esslöffel Öl, 3–4 Esslöffel Essig oder Zitronensaft, ½ Teelöffel Salz, ½ Teelöffel Zucker.

Die vorbereiteten rohen Gemüse werden in Salzwasser gargemacht. Die Gemüse können einzeln oder zusammen mit den angegebenen Zutaten vermischt und angerichtet werden. An Stelle der Zutaten kann eine echte oder unechte Mayonnaise verbraucht werden. über ihre Verwendung siehe Nr. 466.

472. Salat von weißen Bohnen

375–500 g weiße Bohnen, ¾–1 l Wasser zum Einweichen, 1 l Wasser, 1 Esslöffel Salz, 2 Esslöffel Öl,	2–3 Esslöffel Essig, ½ Teelöffel Salz, ½ Teelöffel Zucker, n. Bel. ½ Teelöffel Zwiebelwürfel.

Die gewaschenen, am Vorabend des Kochtages eingeweichten Bohnen werden mit dem Einweichwasser, Wasser und Salz in 1½–2 Stunden weichgekocht, abgegossen, nach dem Abtropfen und Abkühlen mit den angegebenen Zutaten vermischt. An Stelle des Öles können 30–40 g geräucherter Speck, in Würfel geschnitten, hellbraun ausgebraten, verwendet werden.

473. Roter Rübensalat

750 g rote Rüben,
2 l kochendes Wasser,
für 1 l 1 Esslöffel Salz,
3–4 Esslöffel Essig,
½ Teelöffel Salz,
½ Teelöffel Zucker,
½ Teelöffel Kümmel,
½ Esslöffel Meerrettichwürfel.

Die mit den Wurzeln sauber aber vorsichtig gebürsteten Rüben werden in kochendem Salzwasser in 1 bis 1½ Stunden weichgekocht, abgegossen, in kaltem Wasser wird die Haut abgestreift. Die in Scheiben geschnittenen Rüben werden mit den Zutaten vermischt. Der Salat ist einige Stunden vor dem Gebrauch herzustellen.

474. Salat von sauren Gurken

2 saure Gurken,
2 Esslöffel Öl,
2 Esslöffel Essig,
1 Teelöffel Zwiebelwürfel,
1 Messerspitze Zucker.

Die geschälten, in dünne Scheiben geschnittenen oder gehobelten sauren Gurken werden mit den Zutaten gemischt.

475. Salat von sauren Gurken und Wurst

2 saure Gurken,
250 g Knoblauchwurst,
1 Esslöffel Öl,
1–2 Esslöffel Essig,
1 Teelöffel Zwiebelwürfel,
1 Messerspitze Zucker.

Die Pelle der Wurst wird abgezogen, die Wurst in dünne Scheiben geschnitten, die mit den Gurkenscheiben und den übrigen Zutaten gemischt werden.

476. Kartoffelsalat, kalt, I

1 kg Kartoffeln,	⅛ l kochendes Wasser,
kochendes Wasser,	2 Eßlöffel Öl,
1 Eßlöffel Salz,	3–4 Eßlöffel Essig,
1 Teelöffel Zwiebelwürfel,	½ Teelöffel Salz,
	½ Teelöffel Zucker.

Gewaschene kleine Kartoffeln, am geeignetsten sind Salatkartoffeln, werden in kochendem Wasser mit Salz in ½–¾ Stunde weichgekocht, abgegossen, abgedampft. Die Zwiebelwürfel werden mit kochendem Wasser überbrüht, nach dem Abkühlen wird das Öl dazugegeben und die Flüssigkeit nach Essig, Salz und Zucker abgeschmeckt. Die geschälten, noch warmen Kartoffeln werden in Scheiben geschnitten, in die Soße zum Durchziehen gegeben. Kartoffelsalat mit Mayonnaise siehe Nr. 466.

477. Kartoffelsalat, kalt, II

1 kg Kartoffeln,	4 Eßlöffel Essig,
kochendes Salzwasser,	¼–⅜ l kochendes Wasser,
60–75 g geräucherter Speck,	1 Teelöffel Salz,
1 Eßlöffel Zwiebelwürfel,	½ Teelöffel Zucker.

Die gekochten Pellkartoffeln werden nach dem Abgießen und Abdampfen geschält und in Scheiben geschnitten. Zu den hellbraun ausgebratenen Speckwürfeln werden die Zwiebelwürfel gegeben, hellgelb gedünstet. Essig, kochendes Wasser (Vorsicht!), Salz, Zucker werden hinzugefügt, die Flüssigkeit wird nach dem Aufkochen über die Kartoffelscheiben gegossen.

478. Warmer Kartoffelsalat

1 kg Kartoffeln,	½ – ¾ l Brühe oder Wasser,
kochendes Wasser,	Essig,
1 Esslöffel Salz,	Salz,
40 g Butter oder Margarine,	Zucker n. Geschmack,
1 Teelöffel Zwiebelwürfel,	1 Eigelb zum Abziehen,
30 g Mehl,	1 Esslöffel Schnittlauch.

Die vorbereiteten, gekochten Kartoffeln werden geschält, in Scheiben geschnitten. Aus Fett, Zwiebelwürfel und Mehl wird eine helle Mehlschwitze hergestellt, die mit Brühe oder Wasser aufgefüllt, nach Salz, Essig und Zucker abgeschmeckt, nach 10–15 Minuten Kochzeit mit Eigelb abgezogen wird. Der Schnittlauch wird dazugegeben und die Soße über die Kartoffelscheiben gegossen.

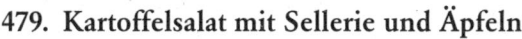

479. Kartoffelsalat mit Sellerie und Äpfeln

500 g Kartoffeln,	¼ l Wasser n. Zitronensaft, Salz
250 g Sellerie,	und Zucker abgeschmeckt,
250 g mürbe Äpfel,	eine echte oder unechte Mayon-
Salzwasser zum Kochen	naise.
von Kartoffeln und Sellerie,	

Die in der Schale gekochten Salatkartoffeln werden nach dem Schälen in Scheiben geschnitten. Die weichgekochte, geschälte Sellerie wird ebenfalls in Scheiben oder in Streifen geschnitten (Buntmesser.) Kartoffel- und Selleriescheiben müssen in dem nach Zitronensaft, Salz und Zucker abgeschmeckten Wasser ½ Stunde durchziehen, ehe sie nach dem Ablaufen auf einem Durchschlag mit den in Scheiben geschnittenen Äpfeln und einer echten oder unechten Mayonnaise vermischt werden.

480. Kartoffelsalat mit Sellerie und Apfelsinen

500 g Kartoffeln,
250 g Sellerie,
2 Apfelsinen,
Salzwasser zum Kochen
von Kartoffeln und Sellerie,

¼ l Wasser n. Zitronensaft, Salz und Zucker abgeschmeckt, eine echte oder unechte Mayonnaise Nr. 126, 128.

Die Apfelsinen werden geschält und, nachdem die weiße Haut entfernt worden ist, quer in Scheiben geschnitten, entkernt. Herstellung des Salates wie in Nr. 479.

481. Kartoffelsalat mit Sellerie und Ananas

500 g Salatkartoffeln,
250 g Sellerie,
250 g frische oder
3 Scheiben Büchsenananas,
Salzwasser zum Kochen
von Kartoffeln und Sellerie,

¼ l Wasser n. Zitronensaft, Salz und Zucker abgeschmeckt, eine echte oder unechte Mayonnaise Nr. 126, 128.

Die Ananas wird in Streifen geschnitten. Herstellung des Salates wie in Nr. 479.

Die Mayonnaisen für 479, 480 und 481 sind unter Verwendung von nur Zitronensaft, nicht Essig herzustellen. Bei Nr. 481 kann zur Verdünnung der Mayonnaise etwas Ananassaft verbraucht werden. An Stelle von frischer Sellerie kann eine 250-g-Büchse Sellerie genommen werden.

482. Heringssalat für 6–8 Personen

1–1¼ kg Kartoffeln,	3–4 Eßlöffel Öl,
3 Salzheringe,	4–6 Eßlöffel Essig,
2 saure Gurken,	½ Teelöffel Zucker,
500 g Äpfel,	Salz n. Bedarf,
1 kleine Zwiebel,	wenn notwendig, Brühe oder Wasser.

Die Kartoffeln sind am Tage vor dem Gebrauch oder frühzeitig zu kochen, die Heringe zu wässern.

Alle Zutaten werden in feine Würfel geschnitten, die Äpfel als letzte Zutat, um ein zu starkes Verfärben zu verhindern. Die geschnittenen Zutaten werden mit Öl, Salz, Zucker, wenn notwendig mit Brühe oder Wasser vermischt. Ist der Salat ½–¾ Stunde durchgezogen, wird er abgeschmeckt, bergartig in einer Schüssel angerichtet, mit hartgekochten Eiern, Tomaten, Kapern, Sardellen, Pfeffergurken verziert. Der Salat kann verfeinert werden durch Fleischreste, gekochten Schinken, durch Vermischen mit einer echten oder unechten Mayonnaise.

483. Italienischer Salat für 8–10 Personen

1–2 Salzheringe oder 50 g Sardellen,	500 g gekochte Kartoffeln,
250 g gedünstetes oder gebratenes Kalbfleisch,	½ Mohrrübe, gekocht,
	1 Stück Sellerie, gekocht,
	1–2 Eßlöffel Essig,
125 g gekochter Schinken,	2 Eßlöffel Wasser,
500 g Äpfel,	1 Teelöffel Zucker,
500 g saure Gurken,	1–1½ echte oder unechte Mayonnaise.

Die Kartoffeln sind am Tage vor dem Gebrauch oder frühzeitig als Pellkartoffeln zu kochen, die Heringe sind zu wässern.

Alle Zutaten werden in feine Streifen geschnitten, die Äpfel und Heringe zuletzt, und mit Essigwasser und Zucker gemischt. Heringe oder Sardellen können nach dem Entgräten und Entfernen der Haut auch fein gewiegt und durch ein Sieb gestrichen werden. Ein Teil der abgeschmeckten, dicken Mayonnaise kann zum Überziehen des Salates zurückbleiben. Die feingeschnittenen Zutaten werden mit der durch Brühe oder Wasser etwas verdünnten Mayonnaise vermischt. Der Salat muss ½–¾ Stunde durchziehen, ehe er bergartig in einer Glasschüssel angerichtet, mit Mayonnaise überzogen und mit hartgekochten Eiern, Tomaten, geräuchertem Lachs, Kapern, Pfeffergurken verziert wird. Bei besseren Salaten kann die Fleischmenge, bei billigeren die Kartoffel-, Gurken- und Apfelmenge erhöht werden.

484. Apfelsinensalat

3–4 Apfelsinen,
3–4 große Äpfel,
ungefähr 65 g Zucker.

Die Apfelsinen werden geschält, von der weißen Haut befreit, in Scheiben geschnitten, die Kerne entfernt. Die gewaschenen, geschälten Äpfel werden in Viertel geteilt, das Kerngehäuse wird entfernt, die Viertel werden in dünne Scheiben geschnitten. Apfelsinen- und Apfelscheiben werden lagenweise mit dem Zucker in eine Glasschüssel geschichtet, mit Apfelsinen- und Apfelschieben, nach Belieben mit rotem Gelee verziert.

485. Feiner Früchtesalat für 6–8 Personen

3 Bananen,   250–375 g frische Ananas oder
3 Äpfel,   3–4 Scheiben Büchsenananas,
3 Apfelsinen,   150–175 g Zucker.
250–500 g Weintrauben,

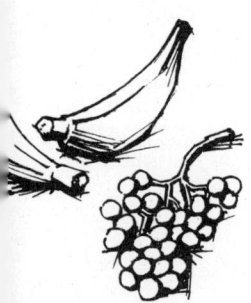

Apfelsinen und Äpfel werden nach Nr. 484 vorbereitet. Die abgezogenen Bananen werden in dünne Scheiben geschnitten, die Ananas in Streifen. Die Weinbeeren, von denen grüne und blaue verwendet werden können, werden auf die Hälfte geteilt, die Kerne entfernt. Die Früchte werden lagenweise mit dem Zucker in eine Glasschüssel geschichtet, mit Früchten verziert. Der Saft der eingelegten Ananas wird darüber gegossen.

486. Früchtesalat, einfacher für 6–8 Personen

250 g Birnen,	250 g Pfirsiche,
250 g Äpfel,	2 Apfelsinen,
250 g Pflaumen,	2 Bananen,
	150–175 g Zucker.

Herstellung wie in Nr. 485.

Zu Obstsalat können die verschiedensten Obstsorten, der Jahreszeit entsprechend, verwendet werden.

Verschiedenes
Kalte Speisen für die Bewirtung zum Abendbrot

Bei festlichen Gelegenheiten die Gäste am Abend mit kalten Speisen zu bewirten, ist für die Hausfrau die bequemste Art, weil diese im Laufe des Tages oder am Tage vorher fertiggestellt werden können, so dass sich die Hausfrau sorglos ihren Gästen widmen kann. Die in folgenden Vorschriften angegebenen Speisen sind den wirtschaftlichen Verhältnissen entsprechend in Geschmack und Farbe zueinander passend zusammenzustellen und bei einer größeren Anzahl von Gästen als kaltes Büfett aufzustellen.

1. Beispiel für eine kleinere Anzahl von Gästen: einfacher Heringssalat, belegte Brötchen, Tee.
2. Beispiel: Tomateneier, grüner Salat, Brötchen, Käseschüssel.
3. Beispiel: Sülzkoteletts oder Sülze, Bratkartoffeln, Remouladensoße, Käseschüssel.
4. Beispiel: kaltes Büfett: Filet oder Roastbeef mit kalter Kräutersoße, Kassler, gepökelte Rinderzunge mit Kartoffelsalat und Mayonnaise, pikante Platte von Bismarckheringe, Fisch in Gallert, Hering in Mayonnaise, Gabelbissen, Anchovis, Fisch in Tomatensoße, Ölsardinen, verschiedene Gurkenarten, wie saure, Senf-, Gewürz-, Pfeffergurken, Aspikgerichte, wie Sülze, Sülzkoteletts, Zunge, Huhn, Gänseleber, Fisch, Eier, Gemüse in Aspik, belegte Brötchen, Käsegebäck, mit italienischem oder Gemüsesalat, gefüllte Tomaten.

Außerdem können süße Speisen, Gebäck und Obst, letzteres auch in Form von Obstsalat, mit aufgestellt werden.

487. Käsebutter

125 g Butter,   oder ein deutscher Gervais
125 g geriebener   durch ein Sieb gestrichen.
Schweizerkäse,

Die schaumiggerührte Butter wird mit dem geriebenen Schweizerkäse oder dem durch ein Sieb gestrichenen Gervais vermischt.
Durch einen Teelöffel gewiegte Petersilie oder durch eine Prise Paprika kann die Butter in der Farbe verändert werden. Sie wird verwendet zum Bestreichen von Graubrot oder Pumpernickel, aus denen mit einer kleinen Form Kreise ausgestochen oder verschobene Vierecke geschnitten werden können.

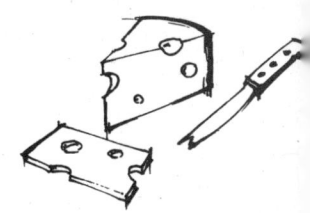

488. Sardellenbutter

65 g Sardellen,   nach Belieben ½ Teelöffel
125 g Butter oder Sardel-   Zitronensaft.
lenpaste (Türk und Papst),

Die gewaschenen, entgräteten Sardellen werden feingewiegt, wenn nötig durch ein Sieb gestrichen, mit der schaumig gerührten Butter vermischt, der Zitronensaft wird dazugegeben. Sardellenpaste wird nach Geschmack verbraucht.

489. Anchovisbutter

125 g Butter,
ungefähr 1 Teelöffel Anchovispaste.

Die schaumig gerührte Butter wird mit der Anchovispaste vermischt.
Zur Herstellung von kräftig abgeschmeckten Buttersorten kann Pflanzenmargarine verwendet werden.

490. Frühlingsschnitten

Eine Kaviarlänge für
0,30 DM,
75–125 g Butter,
2 Eier, hartgekocht,

65 g gekochter oder roher
Schinken,
2–3 Esslöffel feingewiegter
Schnittlauch,
Salz zum Bestreuen.

Die ½ cm dicken Weißbrotschnitten werden mit schaumiggerührter Butter bestrichen. Eigelb und Eiweiß getrennt, werden feingewiegt, ebenso der Schinken. Die gewiegten Zutaten werden zum Belegen der gestrichenen Weißbrotschnitten verbraucht. Sie werden mit feinem Salz und Schnittlauch bestreut.

491. Belegte Brötchen für 4–6 Personen

Eine Kaviarlänge für
0,30–0,40 DM,
1–2 Päckchen Pumpernickel,
150–175 g Butter,

Anchovis-Sardellenpaste,
65 g Schweizerkäse,
65 g gekochter Schinken,
1 Ei,
65 g Leberwurst,
250 g Tomaten.

492. Belegte Brötchen für 12 Personen

4 Kaviarlängen zu 0,30 DM,
3–4 Päckchen Pumpernickel,
500 g Butter,
125 geräucherter Lachs,
125 g Leberwurst,

125 g gekochter Schinken,
125 g Braten,
65 g Teewurst (Rügenwalder),
4 Eier,
125 g Schweizerkäse,
Sardellen- und Anchovispaste,
Pfeffergurken.

Die ½ cm dicken Weißbrotschnitten werden mit schaumiggerührter Butter bestrichen. Mit der bestrichenen Seite werden sie auf den Belag gelegt. Das

Überstehende wird mit einem scharfen Messer abgeschnitten. Streichwurst wird mit einem heißen Messer glatt gestrichen. (Von Leberwurst ist eine Sorte ohne Fettwürfel zu verwenden.) Die mit Butter bestrichenen Pumpernickelscheiben werden auf die gleiche Weise mit dem geschnittenen Schweizerkäse belegt.

Abhängig von den zur Verfügung stehenden Mitteln können bei der Zusammenstellung einer Brötchenschüssel die verschiedensten Zutaten verwendet werden, außer den schon angegebenen: Kaviar, am besten auf Toastscheiben, gepökelte, gekochte Rinderzunge, Roastbeef, Filet, Kalbsbraten, Gänseleberwurst, Sardinen, Appetitsild, Delikatesshering, zusammen mit saurer oder Gewürzgurke, frische Gurkenscheiben mit Kapern, Radieschen, Weißkäse.

493. Käseschüssel

375 g Butter,	verschiedene Käsesorten,
verschiedene Brotarten,	Radieschen,
Freiburger Salzbrezeln,	grüne Petersilie zur Garnitur.

Aus 500 g Butter kann unter Zuhilfenahme eines Buntmessers oder eines Butterformers ein Butterbaum geformt werden, der auf die Mitte eines Glastellers, einer Porzellanplatte aufgesetzt wird. Aus der übrigen Butter werden Kugeln geformt, durch welche die Platte vom Baumstamm ausgehend in 5 oder 6 Teile geteilt werden kann. Die Salzbrezeln werden am Baumstamm aufgestellt. Die verschiedenen Brotarten, die verschiedenen Käsesorten und Radieschen werden auf die Zwischenräume verteilt.

An Stelle dieser Käseschüssel kann auch fertiges Käsegebäck auf einer Platte angerichtet werden, z. B. Käsestangen, Käsekeks, einfach oder gefüllt, Käsetrüffeln, Käsewindbeutel.

494. Käsetrüffeln

125 g Butter,   geriebener Pumpernickel.
50–60 g Chester,

In die zur Sahne gerührte Butter wird der durch ein Sieb gedrückte Chester und soviel geriebner Pumpernickel gegeben, dass sich die Masse nach dem Festwerden zu Kugeln formen lässt. Diese werden in geriebenem Pumpernickel umgewendet und bis zum Gebrauch kalt gestellt.

495. Heringshäckerle

2 Salzheringe,   1 Messerspitze feingeschnittene
2 hartgekochte Eigelb,   Zwiebel.
20 g Butter,

Die gewaschenen, 12 Stunden gewässerten Heringe werden abgezogen, entgrätet, fein gewiegt. Die hartgekochten Eigelb werden durch ein Sieb gestrichen, zur schaumiggerührten Butter gegeben, mit dem Heringsbrei und der Zwiebel vermischt.

496. Sardellenhäckerle

125 g Sardellen,   1 Teelöffel feingeschnittener
4 Eigelb, hartgekocht,   Schnittlauch.
20 g Butter,

Zubereitung wie in Nr. 495. Die Sardellen brauchen nur ½ Stunde zu wässern.

497. Käse-Pumpernickel

Geschnittener Pumper-   75 g Butter,
nickel oder 1 Brot Pumper-   125 g Schweizerkäse.
nickel,

Eine Scheibe Pumpernickel wird mit schaumig gerührter Butter bestrichen, eine Scheibe Käse daraufgelegt, diese mit Butter bestrichen, mit Pumpernickel gedeckt. Je nach der Dicke von Pumpernickel und Käse wird es zwei- oder dreimal wiederholt. Die übereinandergelegten Scheiben werden zwischen 2 Holzbrettern beschwert und kaltgestellt. Es werden Scheiben daraus geschnitten, die an den Schmalseiten abgeschrägt werden können. An Stelle des Schweizerkäses kann ein deutscher Gervais, mit 30 g schaumig gerührter Butter vermischt, verwendet werden.

498. Kaviar

wird in Glasschüsseln in Eisstückchen stehend mit einem Glaslöffel angerichtet. Geröstete Semmelscheiben, Zitronenachtel werden dazu gereicht.

499. Aspik zum Verzieren

½ l kräftig nach Wein, Essig, Zitronensaft, Salz abgeschmeckte Brühe, wenn nötig Fleischextrakt

oder Vitox zum Färben, 8 – 9 Blatt weiße Gelatine, 1 Eiweiß, Eierschale.

Die Flüssigkeit wird nach Vorschrift geklärt (Nr. 260), auf flache, mit Öl ausgepinselte, gut abgetropfte Schüsseln gegossen, nach dem Erstarren gestürzt, in Formen geschnitten oder gehackt. Zum Anrichten von kalten Braten oder Aufschnittschüsseln zu verwenden.

500. Sülzkoteletts

1 kg Kotelettstück (Schwein), 1½–2 l kochendes Wasser, 1 Eßlöffel Salz, Essig,

Salz, Zitrone, auf 1 l abgeschmeckte Flüssigkeit 16–18 Blatt weiße Gelatine, 1½ Eiweiß, 1 Eierschale.

Das Fleisch wird in kochendem Salzwasser in 1¼ bis 1½ Stunde weichgekocht und muss in der Brühe erkalten. Die Knochen werden ausgelöst, das Fleisch wird in 6–8 Scheiben geschnitten, überflüssiges Fett wird entfernt. Die entfettete, kräftig nach Salz, Essig, Zitronensaft, abgeschmeckte Brühe wird gemessen, Gelatine, Eiweiß, Eierschale werden danach berechnet und die Brühe wird mit ihnen zusammen geklärt (S. 138). In mit Öl ausgepinselte, gut abgelaufene Sülzkotelettformen wird ein Spiegel gegossen, auf den nach dem Erstarren nach Belieben eine Garnitur gelegt werden kann von Eierscheiben, Kapern, Gurken, gekochten Mohrrüben, die durch wenig Aspik festgehalten werden muss. Die Fleischscheibe wird daraufgelegt, die Form bis zum Rande mit Aspik vollgegossen, nach dem Erstarren gestürzt. Sülzkoteletts können auch schuppenförmig in eine Glasschüssel eingelegt erden. Dann genügt für 1 l abgeschmeckter Flüssigkeit im Sommer 16, im Winter 14 Blatt weiße Gelatine.

501. Tomateneier

8 Eier, hartgekocht,
8 Tomaten, mittelgroß, rund, fest,
65 g gekochter Schinken,
1 echte oder unechte Mayonnaise,
⅛ l Schlagsahne,
1 Esslöffel gewiegte Kräuter (Dill, Petersilie, Schnittlauch).

Von den hartgekochten Eiern wird am breiten Ende ungefähr ¼ des Eies abgeschnitten. Die Öffnung der Tomaten muss nach dem Aufschneiden des Deckels so groß sein, dass sie durch die Schnittfläche des Eies gedeckt wird. Die Tomaten werden ausgehöhlt, so dass ungefähr ½ cm Fleisch stehen bleibt. Die Eierreste, der gekochte Schinken werden in Würfel geschnitten, mit wenig Mayonnaise vermischt, in die Höhlung der Tomaten gefüllt. Unter die nach Zitronensaft, Salz, Zucker, abgeschmeckte Mayonnaise werden die steifgeschlagene Schlagsahne und die Kräuter gemischt. Die Soße wird auf eine Porzellan- oder Nickelplatte gegossen, die Tomaten mit den Eiern in die Soße gesetzt. Grüner Salat kann zur Garnitur verwendet werden.

502. Eier mit Mayonnaise

6 Eier, hartgekocht,
125 g roher oder Lachsschinken,
1 Kopf Salat,

1 echte oder unechte Mayonnaise,
50 g deutscher Kaviar zur Garnitur.

Die hartgekochten Eier werden quer zur Hälfte geteilt. Die vorbereiteten Salatblätter werden auf eine runde oder längliche Platte gegeben. Die Schinkenscheiben werden darüber verteilt, die Eierhälften daraufgesetzt, mit dicker Mayonnaise überzogen, mit Kaviar verziert.

Pasteten

503. Römische Pasteten

100 g Weizenmehl,
1 Eßlöffel Kartoffelmehl,
1½ Ei,

$1/8 - 3/16$ l Milch oder Wasser,
1 Prise Salz,
Fett zum Ausbacken.

Aus den Zutaten wird ein Eierkuchenteig hergestellt. Ausbackfett wird dampfend gemacht, das Pasteteneisen darin erhitzt. Über das umgekehrte Pasteteneisen wird über einer kleinen Schüssel mit einer Kelle Teig gegossen, der durch die Hitze des Eisens haften bleibt. Das Pasteteneisen wird umgedreht in das dampfende Fett gehalten. Sowie die Teigmasse anfängt, sich bräunlich zu färben, muss sie am oberen Rande mit einem Messer gelockert werden, nach dem Loslösen muss die Pastete hellbraun gebacken werden. Sie wird mit einem Schaumlöffel herausgenommen, zum Abtropfen auf Filtrierpapier gelegt. Die Teigmasse ergibt 12–16 Pasteten. Sie können mit feinem Ragout, Lungenmus oder mit Gemüse gefüllt werden.

504. Blätterteigpasteten

Blätterteig von 250 g Mehl, Eiweiß,
Eigelb zum Bepinseln.

Der Blätterteig wird ½ cm dick ausgerollt. Mit einem Weinglas oder einer Ringform (8–9 cm Durchmesser) werden runde Platten ausgestochen. Die Hälfte der Platten bildet die Böden der Pasteten. Aus der anderen Hälfte der Platten werden mit einem Likörglas oder einer Ringform (4–5 cm Durchmesser) Ränder und Deckel ausgestochen. Der Rand der Böden wird mit Eiweiß in der Breite der ausgestochenen Ränder bestrichen. Die Ränder werden aufgesetzt. Die Oberseite der Pasteten und der Deckel werden mit unverdünntem Eigelb bepinselt. Es darf nicht am Rand heruntertropfen, da dadurch das Aufgehen des Teiges verhindert wird. Pasteten und Deckel werden in 20–25 Minuten bei mittelstarker Hitze gebacken. Der im Inneren feucht gebliebene Teig wird mit einem Teelöffel vorsichtig herausgenommen. Der Hohlraum der Pastete wird mit feinem Ragout oder nur mit gedünstetem Gehirn gefüllt; der Deckel wird darüber gelegt.

505. Große Blätterteigpastete

Blätterteig von 500 g Mehl, Eigelb zum Bepinseln,
Eiweiß.

Der Teig wird ½–¾ cm dick ausgerollt. Der Größe der flachen, runden Platte entsprechend, auf der die Pastete gereicht wird, werden 2 runde Platten ausgeschnitten (Boden einer Tortenform), von denen eine den Boden der Pastete bildet. Aus der 2. Platte wird eine im Durchmesser 6 cm kleinere Platte ausgestochen, so dass ein Rand und ein Mittelstück entstehen. Der Rand wird auf den in seiner Breite mit Eiweiß bepinselten Boden gelegt. Das Mittelstück wird dünner ausgerollt, auf einen umgekehrten Emailleteller gelegt. Der Größe des Tellers entsprechend geschnitten. Aus den ganz dünn ausgerollten Teigresten können kleine Formen ausgestochen werden. Der obere Rand der Pastete, der über dem Teller liegende Deckel, die ausgestochenen kleinen Formen werden mit unverdünntem Eigelb bepinselt, bei mittelstarker Hitze gebacken. Der Hohlraum der Pastete kann mit feinem Ragout, mit einem Hühnerfrikassee ohne Knochen, mit Zungenragout gefüllt werden. Der Deckel wird darüber gelegt, die kleinen Formen werden zum Verzieren verwendet.

506. Pastete von Hühnern mit Blätterteig für 8 Personen

Blätterteig von 250 g Mehl,
feines Hühnerfrikassee
nach Nr. 259,
zum Fleischteig:
250 g Kalbfleisch,
250 g Schweinefleisch,

Herz und Leber der Hühner,
1 Semmel,
20 g Butter,
2 Eier,
Salz nach Geschmack,
n. Bel. 1–2 Esslöffel gerieb. Käse, (Pfeffer).

Kalb-, Schweinefleisch, Hühnerlebern und -herzen werden dreimal durch die Fleischmaschine gedreht. Die geschälte, geweichte, trocken ausgedrückte Semmel wird mit der Butter auf dem Herd abgerührt. Fleisch-, Semmelmasse und Eier werden vermischt, nach Belieben wird Käse dazugegeben, die Masse nach Salz bzw. Pfeffer abgeschmeckt. Boden und Rand einer gebutterten Pastetenschüssel, einer Auflaufform oder einer Springform werden mit des Fleischteiges ausgestrichen, das Frikassee wird mit wenig Soße darüber geschichtet, der Rest des Fleischteiges darüber verteilt. Aus dem ½ cm dick ausgerollten Blätterteig wird nach der Größe der

verwendeten Form ein Deckel geschnitten, der lose über das Eingeschichtete gelegt wird. Blätterteigreste können in Formen ausgestochen zur Verzierung des Deckels verwendet werden. Der mit einer Gabel mehrere Male durchstochene Deckel wird mit Eigelb bepinselt und die Pastete in 30–40 Minuten gebacken. Die übrige Frikasseesoße wird dazugereicht. An Stelle des Hühnerfrikassees kann ein Fisch-, ein Kalbfleischfrikassee, ein Zungenragout zum Einfüllen verwendet werden.

Außer Blätterteig kommt für Pasteten mürber Teig in Betracht.

507. Mürber Teig zu Pasteten

250–300 g Mehl,
125 g Butter oder Margarine,

1 Ei mit 4 Eßlöffel Wasser verquirlt,
1 Messerspitze Salz.

Das Mehl wird in eine Schüssel gesiebt, die kalte Butter in Flocken dazugegeben. Das mit Wasser und Salz verquirlte Ei wird von der Mitte aus eingerührt. Der Teig wird schnell zusammengeknetet und kaltgestellt, dünn ausgerollt, mit einer Gabel eingestochen, verwendet.

508. Teig zu Pasteten

250–300 g Mehl,
80 g Butter oder Margarine,
1 Ei,

10 Eßlöffel Wasser,
1 Messerspitze Salz.

Herstellung wie in Nr. 507.

509 Rebhuhnpastete für 4-6 Personen

2 Rebhühner,
50 g Speck,
50 g roher Schinken,
2 Esslöffel Madeira,
1 Teelöffel Salz,
200 g Schweinefleisch (mager),
200 g Schweinerückenfett,
200 g Kalbs- oder Schweineleber,
die Leber d. Rebhühner,
30 g Butter,
1 Messerspitze Zwiebel,
125 g gepökelte, gekochte Rinderzunge,
15 Stück Büchsenchampignons,
1 Teelöffel ger. Parmesankäse,
Salz nach Geschmack,
(Pfeffer),
1 Messerspitze Thymian.

Das vorbereitete, unausgenommene Rebhuhn wird von der Rückenseite aus entknöchelt. Die Haut wird von Brust und Keulen abgezogen. Die Brust von beiden Rebhühnern, die Keulen von einem werden mit Speck und Schinkenstreifen gespickt, mit Salz bestreut, mit Madeira beträufelt, 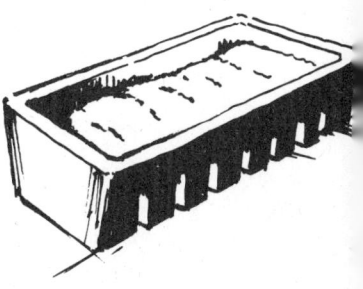 1-2 Stunden stehen gelassen. Die in Butter gedünsteten Rebhuhnlebern werden mit dem übrigen, von den Knochen gelösten, von Haut befreiten Rebhuhnfleisch, dem Schweinefleisch, dem Schweinerückenfett, der Kalbs- oder Schweineleber dreimal durch die Maschine gedreht. Feingeschnittene Zwiebel, würflig geschnittene Zunge und Champignons, geriebener Käse werden dazugegeben. Die Masse wird nach Salz bzw. Pfeffer abgeschmeckt. Eine gebutterte Pasteten- oder Kastenform aus Blech wird am Boden und  Rand mit dünn ausgerolltem Teig nach Nr. 508 oder 509 ausgelegt, mit einem Teil des Fleischteiges ausgestrichen. Die gut abgetropften Rebhuhnstücke werden lagenweise mit Fleischteig eingeschichtet, mit Fleischteig gedeckt. Ein Deckel aus Teig wird darüber gelegt. Der Teig wird mehrere Male mit einer Gabel eingestochen, mit Eigelb bepinselt. Die Pastete wird in 1½–1¾ Stunden gebacken. An Stelle von Teig kann die Form auch mit dünnen Scheiben von Schweinerückenfett ausgelegt werden. Nach dem Einschichten von Fleischteig und Rebhuhnstücken wird auch die Oberfläche mit dünngeschnittenen Scheiben von Schweinerückenfett belegt und die Pastete zugedeckt im kochenden Wasserbad in 2–2½ Stunden gargemacht.

510. Hasenpastete für 6–8 Personen

1 Hasenrücken,	250 g Schweineleber,
1 Hasenkeule,	1 Teelöffel Zwiebelwürfel,
40 g roher Schinken,	1 Esslöffel gew. Petersilie,
40 g ger. Speck,	125 g gekochter Schinken oder
1 Teelöffel Salz,	gepökelte, gekochte Zunge,
4 Esslöffel Madeira,	1 Esslöffel ger. Parmesankäse,
1 Messerspitze Pfeffer,	Salz nach Geschmack,
1 Messerspitze Gewürz,	(1 Prise Pfeffer),
250 g Schweinefleisch,	1 Messerspitze Thymian.
250 g Schweinerückenfett,	

Der gehäutete Hasenrücken wird abwechselnd mit Schinken- und Speckstreifen gespickt. Das Fleisch wird von den Knochen gelöst, schräg in 5–6 cm lange Stücke geschnitten, die mit den Gewürzen bestreut, mit Madeira übergossen 1–2 Stunden durchziehen müssen. Das von den Knochen gelöste Fleisch der Hasenkeule wird mit dem Schweinefleisch, dem Schweinerückenfett, der Leber dreimal durch die Maschine gedreht. Zwiebelwürfel und Petersilie in Butter gedünstet, die übrigen Zutaten werden hinzugegeben, der Fleischteig wird abgeschmeckt. Die weitere Herstellung der Pastete ist die gleiche wie in Nr. 509. Werden die Pasteten Nr. 509 und 510 warm gereicht, so eignet sich eine Madeirasoße dazu, bei der zum Auffüllen der dunklen Mehlschwitze die aus Rebhuhn- oder Hasenknochen gekochte Brühe zu verbrauchen ist. Werden die Pasteten kalt gereicht, so können Cumberland- oder Remouladensoße dazu gegeben werden.

Süße Speisen

Aufläufe

werden heiß in der Form zu Tisch gegeben. Da sie durch Stehen nach dem Gargewordensein zusammenfallen, ist die zu ihrer Herstellung notwendige Zeit zu berechnen. Je größer die zur Verwendung kommende Eiermenge, je geringer die Menge des stärkemehlhaltigen Bindemittels ist, umso leichter fällt der Auflauf zusammen. Die Form ist nur mit Butter auszustreichen, da das Stürzen der Masse fortfällt. Als Zeit für das Garwerden des Auflaufes ist in den nachfolgenden Kochvorschriften durchschnittlich mit einer Stunde gerechnet. Bei feineren Aufläufen empfiehlt es sich, besonders bei Öfen mit starker, schwer zu regulierender Oberhitze, den Auflauf *zugedeckt* in eine Emailleschüssel mit warmem Wasser zu setzen, das Wasser auf dem Herd zu erhitzen, den Auflauf in schwach kochendem Wasser ½ Stunde stehen zu lassen, ehe er im Ofen *unzugedeckt* gebräunt und gargemacht wird.

Zu den Aufläufen können Soßen gereicht werden, der Farbe, dem Geschmack des Auflaufs entsprechend.

511. Semmel- oder Zwiebackauflauf für 8 Personen

200 g geriebene Semmel oder Zwieback,
¾ l Milch,
125 g Zucker,
125 g Butter oder Margarine,

5–6 Eigelb und Schnee,
abgeriebene Zitronenschale von ½ Zitrone,
65 g Sultaninen,
65 g Korinthen,
nach Belieben 30–40 g Mandeln.

Semmel oder Zwieback werden in Milch zu einem steifen Brei gekocht. Die Butter wird schaumiggerührt, mit Eigelb und Zucker ½ Stunden gerührt.

Die Masse wird unter Rühren zu dem abgekühlten Brei gegeben. Der steifgeschlagene Eierschnee wird darunter gezogen, die Masse vorsichtig mit den gereinigten Sultaninen und Korinthen vermischt. In der gefetteten Form wird der Auflauf 1 Stunde gebacken.

512. Stärkemehlauflauf für 8 Personen

150 g Kartoffelmehl, Gustin oder Mondamin,
¾ l Milch (½ l und ¼ l),
1 Stückchen Vanille,
150 g Butter oder Margarine,
175 g Zucker,
1 Prise Salz,
6 Eigelb und Schnee,
125 g Sultaninen,
nach Belieben 50 g Mandeln.

Die mit Vanille aufgekochte Milch (½ l) wird durch das in ¼ l kalter Milch angerührte Stärkemehl gedickt. Butter, Zucker und Eigelb werden in ½ Stunde schaumiggerührt, zu der abgekühlten Masse gegeben. Der Eierschnee wird darunter gezogen, gereinigte Sultaninen, nach Belieben gebrühte, abgezogene, grob gewiegte Mandeln werden dazugegeben. In der gefetteten Form wird der Auflauf in 1 Stunde gargemacht (½ Stunde im Wasserbade, ½ Stunde im Backofen).

513. Kartoffelauflauf für 6–8 Personen

125 g Butter oder Margarine,
125 g Zucker,
6 Eigelb und Schnee,
abgeriebene Schale von ½ Zitrone,
1 Prise Salz,
60–125 g Mandeln,
500 g gekochte Kartoffeln.

Butter, Zucker und Eigelb werden in ½ Stunde schaumiggerührt; Zitronenschale, vorbereitete, grob gewiegte Mandeln, geriebene Kartoffeln werden dazugegeben. Nach dem Unterziehen des steifgeschlagenen Schnees wird der Auflauf 1 Stunde gebacken.

514. Nudelauflauf für 8 Personen

250 g Nudeln,
3 l kochendes Wasser,
für 1 l 1 Esslöffel Salz,
125 g Butter oder Margarine,
150 g Zucker,
6 Eigelb und Schnee,
65 g Sultaninen,
65 g Mandeln.

Die Nudeln werden in kochendem Salzwasser in 15 bis 25 Minuten gargemacht, zum Abtropfen auf einen Durchschlag geschüttet. Butter, Eigelb und Zucker werden in 20–30 Minuten schaumiggerührt. Nudeln, Sultaninen, grob gewiegte Mandeln werden dazugebeben. Der Eierschnee wird darunter gezogen und der Auflauf 1 Stunde gebacken.

515. Grießauflauf für 8 Personen

1 l Milch,
1 Prise Salz,
250 g groben Grieß,
125 g Butter oder Margarine,
175 g Zucker,
6–8 Eigelb und Schnee,
50–75 g Mandeln.

Milch und Salz werden aufgekocht, der Grieß wird trocken hineingeschüttet und unter Rühren dick ausgequollen. Butter, Zucker und Eigelb werden in 20–30 Minuten schaumiggerührt, mit den grob gewiegten Mandeln zur abgekühlten Grießmasse gegeben. Der steifgeschlagene Eierschnee wird darunter gezogen, der Auflauf in der gefetteten Form 1 Stunde gebacken.

516. Grießauflauf mit Obst für 8 Personen

750–1000 g frisches Obst (Kirschen, Äpfel, Aprikosen), oder 250–375 g getrocknete Aprikosen, bei frischem Obst 150–200 g Zucker, ⅛–¼ l Wasser, bei getrockneten Aprikosen ½–¾ l Wasser zum Einweichen,

75–100 g Zucker, ½ l Milch, 1 Prise Salz, 125 g groben Grieß, 125 g Margarine oder Butter, 125 g Zucker, 5–6 Eigelb und Schnee, 25 g Mandeln.

Das frische Obst wird mit Zucker und Wasser zu Kompott gekocht. Die getrockneten, am Vorabend des Kochtages gewaschenen, eingeweichten Aprikosen werden im Einweichwasser aufgekocht, gesüßt. Die Grießmasse wird nach Nr. 515 hergestellt. Auf den Boden der gefetteten Auflaufform wird das Kompott mit nur wenig Saft gegeben. Die Grießmasse wird vorsichtig darüber gefüllt und der Auflauf 1 Stunde gebacken. Der Saft kann durch wenig Stärkemehl gedickt als Soße dazu gereicht werden.

517. Reisauflauf für 8 Personen

250 g Reis, ¾–1 l Milch, 1 Prise Salz, 125 g Butter oder Margarine,

125 g Zucker, 6 Eigelb und Schnee, abgeriebene Schale von ½ Zitrone, 65 g Mandeln, 125 g Sultaninen.

Der abgequirlte Reis wird mit kaltem Wasser bedeckt angesetzt, aufgekocht, das Wasser abgegossen. Er wird in Milch in ¾–1 Stunde ausgequollen, kaltgestellt. Butter, Zucker und Eigelb werden in 20–30 Minuten schaumiggerührt, mit der abgeriebenen Zitronenschale, den vorbereiteten, grob gewiegten Mandeln zur abgekühlten Reismasse gerührt. Der Eierschnee wird darunter gezogen, die gereinigten Sultaninen werden darunter gemischt. Der Auflauf wird eine Stunde gebacken.

Zur Veränderung des Geschmackes können 6–8 Äpfel gewaschen, geschält, in Scheiben geschnitten, ungefähr 1 Stunde mit 2 Eßlöffeln Zucker bestreut in 4 Eßlöffeln Rum durchgezogen unter die fertige Reismasse gemischt werden, oder zum

Reisauflauf mit Schokolade kann die Hälfte der fertigen Reismasse mit 100 g geriebener Schokolade vermischt werden. In die Auflaufform wird erst die helle, dann die dunkle Masse gefüllt.

518. Mandelauflauf I für 8 Personen

150 g geriebene Semmel oder Zwieback,	125 g Zucker,
	6–8 Eigelb und Schnee,
⅜ l Milch,	150–175 g süße Mandeln,
1 Prise Salz,	5 bittere Mandeln.
150–175 g Butter oder Margarine,	

Semmel oder Zwieback wird mit der Milch zu einem festen Brei gekocht, dieser abgekühlt. Butter, Zucker und Eigelb werden in ½ Stunde schaumiggerührt, die gebrühten, abgezogenen, durch die Mandelmühle gedrehten Mandeln werden dazugegeben. Diese weiche Masse wird nach und nach in die Semmel- oder Zwiebackmasse eingerührt. Nach dem Unterziehen des steifen Eierschnees wird der Auflauf 1 Stunde gebacken.

519. Apfelauflauf I für 6–8 Personen

1–1½ kg Äpfel,	150 g geriebene Semmel oder
4 Eßlöffel Zucker,	Zwieback,
4 Eßlöffel Rum,	1 Prise Salz,
6 Eigelb und Schnee,	40–50 g Mandeln,
200 g Zucker,	50 g Sultaninen.

Die gewaschenen, geschälten Äpfel werden in feine Scheiben geschnitten oder auf dem Gurkenhobel gehobelt, mit Zucker bestreut, mit Rum übergossen. Nachdem Eigelb und Zucker in ½ Stunde schaumiggerührt worden sind, werden Semmel oder Zwieback abwechselnd mit der Hälfte des steifgeschlagenen Eierschnees, die geriebenen Mandeln, Sultaninen, die Äpfelscheiben dazugegeben. Die andere Hälfte des Eischnees wird darunter gemischt, der Auflauf ¾–1 Stunde gebacken. Weinschaumsoße eignet sich als Beigabe.

520. Brot- oder Schokoladenauflauf für 6–8 Personen

125 g Butter oder	150 g geriebenes Grau- oder
Margarine,	Schwarzbrot,
125 g Zucker,	100 g geriebene Schokolade,
6 Eigelb und Schnee,	1 Eßlöffel Kakao.

Butter, Zucker und Eigelb werden in ½ Stunde schaumig gerührt, geriebene Schokolade, geriebenes Brot werden abwechselnd mit der Hälfte des steifgeschlagenen Eiweiß dazugegeben, die zweite Hälfte des Schnees wird lose darunter gemischt. Der Auflauf wird ¾–1 Stunde gebacken.

521. Mehlauflauf für 6–8 Personen

125 g Butter oder
Margarine,
200 g Zucker,
5 Eigelb und Schnee,
375 g Weizenmehl oder
halb Weizen-, halb Kartoffelmehl,

Saft und Schale von 1 Zitrone,
1 Prise Salz,
30–40 g Mandeln,
¾ Päckchen Backpulver,
nach Bedarf Milch (¹⁄₁₆ bis ⅛ l).

Butter, Zucker und Eigelb werden in ½ Stunde schaumiggerührt, das mit dem Backpulver zusammengesiebte Mehl, abgeriebene Zitronenschale, Zitronensaft, geriebene Mandeln werden abwechselnd mit der Hälfte des Eierschnees dazugegeben, wenn notwendig etwas Milch. Die zweite Hälfte des Schnees wird darunter gezogen, der Auflauf 1 Stunde gebacken.

522. Apfelbettelmann für 6–8 Personen

750–1000 g Äpfel,
4 Eßlöffel Zucker,
4 Eßlöffel Rum,
500 g geriebenes Grau-
oder Schwarzbrot,

100 g Zucker,
1 Messerspitze gest. Zimt und
Nelken,
ungefähr ⅛ l Milch,
100 g Butter oder Margarine.

Die vorbereiteten Äpfel werden in ganz feine Scheiben geschnitten oder auf dem Gurkenhobel gehobelt, mit Zucker bestreut, mit Rum übergossen. Das geriebene Brot wird mit Zucker und Gewürzen gemischt, mit wenig Milch angefeuchtet. Die Hälfte der Brotmasse wird in die dick gefettete Auflaufform gefüllt, 50 g Butter in Flocken werden darüber verteilt, die Äpfel werden darüber gefüllt, die zweite Hälfte der Brotmasse daraufgegeben, über das Brot wieder 50 g Butter in Flocken. Der Auflauf wird ¾–1 Stunde gebacken. Die Äpfel können auch mit wenig Wasser und Zucker zu Kompott gekocht verwendet werden. Die Milch kann in diesem Falle durch Apfelsaft ersetzt werden. Auch 50–75 g gereinigte Korinthen können mit eingeschichtet werden.

523. Mandelauflauf II für 8 Personen

½ l Milch,
1 Prise Salz,
100 g süße, 5 bittere Mandeln,
100 g Butter oder Margarine,
100 g Weizenmehl,
6–8 Eigelb und Schnee,
150–175 g Zucker.

Milch, Salz, die gebrühten, abgezogenen, durch die Mühle gedrehten süßen und bitteren Mandeln und Butter werden zusammen aufgekocht, das gesiebte Mehl wird unter Rühren in die kochendheiße Flüssigkeit geschüttet und dick gerührt. Die heiße Masse wird mit einem Eigelb vermischt. Die übrigen Eigelb werden mit dem Zucker in ½ Stunde schaumig gerührt, nach und nach zu dem abgekühlten Kloß gegeben. Der steifgeschlagene Eierschnee wird darunter gezogen und der Auflauf in ¾–1 Stunde gargemacht (½ Stunde im Wasserbade auf dem Herd, ¼–½ Stunde im Backofen).

524. Schokoladenauflauf I für 6–8 Personen

½ l Milch,
1 Prise Salz,
100 g Schokolade (gerieben),
1 Esslöffel Kakao,
1 Stückchen Vanille,
75 g Butter oder Margarine,
100 g Weizenmehl,
125 g Zucker,
6 Eigelb und Schnee.

Herstellung wie in Nr. 523.

525. Schokoladenauflauf II für 8–10 Personen

¼ l Milch,
1 Prise Salz,
140 g geriebene Schokolade,
50 g Butter oder Margarine,
½ Stange Vanille,
70 g Mondamin oder Gustin in ¼ l kalter Milch angerührt,
140 g Zucker,
8–9 Eigelb und Schnee.

Milch, Salz, geriebene Schokolade, Butter und Vanille werden aufgekocht, das angerührte Stärkemehl wird dazugegossen, die Masse dick gerührt, kaltgestellt. Die in ½ Stunde mit dem Zucker schaumiggerührten Eigelb werden zu der abgekühlten Masse gegeben. Der Eierschnee wird darunter gezogen, der Auflauf in ¾–1 Stunde gargemacht (½ Stunde im Wasserbad, ¼–½ Stunde im Backofen).

526. Auflauf mit saurer Sahne für 6 Personen

6 Eigelb und Schnee, Schale von ½ Zitrone,
125 g Zucker, ¾ l dicke saure Sahne.
110 g Mehl,

Zu den mit dem Zucker in ½ Stunde schaumiggerührten Eigelb werden Mehl, abgeriebene Zitronenschale und saure Sahne gegeben. Der Eierschnee wird untergezogen, der Auflauf in ¾–1 Stunde gargemacht (½ Stunde im Wasserbad, ¼–½ Stunde im Backofen).

527. Auflauf mit Apfelsinen- und Zitronensaft für 6–8 Personen

½ l Milch, 6 Eigelb und Schnee,
1 Prise Salz, 100 g Zucker,
75 g Butter oder Margarine, 1 Esslöffel Zitronen-,
125 g Stärkemehl in 1 Esslöffel Apfelsinenzucker,
⅛ l kalter Milch angerührt Saft von 1 Zitrone,
(Kartoffelmehl, Gustin oder Saft von 2 Apfelsinen.
Mondamin),

Milch, Salz und Butter werden aufgekocht. Das angerührte Stärkemehl wird unter Rühren dazugegossen, die Masse zu einem steifen Brei gekocht. Zucker und Eigelb werden mit Zitronen- und Apfelsinenzucker in ½ Stunde schaumiggerührt, Zitronen- und Apfelsinensaft durch ein Sieb dazugeben. Die Masse wird nach und nach in den Stärkebrei eingerührt, der Eierschnee wird darunter gemischt, der Auflauf in 1 Stunde gargemacht (½ Stunde im Wasserbad auf dem Herde, ½ Stunde im Backofen).

528. Zitronenauflauf für 4–6 Personen

150 g Zucker,
6 Eigelb und Schnee,
2 Eßlöffel Zitronenzucker,
2 Eßlöffel Stärkemehl (Kartoffelmehl, Gustin, Mondamin),
Saft von 1½–2 Zitronen.

Zucker, Zitronenzucker und Eigelb werden in ½ Stunde schaumiggerührt, Stärkemehl, Zitronensaft werden dazugegeben. Der Eierschnee wird darunter gemischt, der Auflauf in ¾ Stunden gargemacht (½ Stunde im Wasserbad, 10–15 Minuten im Backofen). Fällt leicht zusammen.

529. Auflauf mit verschiedenem Obst für 8 Personen

½ l Milch,
1 Prise Salz,
65 g Butter oder Margarine,
125 g Stärkemehl in
⅛ l kalter Milch angerührt,
150 g Zucker,
6 Eigelb und Schnee,
1 kg Pfirsiche, Aprikosen oder Pflaumen,
kochendes Wasser zum Überbrühen.

Milch, Salz und Butter werden aufgekocht, das angerührte Stärkemehl wird unter Rühren dazugegossen; die Masse zu einem steifen Brei gekocht. Die mit dem Zucker in 20 Minuten schaumiggerührten Eigelb werden zu der abgekühlten Stärkemasse gegeben, der Eierschnee wird untergezogen. Das Obst wird mit kochendem Wasser überbrüht, die Schale abgezogen. Die Früchte werden in Viertel geschnitten unter die fertige Auflaufmasse gemischt. Der Auflauf wird in 1 Stunde gargemacht (½ Stunde im Wasserbad, ½ Stunde im Backofen). An Stelle der angegebenen Obstarten können auch 500–750 g gereinigte, gut abgetropfte Himbeeren unter die Auflaufmasse gemischt werden.

530. Auflauf von Fruchtmus für 6–8 Personen
Verwendung von Eiweißresten

750 g Himbeeren, Erdbee-   250 g Zucker,
ren, Äpfel oder Aprikosen,   8–9 Eiweiß.

Das Beerenobst wird roh durch ein Haarsieb gestrichen. Die Äpfel werden als Bratäpfel durch ein Haarsieb gestrichen. Die Aprikosen mit ganz wenig Wasser im eigenen Saft zerkocht, ehe sie durchgestrichen werden. Das gewonnene Mus wird mit dem Zucker gesüßt, mit dem steifgeschlagenen Schnee vermischt, der Auflauf in 20–25 Minuten im Ofen gargemacht. An Stelle von frischen Aprikosen können 250–375 g getrocknete, in ½ Liter Wasser eingeweicht, verwendet werden.

531. Apfelauflauf II für 6–8 Personen

500 g Äpfel,   100 g Butter oder Margarine,
30 g Korinthen,   5–6 Eigelb und Schnee,
30 g Mandeln,   120 g Weizenmehl,
2 Eßlöffel Zucker,   120 g Zucker,
2 Eßlöffel Rum,   ⅛ l Milch.

Die vorbereiteten Äpfel werden in feine Scheiben geschnitten oder auf dem Gurkenhobel gehobelt; mit den gereinigten Korinthen, den vorbereiteten, gewiegten Mandeln, dem Zucker und Rum zum Durchziehen an die Herdseite gestellt. Butter, Eigelb und Zucker werden in ½ Stunde schaumiggerührt, Mehl und Milch dazugegeben, der Eierschnee darunter gemischt. Auf den Boden der gefetteten Auflaufform wird die Apfelmasse gegeben. Die Teigmasse wird darüber gegossen. Der Auflauf wird in 1 Stunde gargemacht (½ Stunde im Wasserbad, ½ Stunde im Backofen).

Puddings

Zwischen einem Pudding und einem Auflauf bestehen große Ähnlichkeiten in den Zutaten, in der Herstellung. Die Unterschiede liegen in der Art des Garmachens, des Anrichtens. Der Pudding  wird in der Form durch Kochen in Wasser gargemacht und gestürzt zu Tisch gegeben. Des Stürzens wegen findet man bei einzelnen Kochvorschriften das Bindemittel in etwas größerer Menge angegeben als bei der gleichen Vorschrift für einen Auflauf. Die Puddingform, die aus 2 bzw. 3 Teilen bestehen kann, ist vor dem Einfüllen der Masse mit nicht zu flüssigem Fett auszustreichen, mit geriebener Semmel auszustreuen. Es empfiehlt sich, die Innenseite des Deckels auf die gleiche Weise vorzubereiten, um das Haftenbleiben eines bis zum Deckelrande aufgegangenen Puddings zu vermeiden. Dem Aufgehen der Teigmasse ist beim Einfüllen Rechnung zu tragen. Ebenso wie beim Auflauf darf auch beim Pudding die Form nur bis zu ¾ ihrer Höhe gefüllt werden. Zum Kochen sind zwei gleichgroße, bauchige Töpfe oder ein gradwandiger, hoher Topf zu benutzen. Letzterer ist mit einem Deckel zu verschließen, damit die zurückschlagenden Wasserdämpfe zum Garmachen des Puddings ausgenutzt werden können. Das kochende Wasser darf nur bis zu 2/3 der Höhe der eingestellten Form reichen, da bei starkem Wallen des Wassers selbst bei gut schließendem Deckel Wasser in die Puddingmasse eindringen und diese verderben könnte. Als Kochzeit ist mit durchschnittlich 1 Stunde zu rechnen, während der nach Bedarf Wasser nachgegossen werden muss. Der gare Pudding wird auf eine runde Porzellanplatte gestürzt, die Form nach 2–3 Minuten abgehoben. In Geschmack und Farbe zum Pudding passende Soßen werden dazu gereicht.

Als Ersatz für die Form kann zum Kochen ein Leinentuch genommen werden. Das gebrühte, trocken ausgewundene Tuch wird mit Butter bepinselt, die Teigmasse daraufgegeben, das Tuch über derselben unter Berechnung des zum Aufgehen notwendigen Platzes mit einem Band zusammengebunden. Mit den Zipfelenden des Tuches wird der Pudding am Griff des Topfdeckels befestigt, in einen Topf mit stark kochendem Wasser eingehängt. Die Masse darf den Boden des Topfes nicht berühren. Zur Sicherheit kann ein umgekehrter Porzellan- oder Emailleteller in den Topf gelegt werden. Während des Garmachens muss kochendes Wasser nachgefüllt werden. Der im Tuch gekochte Pudding ist weniger schmackhaft und nicht so gut aussehend wie der in der Form gargemachte.

532. **Kartoffelpudding** für 6–8 Personen

125 g Butter oder Margarine,
100 g Zucker,
3–6 Eigelb und Schnee,
1 Prise Salz,
abgeriebene Schale von ½ Zitrone oder 5 bittere Mandeln,
500 g gekochte, geriebene Salzkartoffeln,
2 Esslöffel Weizenmehl.

Butter, Zucker und Eigelb werden in ½ Stunde schaumiggerührt. Die übrigen Zutaten werden dazu gegeben. Der Eierschnee wird lose darunter gemischt. In der sorgfältig vorbereiteten Form wird die Masse in kochendem Wasser in 1 Stunde gargemacht.

533. **Nudelpudding** für 6–8 Personen

125 g Nudeln,
2 l kochendes Wasser,
für 1 l 1 Esslöffel Salz,
⅜ l Milch,
1 Prise Salz,
1 Esslöffel Butter oder Margarine,
75 g Butter oder Margarine,
125 g Zucker,
4–6 Eigelb und Schnee,
50 g Mandeln oder abgeriebene Schale von ½ Zitrone.

Die Nudeln werden in kochendes Salzwasser 2–3 Minuten vorgekocht, auf einem Durchschlag abgetropft. Milch, Salz, 1 Esslöffel Fett werden aufgekocht, die abgetropften Nudeln dazugegeben, unter Rühren gekocht, bis ein dicker Brei entsteht, die Masse sich vom Topf löst. Butter, Zucker und Eigelb werden in 20–30 Minuten schaumig gerührt, mit den vorbereiteten Mandeln zu der abgekühlten Nudelmasse gegeben. Der Eierschnee wird darunter gemischt. Der Pudding wird in kochendem Wasser in 1 Stunde gargemacht.

534. Lot- oder Gleichgewichtspudding für 6–8 Personen

¼ l Milch,
125 g Butter oder Margarine,
125 g Weizenmehl,
125 g Zucker,

6 Eigelb und Schnee,
50 g Mandeln oder abgeriebene Schale von ½ Zitrone,
1 Prise Salz.

Milch und Butter werden aufgekocht, das gesiebte Mehl wird hineingeschüttet und unter Rühren zum Kloß abgebrannt. Die mit dem Zucker in 20–30 Minuten schaumig gerührten Eigelb werden mit Mandeln oder Zitronenschale zur abgekühlten Masse gegeben. Der Eierschnee wird untermischt, der Pudding in kochendem Wasser in 1 Stunde gargemacht.

535. Grießpudding für 6–8 Personen

⅜ l Milch,
65 g Butter oder Margarine,
1 Prise Salz,
150 g grober Grieß,

100 g Zucker,
5–6 Eigelb und Schnee,
50 g Mandeln oder abgeriebene Schale von ½ Zitrone.

Milch, Butter und Salz werden aufgekocht. Der Grieß wird hineingeschüttet, unter Rühren zum Kloß abgebrannt. Die mit dem Zucker in 20–30 Minuten schaumig gerührten Eigelb werden mit den Mandeln oder der Zitronenschale zum abgekühlten Grießkloß gegeben. Nach dem Untermischen des Eierschnees wird der Pudding 1 Stunde gekocht.

536. Reispudding für 8 Personen

250 g Reis,	125 g Butter oder Margarine,
Wasser zum Vorkochen,	100 g Zucker,
½ l Milch,	5 Eigelb und Schnee,
1 Stückchen Vanille,	30 g Sultaninen,
1 Prise Salz,	30 g Mandeln.

Der abgequirlte, vorgekochte, abgegossene Reis wird in Milch mit Vanille und Salz in ungefähr ½ Stunde dick- und gargekocht. Butter, Zucker und Eigelb werden in ½ Stunde schaumig gerührt, mit den vorbereiteten Sultaninen und Mandeln zur abgekühlten Reismasse gegeben. Nach dem Unterziehen des Eierschnees wird der eingefüllte Pudding 1¼–1½ Stunde gekocht.

537. Semmelpudding für 6 Personen

3 alte Semmeln,	3–5 Eigelb und Schnee,
75 g Butter oder Margarine,	50 g Sultaninen,
75 g Zucker,	50 g Korinthen,
1 Prise Salz,	50 g Mandeln.

Die geweichte, trocken ausgepresste Semmel wird durch die Fleischmaschine gedreht. Butter, Zucker und Eigelb werden in ½ Stunde schaumiggerührt, zur Semmelmasse gegeben. Nach dem Untermischen des Eierschnees werden die vorbereiteten Sultaninen, Korinthen und Mandeln hinzugefügt und der Pudding durch Kochen in Wasser in 1 Stunde gargemacht.

538. Schokoladenbrotpudding für 6 Personen

100 g Butter oder Margarine,	65 g geriebene Schokolade,
6 Eigelb und Schnee,	1 Esslöffel Kakao,
100 g Zucker,	150 g geriebenes Brot,
½ Päckchen Vanillezucker,	1 Prise Salz.

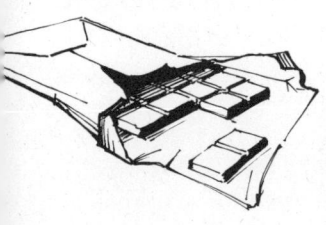

Butter, Zucker und Eigelb werden in 20–30 Minuten schaumiggerührt, die übrigen Zutaten werden dazugegeben. Nach dem Untermischen des Eierschnees wird der eingefüllte Pudding durch Kochen in Wasser in 1 Stunde gargemacht.

539. Brotpudding für 6–8 Personen

125 g Zucker,
6 Eigelb und Schnee,
125 g geriebenes Schwarzbrot,
1 Messerspitze Zimt und Nelken,

abgeriebene Schale von ½ Zitrone,
50 g Mandeln mit der Schale,
30 g Zitronat, in Würfel geschnitten.

Nachdem Zucker und Eigelb in ½ Stunde schaumig gerührt worden sind, werden die übrigen angegebenen Zutaten hinzugefügt. Nach dem Untermischen des Schnees und dem Einfüllen in die Form wird der Pudding 1 Stunde gekocht.

540. Nusspudding für 6–8 Personen

6 Eigelb und Schnee,
180 g Zucker,
1 Päckchen Vanillezucker,

50 g geriebene Semmel oder Zwieback,
200 g Nusskerne (Wal- oder Haselnüsse).

Zucker, Vanillezucker und Eigelb werden in ½ Stunde schaumiggerührt. Geriebene Semmel oder geriebener Zwieback und die durch die Mühle gegebenen Nusskerne werden abwechselnd mit der Hälfte des steifgeschlagenen Eierschnees dazugegeben. Die zweite Hälfte des Schnees wird lose darunter gemischt. Der in die vorbereitete Form gefüllte Pudding wird 1–1¼ Stunde gekocht.

541. **Plumpudding** für 6–8 Personen

250 g Rindernierentalg,	1 Messerspitze gestoßene
250 g geriebene Semmel	Nelken,
oder geriebner Zwieback,	½ Teelöffel Zimt,
125 g Weizenmehl,	½ abgeriebene Zitronenschale,
200 g Zucker,	125 g Sultaninen,
5 Eigelb und Schnee,	125 g Korinthen,
$\frac{1}{16}$ l Milch,	30 g Zitronat,
2 Esslöffel Rum oder Arrak,	30 g Mandeln mit der Schale.

Der Rindernierentalg wird aus den Häuten gelöst, in Stücke geschnitten, mit der geriebenen Semmel und dem Mehl 3–4 mal durch die Fleischmaschine gedreht. Eigelb und das zu Schnee geschlagene Eiweiß werden mit dem Zucker ½ Stunde gerührt. Milch, Arrak oder Rum, die Gewürze, die Fettmasse, die übrigen geschmackgebenden Zutaten werden hinzugefügt. Die in die vorbereitete Puddingform eingefüllte Masse wird 4 Stunden im Wasser gekocht. Nach dem Stürzen wird der Pudding mit Arrak oder Rum übergossen, der Alkohol entzündet, der Pudding brennend zu Tisch gegeben. Wird der Pudding am Tage vor dem Gebrauch fertiggestellt, so ist er am Gebrauchstage noch 1 Stunde in der Form zu kochen.

542. **Kuchenrestpudding** für 6 Personen

250 g Kuchenreste,	1 Messerspitze Zimt,
30 g Mandeln,	¼–⅜ l Milch,
25 g Korinthen,	2 Eier,
25 g Sultaninen,	1 Prise Salz,
	½ Teelöffel Backpulver.

Die Kuchenreste werden in kleine Würfel geschnitten, abwechselnd mit den vorbereiteten Mandeln, Korinthen und Sultaninen in die vorbereitete Puddingform eingeschichtet. Zimt, Milch, Eier, Salz und Backpulver werden glatt verquirlt darüber gegossen. Der Pudding wird durch Kochen in Wasser in 1 Stunde gargemacht.

Verschiedene warme süße Speisen

543. Arme Ritter I für 4 Personen

2 alte Semmeln oder 8 Scheiben Einback,	2–3 geriebene bittere Mandeln,
⅛–¼ l Milch,	1 Prise Salz,
1–2 Eigelb,	1–2 Eiweiß,
1 Esslöffel Zucker,	50–60 geriebene Semmel,
	50–60 g Butter, Schweinefett oder Palmin.

Semmel- oder Einbackscheiben werden nebeneinander auf eine Porzellanplatte oder ein Emaillebrett gelegt. Die mit Eigelb, Zucker und Salz verquirlte Milch wird zum Beträufeln der Scheiben verbraucht. Diese werden nach dem Durchziehen in mit 1–2 Esslöffel Wasser verquirltem Eiweiß, dann in geriebener Semmel umgewendet, ehe sie in brauner Butter oder in dampfendem Fett gebacken werden. Sie werden mit Zucker und Zimt bestreut, mit Obstsoße oder Kompott zu Tisch gegeben.

544. Arme Ritter II für 4 Personen

2 alte Semmeln oder 8 Scheiben Einback,	*Zum Eierkuchenteig:*
⅛–¼ l Milch,	3 Esslöffel Mehl,
3 bittere, 7 süße Mandeln,	⅛ l Milch,
1 Esslöffel Zucker,	2 Eigelb und Schnee,
1 Prise Salz,	1 Prise Salz,
	50–60 g Butter, Schweinefett oder Palmin.

Die Semmel- oder Einbackscheiben werden nebeneinander auf eine Porzellanplatte oder ein Emaillebrett gelegt. Die gebrühten, abgezogenen, geriebenen Mandeln werden mit der Milch aufgekocht. Die Flüssigkeit wird durch ein Sieb gegossen, mit Zucker und Salz gewürzt, zum Beträufeln der Scheiben verbraucht. Aus Mehl, der mit Eigelb und Salz verquirlten Milch wird ein Eierkuchenteig hergestellt, unter den der Eierschnee gemischt wird. Die in diesem Teig umgewendeten Scheiben werden in brauner Butter oder dampfendem Fett gebacken. Sie werden mit Zucker und Zimt bestreut, mit Obstsoße oder Kompott zu Tisch gegeben.

545. Apfeleierkuchen für 4 Personen

3–4 große Äpfel,
2 Esslöffel Zucker,
2 Esslöffel Rum,

Zum Eierkuchenteig:
100 g Mehl,
³⁄₁₆ – ¼ l Milch,
1–2 Eigelb und Schnee,
1 Prise Salz,
60–80 g Butter, Schweinefett,
Palmin oder Ausbackfett.

Die mit dem Apfelausbohrer oder Kartoffelschäler vom Kerngehäuse befreiten, geschälten Äpfel werden in dicke Scheiben geschnitten, mit Zucker bestreut, mit Rum beträufelt, zugedeckt 1 Stunde stehen gelassen. Sie werden in dem aus den angegebenen Zutaten hergestellten Eierkuchenteig umgewendet, ehe sie in brauner Butter oder in dampfendem Fett gebacken werden. Außer in der Pfanne können sie auch schwimmend in Ausbackfett gebräunt werden. Die Flüssigkeit der Äpfel kann zum Eierkuchenteig gegeben werden.

546. Nudelschmarren für 4–6 Personen

125 g Fadennudeln,
2–3 l kochendes Wasser, für
1 l 1 Esslöffel Salz,
70 g Zucker,
4 Eier,

¼ l Milch,
2 Esslöffel Korinthen,
20 g Mandeln,
40–50 g Butter,
Zucker und Zimt zum Bestreuen.

Die Nudeln werden in kochendem Salzwasser in 15 bis 20 Minuten gargemacht, auf einem Durchschlag abgetropft. Zucker, die mit Milch verquirlten Eier, die vorbereiteten Korinthen und Mandeln (grob gewiegt oder in Stifte geschnitten) werden mit den Nudeln vermischt. Die Masse wird in die in einer Bratpfanne hell gebräunte Butter gegeben, von der Unterseite hellbraun gebacken. Sie wird dann mit zwei Gabeln in Stücke zerpflückt, die, wenn nötig, unter Hinzufügen von Fett, gleichmäßig gebräunt werden. Mit Zucker und Zimt bestreut wird der Schmarren zu Tisch gegeben.

547. Apfelreis für 4 Personen

250 g Reis,	750–1000 g Äpfel,
¾–1 l Wasser,	½ l Wasser,
½ Teelöffel Salz,	100–200 g Zucker,
50 g Butter oder Margarine,	50 g Butter.

Der abgequirlte Reis wird in Wasser mit Salz und Butter in ¾–1 Stunde ausgequollen. Die gewaschenen, geschälten, in Achtel geschnittenen Äpfel werden in der Zuckerlösung zu Kompott gekocht, Reis und Kompott werden vorsichtig gemischt. Das Gericht wird mit gebräunter Butter übergossen, Zucker und Zimt werden dazu gereicht. Anstatt zu Kompott können die Äpfel auch zu Mus gekocht werden. Sie sind dazu ungeschält mit ¼ l Wasser anzusetzen und nach dem Durchstreichen ist das Mus mit Zucker zu süßen.

548. Kürbisreis für 4 Personen

250 g Reis,	⅛ l Wasser,
¾–1 l Wasser,	Zucker nach Geschmack
½ Teelöffel Salz,	(2–3 Esslöffel),
50 g Butter oder Margarine,	2–3 Esslöffel Korinthen,
750–1000 g Kürbis ohne Kerne,	Zitronensaft von ½ bis 1 Zitrone.

Der Reis wird nach Nr. 547 behandelt. Der in Würfel geschnittene Kürbis wird mit dem Wasser weichgekocht, durch ein Sieb gestrichen, nach Zucker und Säure abgeschmeckt. Die vorbereiteten Korinthen werden dazugegeben. Das Gericht wird nach Nr. 547 fertiggestellt.

549. Hefemehlspeise mit Früchten (Savarin) für 6–8 Personen

250 g Mehl,
20 g Hefe,
knapp ⅛ l Milch,
100 g Butter oder Margarine,
30 g Zucker,
2–3 Eier,
½ Teelöffel Salz,
1–1½ kg frisches Obst, Erdbeeren, Kirschen, Aprikosen oder

375–500 g getrocknete Aprikosen,
150–250 g Zucker,
Wasser nach Bedarf,
Zitronensaft (Weißwein, Rum, Maraschino),
250–375 g Marmelade,
30 g Mandeln oder 15 Pistazien.

Aus Mehl, Milch und Hefe wird ein Vorteig angesetzt, der aufgehen muss. Zerlassene abgekühlte Butter, Zucker, Eier und Salz werden dazugegeben. Der glattgeschlagene Teig wird in eine vorbereitete Ringform (mit Butter ausstreichen, mit geriebener Semmel ausstreuen) gefüllt, in der er ein zweites Mal aufgehen muss, ehe er bei mittelstarker Hitze in 20–25 Minuten gebacken wird. Der gestürzte Kuchen wird auf eine passende Glas- oder Porzellanplatte gegeben. Frisches Obst wird ohne oder mit wenig Wasser und Zucker zu Kompott gekocht. Getrocknete Aprikosen werden am Vorabend des Gebrauches gewaschen und eingeweicht (auf 375 g Aprikosen ¾ l Wasser). Am nächsten Tage im Einweichwasser weichgekocht, gesüßt. Der Saft des Kompotts wird nach Zitronensaft, nach Belieben nach Wein, Rum und Maraschino abgeschmeckt. Diese Flüssigkeit wird zum Durchtränken des noch warmen Kuchens verwendet (löffelweise). Der Kuchen wird mit Marmelade bestrichen; mit roter bei Verwendung von rotem Obst, mit gelber bei Verwendung von Aprikosen. Der innere Hohlraum wird mit dem Kompott gefüllt, der Kuchen mit gewiegten Mandeln oder Pistazien bestreut.

550. Strudel, einfach für 4 Personen

250 g Mehl,
½ Teelöffel Backpulver,
1 Ei,
knapp ⅛ l Milch oder Wasser,
25 g Butter oder Margarine,
1 Prise Salz,
30 g Butter oder Margarine,
750–1000 g Äpfel,
65 g Zucker,
Butter zum Bestreichen,
Zucker oder Puderzucker zum Bestreuen.

Mehl und Backpulver werden 2–3 mal gesiebt. In der erwärmten Milch wird die Butter gelöst. Die Flüssigkeit wird mit Ei und Salz verquirlt, und von der Mitte aus in das Mehl eingerührt. Der Teig wird zusammengeknetet und 15–20 Minuten geworfen, um geschmeidig zu werden (er darf weder zu weich noch zu fest sein). Auf einem bemehlten Tuch wird der Teig erst ausgerollt, dann mit der Hand so dünn wie irgend möglich ausgezogen. Die gewaschenen, geschälten, in feine Scheiben geschnittenen oder gehobelten Äpfel werden auf dem mit Fett bepinselten Teig verteilt, der Zucker wird darüber gestreut, die Teigränder der Längsseiten werden nach innen eingeschlagen. Der Teig wird durch Anheben des Tuches zusammengerollt, der Strudel auf vorbereitetem Blech oder in einer Bratpfanne mit zerlassenem Fett bepinselt, 1 Stunde bei mittelstarker Hitze gebacken. Er wird mit Zucker bestreut.

551. Strudel, feiner für 6–8 Personen

400 g Mehl,	50 g Butter,
60 g Butter in Flocken,	1½ kg Äpfel,
1 Ei,	100–125 g Zucker,
½ Teelöffel Salz,	100 g Sultaninen,
knapp ³⁄₁₆ l Milch oder	100 g Mandeln,
Wasser,	Eigelb zum Bepinseln,
zerlassene Butter oder Öl	Butter zum Bestreichen,
zum Bepinseln,	Zucker zum Bestreuen,
75 g Butter oder Margarine,	oder Zuckerguss von 200 g
150 g geriebene Semmel	Puderzucker,
oder Zwieback,	Wasser nach Bedarf (3–4 Esslöffel).

Das Mehl wird 2–3 mal gesiebt, die Butter wird in Flocken dazugegeben. Die mit Ei und Salz verquirlte Flüssigkeit wird von der Mitte in das Mehl eingerührt. Der Teig wird geknetet und 15–20 Minuten geworfen. Er wird in einer Schüssel auf einen Topf mit warmem Wasser gestellt, die Oberfläche mit zerlassener Butter oder mit Öl bepinselt. Zugedeckt bleibt er ½ Stunde stehen (durch das Bepinseln mit Fett wird das Trockenwerden der Oberfläche verhindert). 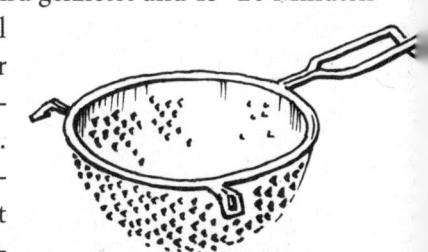 Die weitere Behandlung ist die gleiche wie in Nr. 550. Über den ausgezogenen, mit Butter bestrichenen Teig wird erst die in Butter gebräunte Semmel verteilt, ehe die übrigen Zutaten daraufgegeben werden. Der aufgerollte Strudel wird auf vorbereitetem Blech oder in einer Bratpfanne mit Eigelb bepinselt, 1 bis 1¼ Stunden gebacken. Er wird entweder mit Butter bepinselt, mit Zucker bestreut oder mit einem Zuckerguss überzogen. Dazu wird der durch ein Haarsieb gestrichene Puderzucker mit Wasser 10–15 Minuten gerührt (die Masse muss eine dickliche Beschaffenheit haben).

Strudel mit Käsefüllung für 6–8 Personen

Zum Teig die gleichen Zutaten wie in Nr. 551; zur Füllung:

125 g Butter oder Margarine,	½ Teelöffel Salz,
175 g Zucker,	1 kg Quark,
4–5 Eigelb und Schnee,	100 g Sultaninen,
	30 g Mandeln,
	wenn notwendig, Milch.

Die Butter wird mit Zucker und Eigelb in 30 Minuten schaumig gerührt. Salz, der durch ein Sieb gestrichene Quark, Sultaninen, Mandeln werden dazugegeben. Der steifgeschlagene Eierschnee wird darunter gemischt. Sollte die Masse zum Streichen zu fest sein, so ist sie mit wenig Milch zu verdünnen. Die weitere Behandlung ist die gleiche wie in Nr. 551.

Der Strudel kann auch im Tuch durch Kochen in 30 bis 40 Minuten gargemacht werden. Das Tuch wird an beiden Enden über dem Strudel zusammengebunden. Auf den Boden der Bratpfanne werden zwei Teller umgekehrt gelegt. Das Kochwasser ist zu salzen. Der gekochte Strudel wird mit gebräunter Butter übergossen, mit Zucker und Zimt bestreut.

Kalte süße Speisen

Flammeris sind Speisen, bei denen die zur Verwendung kommende Flüssigkeit durch ein stärkemehlhaltiges Bindemittel gedickt wird. Die auf warmem Wege hergestellte Speise wird in eine mit kaltem Wasser ausgespülte Form gefüllt. Nach dem Erkalten wird sie gestürzt. Eier werden nur in geringen Mengen verwendet als Eigelb und Eischnee. Eiweißreste können zu Schnee geschlagen als lockernde Zutat verbraucht werden. Den Flammeris in der Zubereitung, dem Anrichten ähnliche Speisen sind die Grützen. Der Unterschied besteht darin, dass für einen Flammeri Milch oder Wasser, für eine Grütze Obstsaft oder in reichlich Wasser gekochtes, durchgestrichenes Obst verwendet werden. Zu beiden Arten von Speisen werden Soßen gereicht. Schnell zuzubereitende Flammeris sind aus den käuflichen *Puddingpulvern* herzustellen.

Die Bezeichnung „Pudding" ist hierbei küchentechnisch nicht richtig, aber im Handel üblich und so gebräuchlich, dass sie nicht auszuschalten ist.

Soll bei den Flammeris eine weichere Beschaffenheit erzielt werden, so ist die Menge des angegebenen Bindemittels zu kürzen; die Speise in eine Schüssel zu geben.

552. Grießflammeri I für 8 Personen
(siehe Anmerkung 16, Seite 402)

1 l Flüssigkeit, Milch, oder   125 g Grieß,
halb Milch, halb Wasser,   60 g Zucker,
1 Prise Salz,   3 Eiweiß (Reste).

¾ l Flüssigkeit und Salz werden aufgekocht. Der in ¼ l kalter Flüssigkeit angerührte Grieß wird unter Rühren dazugegeben, in 10–15 Minuten dick ausgequollen. Der Zucker wird hinzugefügt und der steifgeschlagene Eierschnee wird unter die kochend heiße, nicht mehr kochende Masse gemischt. Die Speise wird in die vorbereitete Form gefüllt.

553. Grießflammeri II für 8 Personen

1 l Milch (¾ und ¼ l),   125 g Grieß,
1 Prise Salz,   1–2 Eigelb und Schnee,
25 g Butter oder Margarine,   60 g Zucker,
1 Stück Zitronenschale   nach Belieben 40 g Mandeln.
oder 1 Päckchen Vanille-
zucker,

¾ l Milch werden mit Salz, Butter, Zitronenschale oder Vanillezucker aufgekocht. Der in der mit Eigelb verquirlten kalten Milch (¼ l) angerührte Grieß wird dazugegeben, unter Rühren in 10–15 Minuten ausgequollen,

Zucker, gewiegte Mandeln werden hinzugefügt, der steifgeschlagene Schnee wird darunter gemischt, die Speise in die vorbereitete Form gefüllt. Fruchtsaft oder -soße werden dazu gereicht.

554. Schokoladenflammeri für 8 Personen

1 l Flüssigkeit, Milch, oder halb Milch, halb Wasser (¾ und ¼ l),	1 Eßlöffel Kakao oder 50 g Kakao, 60–80 g Zucker, 125 g Grieß oder 90 g Stärkemehl
1 Prise Salz, 1 Tafel Schokolade und	(3 Eiweiß oder 1–2 Eigelb und Schnee).

Flüssigkeit, Salz, geriebene oder zerbrochene Schokolade, Kakao und Zucker werden aufgekocht. Der angerührte Grieß oder das angerührte Stärkemehl (Kartoffelmehl, Gustin oder Mondamin) werden unter Rühren dazugegeben und gargemacht (Grieß in 10 bis 15 Minuten, Kartoffelmehl durch einmaliges Aufkochen, Mondamin oder Gustin in 5–8 Minuten). Der steifgeschlagene Eierschnee wird unter die kochendheiße Masse gemischt, die dann in die vorbereitete Form gefüllt wird. Bei Verwendung von Eigelb und Schnee wird die zum Anrühren des Bindemittels bestimmte Flüssigkeitsmenge (¼ l) erst mit Eigelb verquirlt, ehe das Bindemittel dazugegeben wird. Verwendung von Eiern kann bei Schokoladenflammeri fortfallen.

555. Stärkeflammeri für 8 Personen

1 l Milch (¾ und ¼ l),	2–4 Eigelb und Schnee,
1 Prise Salz,	90–100 g Kartoffelmehl oder
1 Stück Vanille (3 cm),	Mondamin,
60–80 g Zucker,	nach Belieben 75 g Sultaninen.

¾ l Milch werden mit Salz, Vanille und Zucker aufgekocht. Das in der mit Eigelb verquirlten Milch (¼ l) angerührte Kartoffelmehl wird unter Rühren dazugegeben, durch einmaliges Aufkochen gargemacht. Der Eierschnee, nach Belieben die vorbereiteten getrockneten Sultaninen werden darunter gemischt, die Speise wird in die vorbereitete Form gefüllt.

556. Mondaminflammeri für 8 Personen

1 l Milch (¾ und ¼ l),	80 g Zucker,
½ Stange Vanille,	1–2 Eigelb und Schnee,
1 Prise Salz,	90 g Mondamin oder Gustin.

Herstellung siehe Nr. 555.
Die Masse kann verändert werden durch

50 g Sultaninen,	25 g Mandeln, in Stifte
25 g Zitronat, in Würfel geschnitten,	geschnitten.

Die Zutaten werden nach dem Unterziehen des Schnees unter die Masse gemischt.

557. Rote Grütze aus frischen Früchten, für 6–8 Personen

375–500 g Obst, Kirschen, Johannis-, Himbeeren,	125 g Grieß oder 90 g Kartoffelmehl, Mondamin oder Gustin in ¼ l Wasser angerührt.
½ l Wasser,	
100–150 g Zucker,	

Die gewaschenen Früchte werden in ½ l Wasser weichgekocht, durch ein Haarsieb gestrichen. Die durchgestrichene Masse wird gemessen, auf ¾ l aufgefüllt, nach Zucker abgeschmeckt, aufgekocht, durch eins der angegebenen in Wasser angerührten Bindemittel gedickt. Grieß 10 bis 15 Minuten Kochzeit, Mondamin oder Gustin 5–8 Minuten Kochzeit. Kartoffelmehl einmal aufkochen. Die Speisen werden in die vorbereitete Form gefüllt. Als Beigabe Vanillesoße, Schlagsahne oder Milch.

Jede der angegebenen Obstarten kann für sich allein oder es kann eine Mischung der verschiedenen Früchte verwendet werden. Wird zu der Zeit, in der die Früchte nicht zu haben sind, fertiger

Fruchtsaft verwendet, so bleiben die Zutaten und die Herstellung die gleichen.

Außer den angegebenen Bindemitteln können Kartoffelsago, Tapioka zum Dicken der Speise benutzt werden. Von beiden sind für 1 l Flüssigkeit je 100 g zu verbrauchen. Kartoffelsago ist trocken in die kochende Flüssigkeit zu schütten, in 5–10 Minuten glasig auszuquellen. Tapioka ist mit ½ l kaltem Wasser anzusetzen, darin dick auszuquellen, ehe ½ l Fruchtsaft nach und nach angegossen wird. Tapioka gebraucht zum Garwerden 25–30 Minuten. (Wird Tapioka in nur Fruchtsaft gargemacht, kann es vorkommen, dass durch das längere Kochen der Stärke mit verdünnter Säure die Masse eine gummiähnliche Beschaffenheit annimmt). Die durch Kartoffelsago, durch Tapioka gebundenen roten Grützen sind bei der angegebenen Menge des Bindemittels etwas weicher als die durch Grieß, Mondamin usw. bündig gemachten. Es empfiehlt sich, sie in eine Glasschüssel zu füllen.

558. Stachelbeer- oder Rhabarbergrütze für 6–8 Personen

375 g Stachelbeeren oder 100–150 g Zucker,
500 g Rhabarber, 125–150 g grober Grieß oder
½ l Wasser, 90 g Mondamin oder Gustin.

Das vorbereitete Obst wird mit Wasser weichgekocht, durch ein Haarsieb gestrichen, gemessen, auf ¾ l verdünnt. Der Zucker wird dazugegeben, die Masse zum Kochen gebracht und durch eines der angegebenen in ¼ l kalten Wassers angerührten Bindemittel gedickt. (Kochzeit siehe Nr. 557). Die Speise wird in die vorbereitete Form gefüllt.

Gelees

Als Mittel zum Steifmachen von süß abgeschmeckten Gelees wird in der Hauptsache Gelatine verwendet, seltener Hausenblase, als Gallertstoff pflanzlicher Herkunft Agar-Agar (Vegetarier). Gelatine, bei der das einzelne Blatt möglichst dünn und durchsichtig sein soll, wird vor dem Gebrauch in reichlich kaltes Wasser gelegt, um durch das Weichwerden ein schnelleres, restloses Lösen zu erreichen (½ –1 Stunde). 1 Blatt Gelatine wiegt durchschnittlich 2 g. Rote Gelatine ist mit weißer zusammen zu verbrauchen, da sie allein eine ungünstige, eine rotblaue Färbung gibt. Auf 1 l Flüssigkeit werden 12–16 Blatt Gelatine gerechnet.

Hausenblase, die ein vollkommen geschmackloses Gelee gibt, aber viel teurer als Gelatine ist, ist 3–4 Stunden vor dem Gebrauch einzuweichen, um ein restloses Lösen zu erreichen. Zum Steifmachen von 1 l Flüssigkeit werden 40 g Hausenblase gebraucht.

Bei Agar-Agar genügt es, den Gallertstoff ½–¾ Stunden vor dem Gebrauch in reichlich kaltes Wasser zu legen. Für 1 l Flüssigkeit werden 10–15 g Agar-Agar gebraucht.

Während Gelatine sich in heißer Flüssigkeit löst, müssen Hausenblase und Agar-Agar gekocht werden.

559. Weingelee für 8 Personen

¼ l Wasser,
150–200 g Zucker,
1 Flasche Weiß- oder
Apfelwein (¾ l) oder

Traubenmost,
Saft einer Zitrone,
8 Blatt weiße, 4 Blatt rote
Gelatine.

Wasser und Zucker werden aufgekocht, die vorher eingeweichte, gut abgetropfte Gelatine wird darin gelöst. Nach dem Abkühlen werden Wein und Zitronensaft durch ein Sieb dazugegeben. Die Masse wird in eine Glasschüssel gefüllt. Im Sommer empfiehlt es sich, die Speise am Abend vor dem Gebrauch herzustellen. Soll sie gestürzt werden, so sind 2–4 Blatt Gelatine mehr zu verbrauchen und die zum Einfüllen zu verwendende Form ist mit Öl auszupinseln. (Zum Ablaufen des überflüssigen Öles umgekehrt auf einen Bogen Butterpapier stellen).

560. Weingelee mit Einlage für 8 Personen

Die gleichen Zutaten wie in Nr. 559.

14 Blatt Gelatine.

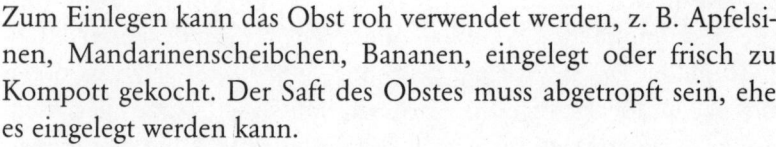

Zum Einlegen kann das Obst roh verwendet werden, z. B. Apfelsinen, Mandarinenscheibchen, Bananen, eingelegt oder frisch zu Kompott gekocht. Der Saft des Obstes muss abgetropft sein, ehe es eingelegt werden kann.

Ein Teil des nach Nr. 559 hergestellten Gelees wird in eine Glasschüssel gefüllt, in der es erstarren muss. Früchte werden in guter Anordnung darauf verteilt, mit wenig Gelee vorsichtig übergossen (esslöffelweise). Es muss erst steif werden, ehe eine größere Menge Gelee darüber gefüllt werden kann. So können eine Lage oder mehrere Lagen von Früchten abwechselnd mit Gelee eingefüllt werden. Die oberste Schicht wird durch Gelee gebildet.

561. Pfirsichgelee für 8 Personen

8–10 Pfirsiche (1–1¼ kg),   14–16 Blatt weiße Gelatine,
150–200 g Zucker,   n. Bel. 1–2 Blatt rote, dann nur
¼ l Wasser,   12–14 Blatt weiße.
Saft von 1–2 Zitronen,

Die Pfirsiche werden auf einem Durchschlag 1 bis 2 Minuten in kochendes Wasser gehalten, dann wird die Schale abgezogen. Die Früchte werden auf die Hälfte geteilt, entsteint, in eine Porzellanschüssel gelegt. Zucker und Wasser werden aufgekocht, kochend über die Früchte gegossen, die zugedeckt ½ Stunde stehen bleiben. Nach dieser Zeit werden sie zum Abtropfen auf ein Sieb gegeben. Die Pfirsichflüssigkeit wird nach Zitronensaft ab-

geschmeckt, gemessen, auf knapp 1 l verdünnt, erhitzt. Die vorher eingeweichte, gut abgetropfte Gelatine wird darin gelöst, die Flüssigkeit durch ein Haarsieb gegossen und mit den Pfirsichhälften nach Nr. 560 verbraucht. Sollte die Flüssigkeit nicht klar sein, so kann sie geklärt werden. Zur abgekühlten, abgeschmeckten Pfirsichflüssigkeit werden Gelatine, 1½ bis 2 rohe Eiweiß, 1 gewaschene zerdrückte Eierschale gegeben. Die Masse wird unter beständigem Schlagen mit einem Schneebesen in einem hohen Topf (sie steigt in die Höhe) einmal aufgekocht, ½ Stunde an der Herdseite stehen lassen. Auf ein gebrühtes, gespanntes Tuch wird erst die Schaumdecke gegeben, dann die Flüssigkeit darauf gegossen. Sollte die zuerst durchlaufende Flüssigkeit noch nicht klar sein so muss sie ein zweites Mal durchgegossen werden.

562. Aprikosengelee für 8 Personen

1–1¼ kg Aprikosen, sonst die gleichen Zutaten wie in Nr. 561, nur weiße Gelatine.

563. Ananasgelee für 8 Personen

Entweder 500–750 g frische Ananas und die gleichen Zutaten wie in Nr. 561 oder eine 500–g-Büchse eingelegte Ananas, dann Zucker und Zitronensaft zum Abschmecken des bis zu 1 l verdünnten Saftes der Büchse.

Ananas, sowohl frisch als eingelegt, ist der Form wegen am besten in Keile zu schneiden, es entsteht dadurch kein Abfall. Die Keile, aus der rohen, geschälten Ananas geschnitten, sind nicht nur mit der kochenden Zuckerlösung zu übergießen, sondern in ihr glasig zu kochen.

564. Erdbeergelee für 8 Personen

750–1000 g Garten- oder Walderdbeeren,	14 Blatt Gelatine, 10 Blatt weiße, 4 Blatt rote,
150–200 g Zucker,	250–375 g mittelgroße Gartenerdbeeren als Einlage.
¼ l Wasser,	
Saft von ½ Zitrone,	

Die gewaschenen, vorbereiteten Erdbeeren werden in einer Porzellanschüssel mit einer Reibekeule zerdrückt. Zucker und Wasser werden aufgekocht, über die Erdbeeren gegossen, die zugedeckt über Nacht stehen bleiben. Der am nächsten Tag durch ein gebrühtes, gespanntes Tuch gelaufene Saft wird nach seiner Verdünnung auf 1 l zur Herstellung des Gelees nach Nr. 561 verbraucht. Die Erdbeeren zur Einlage werden nach dem Waschen, der Entfernung von Stiel und Kelchblatt, auf die Hälfte geteilt, abgetropft. Die verschiedenen Fruchtgelees können auch mit Früchten in Weingläsern gefüllt werden.

565. Milchgelee für 8 Personen

75 g süße Mandeln,	1 Prise Salz,
5 bittere,	14–16 Blatt weiße Gelatine in
1 Stück Vanille,	4–5 Esslöffel Wasser gelöst,
1 l Milch,	125 g Zucker.

Die gebrühten, abgezogenen Mandeln werden mit Vanille, Milch und Salz langsam zum Kochen gebracht, 3–5 Minuten stehen gelassen. Die Masse wird durch ein Sieb gegossen. Die eingeweichte, gut abgetropfte Gelatine wird in heißem Wasser gelöst, etwas abgekühlt durch ein Sieb zur kalten Mandelmilch gegeben. Die Speise wird in eine Glasschüssel oder in eine mit Öl ausgepinselte, gut ausgetropfte Form gefüllt.

Wird Gelatine in Verbindung mit Milch zur Herstellung einer Speise verbraucht, so darf diese niemals in der heißen Milch gelöst werden, da es besonders im Sommer durch die bei der Herstellung der

Gelatine verwendete Säure zu einer Gerinnung der Milch kommen kann.

Milchgelee kann in der Farbe verändert werden dadurch, dass unter den 14–16 Blatt Gelatine 2–3 Blatt rote verwendet werden. Weißes und rosa Milchgelee können lagenweise eingefüllt werden. Die Hälfte des weißen Gelees kann auch durch einen Esslöffel Kakao in 2 Esslöffel heißem Wasser gelöst oder durch 50 g erweichte, mit der Mandelmilch vermischter Schokolade braun gefärbt und abwechselnd mit der weißen Masse eingeschichtet werden. Jede Schicht muss erstarrt sein, ehe die folgende aufgefüllt werden darf. Form oder Schüssel sind am besten in kaltes Wasser mit Eisstücken zu stellen.

566. Milchgelee II für 4 Personen

½ l Milch,	6 Blatt weiße, 2 Blatt rote
150 g Zucker,	Gelatine,
Saft von 1 Zitrone,	2 Esslöffel Wasser zum Lösen
Saft von 1 Apfelsine,	der Gelatine.

Milch und Zucker werden aufgekocht und abgekühlt. Zitronen-Apfelsinensaft, die vorher eingeweichte, abgetropfte, in heißem Wasser gelöste, abgekühlte Gelatine werden durch ein Sieb dazugegeben. Das Gelee wird in eine Glasschüssel oder in Gläser gefüllt.

Cremes

die mit wenigen Ausnahmen in Glasschüsseln gereicht werden, sind Speisen von weicher, lockerer Beschaffenheit. Diese ist von den zur Verwendung kommenden Zutaten auf Eier, Schlagsahne, das richtige Maß von Gelatine zurückzuführen. Eier werden fast nur getrennt verwendet. Eigelb mit Zucker schaumiggerührt, Eiweiß zu steifem Schnee geschlagen. Schlagsahne kann neben Eiern oder als Ersatz für diese verwendet werden. Die Herstellung der Cremes kann auf kaltem oder warmem Wege erfolgen. Bei kalt herzustellenden

Cremes ist das Lösen der vorher eingeweichten Gelatine in heißem Wasser notwendig, bei warm herzustellenden wird mit wenigen Ausnahmen die abgetropfte Gelatine in der heißen Creme gelöst. Bei warm herzustellenden Cremes wird häufig ein geringer Zusatz eines Stärkemehles gemacht, der eine Einschränkung der Gelatinemenge zur Folge hat. Wichtig ist es, den richtigen Zeitpunkt zum Untermischen des Eierschnees, der Schlagsahne abzupassen. Es hat zu erfolgen, wenn die kalte Masse anfängt, steif, dicklich zu werden. Werden Eierschnee, Schlagsahne zu früh untergezogen, so werden sie nicht gebunden, sie setzen sich auf der Oberfläche ab; erfolgt das Unterziehen zu spät, so wird eine gleichmäßige Verteilung erschwert, die Oberfläche der eingefüllten Creme wird nicht glatt. Das Rühren, quirlen oder Schlagen der warm herzustellenden Cremes ist am besten im heißen, kochenden Wasser vorzunehmen. Als sehr praktisch dafür hat sich der Emaille-Wasserbadtopf erwiesen. Der die Crememasse fassende Topf hängt fest im Untersatz mit Wasser, so dass ein Eindringen von Wasser in die Crememasse ausgeschlossen ist. Ein zu langes Rühren der Masse im heißen Wasser kann ein Gerinnen der Eigelb, der Eier zur Folge haben. Die Masse, richtig erhitzt, muss eine dickliche Beschaffenheit, ein feinblasiges, gleichmäßiges Aussehen zeigen. Eine geronnene Masse ist nach dem Durchstreichen durch ein feines Haarsieb wieder verwendbar.

Bei der in den Kochvorschriften angegebenen Schlagsahnemenge ist mit ungeschlagener Sahne gerechnet.

567. Zitronencreme für 6 Personen

6 Eigelb und Eischnee, Saft von 2 Zitronen,
150 g Zucker, 6 Blatt weiße Gelatine in 6 Esslöffel Wasser gelöst.
2 Esslöffel Zitronenzucker,

Eigelb, Zucker und Zitronenzucker werden in ½ Stunde schaumig gerührt, der Zitronensaft, die vorher eingeweichte, abgetropfte, in heißem Wasser gelöste, abgekühlte Gelatine werden durch ein Sieb dazugegeben. Die Masse wird kaltgestellt, ab und zu umgerührt. Fängt sie an steif zu werden, wird der Eierschnee darunter gemischt, die Speise in eine Glasschüssel gefüllt. Sie kann mit steifem roten Gelee verziert, mit Schlagsahne gespritzt werden.

568. Apfelsinencreme für 6 Personen

6 Eigelb und Schnee,
150 g Zucker,
2 Eßlöffel Apfelsinenzucker,

Saft von 2 Apfelsinen,
Saft von 1 Zitrone,
6 Blatt weiße Gelatine in 6 Eßlöffel Wasser gelöst.

Herstellung nach Nr. 567. Zur Verzierung glasierte Apfelsinen- oder Mandarinenscheiben (4 Eßlöffel Zucker, 2 Eßlöffel Wasser); Schlagsahne zum Spritzen.

569. Zitronen-Apfelsinencreme mit Schlagsahne
für 6–8 Personen

Die gleichen Zutaten wie in Nr. 567 und 568.
1. An Stelle von 6 Eiweiß nur 3 Eiweiß zu Schnee und ⅛ l Schlagsahne; 2. 2 Eiweiß zu Schnee und ¼ l Schlagsahne, 7 Blatt weiße Gelatine in 7 Eßlöffel Wasser gelöst.

Werden Eierschnee und Schlagsahne nebeneinander verwendet, empfiehlt es sich, nachdem beide getrennt geschlagen worden sind, sie vor dem Unterziehen zu mischen, um eine bessere Verteilung in der Crememasse zu erzielen.

570. Kaffeecreme für 4–6 Personen

4 Eigelb und Schnee,
125 g Zucker,
¼ l Kaffee-Extrakt aus
40 g Kaffee,

6 Blatt weiße Gelatine,
⅛ l Schlagsahne.

Zucker und Eigelb werden in 20–30 Minuten schaumig gerührt, der Kaffee-Extrakt, in dem die vorher eingeweichte, abgetropfte Gelatine gelöst wird, wird nach dem Abkühlen durch ein Sieb hinzugegeben. Fängt die Masse an, steif zu werden, werden Eierschnee und Schlagsahne darunter gemischt. Die Speise wird in eine Glasschüssel gefüllt, nach dem Erstarren mit Schokoladenkaffeebohnen verziert, mit Schlagsahne gespritzt.

Kaffee-Extrakt ist am günstigsten im Kaffeefilter (Melitta, Karlsbader Trichter) herzustellen. Ist ein solcher nicht vorhanden, so wird der gemahlene Kaffee in kochendem Wasser übergossen, nach 10–15 Minuten durch ein feines Sieb mit Filtrierpapier gegossen. Die Menge des fertigen Extraktes muss in jedem Fall ¼ l betragen.

571. Kaffeecreme mit Butter für 4 Personen

75–100 g Butter (Pflanzenmargarine),
125 g Zucker,
4 Eigelb und Schnee,
⅜ l Kaffee-Extrakt von 40 g Kaffee,
4 Blatt weiße Gelatine.

Die mehrmals ausgewaschene Butter wird mit Zucker und Eigelb in ½ Stunde schaumig gerührt. Der Kaffee-Extrakt, in dem die Gelatine gelöst wird (siehe Nr. 570), wird nach dem Abkühlen tropfenweise zur schaumig gerührten Masse gegeben. Der Eierschnee wird untermischt, wenn sie anfängt steif zu werden. Die Speise wird in eine Glasschüssel gefüllt, nach dem Erstarren verziert.

572. Kaffeecreme ohne Eier mit Schlagsahne für 8 Personen

⅜ l Kaffee-Extrakt von 50 g Kaffee,
125–150 g Zucker,
9 Blatt weiße Gelatine,
½ l Schlagsahne.

In dem gesüßten Kaffee-Extrakt wird die vorbereitete Gelatine gelöst. Unter die steif werdende Masse wird die geschlagene Schlagsahne gemischt. Nach dem Erstarren in einer Glasschüssel Verzierung nach Nr. 570.

573. Pfirsichcreme für 6 Personen

500 g Pfirsiche,   6 Blatt weiße Gelatine in
3 Eigelb und Schnee,   3 Esslöffel Wasser gelöst,
100 g Zucker,   ¼ l Schlagsahne.
Saft von ½ Zitrone,

Die Pfirsiche werden mit kochendem Wasser überbrüht. Die Schale wird abgezogen, die Früchte werden auf die Hälfte geteilt, entsteint, in kleine Würfel geschnitten. Zucker und Eigelb werden in ½ Stunde schaumig gerührt. Zitronensaft, vorbereitete, gelöste Gelatine werden durch ein Sieb hinzugegeben. Fängt die Masse an steif zu werden, werden erst Eierschnee und Schlagsahne, dann die Pfirsichwürfel darunter gemischt. Zur Verzierung Pfirsichscheiben oder -hälften, Schlagsahne zum Spritzen.

574. Erdbeercreme für 4–6 Personen

500 g Gartenerdbeeren,   8–10 Blatt weiße Gelatine in
150 g Zucker,   5 Esslöffel Wasser gelöst,
Saft von ½ Zitrone, oder   ¼ l Schlagsahne.
1 Packchen Vanillezucker,

Die einzeln abgespülten, von Stiel und Kelchblatt befreiten Erdbeeren werden durch ein feines Haarsieb gestrichen. Die durchgestrichene Masse wird auf ½ l aufgefüllt, mit Zucker, Zitronensaft oder Vanillezucker vermischt. Die vorbereitete, gelöste Gelatine wird durch ein Sieb hinzugegeben. Unter die steif werdende Masse wird die Schlagsahne gemischt. Zur Verzierung Erdbeerhälften, Schlagsahne zum Spritzen.

575. Himbeercreme für 4–6 Personen

500–750 g Himbeeren,   8–10 Blatt weiße Gelatine in
150 g Zucker,   5 Esslöffel Wasser gelöst,
Saft von ½ Zitrone oder   ¼ l Schlagsahne.
1 Päckchen Vanillezucker,

Herstellung wie Nr. 574. Die durchgestrichene Fruchtmasse muss bis zu ½ l aufgefüllt werden.

576. Johannisbeercreme für 4–6 Personen

375–500 g reife Johannis-
beeren,
200 g Zucker,

8–10 Blatt weiße Gelatine in
5 Esslöffel Wasser gelöst,
¼ l Schlagsahne.

Herstellung nach Nr. 574.

577. Bananencreme für 6–8 Personen

6–8 reife Bananen,
Saft von 2 Apfelsinen,
Saft von 1 Zitrone,
¹⁄₁₆ l Wasser oder Wein,

50 g Zucker,
6 Blatt weiße, 2 Blatt rote Gelatine,
6 Esslöffel Wasser zum Lösen,
¼ l Schlagsahne.

Die geschälten Bananen werden durch ein Haarsieb gestrichen. Der Brei wird mit Apfelsinen-, Zitronensaft, Wasser oder Wein und Zucker vermischt, die vorbereitete, gelöste Gelatine dazugegeben. Unter die steifwerdende Masse wird die Schlagsahne gemischt. Zur Verzierung Bananenscheiben und Schlagsahne zum Spritzen.

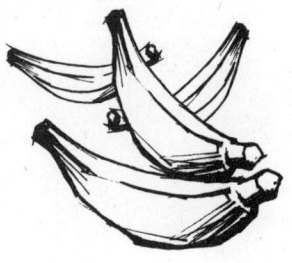

578. Apfelcreme für 6–8 Personen

750–1000 g saure Äpfel,
150 g Zucker,
Saft von 1 Zitrone,

8–10 Blatt weiße Gelatine in
5 Esslöffel Wasser gelöst,
¼ l Schlagsahne.

Die von Stiel und Blüte befreiten, abgeriebenen Äpfel werden als Bratäpfel gargemacht (im Ofen auf einem mit Butterbrotpapier belegten Blech), durch ein Haarsieb gestrichen. Nachdem die Masse bis zu ½ l mit Wasser aufgefüllt worden ist, werden Zucker, Zitronensaft, gelöste Gelatine dazugegeben. Unter die erstarrende Masse wird die Schlagsahne gemischt. Zur Verzierung klargekochte Apfelscheiben, rotes Gelee, Schlagsahne zum Spritzen.

579. Stachelbeercreme für 6–8 Personen

375 g Stachelbeeren,
¼ l Wasser,
150–175 g Zucker,
10 Blatt weiße Gelatine,

5 Esslöffel Wasser zum Lösen der Gelatine,
¼ l Schlagsahne.

Die geputzten Beeren werden in Wasser weichgekocht, durch ein Haarsieb gestrichen. Die auf ½ l aufgefüllte Masse wird gesüßt, die vorbereitete gelöste Gelatine durch ein Sieb dazugegeben, unter die steifwerdende Masse die Schlagsahne gemischt.
Zum Spritzen Schlagsahne.
Um die Speise matt rosa zu färben, können bei den 10 Blatt Gelatine 2 Blatt rote verwendet werden.

580. Punschcreme für 6 Personen

½ l Wasser,
200 g Zucker,
8–10 Blatt weiße Gelatine,

Saft von 1½ Zitronen,
3–4 Esslöffel Rum,
¼ l Schlagsahne.

Wasser und Zucker werden aufgekocht, die vorher eingeweichte, abgetropfte Gelatine wird in der heißen Zuckerlösung gelöst. Nach dem Abkühlen werden Zitronensaft durch ein Sieb und Rum dazugegeben. Fängt die Masse an, steif zu werden, wird die Schlagsahne darunter gemischt. Zur Verzierung rotes Gelee und Schlagsahne zum Spritzen.
Zum Rosafärben können bei den 8–10 Blatt Gelatine 2 Blatt rote verwendet werden.

581. Schokoladencreme für 8 Personen

½ l Milch,
1 Stückchen Vanille,
1 Prise Salz,
1 Tafel Schokolade (100 g),
1 Esslöffel Kakao,
60 g Zucker,
1 Esslöffel Mondamin oder Gustin in ⅛–¼ l Milch angerührt,
7 Blatt weiße Gelatine,
¼–⅜ l Schlagsahne.

Milch, Vanille, Salz, geriebene oder zerbrochene Schokolade, Zucker und Kakao werden aufgekocht; das angerührte Stärkemehl wird unter Rühren dazugegossen, 5–8 Minuten gekocht. Die vorbereitete Gelatine wird in der heißen Masse gelöst. Unter die abgekühlte, durch die Gelatine steif werdende Masse wird die Schlagsahne gemischt. Zur Verzierung Schokoladenplätzchen oder geriebene Schokolade und Schlagsahne zum Spritzen.

582. Karamellcreme für 6–8 Personen

150 g Zucker, 3 Esslöffel Wasser, ½ l Milch,
1 Stückchen Vanille,
1 Esslöffel Gustin oder Mondamin,
5 Eigelb und Schnee
5 Blatt weiße Gelatine.

Milch und Vanille werden aufgekocht. Der Zucker wird unter ständigem Rühren zu Karamell gebrannt (eiserner Stieltopf, Holzlöffel). Der karamellisierte Zucker wird mit Wasser gelöscht, die heiße Vanillemilch dazugegossen, auf dem Herd gerührt, bis sich der Karamell vollständig gelöst hat, dann kaltgestellt. Eigelb und Stärkemehl werden in einem Topf oder dam Wasserbadtopf verrührt, die abgekühlte Karamellmilch wird nach und nach dazugegossen. Die Masse wird im kochendheißen Wasser gerührt, bis sie dick und gar ist. Die vorbereitete Gelatine wird darin gelöst, die Speise kaltgestellt. Unter die abgekühlte, durch die Gelatine steif werdende Masse wird die Schlagsahne gemischt. Schlagsahne zum Spritzen.

Abänderung I: nur 3 Eiweiß und ¼ l Schlagsahne, 6–7 Blatt Gelatine.

Abänderung II: sehr wohlschmeckend und ausgiebig; neben den 5 Eiweiß ¼ l Schlagsahne, dann 7–8 Blatt Gelatine.

583. Apfelsinencreme, warm hergestellt für 8–10 Personen

4 Eigelb und Schnee,
1 ganzes Ei,
200 g Zucker,
2 Eßlöffel Apfelsinenzucker,

⁵⁄₁₆ l Wasser oder Wein,
Saft von 3 Apfelsinen,
Saft von 1 Zitrone,
10 Blatt weiße Gelatine,
⅜ l Schlagsahne.

Das ganze Ei, die Eigelb, Zucker und Zitronenzucker werden im Wasserbadtopf in 20–30 Minuten schaumig gerührt. Wasser, Apfelsinen-, Zitronensaft werden dazugegossen, die Masse wird im kochendheißen Wasserbade feinblasig und dicklich gequirlt. Die vorbereitete Gelatine wird darin gelöst. Unter die abgekühlte, erstarrende Masse wird die Schlagsahne gemischt. Zur Verzierung glasierte Apfelsinen- oder Mandarinenscheiben, rotes Gelee, Schlagsahne zum Spritzen.

584. Pfirsichcreme, warm hergestellt für 6–8 Personen

500 g Pfirsiche,
¼ l Wasser,
150 g Zucker,
4 Eigelb und Schnee,

Saft von 1 Zitrone,
7–8 Blatt weiße Gelatine,
¼ l Schlagsahne.

Die gebrühten, abgezogenen, geteilten, entsteinten Pfirsiche werden in kleine Würfel geschnitten. Zucker und Wasser werden aufgekocht, die Pfirsichwürfel in der Zuckerlösung glasig gekocht, auf einen Durchschlag gegeben. Der durchgelaufene, auf ¼ l aufgefüllte kalte Saft wird mit den Eigelb, dem Zitronensaft verquirlt und in kochendheißem Wasser feinblasig gequirlt. Die vorbereitete Gelatine wird in der heißen Masse gelöst. Unter die steifwerdende Speise werden erst Eierschnee und Schlagsahne gemischt, ehe die Pfirsichwürfel darunter gegeben werden. Zur Verzierung Pfirsichscheiben oder Hälften, Schlagsahne zum Spritzen.

585. Ananascreme für 8–10 Personen

200 g Ananaswürfel,	4 Eigelb und Schnee,
bei frischer Ananas 150 g Zucker,	9 Blatt weiße Gelatine, Saft von 1–1½ Zitrone,
¼ l Wasser,	½ l Schlagsahne.
bei eingemachter Ananas Zucker nach Bedarf,	

Bei Verwendung von frischer Ananas wird diese nach dem Schälen in kleine Würfel geschnitten, die, in der Zuckerlösung glasig gekocht, zum Abtropfen auf einen Durchschlag gegeben werden. Der abgelaufene Saft muss auf ¼ l verdünnt werden. Bei Büchsenananas wird der Saft nach Zucker abgeschmeckt, ebenfalls auf ¼ l verdünnt. Die weitere Herstellung ist die gleiche wie in Nr. 584. Zur Verzierung Ananas und Schlagsahne.

586. Kaffeecreme, warm hergestellt, für 8 Personen

¼ l Milch,	5 Eigelb und Schnee,
1 Stückchen Vanille,	125 g Zucker,
1 Prise Salz	1 Esslöffel Gustin oder
¼ l Kaffee-Extrakt von 40 g Kaffee,	Mondamin, 6 Blatt weiße Gelatine.

Milch, Vanille und Salz werden aufgekocht, abgekühlt. Eigelb und Zucker werden im Topf in 20–30 Minuten schaumig gerührt. Stärkemehl, Vanillemilch und Kaffee-Extrakt werden hinzugegeben. Die Masse wird in kochendheißem Wasser gerührt, bis sie dicklich und gar ist. Die vorbereitete Gelatine wird darin gelöst. Fängt die Masse an steif zu werden, wird der Eierschnee darunter gemischt.

Abänderung I.
Nur 2 Eiweiß zu Schnee und ¼ l Schlagsahne, 7 Blatt Gelatine.

Abänderung II.
5 Eiweiß zu Schnee, ¼ - ⅜ l Schlagsahne, 8-9 Blatt Gelatine.

587. Vanillecreme für 8 Personen

½ l Milch,	125 g Zucker,
½ Stange Vanille,	1 Esslöffel Gustin oder
1 Prise Salz,	Mondamin,
5-6 Eigelb und Schnee,	8-9 Blatt weiße Gelatine.

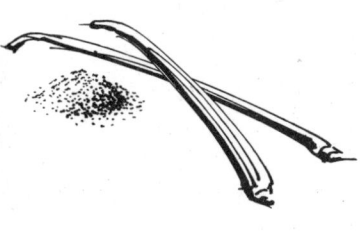

Milch, Vanille und Salz werden aufgekocht, abgekühlt. Zucker und Eigelb werden in 20-30 Minuten schaumig gerührt, Stärkemehl, Vanillemilch werden dazugegeben. Die Masse wird in heißem Wasser dicklich und gargerührt. Die vorbereitete Gelatine wird darin gelöst. Fängt die Masse an, steif zu werden, wird der Eierschnee darunter gemischt. Zur Verzierung rotes Gelee, Schlagsahne zum Spritzen. An Stelle des Eierschnees kann ¼ - ⅜ l Schlagsahne verwendet werden.

588. Tutti-Frutti für 6 Personen

1 kg *frisches Obst*, verschiedene Arten, hell und dunkel mit Zucker und wenig Wasser zu Kompott gekocht,	oder ebensoviel *eingelegtes* Obst, nach Belieben 6-8 Makronen, oder ebensoviel Löffelbiskuits, ½ Vanillecreme nach Nr. 587.

Das Kompott wird mit nur wenig Saft in eine Glasschüssel gefüllt. Makronen oder Löffelbiskuits in Würfel geschnitten, darüber verteilt. Die nach Nr. 587 aus der Hälfte der Zutaten hergestellte Vanillecreme wird nach dem Unterziehen von Eierschnee oder

Schlagsahne darüber gefüllt. Zur Verzierung Früchte, Schlagsahne zum Spritzen.

An Stelle von Vanillecreme kann eine aus den nachfolgenden Zutaten hergestellte Masse zum Überdecken von Kompott und Kuchen verwendet werden.

½ l Milch (⅜ und ⅛ l), 1 Prise Salz,
50 g Zucker, 2 Eigelb und Schnee,
25 g Mandeln oder 40 g Stärkemehl (Kartoffelmehl,
¼ Stange Vanille, Gustin oder Mondamin).

⅜ l Milch werden mit Zucker, vorbereiteten, geriebenen Mandeln oder Vanille und Salz aufgekocht, ⅛ l kalte Milch, erst mit Eigelb, dann mit Stärkemehl verquirlt, wird unter Rühren an die kochende Milch gegossen, das Stärkemehl wird in 5–8 Minuten gargemacht. Der Eierschnee wird unter die nicht mehr kochende, aber heiße Speise gemischt.

589. Nusscreme für 8 Personen

Die gleichen Zutaten, die gleiche Herstellung wie bei Vanillecreme Nr. 587. Nach dem Unterziehen von Schlagsahne oder Eierschnee werden 125 g geriebene Nüsse unter die Masse gemischt. Zur Verzierung glasierte Nusshälften, Schlagsahne zum Spritzen.

590. Mandelcreme für 8 Personen

Die gleichen Zutaten, die gleiche Zubereitung wie bei Vanillecreme Nr. 587. Nach dem Unterziehen von Eierschnee oder Schlagsahne werden 125 g geröstete, gewiegte Mandeln unter die Masse gemischt. Geröstete, gewiegte Mandeln, Schlagsahne zur Verzierung.

591. Russische- oder Sultancreme

Die gleichen Zutaten, die gleiche Zubereitung wie bei Vanillecreme Nr. 587. Nach dem Unterziehen von Eierschnee oder Schlagsahne werden 50 g Zitronat in feine Würfel geschnitten und 75 g gereinigte, getrocknete Sultaninen unter die Masse gemischt.

592. Eiscreme für 8 Personen

70 g Zucker,	8 Blatt weiße Gelatine,
4 Eigelb und Schnee,	Saft von 1 Zitrone,
⅜ l Milch,	⅜ l Schlagsahne,
1 Stückchen Vanille,	4 Löffelbiskuits,
1 Teelöffel Gustin oder Mondamin,	9 Makronen,
	4 Esslöffel Wein zum Anfeuchten,
	40 g Schokolade.

Zucker und Eigelb werden in ½ Stunde schaumig gerührt, Milch, Vanille, Stärkemehl werden dazugegeben. Die Masse wird in kochendheißem Wasser dicklich und gargerührt. Die vorbereitete Gelatine wird in der heißen Masse gelöst, der Zitronensaft dazugegeben. Unter die steif werdende Masse werden Eierschnee, Schlagsahne gezogen, Löffelbiskuits, Makronen, Schokolade darunter gemischt. Biskuits und Makronen werden in Würfel geschnitten, mit Wein angefeuchtet. Schokolade wird in kleine Würfel geteilt. Zur Verzierung geriebene Schokolade oder Schokoladenplätzchen. Schlagsahne zum Spritzen.

593. Weincreme für 6–8 Personen

2 ganze Eier,	Saft von 1–1½ Zitrone,
4 Eigelb und Schnee,	⅜ l Weiß- oder Apfelwein,
100 g Zucker,	Traubensaft,
2 Eßlöffel Zitronenzucker,	5–6 Blatt weiße Gelatine.

Die ganzen Eier, Eigelb, Zucker und Zitronenzucker werden in 20–30 Minuten schaumig gerührt, Zitronensaft, Weißwein werden dazu gegossen. Die Masse wird in heißem Wasser gequirlt oder geschlagen, bis sie schaumig und dicklich ist, die vorbereitete Gelatine wird in ihr gelöst, und unter die abgekühlte, steif werdende Masse wird der Eierschnee gemischt. Zur Verzierung kleine Makronen, Gelee, Schlagsahne zum Spritzen. An Stelle von Wein kann ungegorener Traubensaft verbraucht werden.

594. Charlotte mit verschiedenen Cremes für 8–10 Personen

18–20 Löffelbiskuits, Vanille-, Schokoladen-, Karamell-, Kaffee-, Ananascreme nach den angegebenen Vorschriften 1–1½ mal das Rezept.

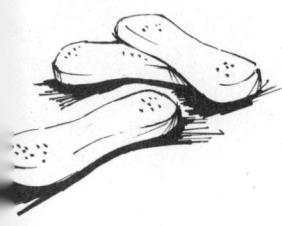

Da die Speise gestürzt wird, müssen die Cremes eine festere Beschaffenheit haben, als wenn sie in einer Glasschüssel gereicht werden. An Stelle von Eierschnee ist die angegebene Schlagsahnenmenge zu verbrauchen, und die Gelatinemenge ist für ein Rezept um 2 Blatt zu erhöhen.

Eine runde, gradwandige Form (Auflaufform) wird mit Öl ausgepinselt, mit Butterbrotpapier ausgelegt, wieder mit Öl bepinselt, bis zum Gebrauch umgekehrt auf Butterbrotpapier gestellt zum Austropfen des überflüssigen Öles. Der Boden der Form wird mit Löffelbiskuits belegt, am Rand der Form werden sie aufgestellt. Die fertige Crememasse wird, nachdem die Schlagsahne untergezogen worden ist, vorsichtig in die ausgelegte Form gefüllt, die bis zum Rand gefüllt sein muß. Sollten die Löffelbiskuits über den Rand hinausstehen, so sind sie in der Höhe der eingefüllten Creme abzuschneiden, in die noch weiche Masse einzudrücken. Die Speise ist möglichst am Vorabend des Gebrauches herzustellen. Kurz vor dem Gebrauch wird sie auf einen passenden Glasteller gestürzt, das Papier entfernt. Zur Verzierung Schlagsahne, zum Spritzen und der eingefüllten Creme entsprechende Zutaten (Schokolade, Ananas usw.).

Verschiedene kalte Speisen

595. Rote Apfelspeise für 6 Personen

500 g Äpfel,	Saft von ¼–1 Zitrone,
½ l Wasser,	125–150 g Zucker,
1 Stückchen Zitronen-	10–12 Blatt Gelatine, darunter
schale,	4 Blatt rote.

Die gewaschenen, von Stiel und Blüte befreiten Äpfel werden zerschnitten, im Wasser mit Zitronenschale weichgekocht, durch ein Haarsieb gestrichen, auf 1 l aufgefüllt. Zitronensaft wird hinzugefügt, die Masse gesüßt, erhitzt, die vorbereitete Gelatine darin gelöst. Die steifgewordene Speise wird mit Vanillesoße gereicht. Sie kann auch aus getrockneten Äpfelringen hergestellt werden. Anstatt von 500 g frischen Äpfeln sind 100–125 g Apfelringe zu rechnen; die am Tag vor dem Gebrauch in ½ l kaltem Wasser einzuweichen sind.

596. Aprikosenspeise für 8–10 Personen

375 g getrocknete	150–200 g Zucker,
Aprikosen,	14–16 Blatt weiße Gelatine,
¾ l Wasser,	1 Teelöffel Zitronensaft.
Wasser zum Nachgießen,	

Die gewaschenen, am Vorabend des Gebrauchs eingeweichten Aprikosen werden mit dem Einweichwasser, wenn notwendig unter Nachgießen von Wasser, weichgekocht, durch ein Haarsieb gestrichen. Die durchgestrichene Masse wird auf 1 l aufgefüllt, gesüßt und zum Lösen der vorbereiteten Gelatine erhitzt.  Die Speise wird in eine mit Öl ausgepinselte, gut ausgetropfte Ringform gefüllt, nach dem Erstarren gestürzt. (Am Tage vorher herzustellen.) In den Hohlraum wird gesüßte Schlagsahne gefüllt, die mit 5–10 feingewiegten Pistazien bestreut werden kann. (Pistazien 5 Minuten kochen, dann abziehen.)

597. Buttermilchspeise für 6–8 Personen

1 l Buttermilch oder saure Milch,
150 g Zucker,
2 Eßlöffel Zitronenzucker,
Saft von ½–1 Zitrone,
1 Eßlöffel Rum,
10–12 Blatt Gelatine, davon
2 Blatt rote,
4 Eßlöffel Wasser zum Lösen der Gelatine.

Die Buttermilch wird mit Zucker, Zitronenzucker, Zitronensaft bzw. Rum gequirlt. Die vorbereitete, in heißem Wasser gelöste Gelatine wird hinzugefügt, die Speise in eine Glasschüssel gefüllt. Sie ist vor dem Erstarren öfters umzurühren, da sich beim Stehen der Farbstoff der roten Gelatine auf der Oberfläche absetzt.

598. Schlagsahnereis für 6–8 Personen

175 g Reis,
Wasser zum Vorkochen,
knapp ¾ l Milch,
1 Prise Salz,
1 Stückchen Vanille,
75 g Zucker,
6 Blatt weiße Gelatine in 3 Eßlöffel Wasser gelöst,
¼ l Schlagsahne.

Zu allen Reisspeisen ist eine gute Reissorte zu verwenden. Das einzelne Korn muss weichgekocht werden, aber ganz bleiben. (Karolina-Patnareis.)

Der abgequirlte Reis wird mit reichlich kaltem Wasser bedeckt angesetzt, aufgekocht, das Wasser abgegossen. Milch, Salz, Vanille werden dazugegeben. Der Reis wird an der Herdseite, am günstigsten im irdenen Topf in ½–¾ Stunden ausgequollen, der Zucker darunter gemischt, der Reis kaltgestellt. Nach dem Abkühlen wird die im heißen Wasser gelöste Gelatine hinzugefügt, und wenn die dadurch wieder dünner gewordene Masse anfängt steif zu werden, wird die steifgeschlagene Sahne darunter gemischt. Im Geschmack dazu passend ist eine Aprikosensoße.

599. Maraschinoreis für 8–10 Personen

175 g Reis,
Wasser zum Vorkochen,
¾ l Milch,
1 Stückchen Vanille,
1 Prise Salz,

75 g Zucker,
3–4 Esslöffel Maraschino,
10 Blatt weiße Gelatine, in 5 Esslöffel Wasser gelöst,
½ l Schlagsahne.

Herstellung nach Nr. 598. Der Maraschino wird nach der Gelatine zur Reismasse gegeben.

600. Apfelsinenreis für 6 Personen

250 g Reis,
Wasser,
250 g Zucker,

1 Esslöffel Apfelsinenzucker,
½ l Wasser,
Saft von 3 Apfelsinen und 1 Zitrone.

Der Reis wird in viel Wasser 5–8 Minuten gekocht, Zucker, Apfelsinenzucker, Wasser werden aufgekocht, Apfelsinen-Zitronensaft, der abgetropfte Reis darunter gegeben. Er wird an der Herdseite in 30–40 Minuten ausgequollen. Zur Verzierung glasierte Apfelsinenschieben, rotes Gelee.

601. Weinreis für 4 Personen

125 g Reis,
¼ l Wasser,
1 Prise Salz,
125 g Zucker,

1 Eßlöffel Zitronenzucker,
3 Eßlöffel Zitronensaft,
¼ l Weiß- oder Apfelwein, oder
ungegorener Traubensaft.

Wasser, Salz, Zucker, Zitronenzucker werden aufgekocht, Zitronensaft, der abgequirlte Reis hinzugefügt. Der Reis wird an der Seite des Herdes unter Nachgießen von Wein in ¾–1 Stunde körnig ausgequollen. Zur Verzierung rotes Gelee.

602. Weinschaumreis für 4–6 Personen

125 g Reis,
¼ l Wasser,
1 Prise Salz,
125 g Zucker,

1 Eßlöffel Zitronenzucker,
3 Eßlöffel Zitronensaft,
⅛ l Weiß- oder Apfelwein oder
ungegorener Traubensaft.

Zum Weinschaum

2 ganze Eier,
65 g Zucker,

Saft von 1 Zitrone,
⅛ l Wein.

Zubereitung nach Nr. 601. Unter den gargemachten Reis wird der fertige Weinschaum gemischt (s. Nr. 119).

603. Schokoladenreis für 6 Personen

175 g Reis,
Wasser zum Vorkochen,
¾ l Milch,
1 Stückchen Vanille,
1 Prise Salz,

50 g Zucker,
65 g geriebene Schokolade,
1 Teelöffel Kakao,
7 Blatt weiße Gelatine, in 3 Eßlöffel Wasser gelöst,
¼ l Schlagsahne.

Der abgequirlte, vorgekochte Reis wird in Milch mit Vanille und Salz in ¾–1 Stunde körnig ausgequollen, mit Zucker, Schokolade, Kakao vermischt, kaltgestellt. Die vorbereitete, in heißem Wasser gelöste Gelatine wird zur abgekühlten Reismasse gegeben, unter die beim Steifwerden die Schlagsahne gemischt wird.

604. Pumpernickelspeise für 4–6 Personen

500 g eingemachte Preiselbeeren,
100–150 g geriebenen Pumpernickel,

100g geriebene Schokolade,
¼–⅜ l Schlagsahne, mit 2–3 Esslöffel Zucker gesüßt.

Die angegebenen Zutaten werden schichtweise in eine Glasschüssel gefüllt. Die Speise wird mit Schlagsahne gespritzt.

605. Mohnklöße für 4 Personen M A k U F F K E N

250 g blauer oder weißer Mohn,
⅛–¼ l Wasser oder Milch mit 1–2 Esslöffel Zucker gesüßt,

40 g Sultaninen oder Korinthen,
40 g Mandeln,
12–16 Zwieback oder Semmelscheiben,
⅛–¼ l Wasser oder Milch mit 1–2 Esslöffel Zucker.

Der gemahlene Mohn wird mit kochendem Zuckerwasser oder kochender, gesüßter Milch übergossen, so dass ein fester Brei entsteht. Dieser wird mit den vorbereiteten, in wenig Wasser an der Seite des Herdes ausgequollenen Sultaninen, den vorbereiteten, grob gewiegten Mandeln vermischt, nach Geschmack gesüßt. Semmelscheiben oder Zwieback werden, nachdem sie mit heißem Zuckerwasser oder heißer, gesüßter Milch beträufelt worden sind, abwechselnd mit dem Mohnbrei in eine Schüssel geschichtet, als oberste Lage Mohn.

Besteht keine Möglichkeit, gemahlenen Mohn zu bekommen bzw. ihn selbst zu mahlen, dann wird der ungemahlene Mohn mit reichlich kaltem Wasser bedeckt aufgesetzt, aufgekocht, auf ein feines Sieb gegossen. Nach dem Abtropfen wird er auf ein Sieb für 10 Minuten in kaltes Wasser gehangen bzw. gestellt, wieder abgetropft. Er wird 2–3 mal durch die Fleischmaschine gedreht (der Trichter der Maschine ist voll zu stopfen, ehe mit dem Durchmahlen angefangen wird), oder der eingeweichte Mohn wird im Reibenapf mit der Reibekeule nach und nach gerieben.

Zur Herstellung von Speiseeis

sind notwendig:
1. eine Masse, die zum Gefrieren gebracht werden soll,
2. eine Kältemischung, die das Gefrieren der Masse ermöglicht,
3. passende Gefäße oder eine Maschine.

Zu 1. Die Zutaten, die Herstellung, die Beschaffenheit der zu gefrierenden Massen können sehr verschieden sein. Nach ihrer Beschaffenheit unterscheidet man 1. *Halbgefrorenes,* dazu gehören Eisgetränke und Sorbets. 2. *Ganzgefrorenes,* zu dem nach den Zutaten und ihrer Verwendung Frucht-, Creme- und Schlagsahneeis gehören. Eisgetränke sind Eiskaffee, -schokolade, -kakao. Zur Herstellung von Sorbets wird entweder eine alkoholische Flüssigkeit gleich mitgefroren, wodurch das Eis eine weiche Beschaffenheit behält, oder das ohne Alkohol gefrorene Eis wird nach dem Anrichten mit Alkohol übergossen. Frucht-eis kann aus nur Fruchtsaft oder aus Fruchtfleisch und Saft hergestellt werden. Für Cremeeis wird im Allgemeinen eine auf warmem Wege hergestellte Crememasse zum Gefrieren gebracht. Bei Schlagsahneeis kommt neben der Schlagsahne eine geschmackgebende Zutat zur Verwendung, die der Eissorte ihre Bezeichnung gibt. (Ananasbombe.) Auffällig ist bei allen Kochvorschriften der große Zuckerzusatz. Er ist notwendig, um ein richtiges Gefrieren der Masse zu erzielen. Bei zu geringer Zuckermenge gefriert sie hart, blockartig, bei zu großer bleibt sie weich. Der Zusatz von Ge-

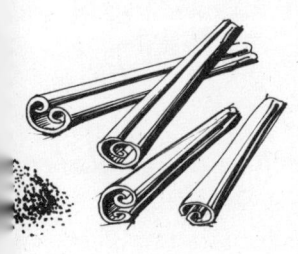

latine beeinflusst in den geringen Mengen, in denen er gemacht wird, nicht das Steifwerden der Masse, er macht das Eis leichter bekömmlich, verdaulich. Die Gelatine bindet die Masse und verhindert dadurch eine scharfe Kristallbildung. (Gelatine ist ein Kolloid.) Die Gelatine kann durch 1–2 Esslöffel Opekta ersetzt werden.

Zu 2. Eine Temperatur von null Grad, die für das Gefrieren von Wasser ausreicht, würde für Massen, die durch Zusätze schwerer als Wasser sind, nicht genügen. Durch eine Mischung von Eis und Viehsalz zu ungefähr gleichen Teilen oder im Verhältnis von 2:1 werden nach dem physikalischen Gesetz über Verdunstungskühle, Temperaturen zwischen 16–20° minus erzielt. Das Eis zur Kältemischung ist so fein wie möglich zu zersplittern (starker Nagel, Hammer, Eispickel). Viehsalz wird verwendet, weil es als denaturiertes Salz billiger als Kochsalz ist (500 g 5–6 Pfg.).

Zu 3. An Gefäßen sind notwendig: Ein Topf zur Aufnahme der zum Gefrieren zu bringenden Masse (Stieltopf), eine Schüssel, ein Eimer oder ein Topf zur Aufnahme der Kältemischung. Zwischen den Außenwandungen beider Gefäße muss ein Zwischenraum von 8–10 Zentimeter sein, ein Holzspatel oder Löffel zum Abspateln der zunächst am Rande steifwerdenden Masse, ein Eiskegel. Eine starke Erleichterung bei der Herstellung von Speiseeis bietet die Benutzung einer Maschine mit Hand- oder elektrischem Betrieb. Die in ihr gefrorene Masse ist außerdem ergiebiger und gleichmäßiger in der Beschaffenheit. Gut bewährt haben sich die Eismaschinen der Alexanderwerke, der Firma Eschebach. Zwischen beiden bestehen keine wesentlichen Unterschiede. Die Firma Eschebach hat außerdem zur Herstellung von kleinen Mengen eine Maschine unter der Bezeichnung Eisquirl in den Handel gebracht. Die Eismaschinen bestehen aus 1. dem Holzeimer mit 1–2 Öffnungen zum Abfluss des durch das Salz flüssig gewordenen Eises, 2. der Büchse mit Schaufelwerk und Deckel, 3. der Schiene mit Drehvorrichtung.

Zum Gefrieren von Schlagsahneeis kann der Meidinger Apparat benutzt werden, in dem außer durch Eis und Salz durch eine konzentrierte Salzlösung, die tiefe Temperatur bei geringem Eisverbrauch erzielt wird. Für den Haushalt wird er der Anschaffungskosten wegen kaum in Frage kommen.

Bei der Herstellung von Speiseeis ohne Maschine wird auf dem Boden des großen Gefäßes eine Schicht Kältemischung gefüllt. Der Topf mit der zu gefrierenden Masse *ohne Eischnee oder Schlagsahne* wird darauf gestellt, mit Eis und Viehsalz umgeben. Die am Boden und Rand zunächst steif werdende Masse wird solange abgespatelt, bis sie gleichmäßig breiig gefroren ist. Der steifgeschlagene Eierschnee, die Schlagsahne werden darunter gemischt und müssen gefrieren. Wird die Masse nicht gleich verbraucht und soll sie steifer gefrieren, dann muss sie in einen Kegel umgefüllt werden (fest eindrücken, um Zwischenräume zu vermeiden). Der Deckel ist aufzusetzen, die Stelle des auf die Büchse übergreifenden Randes ist dick mit unzerlassener Margarine zu bestreichen, um das Eindringen von Salzwasser zu verhindern. Der Kegel wird geradestehend für 2–3 Stunden in die Kältemischung eingegraben. Zum Stürzen kann er nach Entfernung von Fett und Deckel einen Augenblick in heißes Wasser getaucht werden, ehe er auf eine Glasplatte gestürzt wird. Oder nach dem Stürzen auf die Platte kann ein in heißes Wasser getauchtes, trocken ausgewundenes Tuch kurze Zeit auf den Kegel gelegt werden.

Bei der Benutzung der Alexander-Eismaschine wird die noch ungefüllte Büchse ohne Schaufelwerk mit Deckel in den Zapfen am Boden des Eimers gesetzt. Fein zersplittertes Eis wird abwechselnd mit Salz bis zu ¾ Höhe der Büchse eingefüllt. Das Schaufelwerk wird in die ausgetrocknete Büchse gestellt. Die zum Gefrieren zu bringende Masse mit *ungeschlagenem Eiweiß*, mit *ungeschlagener Schlagsahne* wird hineingegossen. Der Deckel wird aufgelegt, durch die Schiene festgehalten. Die durch Schmelzen und das Drehen der Büchse zusammensinkende Kältemischung muss immer wieder bis unter den Rand des Deckels nachgefüllt werden. Nach 30–45 Minuten ist die Masse starkbreiig gefroren. Die Schiene wird abgenommen. Rand und Deckel werden abgewischt, letzterer wird abgehoben, das Schaufelwerk herausgenommen. Soll das Eis nicht gestürzt, sondern in einer Schüssel oder in Gläsern gereicht werden, dann wird es in der Büchse glattgestrichen, der Deckel wird wieder aufgelegt, die Öffnung in ihm durch einen Korken verschlossen. Die Büchse wird in Eis, das zu diesem Zweck etwas gröber sein kann, und Viehsalz eingegraben bis unterhalb des Deckelrandes und muss ungefähr 2–3 Stunden stehen bleiben. Soll das in der Maschine gedrehte Eis gestürzt werden, dann ist es nach vorangegangener Angabe in einen Kegel umzufüllen, der in Kältemischung eingegraben 2–3 Stunden stehen muss. Das Stürzen ist auf die angegebene Weise vorzunehmen.

Die Eismaschine mit elektrischem Betrieb hat der mit Handbetrieb gegenüber den Vorteil der Zeit- und Kraftersparnis. Die Maschine braucht nur 15 Minuten zu laufen. Die Beschaffenheit der gefrorenen Masse ist eine ganz gleichmäßige.

Steht für Schlagsahnen-Eis nicht der Meidinger Apparat zur Verfügung, so wird der Kegel mit der zu frierenden Masse in die Kältemischung eingegraben, 3–4 Stunden stehen gelassen. Nähere Angaben erfolgen bei den Kochvorschriften.

Werden bei der Herstellung einer Eissorte in Stücke oder Würfel geschnittene Früchte verwendet, so werden diese als letzte Zutat unter die breiig gefrorene Masse gemischt, ehe diese in den Kegel gefüllt wird. Die Früchte müssen entweder in einer starken Zuckerlösung gekocht werden, oder sie werden 2 Stunden vor dem Gebrauch mit 2–3 Esslöffel Rum oder Arrak übergossen, auf einem Sieb abgetropft. Wird keines der angegebenen Verfahren angewendet, dann gefrieren die Früchte steinhart. Dem Übergießen mit Alkohol ist der Vorzug zu geben, weil durch die starke Zuckerlösung das Aroma der Früchte leidet. Alkoholische Flüssigkeiten gefrieren nur bei tiefen Temperaturen, je größer der Alkoholgehalt, umso tiefer liegt der Gefrierpunkt. Dadurch bleiben die mit Alkohol übergossenen Fruchtstücke weich.

Bei der in den Kochvorschriften angegebenen Schlagsahnenmenge ist mit ungeschlagener Sahne gerechnet.

606. Zitroneneis für 12 Personen

1 l Wasser,	4 Blatt Gelatine,
450–470 g Zucker,	Saft von 3–4 Zitronen,
dünn abgeschälte Schale	3 Eiweiß oder ⅛–¼ l
von ½ Zitrone,	Schlagsahne.

Wasser, Zucker, Zitronenschale werden aufgekocht. Die vorbereitete Gelatine wird darin gelöst (zur Farbveränderung können 2 Blatt rote Gelatine, 2 Blatt weiße verwendet werden). Nach dem Erkalten wird der Zitronensaft hinzugefügt, die Masse durch ein Sieb gegossen, mit ungeschlagenem Eiweiß oder ungeschlagener Schlagsahne vermischt, falls sie unter Anwendung der Maschine zum Gefrieren gebracht wird. Ohne Maschine siehe Herstellung von Speiseeis (Seite 333). Zum Spritzen Schlagsahne, zur Verzierung rotes Gelee.

607. Apfelsineneis für 12 Personen

1 l Wasser,	Saft von 4–6 Apfelsinen,
450–470 g Zucker,	Saft von 1–2 Zitronen,
dünn abgeschälte Schale	3 Eiweiß oder ⅛–¼ l Schlag-
von ½ Apfelsine,	sahne.
4 Blatt Gelatine (nach Belieben davon 2 Blatt rote),	

Herstellung nach Nr. 606. Zur Verzierung glasierte Apfelsinen- oder Mandarinenscheiben, Schlagsahne zum Spritzen.

608. Fruchteis aus Saft für 12 Personen

1 l süß abgeschmeckter	4 Blatt weiße Gelatine,
Fruchtsaft (Erdbeer-, Johan-	3 Eiweiß oder ⅛–¼ l Schlag-
nisbeer-, Himbeersaft),	sahne.

Die vorbereitete Gelatine wird in einem kleinen Teil des erhitzten Fruchtsaftes gelöst, durch ein Sieb zum übrigen Saft gegeben, weitere Zubereitung nach Nr. 606. Der Zuckergehalt einer schon gesüßten Flüssigkeit kann durch den Zuckermesser bestimmt werden. Die Flüssigkeit hat den zum Gefrieren notwendigen Süßigkeitsgrad, wenn der Zuckermesser 17–18 zeigt. Zeigt er mehr, muss die Flüssigkeit mit Wasser verdünnt werden, zeigt er weniger, muss sie durch Zucker schwer gemacht werden. Die Flüssigkeit ist zum Messen in ein hohes Glas bzw. in eine Flasche mit weitem Hals zu füllen. (Zuckermesser nach Baumé.) Ohne Benutzung des Zuckermessers muss der Saft sehr süß schmecken.

609. Erdbeereis für 12 Personen

1 kg Garten- oder Walderdbeeren,
430 g Zucker,
4 Blatt weiße Gelatine,
2 Esslöffel Wasser zum Lösen,
Saft von einer Zitrone oder
1 Päckchen Vanillezucker,
3 Eiweiß oder $\frac{1}{8}$ – $\frac{1}{4}$ l Schlagsahne.

Die gewaschenen Erdbeeren werden durch ein Haarsieb gestrichen. Die durchgestrichene Masse wird bis zu 1 l *verdünnt*, der Zucker, die gelöste Gelatine, Zitronensaft oder Vanillezucker werden hinzugefügt, die Masse gerührt, bis sich der Zucker gelöst hat. Eiweiß oder Schlagsahne werden ungeschlagen darunter gemischt, die Masse in die Maschine gefüllt, breiig gefroren, in den Kegel umgefüllt, in Kältemischung eingegraben, steif gefroren. Ohne Maschine siehe Herstellung von Speiseeis (Seite 333).

Bei Verwendung von Walderdbeeren ist das Aroma kräftiger, die Farbe weniger gut als bei Gartenerdbeeren.

Zur Verzierung rohe, eingezuckerte Erdbeeren und Schlagsahne zum Spritzen.

610. Himbeereis für 12 Personen

1 kg Himbeeren,
430 g Zucker,
4 Blatt weiße Gelatine,
2 Eßlöffel Wasser zum Lösen,

Saft von 1 Zitrone oder
1 Päckchen Vanillezucker,
3 Eiweiß oder ⅛ – ¼ l Schlagsahne.

Zubereitung nach Nr. 609.

611. Brombeereis für 12 Personen
besonders wohlschmeckend

1 kg reife Brombeeren,
430 g Zucker,
4 Blatt weiße Gelatine,
2 Eßlöffel Wasser zum Lösen,

Saft von 1 Zitrone oder
1 Päckchen Vanillezucker,
3 Eiweiß oder ⅛ – ¼ l Schlagsahne.

Zubereitung nach Nr. 609.

612. Aprikoseneis aus getrockneten Aprikosen für 12 Personen

250 g getrocknete Aprikosen,
½ l Wasser zum Einweichen,
430 g Zucker,

4 Blatt weiße Gelatine,
2 Eßlöffel Wasser zum Lösen,
Saft von 1 Zitrone,
3 Eiweiß oder ⅛ – ¼ l Schlagsahne.

Die gewaschenen, am Abend vor dem Gebrauch eingeweichten Aprikosen werden mit dem Einweichwasser weichgekocht, durch ein Haarsieb gestrichen. Weitere Zubereitung nach Nr. 609. Zur Verzierung Aprikosen, Schlagsahne zum Spritzen.

613. Vanilleeis für 6 Personen

⅝ l Milch (½ und ⅛),
1 Stückchen Vanille,
1 Prise Salz,
130 g Zucker,
4–6 Eigelb,
2 Blatt weiße Gelatine in
2 Eßlöffel Wasser gelöst.

½ l Milch, Vanille und Salz werden aufgekocht. Zucker und Eigelb werden in 20–30 Minuten schaumig gerührt (im Topf). ⅛ l kalte Milch, die heiße Vanillemilch werden dazugegossen. Die Masse wird in kochendheißem Wasser feinblasig und dicklich gequirlt (Vorsicht des Gerinnens wegen), die vorbereitete, gelöste Gelatine wird dazugegeben. Die abgekühlte Masse wird nach Vorschrift zum Gefrieren gebracht. Zum Spritzen Schlagsahne. Warme Schokoladensoße, gesüßtes Erdbeer- oder Himbeermark eignen sich als Beigabe. Eine beim Abquirlen geronnene Masse kann durch Durchstreichen durch ein feines Haarsieb wieder verwendbar gemacht werden.

Veränderung I

An Stelle von Milch kann süße Sahne verwendet werden.

Veränderung II

Die Menge des Eigelb kann bis auf 8 erhöht werden.

Veränderung III

4 Eigelb und ⅛–¼ l Schlagsahne, die unter die abgekühlte Masse gemischt wird.

614. Kaffee-Eis I für 6 Personen

30–40 g Kaffee,
¾ l Milch,
130 g Zucker,
4–6 Eigelb,

1 Stückchen Vanille,
1 Prise Salz,
2 Blatt weiße Gelatine in
2 Esslöffel Wasser gelöst.

Der gemahlene Kaffe wird mit der kochenden Milch überbrüht, an warmer Stelle 10–15 Minuten stehen gelassen. Die durch ein feines Sieb oder den Kaffeetrichter abgegossene Flüssigkeit muss ⅝ l ergeben. Zucker und Eigelb werden in 20–30 Minuten in einem Topf schaumig gerührt. Der Kaffee, Vanille und Salz werden hinzugefügt. Fertigstellung der Masse nach Nr. 613. Zur Verzierung Schokoladenkaffeebohnen, Schlagsahne zum Spritzen.

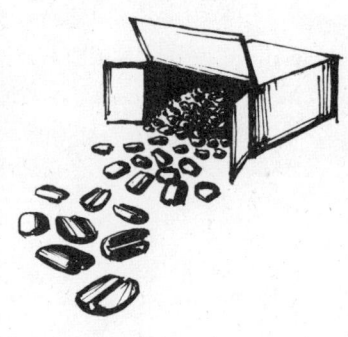

615. Kaffee-Eis II für 6–8 Personen

⅜ l Kaffee-Extrakt aus
40 g Kaffee,
150 g Zucker,
5 Eigelb,

1 Stückchen Vanille,
75 g Schokolade,
2 Blatt weiße Gelatine,
⅜ l Schlagsahne,
(2–3 Eiweiß).

Zucker und Eigelb werden 20–30 Minuten schaumig gerührt, Kaffee-Extrakt, geriebene Schokolade, Vanille werden dazugegeben. Die Masse wird im kochendheißen Wasserbade gequirlt, bis sie dicklich ist. Die vorbereitete Gelatine wird darin gelöst. Nach dem Abkühlen wird die Schlagsahne nach Belieben Eiweiß darunter gemischt, die Masse nach Vorschrift gefroren. Verzierung nach Nr. 614.

616. Schokoladeneis für 6–8 Personen

⅝ l Milch,	1 Prise Salz,
125 g geriebene Schokolade,	130 g Zucker,
(1 Esslöffel Kakao),	4 Eigelb,
1 Stückchen Vanille,	2 Blatt weiße Gelatine,
	(nach Belieben 2 Eiweiß).

Milch, Schokolade, Kakao, Vanille und Salz werden aufgekocht, abgekühlt. Weitere Zubereitung nach 613.

617. Mandeleis für 6 Personen

Zutaten und Zubereitung nach 613.

75 g gebrühte, abgezogene, durch die Mandelmühle gedrehte Mandeln werden mit der Masse im kochendheißen Wasser mit abgerührt, oder die gleiche Menge Mandeln wird nach dem Brühen und Abziehen geröstet, grob gewiegt und unter die abgekühlte Crememasse gemischt, ehe sie in die Maschine zum Gefrieren gefüllt wird.

618. Nusseis für 6 Personen

Zutaten und Zubereitung nach Nr. 613.

75 g durch die Mühle gedrehte Wal- oder Haselnüsse werden mit abgerührt.

619. Ananaseis für 8–10 Personen

200 g Büchsenananas,	4 Eigelb,
2–3 Esslöffel Rum oder	Saft 1 Zitrone,
Arrak,	2–3 Blatt weiße Gelatine,
¼ l Ananasflüssigkeit,	½ l Schlagsahne,
100 g Zucker,	(2–3 Eiweiß).

Die in Würfel geschnittene Ananas wird mit Alkohol übergossen, 1–2 Stunden stehen gelassen, auf einem Sieb abgetropft. Zucker und Eigelb werden in einem Topf in 20–30 Minuten schaumig gerührt. Ananas-, Zitronensaft werden hinzugefügt. Die Masse wird im kochendheißen Wasserbad gequirlt, bis sie feinblasig ist. Die vorbereitete Gelatine wird in ihr gelöst. Unter die abgekühlte Crememasse werden Schlagsahne bzw. Eiweiß gemischt. Unter das breiig gefrorene Eis werden vor dem Umfüllen in einen Kegel die Ananaswürfel gemischt. Zur Verzierung Ananas, Schlagsahne zum Spritzen.

Soll frische Ananas verwendet werden, so werden des Abfalls wegen ungefähr 375 g gebraucht. Die Ananaswürfel werden in ¼ l Wasser mit 100 g Zucker glasig gekocht. Die Ananasflüssigkeit muss auch ¼ l ergeben. Zum Schaumigrühren sind in diesem Falle nur 50 g Zucker zu verbrauchen.

620. Gefrorenes nach Nesselrode für 8–10 Personen

¾ l Milch,	¼ l Schlagsahne,
1 Stückchen Vanille,	⅛ l Wasser oder Wein,
1 Prise Salz,	100 g Korinthen,
190 g Zucker,	100 g Sultaninen,
6–8 Eigelb,	25 g Zucker,
2 Blatt weiße Gelatine,	50 g Zitronat, in Würfel geschnitten.

Milch, Vanille und Salz werden aufgekocht, abgekühlt. Die in 20–30 Minuten mit dem Zucker schaumig gerührten Eigelb werden mit der Vanillemilch im heißen Wasser zu einer Creme abgerührt. Die Gelatine wird darin gelöst. Unter die abgekühlte, mit der

Schlagsahne vermischte, breiig gefrorene Masse werden Sultaninen, Korinthen, Zitronatwürfel gemischt. Die verlesenen, gewaschenen Sultaninen und Korinthen werden in Wasser bzw. Wein mit Zucker an der Seite des Herdes ausgequollen. Schlagsahne zum Spritzen.

621. Fürst-Pückler-Eis für 10–12 Personen

¾ l Schlagsahne,	1 Esslöffel Arrak,
160 g Zucker,	1 Blatt rote, 1 Blatt weiße
1 Stückchen Vanille,	Gelatine in 1–2 Esslöffel Wasser
½ Tafel Schokolade,	gelöst,
50–75 g Büchsenananas in Würfel,	5–6 Makronen in Würfel.

Die geschlagene, mit Zucker gesüßte, mit Vanillesamen vermischte Schlagsahne wird in 3 Teile geteilt. Unter ein Drittel werden die abgetropften Ananaswürfel gemischt. (1–2 Stunden vor dem Gebrauch mit Rum oder Arrak übergießen.) Unter die im Wasserbade erweichte Schokolade wird, nachdem sie etwas abgekühlt ist, das zweite Drittel gemischt. Das letzte Drittel wird durch Vermischen mit der vorbereiteten, gelösten Gelatine rosa gefärbt. Ein genügend großer Kegel wird in fein zersplittertes Eis und Salz bis zu ¾ seiner Höhe eingegraben. Die durch Schokolade gefärbte Masse wird eingefüllt, in ihre Oberfläche werden Makronenwürfel leicht eingedrückt. Die weiße Masse wird daraufgegeben, wieder Makronenwürfel darüber, dann die rosa Masse, als letztes Makronenwürfel. Der Deckel wird auf den Kegel gesetzt. Der Übergang vom Rand des Deckels zur Form wird mit weicher Margarine bestrichen. Kältemischung über den Kegel gefüllt. Er gebraucht zum Gefrieren 3–4 Stunden. Während dieser Zeit sind Eis und Salz nachzufüllen. Es empfiehlt sich, zum Eingraben von Eiskegeln ein undichtes Gefäß (Eimer) oder eine mit Ablauf versehene Wanne zu benutzen, damit die sich bildende Flüssigkeit ablaufen kann. Die in die Oberfläche eingedrückten Makronenwürfel verhindern das Vermischen der verschieden gefärbten Massen.

622. Schlagsahneeis mit verschiedenen Früchten
für 10–12 Personen

¾ l Schlagsahne,
160 g Zucker,
250 g Früchte, eine oder verschiedene Sorten,
3–4 Eßlöffel Rum oder Arrak,
3–4 Blatt weiße Gelatine in 2 Eßlöffel Wasser gelöst.

Unter die geschlagene, gesüßte Schlagsahne werden die gelöste, abgekühlte Gelatine, die würflig geschnittenen Früchte gegeben. Die Masse wird auf die gleiche Weise wie Fürst-Pückler-Eis Nr. 621 zum Gefrieren gebracht.
Als Früchte eignen sich Kirschen, Himbeeren, Erdbeeren, Aprikosen, Ananas. Werden frische Früchte verwendet, so sind sie in wenig Wasser mit Zucker zu kochen, nach dem Abkühlen zu schneiden. 1–2 Stunden vor dem Gebrauch sind sowohl die eingemachten, als auch die frischgekochten Fruchtwürfel mit Rum oder Arrak zu übergießen, vor dem Vermischen mit der Schlagsahne auf einem Haarsieb gut abzutropfen.

623a. Eiskaffee I für 8 Personen

4–6 Lot Kaffee, daraus hergestellt 1¼ l Kaffee,
¼ l süße Sahne,
80 g Zucker,
2 Eigelb mit 2 Eßlöffel Wasser verquirlt,
2 Blatt weiße Gelatine.

Der fertige Kaffee wird mit Sahne und Zucker vermischt. Ein kleiner Teil davon wird erhitzt, mit den Eigelb abgezogen, die Gelatine darin gelöst. Beide Massen werden zusammengegossen, nach dem Abkühlen breiig gefroren, in Gläser gefüllt, mit Schlagsahne gespritzt (¼–⅜ l).

623b. Eiskaffee II für 8–10 Personen

5–6 Lot Kaffee,　　　　　80 g Zucker,
1¼ l fertigen Kaffee,　　　Vanilleeis nach Nr. 613.
¼ l süße Sahne,

Der Kaffee wird mit Sahne und Zucker vermischt. Das nach Nr. 613 hergestellte Vanilleeis wird in Gläser gefüllt, der kalte Kaffee darüber gegossen. Schlagsahne zum Spritzen.

624. Römischer Punsch für 6 Personen

⅛ l Apfelsinensaft,　　　200 g Zucker,
⅛ l Zitronensaft,　　　　3 Eiweiß oder ⅛–¼ l Schlagsahne,
³⁄₁₆–¼ l Weißwein,　　　(n. Bel. 3–4 Esslöffel Arrak).

Alle Zutaten mit Ausnahme des Arraks werden miteinander vermischt, stark breiiggefroren, in Gläser gefüllt, mit Früchten verziert, mit Schlagsahne zugespritzt (¼ l Schlagsahne). Der Arrak kann vor dem Einfüllen unter das breiiggefrorene Eis gemischt werden, oder er wird über das schon in Gläser gefüllte Eis gegeben.

625. Sorbet von Erdbeeren für 8–10 Personen

Erdbeereis aus der Hälfte
der Zutaten nach Nr. 609,
⅜ l Burgunder.

Unter das breiiggefrorene Erdbeereis wird der Burgunder gemischt. Die Masse wird noch ½–¾ Stunden nachgefroren, ehe sie in Gläser gefüllt mit Schlagsahne verziert wird (¼ l Schlagsahne).

626. Sorbet von Ananas für 8–10 Personen

Ananaseis aus der Hälfte
der Zutaten nach Nr. 619,
⅜ l Weißwein.

Herstellung nach Nr. 625.

Vom Einmachen

Das Frischhalten von Gemüse, Obst und Fleisch ist durch die Benutzung von Einkochapparaten, wie Weck, Rex, Adler, Ruffia, Ortelt u. a. m., wesentlich erleichtert und verbessert worden. Die Wirkung beruht bei den verschiedenen Systemen auf dem gleichen Prinzip. Durch Anwendung von Hitze, durch Schaffung eines luftverdünnten Raumes innerhalb des Glases werden Bakterien getötet, wird der Zutritt von Luft verhindert. Ein großer Vorteil ist der, dass durch die hierbei geringen Salz- und Zuckerzusätze Wohlgeschmack und Farbe von Gemüsen, von Obst nicht beeinträchtigt werden. Es sind ferner verschiedene Apparate im Handel, die mit Hilfe einer Luftpumpe aus den schon gefüllten, verschlossenen Gläsern Luft heraussaugen und auf diese Weise ohne nachherige Erhitzung den zum Verschluss notwendigen luftverdünnten Raum schaffen.

Zur Herstellung von Marmeladen, besonders aus feinen, saftreichen Früchten (Erdbeeren), bzw. von Gelees aus sehr reifen Früchten ist der Verbrauch von Opekta zu empfehlen. Vorschriften über die Verwendung sind der Packung beigefügt.

627. Weißkraut zu Sauerkraut einlegen

Weißkohl,
Salz, auf 500 g gehobelten
Kohl 8–10 g Salz.

Feste Kohlköpfe werden von den äußeren Blättern befreit, halbiert. Der Strunk wird entfernt und der Kohl möglichst fein und lang gehobelt. Der gehobelte Kohl wird, mit der angegebenen Salzmenge vermischt, in ein gebrühtes Holzfass (Eiche) eingestampft. Die sich beim Stampfen bildende Flüssigkeit muss über dem Kohl stehen. Der Kohl wird mit einem durch kochendes Salzwasser gebrühten Tuch bedeckt, mit einem Holzdeckel und Steinen beschwert. Tuch,

Deckel, Steine und Rand des Fasses sind öfters mit Salzwasser abzuwaschen (zur Entfernung des sich bildenden Schimmels). Nicht zu große Mengen säuern in einem nicht zu kalten Raum in 2 bis 3 Wochen. Beim Verbrauch ist der Kohl gleichmäßig von der Oberfläche abzunehmen.

628. Gurken einzulegen I (für schnelleren Gebrauch)

Gurken,
Salzwasser, auf 1 l Wasser
30–40 g Salz,
Dill,
Wein- und Sauerkirschblätter.

Die Gurken werden vorsichtig gebürstet, mit einer Strick- oder Spicknadel mehrere Male eingestochen, über Nacht gewässert. Sie werden abwechselnd mit Dill, Wein und Sauerkirschblättern in einen Steintopf oder ein Fässchen geschichtet, mit Salzwasser übergossen, leicht durch einen Deckel und Stein beschwert. Nach 10–12 Tagen sind sie gesäuert. Sie sind möglichst schnell zu verbrauchen.

629. Gurken einzulegen II (lange haltbar)

Gurken,
kochendes Salzwasser,
für 1 l 50 g Salz,
Dill,
Sauerkirschblätter.

Die Vorbereitung der Gurken ist die gleiche wie in Nr. 628. Die Gurken werden in ein größeres Holzfass mit Dill, Wein- und Sauerkirschblättern geschichtet; das Fass wird bis auf ein Spundloch mit einem Deckel verschlossen. Durch das Spundloch wird so lange kochende Salzlake eingefüllt, bis das Fass vollkommen damit gefüllt ist. Das Spundloch wird durch einen Korken fest verschlossen. Das Fass ist in einem nicht zu kalten Keller auf Steine zu stellen und in der ersten Zeit möglichst täglich zu drehen (zur Ausgleichung des Druckes), später seltener. Nach ungefähr drei Monaten kann mit dem Verbrauch der Gurken begonnen werden.

630. Grüne Bohnen einzusalzen

Salz,
Grüne Bohnen, 50 g Salz auf 500 g Bohnen.

Die abgezogenen Bohnen werden geschnippelt, mit Salz vermischt, in einen Steintopf oder ein Holzfässchen gestampft, mit einem gebrühten Tuch bedeckt, mit Brett oder Stein beschwert. Tuch, Brett, Stein und Topf- oder Fassrand müssen öfters gereinigt erden. Die Bohnen sind vor ihrer Verwendung 10–12 Stunden zu wässern.

Das Einlegen in Flaschen

Zum Einlegen in Flaschen eignen sich kleine Früchte, die reich an Fruchtsäuren sind, wie Stachelbeeren, Johannisbeeren, Heidelbeeren, Rhabarber. Obst auf diese Weise haltbar gemacht, ist am besten zur Herstellung von Suppen zu verwenden, da durch den engen Flaschenhals das Aussehen des Obstes leidet. Das Obst kann roh in die Flaschen eingefüllt werden oder nach vorheriger Erhitzung im eigenen Saft bzw. mit geringem Wasserzusatz (auf 500 g ⅛ l Wasser). Durch die letztere Art werden die Flaschen besser ausgenutzt. Die gereinigten Flaschen (Bier-, Selterwasserflaschen mit Patentverschluss oder Weißwein-, Champagnerflaschen) können vor dem Einfüllen geschwefelt werden.

1. Auf einen schadhaften Teller, einen Blumentopfuntersatz werden Schwefelfäden gelegt und angezündet. Ein Trichter wird darüber gestülpt (es muss Luft hinzu können), die Flasche wird über die Trichteröffnung gehalten. Hat sie sich mit Schwefeldämpfen gefüllt, wird sie bis zum Gebrauch verkorkt.
2. Der angezündete Schwefelfaden wird vorsichtig in die Flasche hineingehalten.

Das im eigenen Saft oder mit wenig Wasserzusatz erhitzte Obst wird kochend heiß in die Falsche gefüllt, diese sofort mit gebrühtem Korken verschlossen und verlackt. Oder das Obst wird roh in die Flasche gefüllt, es wird Wasser darüber gegossen, bis zu zwei

Drittel Höhe der Falsche; die Flasche wird verschlossen, in Holzwolle oder Heu, 10–20 Minuten gekocht. Als Verschluss dafür:
1. ein Wattepfropfen oder
2. ein gebrühter Korken, am Flaschenhals festgebunden, oder
3. eine Abrolonkapsel (chemische Fabrik von Heyden, Radebeul-Dresden).

Die Flaschen werden in einen großen, hohen Topf auf eine Unterlage von Holzwolle oder Heu gestellt, in Holzwolle oder Heu eingepackt, damit sie fest stehen. Kaltes Wasser wird bis zu drei Viertel Höhe der Flaschen eingefüllt, das Wasser zum Kochen gebracht. Die Flaschen werden 15–20 Minuten gekocht.

Die mit gebrühtem Korken, mit Abrolonkapseln verschlossenen Flaschen können im Wasser abkühlen, ehe sie herausgenommen werden. Das über den Halsrand stehende Korkenstück wird abgeschnitten, die Flasche verlackt. Die mit Watte verschlossenen Flaschen sind möglichst heiß zu verkorken und zu versiegeln oder durch eingeweichte Gelatine zu verschließen.

Als Beispiel: **Heidelbeeren in Flaschen**
Die gewaschenen, verlesenen Heidelbeeren werden im eigenen Saft 5–10 Minuten gekocht, kochend heiß in die vorbereiteten Flaschen eingefüllt, verkorkt und verlackt.

631. Das Einlegen von Ost mit Zucker

Soll Obst ohne Apparat als Kompott haltbar gemacht werden, so ist dafür ein verhältnismäßig großer Zusatz von Zucker notwendig. Als Gefäße werden Flaschengläser mit einer Öffnung von ungefähr 3 cm im Durchmesser, Glaskrausen oder Steintöpfe (Krumeich) verwendet. Sie können vor dem Einfüllen des Kompotts geschwefelt oder mit Rum oder Arrak ausgespült werden. Auf das eingefüllte Kompott kann ein in Rum getauchtes Papier gelegt werden. Verschlossen werden die Gefäße durch Schweinsblase, durch Pergamentpapier oder durch Cellophan. Flaschengläser können außerdem durch Harz zugegossen werden. Dazu werden 1½ kg Kolophonium in einem Schnauztopf geschmolzen, mit 250 g Palmin an der Herdseite durchgekocht. Das heiße Obst wird bis zu 2 cm vom Rande entfernt in das Flaschenglas eingefüllt. Ein durch Rum gezogenes Papier wird daraufgelegt. Es ist günstig, das Papier so groß zu schneiden, dass es sich ungefähr ½ cm am Hals der Flasche hochlegt. Das flüssige Harz wird bis zum Flaschenrande eingegossen; ein Zusammensinken beim Abkühlen macht ein Nachfüllen von Harz notwendig. Beim Gebrauch wird das Flaschenglas einen Augenblick umgekehrt in stark warmes Wasser getaucht, damit der Pfropfen weich wird. Er wird mit einer Gabel, einem Messer herausgenommen. Das Harz kann eingeschmolzen immer wieder verwendet werden. Bei dieser Art des Einkochens werden abhängig vom Säuregehalt der Früchte auf 500 g Obst 250–500 g Zucker gerechnet.

632. Kirschen in Zucker

Für süße Krischen rechnet man auf 500 g Kirschen 250 g Zucker,
für saure auf 500 g Kirschen 400–500 g Zucker,
für 500 g Zucker rechnet man bei saftreichen ⅛ l, bei weniger saftigen ¼ l Wasser, 1–2 Kirschkerne.

Die abgewischten, entstielten Kirschen werden entsteint. Die bestimmte Menge Kirschsteine wird aufgeklopft, die Kerne in ein Mullläppchen gebunden. Zucker und Wasser werden aufgekocht und geschäumt (geläutert). Kirschen und Kerne werden hineingegeben, 5–8 Minuten gekocht, in ein irdenes Gefäß oder einen Porzellannapf geschüttet, bis zum nächsten Tag stehen gelassen. Die Kirschen werden in vorbereitete Gläser gefüllt, der durch Kochen eingedickte Saft wird heiß darüber gefüllt, die Gläser werden nach Vorschrift verschlossen.

633. Erdbeeren in Zucker

500 g Erdbeeren, 500 g Zucker, ¼ l Wasser.

Reife, frische Erdbeeren werden einzeln gewaschen, Stiel und Kelchblatt entfernt, die Beeren zum Abtropfen auf ein Tuch gelegt. Zucker und Wasser werden bis zum Fadenziehen gekocht, die Beeren hineingeschüttet, einmal aufgekocht. Sie werden mit dem Saft in ein Porzellangefäß geschüttet, in dem sie bis zum nächsten Tage zugedeckt stehen bleiben. Die Beeren werden auf einem Durchschlag abgetropft, der Saft wird durch Kochen wieder eingedickt und erkaltet über die Früchte gegossen. Dieses Verfahren ist 2–3 mal zu wiederholen, ehe Beeren und Saft in die vorbereiteten Gläser eingefüllt und verschlossen werden. Zur Verbesserung der Farbe kann beim Einkochen von Erdbeeren ¼ – ½ der angegebenen Zuckermenge an rotem Zucker verwendet werden.

634. Geschälte Pflaumen in Zucker

500 g Pflaumen, 250 g Zucker
kochendes Wasser, ⅛ l Wasser.

Um die Schale abziehen zu können, werden die Pflaumen in einem Durchschlag für ein paar Augenblicke in kochendes Wasser gehalten. Sie werden geschält, halbiert, entsteint. Zucker und Wasser werden aufgekocht, geschäumt, die Pflaumen in der Zuckerlösung aufgekocht. Sie werden in Gläser gefüllt, der eingedickte Saft wird darüber gegossen; die Gläser werden verschlossen.

635. Aprikosen, Pfirsiche in Zucker

500 g Pfirsiche oder ¼ l Wasser,
Aprikosen, n. Bel. 1–2 Aprikosen- oder
kochendes Wasser, Pfirsichkerne.
500 g Zucker,

Herstellung nach Nr. 634.

636. Preiselbeeren mit Zucker

2 kg Preiselbeeren,
1 kg Zucker.

Die gewaschenen, verlesenen Preiselbeeren werden abwechselnd mit dem Zucker in einen Topf geschichtet, zum Kochen gebracht, 5 Minuten gekocht. Sie werden auf ein Sieb geschüttet. Der abgetropfte Saft wird 5 Minuten gekocht, dann wieder mit den Beeren vermischt. Während des Abkühlens muss die Masse öfters umgerührt werden. Sie wird erst in die Gläser oder Töpfe eingefüllt, wenn sie anfängt steif zu werden. Die Gefäße werden nach Vorschrift verschlossen.

637. Preiselbeeren mit Birnen, Äpfel, Quitten oder Mohrrüben

1½ kg Preiselbeeren,   Äpfel oder Mohrrüben,
500 g Birnen, Quitten,   1 kg Zucker.

Birnen, Quitten oder Äpfel werden gewaschen, geschält, in Scheiben geschnitten. Die geschabten Mohrrüben werden in Würfel geschnitten, in kochendem Wasser 10 Minuten vorgekocht. Die gewaschenen, verlesenen Preiselbeeren werden schichtweise mit dem Zucker in einen Topf gegeben, zum Kochen gebracht, 5 Minuten gekocht, auf ein Sieb geschüttet. In dem abgelaufenen Saft werden die Obstscheiben oder die Mohrrübenwürfel weichgekocht; die Beeren werden dazugegeben, alles einmal aufgekocht. Weitere Behandlung nach Nr. 636.

638. Nüsse in Zucker

1 kg grüne Nüsse,   500 g Zucker,
Zuckerwasser,   ¼ l Wasser.
Nelken,

Grüne Nüsse, die noch keine feste Innenschale haben dürfen, werden mit einem spitzen Hölzchen mehrere Male durchstochen, für 10–14 Tage in kaltes Wasser gelegt, das täglich zweimal erneuert wird. Nach dieser Zeit werden die Nüsse in kochendes Wasser gegeben, einmal aufgekocht, abgegossen. In schwach gesüßtem Wasser werden sie weichgekocht, abgegossen. Jede Nuss wird mit einer Nelke gespickt. In Gläser gefüllt werden die Nüsse mit heißer Zuckerlösung übergossen, acht Tage stehen gelassen. Die Lösung wird abgegossen, dick eingekocht, erkaltet über die Nüsse gegossen. Die Gläser werden nach Vorschrift verschlossen.

639. Kirschen in Essig und Zucker I

Saure Kirschen,
Essig,
Zucker.

Die Kirschen werden abgewischt, entstielt, entsteint, in einem Gefäß mit Essig übergossen, 24 Stunden stehen gelassen. Nach dem Abtropfen werden sie mit dem gleichen Gewicht an Zucker in Gläser geschichtet. Während des Einfüllens sind die Gläser öfters zu schütteln, damit sie richtig gefüllt werden. Die Gläser sind nach Vorschrift zu verschließen. (Zum Einmachen ist Weinessig zu verwenden, der nach seiner Schärfe zur Hälfte, zu einem Drittel mit Wasser zu verdünnen ist.)

640. Kirschen in Essig und Zucker II

2 kg Kirschen,
1½ kg Zucker,
⅜ l Wasser,
⅜ l Essig,
5–6 Kirschkerne.

Die abgewischten Kirschen, bei denen der Stiel bis zur Hälfte gekürzt wird, werden mit einer Nähnadel mehrere Male eingestochen. Wasser, Essig und Zucker werden mit den in einen Mullbeutel eingebundenen Kirschkernen aufgekocht, über die Kirschen gegossen (Porzellangefäß), bis zum nächsten Tag stehen gelassen. Nach dem Abtropfen werden die Kirschen in Gläser gefüllt, der aufgekochte, erkaltete Saft wird darüber gegossen, die Gläser werden verschlossen.

641. Pflaumen in Essig

1 kg Pflaumen,	1 Stückchen Zimt (2–3 cm),
500 g Zucker,	n. Bel. 2–3 Nelken.
⅛ l Essig,	

Die abgewischten Pflaumen werden mit einem spitzen Hölzchen oder einer Stopfnadel mehrere Male eingestochen, in einen irdenen Topf gegeben. Zucker und Essig werden geläutert, die Gewürze in einem Mullbeutel darin aufgekocht, die Flüssigkeit wird heiß über die Pflaumen gegossen. Nach 6–8 Tagen werden die Pflaumen herausgenommen, der Saft wird zum Kochen gebracht, die Pflaumen in ihm gekocht, bis sie rissig werden. In Töpfe oder Gläser gefüllt, werden sie mit dem eingekochten Saft übergossen. Nach dem Erkalten werden die Gefäße verschlossen.

642. Birnen in Essig und Zucker

Bergamotten, Muskateller eignen sich dafür.

500 g Birnen,	*in einem Mullbeutel:*
250 g Zucker,	1 Stückchen Zimt (2 cm),
⅛ l Essig,	1–2 Nelken,
	1 Stückchen Zitronenschale.

Die gewaschenen, geschälten Birnen werden in Hälften oder Viertel geteilt, vom Kerngehäuse befreit. In dem mit Essig geläuterten Zucker werden die Birnen mit dem Gewürzbeutel lagenweise gekocht, bis sie glasig geworden sind. Sie werden in Gläser oder in Steintöpfe gefüllt. Der eingekochte Saft wird darüber gegossen. Die Gefäße werden nach Vorschrift verschlossen. (Die geschälten Birnen können mit dem Buntschneidemesser nachgeschält werden.)

643. Kürbis in Essig und Zucker

1 kg vorbereitete Kürbisstücke,	¼–⅜ l Wasser,
ungefähr 1 l Essig (halb Wasser, halb Essig),	Zimt (2 cm), 1–2 Nelken im Beutel oder ½ Stange Vanille.
500–700 g Zucker,	

Der Kürbis wird geschält, entkernt, in Stücke geschnitten, nach Belieben mit dem Buntmesser. Die Stücke werden mit dem Essig übergossen, 24 Stunden stehen gelassen. Nach dem Abtropfen werden sie nach Nr. 642 gekocht.

644. Zuckergurken

1 kg vorbereitete Gurkenstücke,	⅛ l Wasser,
1 l Essigwasser (halb Essig, halb Wasser),	⅛ l Essig, in einem Mullbeutel:
500 g Zucker,	1 Stückchen Zimt, 1–2 Nelken.

Die Gurken werden geschält, der Länge nach geteilt, die Kerne mit einem Löffel daraus entfernt, die Hälften längs noch einmal geteilt, in gleichmäßige Stücke geschnitten. Die Stücke werden in kochendem Essigwasser aufgekocht, zum Abtropfen auf einen Durchschlag geschüttet. Weitere Behandlung nach Nr. 642. Sollte bei Essigfrüchten der Saft nach einigen Tagen sehr dünn geworden sein so muss er abgegossen, eingedickt und erkaltet wieder über die Früchte gegossen werden.

645. Senfgurken

2 kg vorbereitete Gurken-stücke,	10 weiße Pfefferkörner,
	6 Dillblüten,
125 g Salz,	¼ Stange Meerrettich,
¾–1 l Essigwasser (halb und halb),	65 g Senfkörner,
	1 l Flüssigkeit (halb Wasser, halb Essig),
65 g Perlzwiebeln,	
25 g Schalotten,	200 g Zucker.

Die nach Nr. 644 vorbereiteten Gurkenstücke werden mit Salz vermischt 24 Stunden stehen gelassen, auf einem Durchschlag abgetropft. Mit kochendem Essigwasser übergossen, bleiben sie wieder 24 Stunden stehen. Nach dem Abtropfen werden sie mit den angegebenen Gewürzen in Gläser oder Töpfe eingeschichtet. Wasser, Essig und Zucker werden aufgekocht, kochend heiß darüber gegossen. Die Gefäße, bei denen auf die Gurken ein Senfbeutel gelegt werden kann, werden nach Vorschrift verschlossen. Mit den gleichen Zutaten kann Kürbis auf die gleiche Weise eingemacht werden.

646. Pfeffergurken

500 g Gurken,	1–2 Dillblüten,
Salzwasser, für 1 l	n. Bel. 1–2 Lorbeerblätter,
1 Eßlöffel Salz,	¼–⅜ l Flüssigkeit (halb Wasser, halb Essig),
1 Stückchen Meerrettich, in Würfel geschnitten,	
5 g Pfefferkörner,	n. Bel. 30 g Zucker.

Die gebürsteten Gurken werden für 24 Stunden in Salzwasser gelegt; dann abgetropft, getrocknet. Sie werden mit den angegebenen Gewürzen in Gläser oder Töpfe gefüllt, mit Essig übergossen. Nach drei Tagen wird der abgegossene Essig aufgekocht, erkaltet über die Gurken gegossen. Der Essig kann mit Zucker aufgekocht werden. Über die Gurken kann ein Senfbeutel gelegt werden. Die Gefäße sind nach Vorschrift zu verschließen.

647. Rote Rüben

1½ kg Rüben,	½ Teelöffel Kümmel,
kochendes Wasser,	n. Bel. ¼ Teelöffel Koriander,
¼ Stange Meerrettich, in	⅜ l Essigwasser (halb und halb),
Würfel geschnitten,	50 g Zucker.
½ Teelöffel Salz,	

Die lauwarm gewaschenen, gebürsteten Rüben (Vorsicht, Schale nicht verletzen) werden in Wasser in 1 bis 1½ Stunden weichgekocht, abgegossen, in kaltes Wasser gelegt. Die Haut wird abgestreift. Die in Scheiben geschnittenen Rüben werden mit den Gewürzen in einen Topf geschichtet. Zucker und Essigwasser werden aufgekocht, erkaltet über die Rüben gegossen. Das Gefäß wird nach Vorschrift verschlossen.

648. Rumtopf

Zum Ansetzen:

500 g Erdbeeren,
500 g Zucker,
¼ l Rum oder Arrak.

Für jede weiteren 500 g Frucht sind 500 g Zucker zu rechnen. Rum oder Arrak wird nach Bedarf nachgefüllt. Zum Rumtopf kann jede reife, nicht überreife Obstart verwendet werden, in der Reihenfolge, wie sie die Jahreszeit bietet. Erdbeeren, Johannis-, Himbeeren, reife Stachelbeeren, Kirschen, Aprikosen, Pfirsiche, Birnen, Pflaumen, Äpfel. Das vorbereitete trockene Obst wird mit dem Zucker vermischt, eine Stunde stehen gelassen, in den Topf gegeben, mit Arrak oder Rum übergossen. Der sich absetzende Zucker wird täglich mit einem silbernen Löffel aufgerührt. Der Topf muss nach jedesmaligem Öffnen wieder mit Pergamentpapier verschlossen werden. Große Früchte sind zu teilen.

649. Fruchtsäfte

können auf verschiedene Weise gewonnen werden.

1. *Durch Kochen mit Wasser.* Die Größe des Wasserzusatzes ist von der Beschaffenheit des Obstes abhängig. Bei harten Obstarten, wie Äpfel, Birnen usw., muss er größer sein als bei weichen, wie Kirschen, Beerenobst.
2. *Durch Erhitzen ohne Wasserzusatz im Wasserbad.* Diese Art der Gewinnung ist besonders zu empfehlen, wenn der Saft zu Gelee gekocht werden soll. Man erhält einen reinen, unverdünnten Saft. Die Ausgiebigkeit ist im Vergleich zu 1 geringer.
3. *Durch Auspressen.* Die Fruchtpresse der Alexanderwerke hat sich dafür gut bewährt.
4. *Durch vorheriges Gären der Früchte.* Es kommt für Beerenobst in Betracht. Die zerstampften Früchte werden mit Wasser übergossen, an einem warmen Ort während 6–8 Tagen der Gärung überlassen. Der im Obst enthaltene Trauben- oder Fruchtzucker gehen dabei verloren.
5. *Unter Benutzung von Weinsteinsäure* (Herstellung ohne Wärme). Der Saft ist möglichst ungekocht zu verbrauchen, zu Limonaden, als Beigabe zu süßen Speisen.
6. *Durch Einzuckern der Früchte* mit Streuzucker oder Erhitzen in einer Zuckerlösung.
7. *Durch den Saftfilter von Weck,* in dem die Früchte, durch Dampf zum Platzen gebracht, ihren Saft abgeben.
8. *Durch Keltern* für größere Betriebe im „Mostmax" (Fa. Kaltenbach, Lörrach in Baden), für den Haushalt im „Mostmäxli". Der dabei gewonnene reine, klare Fruchtsaft wird als *Süßmost* bezeichnet. Er ist frisch, kühl aufbewahrt, einige Tage haltbar, für längere Zeit muss er durch Sterilisieren in Flaschen haltbar gemacht werden (flüssiges Obst).

650. Johannisbeersaft (zu 1)

1 kg Beeren,
⅜ – ½ l Wasser,
für 1 l Saft 600 g Zucker.

Die vorbereiteten Beeren werden mit dem Wasser gekocht, bis sie platzen. Die Masse wird auf ein gebrühtes Geleetuch gegossen. Der durchgetropfte (nicht durchgedrückte) gemessene Saft wird mit dem Zucker ungefähr 3 Minuten gekocht, geschäumt, zehn Minuten gekocht, wieder geschäumt, heiß in Flaschen gefüllt, sofort mit Korken und Siegellack verschlossen. Himbeersaft ebenso, bei Kirschsaft auf 1 kg Kirschen ⅜ – ½ l Wasser, auf 1 l durchgetropften Saft 500 g Zucker, bei Äpfeln und Birnen so viel Wasser, dass das vorbereitete Obst knapp davon bedeckt ist, ebensoviel Zucker wie bei Kirschsaft.

651. Johannisbeersaft (nach 2)

Johannisbeeren

Die vorbereiteten Beeren werden in einen Topf gegeben, mit diesem in einen größeren Topf mit kochendem Wasser gestellt. Sind die Beeren geplatzt, wird die Masse zum Durchtropfen auf ein gebrühtes Geleetuch gegossen. Weitere Behandlung nach Nr. 650.

652. Himbeersaft (zu 3)

Himbeeren, für 1 l Saft,
500 g Zucker.

Der Saft der durch die Presse gegebenen Himbeeren wird nach Nr. 650 fertiggestellt.

653. Ausgegorener Johannisbeersaft (zu 4)

1 l Johannisbeeren,
¼ l Wasser,
auf 1 l Saft 800 g Zucker.

Die vorbereiteten Beeren werden zerstampft, mit Wasser vermischt 6–8 Tage an einem warmen Ort zugedeckt stehend der Selbstgärung überlassen. Der vom Bodensatz abgegossene, durchgetropfte Saft wird mit dem Zucker ¼ Stunde gekocht, geschäumt, heiß in Flaschen gefüllt, verkorkt und verlackt.

654. Erdbeersaft mit Weinsteinsäure (zu 5)

1½ kg Garten- oder Walderdbeeren,
1 l Wasser,
40 g Weinsteinsäure,
1 ⅞ Hutzucker.

Die verlesenen, gewaschenen Beeren werden zerquetscht, mit dem Wasser, in dem die Weinsteinsäure gelöst worden ist, übergossen, 24 Stunden stehen gelassen. Der durchgetropfte Saft wird mit dem zerkleinerten Hutzucker ½ Stunde gerührt (der Zucker muss sich lösen), in Flaschen gefüllt. Diese werden mit einem Wattebausch, einem Mullpfropfen verschlossen. Der Saft ist frühestens nach 8 Wochen zu verbrauchen.

655. Erdbeersaft (nach 6)

1½ kg Erdbeeren,
1 kg Zucker,
1 l Wasser.

Die verlesenen, gewaschenen Früchte werden zerstampft, Zucker und Wasser werden aufgekocht, geschäumt, die zerstampften Früchte darin erhitzt. Die Masse bleibt 12–24 Stunden stehen. Der durchgetropfte Saft wird in Flaschen gefüllt, etwas Öl darüber gegossen. Die Flaschen werden mit Pergamentpapier verschlossen.

656. Johannesbeersaft (nach 6)

1½ kg Johannisbeeren,
750 g Zucker.

Die vorbereiteten Beeren und der Zucker werden schichtweise in einen Topf gegeben, unter Schütteln erhitzt. Der durchgetropfte Saft wird in Flaschen gefüllt, die mit Watte verschlossen in Holzwolle oder Heu vom Kochen an 10 Minuten ziehen müssen. Die Watte wird entfernt, die Flaschen werden verkorkt und verlackt.

657. Erdbeersaft durch den Weckfilter (nach 7)

Über die Herstellung siehe die dem Apparat beigefügten Angaben.

658. Süßmost (nach 8)

ist nach den der Kelter beigefügten Angaben herzustellen. Der „Mostmax" wird zur Verarbeitung von Kernobst verwendet. Je nach seiner Größe können durch ihn in 1 Stunde 25–50 Liter Süßmost gewonnen werden. Durch die Art seiner Gewinnung enthält Süßmost die aromatischen Stoffe, Fruchtsäuren, Ergänzungs- und Mineralstoffe der verwendeten Obstart.

659. Zur Herstellung von Gelee

sind Früchte, die reich an Pektinstoffen (pflanzliche Gallertstoffe) sind, notwendig. Sie finden sich in unreifem Obst in größeren Mengen als im reifen bzw. überreifen. Diesem Umstand ist bei der Wahl des Obstes zum Geleekochen Rechnung zu tragen. Falläpfel, Quitten, Beerenobst eignen sich besonders dafür. Zum Gelingen des Gelees sind außer den Pektinstoffen eine bestimmte Zuckermenge, ein bestimmter Säuregrad notwendig.

660. Johannisbeergelee

Johannisbeeren,
auf 500 g durchgetropften
Saft 400–500 g Zucker.

Gewinnung des Saftes nach Nr. 651.

Der durchgetropfte, gewogene Saft wird mit der Zuckermenge unter Rühren zum Kochen gebracht (der Zucker muss sich vor Beginn des Kochens gelöst haben), ungefähr 2 Minuten gekocht, geschäumt, 10 Minuten gekocht, wenn notwendig noch einmal geschäumt, die Geleeprobe gemacht. Dazu werden ein paar Tropfen auf einen Tellerrand gegeben. Erstarren sie beim Abkühlen, wird das Gelee in Gläser eingefüllt, nach dem Erkalten mit Rum- und Pergamentpapier verschlossen. Wird die Probe nicht steif, muss das Gelee noch länger gekocht werden. Durch zu langes Kochen wird die Wirkung der Pektinstoffe aufgehoben. Die Masse bekommt eine sirupähnliche Beschaffenheit. Jedes andere aus Beerenobst herzustellende Gelee ist auf die gleiche Weise wie Johannisbeergelee zu behandeln. Das in Gläser gefüllte Gelee wird am nächsten Tage verschlossen.

661. Apfelgelee

Unreife Äpfel,   Zucker,
Wasser,   wenn notwendig Saft
auf 500 g Saft 400–500 g   von ½ Zitrone.

Die gewaschenen, von Stiel und Blüte befreiten Äpfel werden in Scheiben geschnitten, mit dem Kerngehäuse in Wasser weichgekocht. Es ist so viel Wasser zu nehmen, dass die Äpfel knapp davon bedeckt sind. Der durchgetropfte Saft wird nach Nr. 660 zu Gelee gekocht. Ist sehr viel Saft durchgelaufen, dann kann er vor der Berechnung der Zuckermenge erst eingekocht werden, ehe er gewogen wird. Zitronensaft ist 2–3 Minuten vor der Geleeprobe hinzuzugießen. Für Äpfel-, für Quittengelee empfiehlt es sich, einen Messing-, einen Kupferkessel zum Kochen zu benutzen, da dadurch die Farbe günstig beeinflusst wird.

662. Quittengelee

Quitten,
Wasser,
auf 500 g Saft 400–500 g Zucker,
nach Belieben Saft von ½ Zitrone.

Herstellung des Gelees nach Nr. 661. Die Quitten sind mit einem Tuch abzureiben.

663. Zur Herstellung von Marmelade

können außer frischen Früchten die bei der Gewinnung von Saft bleibenden Rückstände verwendet werden. Die Früchte können mit Zucker zusammen dick eingekocht werden, oder die ohne Zucker gekochten Früchte werden durch ein Haarsieb gestrichen, das Mus wird mit Zucker eingekocht. Die letztere Art ist für Marmelade, die zum Füllen, zum Bestreichen von Torten, von Kleingebäck gedacht ist, anzuwenden. Auf 500 g durchgestrichenes Fruchtfleisch werden 350–400 g Zucker gerechnet. Marmelade wird heiß in die vorbereiteten Gläser gefüllt, mit Rum- und Pergamentpapier verschlossen. Ebenso wie bei der Herstellung von Saft können auch bei der von Marmelade verschiedene Obstarten gemischt werden. (Himbeeren, Johannisbeeren, Kirschen, Äpfel, Birnen, Pflaumen.) Verwendung von Opekta nach Vorschrift.

664. Himbeermarmelade I

Himbeeren,
Zucker.

Die verlesenen Beeren werden durch ein Haarsieb gestrichen. Auf 500 g der durchgestrichenen Masse werden 350 g Zucker gerechnet. Beide Zutaten werden unter häufigem Rühren (Untersatz) dick eingekocht. Die mit der Marmelade gefüllten Gläser werden nach Vorschrift verschlossen. Erdbeermarmelade ebenso.

665. Himbeermarmelade II

1 kg Himbeeren
1 kg Zucker.

Die verlesenen Himbeeren werden erhitzt, 10–15 Minuten gekocht. Unter die heiße Masse wird der Zucker gerührt. Die mit der Marmelade gefüllten Gläser werden nach Vorschrift verschlossen.

666. Kirschmarmelade

1 kg Kirschen,   auf 500 g Mus 400 g Zucker.
¼ l Wasser,

Die gewaschenen, entstielten, entsteinten Kirschen werden mit dem Wasser weichgekocht, durch ein Sieb gestrichen. Mus und Zucker werden dick eingekocht, heiß in die Gläser gefüllt, vorschriftsmäßig verschlossen.

667. Dreifrucht

500 g Kirschen (sauer),   1 kg Zucker,
500 g Himbeeren,   ¼ l Wasser.
500 g Johannisbeeren,

Zucker und Wasser werden aufgekocht und geschäumt. Die gewaschenen, entstielten, entsteinten Kirschen werden in der Zuckerlösung 10 Minuten gekocht, ehe die vorbereiteten Himbeeren dazugegeben werden. Nach 5 Minuten Kochzeit werden die vorbereiteten Johannisbeeren hinzugeschüttet. Die dick eingekochte Marmelade wird in Gläser eingefüllt, diese werden nach Vorschrift verschlossen.

668. Pflaumenmus

Reife, blaue Pflaumen werden abgewischt, halbiert, entsteint, durch die Fleischmühle gedreht. Der Brei wird unter häufigem Rühren (Untersatz) dick eingekocht, in irdene Töpfe gefüllt. Die Oberfläche des Muses lässt man in der Bratröhre übertrocknen, ehe die Töpfe mit Pergamentpapier verschlossen werden.

669. Apfelsinenmarmelade I

4 Apfelsinen,	500 g Zucker,
2 bittere Orangen oder	⅛ l Wasser,
6 Apfelsinen,	Saft von 2 Zitronen.

Die ganz dünn abgeschnittene Schale der Apfelsinen bzw. Orangen (ohne weißes Fleisch), wird in Streifen geschnitten, die in reichlich Wasser 5 Minuten gekocht, dann abgegossen werden. Die weiße Haut der Früchte wird abgezogen, das Fruchtfleisch von Häuten und Kernen befreit, Zucker und Wasser werden aufgekocht, die vorgekochten Schalen, Apfelsinensaft und Fleisch werden hinzugetan, die Zutaten zusammen dicklich gekocht. Der Zitronensaft wird hinzugegossen, die Masse noch 2 bis 3 Minuten gekocht. Sie muss während des Erkaltens öfters umgerührt werden, ehe sie in die vorbereiteten Gläser eingefüllt wird. Diese sind nach Vorschrift zu verschließen. (Sehr wohlschmeckend, aber viel Zeit in Anspruch nehmend.)

670. Apfelsinenmarmelade II

12 Apfelsinen,	Wasser,
2 Zitronen,	Zucker.

Apfelsinen und Zitronen werden geschält, die Schale wird durch die Fleischmaschine gedreht. Das Fruchtfleisch wird zerschnitten, die Kerne werden entfernt. Schalen und Fruchtfleisch werden gewogen. Auf 500 g Masse werden 1½ l Wasser gerechnet. Mit dem Wasser übergossen, bleibt die Masse 24 Stunden stehen. Sie wird dann 2 Stunden gekocht und wieder gewogen. Auf 500 g Masse werden 500 g Zucker gerechnet. Beides wird zusammen bis zur Geleeprobe eingekocht. Die mit der Marmelade gefüllten Gläser werden nach Vorschrift verschlossen. (Ausgiebig, aber nicht so wohlschmeckend wie die nach Nr. 669 hergestellte Marmelade.)

671. Apfelpaste

1½ kg Äpfel (Fallobst),
Wasser,
Zucker (am besten grober Kristallzucker).

Die gewaschenen, von Stiel und Blüte befreiten Äpfel werden in Scheiben geschnitten, mit dem Kerngehäuse in knapp gleichstehend Wasser weichgekocht, durch ein Haarsieb gestrichen, gewogen. Auf 500 g Mus sind 500 g Zucker zu berechnen. Beide Zutaten werden zusammen dicklich eingekocht (Messingkessel – Geleeprobe), die Masse wird auf ein mit angefeuchtetem Pergamentpapier belegtes Blech gegossen (1 cm hoch), muss abkühlen und trocknen. Es werden kleine Formen daraus geschnitten oder ausgestochen, die in Zucker umgewendet werden.

672. Quittenpaste

1½ kg Quitten,
Wasser,
Zucker (Kristallzucker).

Herstellung nach Nr. 671.

673. Kurze Angaben über das Frischhalten im Weckapparat

Zum Apparat gehören: Der Sterilisiertopf mit einfallendem Deckel, das Thermometer, das in die Öffnung des Deckels passt, der Ständer oder Gläserhalter, die Klammern oder Federn, die in die Schlitze der Säule des Gläserhalters eingreifen, die Gläser, die in verschiedenen Formen und Größen im Handel sind, die dazu passenden Gummiringe und Deckel. Gläser, Deckel und Ringe müssen von tadelloser Beschaffenheit sein. Sie sind vor der Benutzung zu reinigen. Gläser und Deckel, bei denen die Ränder besonders zu beachten sind, werden in *heißer* Soda- oder Imilösung mit Hilfe einer Bürste gewaschen, kalt nachgespült, nicht getrocknet, sondern zum Auslaufen die Gläser umgekehrt auf ein reines Tuch gestellt. Die Gummiringe werden in *warmer* Sodalösung gewaschen, kalt nachgespült, bzw. bis zum Gebrauch in kaltem Wasser liegengelassen. Da sie trocken auf den Rand des Glases gelegt werden sollen, wird der Ring vor seiner Benutzung auf ein reines, leinenes Tuch gelegt, das Tuch darüber geschlagen, durch Aufdrücken der Feuchtigkeit aufgesogen. *Obst* wird im Allgemeinen *roh* in die Gläser gefüllt, *Gemüse* am besten *gekocht,* wo es seiner sonstigen Zubereitung entspricht, in Fett fast *gargedünstet,* Fleisch *gargekocht, geschmort* oder *gebraten.* Bei weichem Obst, das bei der Erhitzung reichlich Wasser abgibt, wie es zum Teil bei Beerenobst der Fall ist, kann der notwendige Zucker ohne Wasserzusatz verwendet werden, bei härteren Obstarten wird er als Zuckerlösung verbraucht. Bei Gemüse, bei Fleisch wird die zum vorherigen Garmachen gebrauchte Flüssigkeit bzw. nur Wasser oder Wasser mit Salz verwendet. Obst und Gemüse werden bis zum Rande des Glases eingefüllt, Fleisch nur bis zu drei Viertel der Höhe des Glases. Bei Obst, bei Gemüse muss die darüber gefüllte Flüssigkeit einen Raum von 3-4 cm Höhe vom Glasrand entfernt freilassen, bei Fleisch darf sie nur bis zur Hälfte der Höhe des Glases reichen. Der Rand der gefüllten Gläser wird mit einem feuchten, nicht fasernden Tuch abgewischt, die Gläser werden mit Gummiring und Deckel verschlossen, durch die Feder im Gläserhalter befestigt. Der Druck der Feder auf den Deckel darf nur mäßig stark sein. Der mit Gläsern gefüllte Halter wird in den Topf gesetzt, in dem Wasser vorgewärmt werden kann. Das Wasser kann über den Gläsern stehen, da dadurch eine gleichmäßige Erhitzung erreicht wird. Auf nicht zu heißer Herdstelle bzw. auf gedeckter Herdflamme wird das Wasser allmählich auf die für das betreffende Nahrungsmittel notwendige Temperatur ge-

Nr.	Nahrungsmittel	Zusätze	Dauer des Sterilisierens im eng. Glas Minuten	im weit. Glas Minuten	Gradhöhe
1	Erdbeeren	250 g Zucker auf 1 kg Früchte	15	20	75° C
2	Stachelbeeren, unreife	800 g Zucker auf 1 l Wasser	20	25	75° C
3	Rhabarber	250 g Zucker auf 1 kg Rhabarber	20	25	80° C
4	Kirschen, süß, mit Stein	300 g Zucker auf 1 l Wasser	25	30	80° C
5	Kirschen, sauer, mit Stein	750 g Zucker auf 1 l Wasser	25	30	80° C
6	Kirschen, süß, ohne Stein	250 g Zucker für 1 kg Kirschen	25	30	90° C
7	Kirschen, sauer, ohne Stein	500–750 g Zucker für 1 kg Kirschen	25	30	90° C
8	Johannisbeeren	1000 g Zucker auf 1 l Wasser	10	15	75° C
9	Dreifrucht: je 500 g Kirschen, Himbeeren, Johannisbeeren	375 g Zucker	20	25	90° C
10	Himbeeren I	500–800 g Zucker auf 1 l Wasser	10	15	75° C
11	Himbeeren II	250 g Zucker für 1 kg Beeren	15	10	90° C
12	Heidelbeeren	300 g Zucker für 1 kg Beeren	20	25	80° C
13	Aprikosen, Pfirsiche	750 g Zucker auf 1 l Wasser	20	25	90° C
14	Mirabellen, Pflaumen	600 g Zucker auf 1 l Wasser	20	25	75° C
15	Birnen, weiche Sorten	400 g Zucker auf 1 l Wasser	20	25	90° C

bracht, auf der es dann die angegebene Zeit gehalten werden muss. Nach Ablauf der Zeit wird der Topf vom Herd genommen, geöffnet. Nach ungefähr 3–5 Minuten ist der Gläserhalter herauszuheben. Die Gläser müssen sofort mit Tüchern bedeckt werden, um sie bei dem plötzlichen Temperaturwechsel vor dem Springen zu schützen. Sie bleiben bis zur vollständigen Abkühlung unter Druck.
Nachstehende Tabelle gibt Anhaltspunkte für das Frischhalten einzelner Nahrungsmittel. Ausführlichere Beschreibungen und Kochvorschriften sind enthalten in dem Lehr- und Handbuch „Koche auf Vorrat". J. Weck & Co., Oeflingen (Baden).

Anmerkungen
Zu Nr. 1. Die vorbereiteten Erdbeeren werden eingezuckert, kühl über Nacht stehen gelassen, am nächsten Tage an der Herdseite erwärmt, damit sie zusammenfallen, auf einem Durchschlag abgetropft, in die Gläser eingefüllt. Ein Teil des Saftes, dicker eingekocht, wird darüber gefüllt, die Gläser sterilisiert. (Wasser im Sterilisiertopf unter die Ränder der Gläser reichen lassen, roter Zucker.) Der zurückbleibende Saft kann frisch verbraucht oder in Flaschen gefüllt sterilisiert werden.
Zu Nr. 2. Die vorbereiteten Stachelbeeren werden mit einem spitzen Hölzchen, einer Nadel mehrere Male durchstochen. Sie können vor dem Einfüllen mit schwachsüßem Zuckerwasser überbrüht werden.
Zu Nr. 3, 6, 7, 9, 11, 12. Die vorbereiteten Früchte werden schichtweise mit dem Zucker in die Gläser gefüllt. Zur richtigen Ausnützung der Gläser empfiehlt es sich, die gefüllten Gläser 3–4 Stunden bzw. über Nacht stehen zu lassen, damit das Obst zusammenfällt. Es kann dann Obst nachgefüllt werden.
Zu Nr. 13. Pfirsiche, Aprikosen bzw. Pflaumen sind vor dem Einfüllen mit kochendem Wasser zu überbrühen, um die Schale abziehen zu können, sie sind ohne Steine einzulegen.
Alle Obstarten sind langsam zur angegebenen Gradhöhe zu erhitzen.

Nr.	Nahrungsmittel	Zusätze	Dauer des Sterilisierens im eng. Glas Minuten	im weit. Glas Minuten	Gradhöhe
1	Stangenspargel	Kochwasser des Spargels	60	90	98° C
2	Bruchspargel	ebenso			
3	Erbsen I	Kochwasser der Erbsen	60	90	98° C
4	Erbsen II	60 g Butter ⅛–½ l Brühe oder Wasser für 1 kg Erbsen	60	90	98° C
5	Karotten I	wie 3			
6	Karotten II	wie 4			
7	Karotten und Erbsen	wie 3 und 4			
8	Grüne Bohnen	Kochwasser der Bohnen	60	90	98° C
9	Wachsbohnen	Kochwasser der Bohnen	60	90	98° C
10	Tomaten	abgekochtes Wasser	20	25	90° C
11	Gurken zu Schmorgurken	Essigwasser	20	25	70° C
12	Pfifferlinge	leicht gesalzenes Wasser oder Kochwasser der Pilze	60	75	98° C

Anmerkungen
Zu Nr. 1. Der vorbereitete, gleichmäßig lang geschnittene Spargel wird in Salzwasser (1 Teelöffel Salz auf 1 l Wasser) 10–15 Minuten gekocht. Die Stangen werden heiß mit den Köpfen nach unten in die Gläser gefüllt. Das Kochwasser ist vom Bodensatz abgegossen zu verwenden.
Zu Nr. 2. Der in Stücke geschnittene Spargel ist nach den Anmerkungen zu Nr. 1 zu behandeln.
Zu Nr. 3, 5, 7. Das vorbereitete Gemüse wird in Salzwasser (1 Teelöffel Salz auf 1 l Wasser) gargekocht, heiß in die Gläser gefüllt. Das Kochwasser ist vom Bodensatz abgegossen zu verwenden.
Zu Nr. 4, 6, 7. Die vorbereiteten Gemüse werden in Butter gedünstet, unter Zusatz von Brühe oder Wasser fast gargemacht, heiß in die Gläser eingefüllt. (Beim Verbrauch ist das Gemüse durch angerührtes Mehl bündig zu machen.)
Zu Nr. 8. Die vorbereiteten, geschnippelten oder gebrochenen Bohnen werden in Salzwasser (1 Teelöffel Salz für 1 l Wasser) fast gargekocht, heiß in die Gläser gefüllt, mit dem vom Bodensatz abgegossenen Kochwasser im Glase übergossen.
Zu Nr. 9. Die Wachsbohnen können im Ganzen oder gebrochen nach Nr. 8 eingelegt werden.
Zu Nr. 10. Es sind feste, runde Tomaten zu verwenden, die roh in die Gläser eingefüllt werden.
Zu Nr. 11. Die vorbereiteten Gurken werden in 3–4 cm dicke Scheiben geschnitten, roh eingefüllt.
Zu Nr. 12. Die vorbereiteten Pilze werden in wenig Wasser 10–15 Minuten gekocht, heiß in die Gläser gefüllt, mit leicht gesalzenem, abgekochtem Wasser übergossen. Das Kochwasser der Pilze ist nur dann zum Übergießen zu verbrauchen, wenn es nicht bitter schmeckt.

Nr.	Nahrungsmittel	Zusätze	Dauer des Sterilisierens in Minuten	Gradhöhe
1	Gekochtes Fleisch	durchgegossene Brühe	60	bei 98° C
2	Geschmortes Fleisch	Schmorflüssigkeit	60	bei 98° C
3	Gebratenes Fleisch	Breiflüssigkeit	60	bei 98° C
4	Pastetenmasse	–	90–120	bei 98° C
5	Leberwurstmasse		120	bei 90° C
6	Blutwurst	–	120	bei 98° C

Anmerkungen

Zu Nr. 1, 2, 3. Der besseren Ausnützung der Gläser wegen ist knochenfreies Fleisch zu verwenden oder die Knochen sind auszulösen. Die Fleischstücke sind der Größe der Gläser entsprechend zu schneiden. Sie sind durch die verschiedenen Zubereitungsarten gar zu machen, ehe sie eingefüllt werden, dürfen aber nicht zu weich werden. Beim Braten und Schmoren dürfen nur Fett und Wasser (Brühe), kein Mehl, keine saure Sahne verwendet werden. Bei gekochtem Fleisch wird so viel durchgegossene Brühe über das eingefüllte Fleisch gegossen, dass es davon bedeckt ist. Die beim Schmoren, beim Braten erhaltene Flüssigkeit braucht nur 3–4 cm hoch im Glas zu stehen.

Zu Nr. 4, 5, 6. Die Massen sind roh einzufüllen (3–4 cm vom Glasrand entfernt).

Getränke

Warme Getränke

674. Kaffee für 4 Personen

2–3 Lot Kaffee,
kochendes Wasser.

Ein Lot fasst abhängig von der Größe der Kaffeebohnen 15–20 g Kaffee. Ein halbes Lot ergibt zwei Tassen mittelstarken Kaffee (es ist mit einem Tasseninhalt von ⅛ l gerechnet). Für vier Personen ist dementsprechend 1 l fertiger Kaffee zu rechnen. Der Zusatz von Kaffeegewürz ist möglichst zu vermeiden. Die Zubereitung kann auf verschiedene Weise erfolgen:

1. In einem möglichst nur zum Kaffeebrühen zu benutzenden Topf wird die notwendige Wassermenge zum Kochen gebracht. Die durch das Vollsaugen des gemahlenen Kaffees verlorengehende Wassermenge ist mit zu berechnen. Der gemahlene Kaffee wird hineingeschüttet, kochendes Wasser aufgefüllt, umgerührt. An der Herdseite muss der Kaffee zugedeckt 10–15 Minuten ziehen, er wird mit 2–3 Esslöffeln kalten Wassers abgeschreckt (dadurch wird ein schnelles Absetzen des Kaffees erreicht), ehe er durch ein Kaffeesieb, durch einen gebrühten Beutel in die mit heißem Wasser erwärmte Kanne gegossen wird.
2. Der gemahlene Kaffee wird in einen gebrühten Beutel geschüttet, der in die erwärmte Kaffeekanne gehängt oder in einen Trichter gesteckt wird. Stark kochendes Wasser (Wasserkessel) wird nach und nach daraufgefüllt (ungefähr 3–4 mal). Die Kaffeekanne ist besonders in der kühleren Jahreszeit während des Aufgießens in heißes Wasser zu stellen, die Schnauzenöffnung der Kanne ist durch Papier zu verstopfen, um das Entweichen von Aromastoffen zu verhindern. Größte Sauberkeit des Kaffeebeutels ist unbedingt erforderlich.

3. Der Kaffeebeutel wird bei der Herstellung durch einen Trichter ersetzt. Gut bewährt haben sich der Karlsbader Porzellantrichter, der Melitta-Aluminiumtrichter, der in letzter Zeit in den Handel gebrachte Melitta-Schnell-Filter. Für den Melitta-Trichter kann der Kaffee etwas feiner gemahlen sein als für den Karlsbader. Die Herstellung des Kaffees erfolgt nach 2. Bei größeren Kaffeemengen ist es ratsam, durch Aufgießen im Trichter einen starken Extrakt herzustellen, der im Augenblick des Gebrauchs mit kochendem Wasser verdünnt wird. Wesentlich verbessert wird der Geschmack des Kaffees, wenn an Stelle von Milch süße Sahne dazu gereicht wird.
4. Herstellung des Kaffees in Maschinen.
Soll Kaffee gewärmt werden, so wird er in der Kanne in kochendheißes Wasser gestellt, oder in der Kanne mit kaltem Wasser angesetzt langsam erwärmt.

Kaffee Hag und andere koffeinfreie Sorten sind auf die gleiche Weise zu verwenden.

675. Tee für 4 Personen

2 Teelöffel Tee, 1¼ l kochendes Wasser.

1. Der Tee wird in einem irdenen oder Porzellangefäß mit kochendem Wasser überbrüht. Er muss 3–4 Minuten ziehen, ehe er in die heiß ausgespülte Kanne abgegossen wird. (Durch längeres Ziehen wird er bitter.)
2. Der Tee wird in ein Tee-Ei gefüllt, das in der vorerwärmten Kanne mit kochendem Wasser übergossen wird. Nach vier Minuten wird das Tee-Ei herausgenommen.
3. Der Tee wird in die Porzellan-Teemaschine mit Sieb nach der gleichen Vorschrift wie der Kaffee gefiltert.

676. Schokolade für 4 Personen

1 l Milch oder ½ l Milch, n. Bel. 1 Teelöffel Kakao,
½ l Wasser, Zucker nach Bedarf.
100–150 g Schokolade,

Die zerbrochene Schokolade, der Kakao werden mit der kalten Milch verrührt, unter Rühren zum Kochen gebracht (Aluminiumtopf).

677. Kakao für 4 Personen

1 l Milch oder ½ l Milch, 50 g Kakao,
½ l Wasser, Zucker nach Bedarf.

Der Kakao wird mit der kalten Flüssigkeit verrührt, unter Rühren zum Kochen gebracht. Wird eine einzelne Tasse Kakao gebraucht, so können 1–2 Teelöffel Kakao in die Tasse gegeben werden, die kochende Flüssigkeit wird unter Rühren aufgefüllt.

678. Heiße Zitronenlimonade 4 Gläser

1 Stückchen Zitronen- 4 Esslöffel Zucker,
schale, 1 l kochendes Wasser.
Saft von 1½–2 Zitronen,

Schale, Saft und Zucker werden mit dem kochenden Wasser übergossen, nach 2–3 Minuten wird die Schale entfernt.

679. Grog 4 Gläser

4–8 Esslöffel Rum,
4 Esslöffel Zucker,
1 l kochendes Wasser.

Rum und Zucker werden in die Gläser gegeben, das kochende Wasser wird daraufgegossen.

680. Glühwein 4 Gläser

1 Flasche Rotwein (¾ l),   3–4 Nelken,
¼ l Wasser,   n. Bel. 1 Stückchen Ingwer,
1 Stückchen Zimt   80 g Zucker.
(3–4 cm),

Die Zutaten werden zusammen erhitzt.

681. Teepunsch I 3¼–3½ l

375 g Zucker,   Saft von 4 Zitronen,
1 l Wasser,   Schale von 1 Zitrone,
1 Stange Vanille,   Tee von 25 g Tee und 2 l Wasser,
Saft von 8 Apfelsinen,   4 Esslöffel Rum.

Zucker und Wasser werden aufgekocht. Die Zuckerlösung wird mit Vanille, dem Saft der Apfelsinen und Zitronen, der Zitronenschale noch einmal erhitzt, mit Tee und Rum vermischt.

682. Teepunsch II 2¾ l

2 Flaschen Rotwein,   ungefähr 150 g Zucker,
1 l Tee von 10–15 g Tee,   3–4 Esslöffel Rum.
Saft von 2–3 Zitronen,

Der erhitzte Wein wird mit dem heißen Tee, Zitronensaft und Rum vermischt und gesüßt.

683. Weißweinpunsch 2⅜ l

2 Flaschen Weißwein,   Zitronenzucker von ½ Zitrone,
¾ l Wasser (oder für   Saft von ½ Zitrone,
1 Flasche Wein ¾ l Wasser),   ⅛ l Kognak.
ungefähr 150 g Zucker,

Alle Zutaten mit Ausnahme des Kognaks werden vermischt und zusammen erhitzt (nicht kochen). Kurz vor dem Gebrauch wird der Kognak dazugegossen.

Kalte Getränke

684. Zitronenlimonade 4 Gläser

| 1 l kaltes Wasser, | 4 Eßlöffel Zucker. |
| Saft von 1–2 Zitronen, | |

685. Apfeltrank von frischen Äpfeln (für einen Fieberkranken)

| 250 g saure Äpfel, | 50 g Zucker, |
| ½ l kochendes Wasser, | 1 Eßlöffel Zitronensaft. |

1. Die abgeriebenen Äpfel werden mit der Schale in feine Scheiben geschnitten, mit kochendem Wasser übergossen, eine Stunde stehen gelassen, der Saft wird abgegossen, abgekühlt, mit Zitronensaft vermischt und gesüßt.
2. Die Apfelscheiben werden mit kaltem Wasser langsam zum Kochen gebracht, der Saft wird abgegossen, nach 1 fertiggestellt.

(Verwendung der Reste zu Apfelmus, zu Suppe.)

Auf die gleiche Weise kann auch Rhabarber verwendet werden.

Auch getrocknetest Obst eignet sich dazu.

125 g getrocknete Pflaumen	¼ l Wasser zum Einweichen,
oder	1 Eßlöffel Zitronensaft,
100 g getrocknete Aprikosen oder	1–2 Eßlöffel Zucker.
75 g Apfelringe,	

Das vorbereitete, eingeweichte Obst wird mit dem Einweichwasser, wenn notwendig unter Nachgießen von Wasser, ½ Stunde gekocht. Der abgegossene, abgekühlte Saft wird mit Zitronensaft vermischt und gesüßt.

686. Mandelmilch (erfrischendes Getränk für einen Kranken)

25 g süße Mandeln,
2 bittere,
¼ l Milch,
1–2 Esslöffel Zucker.

Die vorbereiteten, geriebenen Mandeln werden mit abgekochter Milch übergossen, zwei Stunden stehen gelassen. Die durch ein Tuch gegossene Mandelmilch wird gesüßt.

687. Milchlimonade (erfrischendes Getränk für einen Kranken)

40 g Zucker,
1 Stückchen Zitronenschale,
⅛ l kochendes Wasser,
⅛ l abgekochte Milch,
1–2 Esslöffel Zitronensaft.

Zucker und Zitronenschale werden mit dem kochenden Wasser übergossen. In die abgekühlte Flüssigkeit werden unter Quirlen Zitronensaft und Milch gegeben. Die Zitronenschale wird entfernt.

688. Erdbeerbowle für 8 Personen

Bei den angegebenen Zutaten sind mit ⁵⁄₁₆ l Bowle zwei Gläser für eine Person gerechnet. Leichte Mosel- und Rheinweinen eignen sich für Bowlen.

500 g Garten- oder Walderdbeeren,
120–150 g Zucker,
¼ l Wasser,
3 Flaschen Wein (Mosel- oder Rheinwein oder beide Arten).

Die Gartenerdbeeren werden gewaschen, von Stiel und Kelchblatt befreit. Große Früchte werden zerschnitten. Die Walderdbeeren werden verlesen, schnell gewaschen. Die Früchte müssen auf einem Durchschlag abtropfen. Sie werden in einen Porzellantopf oder in die Bowle gegeben. Zucker und Wasser werden aufgekocht, wenn notwendig geschäumt, abgekühlt über die Früchte gegossen, eine Flasche Wein wird dazugegeben. Gut zugedeckt bleiben die Früchte kühl (am besten in Wasser mit Eisstücken) stehen. Die übrigen Flaschen Wein werden ebenfalls kaltgestellt und kurz vor dem Gebrauch der Bowle zu den Früchten gegossen. Eine Flasche des Rhein- oder Moselweines kann durch eine Flasche Champagner ersetzt werden, der im letzten Augenblick hinzuzugießen ist. Bei einer leichten Bowle kann eine Flasche Wein durch zwei Flaschen Selterwasser ersetzt werden. Die Früchte müssen wenigstens 2–3 Stunden vor dem Gebrauch mit der Zuckerlösung übergossen werden. Die fertige Bowle ist auf ihren Geschmack zu prüfen, unter Umständen nachzusüßen.

689. Pfirsichbowle für 8 Personen, 16 Gläser Bowle

500 g Pfirsiche,	¼ l Wasser,
kochendes Wasser,	3 Flaschen Wein (Mosel- oder
120–150 g Zucker,	Rheinwein oder beide Arten).

Die Pfirsiche werden in einem Durchschlag in kochendes Wasser gehalten. Die Schale wird abgezogen, die Früchte werden halbiert, entsteint, in Scheiben geschnitten. Die weitere Herstellung der Bowle siehe Nr. 688.

690. Ananasbowle für 8 Personen, 16 Gläser Bowle

500 g frische Ananas oder	¼ l Wasser,
375 g Büchsenananas,	3 Flaschen Wein (Mosel- oder
bei frischer Ananas 150 g	Rheinwein oder beide Arten).
Zucker, bei eingemachter	
100 g Zucker,	

Die frische Ananas wird geschält, in gleichmäßige, dünne Scheiben und Stücke geschnitten, im Porzellannapf mit der heißen Zuckerlösung übergossen, nach dem Abkühlen eine Flasche Wein hinzugeben. Die Büchsenananas wird in Streifen geschnitten, mit der abgekühlten Zuckerlösung übergossen. Der Saft der Büchse wird mit verbraucht. Weitere Herstellung bei beiden Arten nach Nr. 688.

691. Waldmeisterbowle für 8 Personen, 16 Gläser Bowle

1–2 Bündel Waldmeister, ¼ l Wein,
1 Flasche Mosel- oder   2 Flaschen Mosel- oder Rhein-
Rheinwein,   wein.
150 g Zucker,

Der Waldmeister wird verlesen, Blüten und Stiele werden entfernt; der Waldmeister wird schnell gewaschen, abgetropft, in einer Porzellanterrine mit ½–1 Flasche Wein übergossen, ½ Stunde stehen gelassen. Der Waldmeister wird entfernt, die Zuckerlösung abgekühlt hinzugegeben, die Bowle nach Nr. 688 fertiggemacht.

Anmerkung
Zur Herstellung aller Bowlen kann *ungegorener Traubensaft* verwendet werden. Je eine Flasche kann mit einem Viertelliter Wasser verdünnt werden. Die Zuckerlösung ist fortzulassen, da der ungegorene Saft Trauben- und Fruchtzucker enthält. Die Früchte sind zum Ausziehen des Aromas mit ½ Flasche Traubensaft zu übergießen. Die fertige Bowle ist nach Zucker (am besten Zuckerlösung) abzuschmecken.

Eintopfgerichte
mit Angabe von Kalorienwert (nach Schall)

Januar:

692. Grünkohl mit Rauchfleisch und Kartoffeln

250 g Rauchfleisch,	1½ kg Kartoffeln,
1 l Wasser,	Zur Mehlschwitze:
1½ kg Grünkohl,	40 g Margarine,
kochendes Salzwasser,	1 Teelöffel Zwiebelwürfel,
	40 g Mehl.

Das vorbereitete Fleisch wird mit kaltem Wasser angesetzt, 10 Minuten gekocht. Der vorbereitete, in kochendem Salzwasser 5 Minuten vorgekochte Grünkohl wird, nachdem er durch die Fleischmaschine gedreht worden ist, dazugegeben. Nach 1½-stündigem Kochen werden die in dicke Scheiben oder in Würfel geschnittenen Kartoffeln im Kohl gargemacht. Das Gericht wird durch eine unter Verwendung von Zwiebelwürfeln hergestellte Mehlschwitze bündig gemacht, nach Salz abgeschmeckt. Das Fleisch wird, wenn es gar ist, herausgenommen und kann, in Würfel geschnitten, unter das Gericht gemischt werden.
Kalorienwert: für 4 Personen 3807, für 1 Person 952 Kalorien.

693. Dicke Erbsen mit Bauchspeck und Kartoffeln

375 g Bauchspeck (geräuchert),	2 L Wasser zum Einweichen,
	1 Zwiebel,
2 l Wasser,	750 g Kartoffeln,
1 kg Erbsen (geschält),	Salz nach Geschmack.

Die gewaschenen Erbsen werden am Vorabend des Gebrauches eingeweicht. Der Speck wird mit kaltem Wasser angesetzt, 10 Minuten gekocht; die Erbsen und die Zwiebel werden hinzugegeben.

Nach 1½-stündigem Kochen werden die in Scheiben oder Würfel geschnittenen Kartoffeln in den Erbsen gargemacht. Das Gericht wird nach Salz abgeschmeckt, der in Würfel geschnittene Bauchspeck darunter gemischt.

Kalorienwert: für 4 Personen 6337, für 1 Person 1584 Kalorien.

Februar:

694. Mischgemüse mit Rindfleisch und Kartoffeln

375 g Rindfleisch ohne Knochen,
50 g Margarine,
1 Esslöffel Zwiebelwürfel,
1 l kochendes Wasser,
1 Esslöffel Salz,
1½ kg verschiedenes Gemüse,
1 kg Kartoffeln,
2 Esslöffel Weizenmehl.

Das in Würfel geschnittene Fleisch wird in Fett mit Zwiebelwürfeln leicht angebräunt. Wasser und Salz werden hinzugefügt. Nach ½ Stunde werden die in Scheiben bzw. Streifen geschnittenen Gemüse dazugegeben, nach einer weiteren halben Stunde die in Scheiben geschnittenen Kartoffeln. Das Gericht wird durch angerührtes Weizenmehl gedickt, nach Salz abgeschmeckt. An Gemüsen sind zu verwenden: Mohrrüben, Sellerie, Petersilienwurzel, Wirsing- oder Weißkohl, Kohlrabi. An Stelle von Rindfleisch können Schellfisch, Goldbarsch und andere billige Fische verwendet werden. Soll das Fleisch fortfallen, wird das Gemüse in 75–100 g Butter und Margarine 10 Minuten gedünstet. (Weitere Zubereitung siehe oben.) Es sind 500–750 g Fisch zu rechnen. Behandlung des Fisches nach Nr. 311. Das in Stücke geschnittene Fischfleisch braucht zum Garwerden nur 10 Minuten. Es ist also kurz vor dem Bündigmachen unter das Gemüse mit den Kartoffeln zu mischen. (Verwendung von Resten zu Suppen.)

Kalorienwert: für 4 Personen 2526, für 1 Person 631 Kalorien.

März:

695. Hammelfleisch, Weißkohl, Kartoffeln (Irish stew)

Zutaten und Herstellung nach Nr. 208.
Kalorienwert: für 4 Personen 2760, für 1 Person 690 Kalorien.

696. Sauerkohl mit Schweinefleisch und Kartoffeln

250 g fettes Schweinefleisch,	1 kg Sauerkohl,
1 l kochendes Wasser,	1 kg Kartoffeln,
1 Zwiebel,	40 g Schweinefett,
1 Esslöffel Salz,	40 g Mehl.

Das vorbereitete Fleisch wird mit Wasser, Salz und Zwiebel ½ Stunde gekocht, der Sauerkohl wird hinzugegeben, nach 20–30 Minuten Kochzeit die in Scheiben geschnittenen Kartoffeln. Das Gericht wird durch eine Mehlschwitze bündig gemacht, nach Salz abgeschmeckt. Das Fleisch kann in Würfel geschnitten darunter gemischt werden.
Kalorienwert: für 4 Personen 2533, für 1 Person 633 Kalorien.

April:

697. Spanisch Fricco

Zutaten und Herstellung nach Nr. 227.
Kalorienwert: für 4 Personen 3804, für 1 Person 951 Kalorien.

Mai:

698. Schlesisches Himmelreich

250–375 g Rauchfleisch,   Semmelklöße nach Nr. 422 oder
¾–1 l kaltes Wasser,   Kartoffelklöße nach Nr. 430,
375 g Backobst,   40 g Margarine oder Fett,
¾ l Wasser zum Einweichen,   30 g Mehl.

Das gewaschene Backobst wird am Vorabend des Gebrauchs eingeweicht. Das mit kaltem Wasser angesetzte Fleisch wird ½ Stunde gekocht. Das Backobst wird mit dem Einweichwasser hinzugefügt, in 25 bis 30 Minuten fast gargemacht. Kartoffel- oder Semmelklöße werden im Gericht nach einmaligem Aufkochen durch 10–15 Minuten langes Ziehen gargemacht. Die Flüssigkeit wird durch eine Mehlschwitze, durch angerührtes Mehl bündig gemacht. Das Fleisch kann in Würfel geschnitten unter Obst und Klöße gemischt werden.
Kalorienwert: für vier Personen 3324, für 1 Person 831 Kalorien.

Juni:

699. Spargelgemüse mit Kalbfleisch und Kartoffeln

250–375 g Kalbfleisch,   750–1000 g Kartoffeln,
1 l kochendes Wasser,   50 g Margarine,
1 Eßlöffel Salz,   40 g Mehl,
500–1000 g Spargel,   (1 Eigelb zum Abziehen).

Das vorbereitete, in Margarine oder Butter gedünstete Fleisch wird mit Wasser und Salz 20–30 Minuten gekocht. Der vorbereitete, in 5–6 cm lange Stücke geschnittene Spargel wird hinzugegeben, nach ½ Stunde Kochzeit die in Scheiben geschnittenen Kartoffeln. Das Gericht wird durch eine Mehlschwitze bündig gemacht. Es kann mit einem Eigelb abgezogen und das in Würfel geschnittene Fleisch darunter gemischt werden.
Kalorienwert: für 4 Personen 2193, für 1 Person 548 Kalorien.

Juli:

700. Leipziger Allerlei mit Kalbszunge und Kartoffeln

1 Kalbszunge n. Bel.
gepökelt,
1 l Wasser,
(1 Eßlöffel Salz),

1½ kg Gemüse,
750 g Kartoffeln,
50 g Margarine,
30 g Mehl,
gr. Petersilie.

An Gemüse sind zu verbrauchen: Mohrrüben, Erbsen, evtl. Spargel, Kohlrabi, Pilze. Die gebürstete Zunge wird in Wasser mit Salz 30 Minuten gekocht. Die vorbereiteten Gemüse werden hinzugegeben, nach ½ Stunde Kochzeit die in Scheiben geschnittenen Kartoffeln. Das Gericht wird durch eine Mehlschwitze bündig gemacht, mit gewiegter Petersilie vermischt, mit der in Scheiben geschnittenen Zunge angerichtet.

Kalorienwert: für 4 Personen 2321, für 1 Person 580 Kalorien.

August:

701. Grüne Bohnen, Hammelfleisch und Kartoffeln

375–500 g Hammelfleisch,
1 l kochendes Wasser,
1 Eßlöffel Salz,
1 kg grüne Bohnen,

1 Stiel Pfefferkraut,
50 g Margarine,
750–1000 g Kartoffeln,
30 g Mehl,
gewiegte Petersilie.

Das vorbereitete Fleisch wird in Wasser mit Salz ½ Stunde gekocht. Die vorbereiteten geschnippelten oder in Stücke gebrochenen Bohnen und Pfefferkraut werden hinzugefügt, nach ¾–1 Stunde Kochzeit die in Scheiben geschnittenen Kartoffeln. Das durch eine hellgelbe Mehlschwitze bündig gemachte Gericht wird mit gewiegter Petersilie vermischt.

Kalorienwert: für 4 Personen 3444, für 1 Person 861 Kalorien.

September:

702. Tomatengemüse mit Fleischklößchen und Kartoffeln

1 kg Kartoffeln,	1 kg Tomaten,
Salzwasser zum Kochen,	Fleischklößchen nach Nr. 76,
50 g Speck,	2 Eßlöffel angerührtes Mehl,
25 g Margarine,	Salz, Zucker nach Geschmack.
1 Eßlöffel Zwiebelwürfel,	

Die vorbereiteten, in dicke Scheiben geschnittenen Kartoffeln werden in Salzwasser in 20–25 Minuten gargekocht, abgegossen, in eine Schüssel getan. Im ausgetrockneten Topf wird der würflig geschnittene Speck glasig angebraten, die Margarine und Zwiebelwürfel werden hinzugegeben, gelblich gedünstet. Die in dicke Scheiben oder in Achtel geschnittenen Tomaten werden ungefähr 10 Minuten gedünstet, ehe die nach Nr. 76 hergestellten Fleischklößchen mit den Tomaten gargemacht werden. Hartgekochte, in Scheiben oder Achtel geschnittene Eier können unter das Gemüse gemischt werden. Unter das nach Salz und Zucker abgeschmeckte, durch angerührtes Mehl bündig gemachte Gericht werden die Kartoffelscheiben gemischt.

Kalorienwert: für 4 Personen 2716, für 1 Person 679 Kalorien.

Oktober:

703. Pilzgemüse mit Fleisch und Kartoffeln

250–375 g Kalb- oder Schweinefleisch,	1 kg Pilze (Grünlinge, Reizker usw.),
75 g Margarine,	1 kg Kartoffeln,
1 Eßlöffel Zwiebelwürfel,	40 g Weizenmehl in ⅛ l Milch
1 l kochendes Wasser,	oder ¹⁄₁₆ l Sahne angerührt,
1 Eßlöffel Salz,	grüne Petersilie.

Das in Würfel geschnittene Fleisch wird mit den Zwiebelwürfeln in Fett gedünstet, mit Wasser und Salz 20–30 Minuten gekocht. Die

vorbereiteten Pilze, die in dicke Scheiben geschnittenen Kartoffeln werden hinzugegeben, in ungefähr ½ Stunde gargemacht. Das durch in Milch oder Sahne angerührtes Weizenmehl bündig gemachte Gericht wird nach dem Abschmecken mit grüner Petersilie vermischt.
Kalorienwert: für 4 Personen 2566, für 1 Person 641 Kalorien.

November:

704. Altes Geflügel mit Wirsing oder Linsen und Kartoffeln

1 Fasanhenne oder	1 Esslöffel Salz,
2 Tauben oder	1½ kg Wirsing oder
2 Rebhühner,	750 g Linsen,
50 g Speck,	1 l Wasser zum Einweichen,
75 g Margarine,	750 g Kartoffeln,
1 l kochendes Wasser,	40 g Mehl, angerührt.

Das vorbereitete Geflügel wird mit Speckscheiben gebunden, in Margarine gedünstet, in Wasser mit Salz bei Verwendung von Wirsing 1–1½ Stunden gekocht. Die einzeln vom Kopf gelösten Blätter des Kohls werden, nachdem sie 3–5 Minuten in kochendem Salzwasser vorgekocht worden sind, hinzugegeben, ¾ Stunden gekocht, ehe die in dicke Scheiben geschnittenen Kartoffeln im Gericht gargemacht werden. Es wird nach Salz abgeschmeckt, durch angerührtes Mehl bündig gemacht.

Bei Verwendung von Linsen sind diese am Vorabend des Gebrauchs einzuweichen. Sie werden zum Geflügel gegeben, nachdem dieses ½ Stunde gekocht hat. Die Kartoffelscheiben werden hinzugefügt, wenn die Linsen 1½ Stunden gekocht haben.

Das Fleisch des Geflügels kann von den Knochen gelöst, in Stücke geschnitten unter das Gericht gemischt werden.

Kalorienwert: für 4 Personen 2816, für 1 Person 704 Kalorien.

Dezember:

705. Kohlrüben, Pökelfleisch und Kartoffeln

Außer den in Nr. 365 angegebenen Zutaten 750 bis 1000 g Kartoffeln, die in dicke Scheiben geschnitten hinzugegeben werden, wenn die Kohlrüben ½–¾ Stunden gekocht haben. Die Fleischmenge kann, wenn notwendig, auf 375 g gekürzt werden.
Kalorienwert: für 4 Personen 2678, für 1 Person 669 Kalorien.

706. Gänseklein mit Reis und Kartoffeln

1 Gänseklein,	250 g Reis,
2 l kochendes Wasser,	500 g Kartoffeln,
1 Esslöffel Salz,	50 g Margarine,
Suppengemüse,	grüne Petersilie.

Das vorbereitete Gänseklein (Nr. 268) wird mit Wasser, Salz und Suppengemüse 1–1½ Stunden gekocht. Der abgequirlte Reis wird hinzugegeben, nach ½–¾ Stunden Kochzeit die in Scheiben geschnittenen Kartoffeln. An das nach Salz abgeschmeckte Gericht werden Margarine und Petersilie gegeben.
Kalorienwert: für 4 Personen 2385, für 1 Person 596 Kalorien.

707. Huhn mit Nudeln

½ Suppenhuhn,	Suppengemüse,
1½–2 l kochendes Wasser,	250 g Nudeln.
1 Esslöffel Salz,	

Das vorbereitete Huhn wird in Wasser mit Salz und Suppengemüse 1½–2 Stunden gekocht. Die Nudeln werden hineingeschüttet, in 20–25 Minuten gargemacht.
Kalorienwert: für 4 Personen 1879, für 1 Person 470 Kalorien.

708. Linsen und Backpflaumen

750 g Linsen,
1½ l Wasser zum Einweichen,
375 g Backpflaumen ohne Steine,
¾ l Wasser zum Einweichen,
75 g Speck,
1 Esslöffel Zwiebelwürfel,
50 g Mehl,
wenn nötig Essig,
Salz,
Zucker.

Die vorbereiteten Linsen werden am Vorabend des Gebrauchs eingeweicht, ebenso die Backpflaumen. Nachdem die Linsen im Einweichwasser ¾–1 Stunde gekocht worden sind, werden die Backpflaumen mit dem Einweichwasser dazugegeben. Das gargekochte Gericht wird durch eine gelbliche Mehlschwitze bündig gemacht, wenn notwendig nach Essig, Salz bzw. Zucker abgeschmeckt. Zur Mehlschwitze wird der würflig geschnittene Speck mit den Zwiebelwürfeln gebräunt; die Würfel werden mit einem Schaumlöffel herausgenommen, zum Überstreuen des aufgegebenen Gerichtes verwendet. In dem zurückbleibenden Fett wird das Mehl gelblich geröstet, ehe es mit der Flüssigkeit der Linsen aufgefüllt wird. Zu Backpflaumen und Linsen können Würstchen gegeben werden.

Kalorienwert: für 4 Personen 4299, für 1 Person 1075 Kalorien.

Speisefolgen

Einfache Küchenzettel
als Beispiel für jeden Monat eine Woche durchgeführt,
mit Montag angefangen

Januar
Backobstsuppe
Grünkohl mit Rauchfleisch
Kartoffeln

Mischgemüse
(Pichelsteiner Fleisch)
für Vegetarier ohne Fleisch
Apfelsinensalat

Grießsuppe
Kalbfleisch mit gelber Soße
Reis oder Kartoffeln

Teltower Rübchen
Gebratene Schweinekoteletts
oder Deutsche Beefsteaks
Kartoffeln
Frisches Obst

Erbsensuppe
Fisch gebacken
Kartoffelsalat
Kompott aus dem Vorrat
Reissuppe mit Gemüse
Hefeklöße mit Aprikosen- oder
Mussoße oder Backobst

Gänsebraten
Rotkohl,
Kartoffeln
Apfelkompott

Februar
Graupen mit Speck
Roter Rübensalat
Apfelsinen

Aprikosensuppe
Schmorbraten
Kartoffelbrei
saure Gurken

Makkaroni mit Schinken
Gemüsesalat
Obst

Kartoffelsuppe mit Wurst
Birnen und Klöße

Selleriesuppe
Fisch überbacken
Kartoffeln
Bratäpfel

Rindfleisch mit
Meerrettichsoße
Kartoffeln
Senfgurken

Brühe mit Klößen
Schweinefilet
Rosenkohl
Kartoffeln
Fruchtsalat

März
Königsberger Klopse
Kartoffeln
Gefüllte Äpfel

Kohlrüben mit Pökelfleisch
Preiselbeeren

Grünkernmehlsuppe
Semmel- oder Brotpudding
oder Auflauf mit Fruchtsaft

Gemüsesuppe
Gebratene Leber
Selleriesalat
oder Leberklöße und Sauerkohl
Kartoffeln

Knochenbrühe mit Einlauf
Falscher Hase (von Fisch)
Kartoffeln
Roter Rübensalat

Tomatensuppe
Spanisch Fricco
Rapunzensalat

Kalbsbraten
Gemüsesalate
Kartoffeln
Schokoladencreme

April
Mohrrüben
Schweinefleisch
Apfelringe als Kompott

Geschmortes Hammelfleisch
Rohe Kartoffelklöße
Preiselbeerschnee

Erbsensuppe mit Schweins-
ohren
Apfelbettelmann

Brühe mit Reis
Kalbsgekröse oder Lungenmus
Kartoffeln
Kürbis

Geschmorter Fisch
Kartoffeln
Rapunzensalat
Buttermilchpfannkuchen

Pilzsuppe
Saure Eier
Kartoffeln

Brühe mit Eierstich
Huhn mit gelber Soße
Kartoffeln oder Reis
Kaffeecreme

Mai
Hammelfleisch
Büchsenbohnen
Kartoffeln
Fruchtsalat

Schlesisches Himmelreich

Haferflockensuppe
Spinat,
Fischbrötchen oder Eier
Kartoffeln

Sauerampfersuppe
Nieren und Gehirn, geschmort
Essigpflaumen

Gespickter, gebratener Fisch
Mohrrüben und Spargel
Kartoffeln

Rindfleischbrühe mit Nudeln
Rindfleisch mit Mostrichsoße
Rhabarberkompott

Gebratene Tauben
Leipziger Allerlei
Kartoffeln
Grießflammeri mit Saftsoße

Juni
Spargelgemüse mit
Fleischklößchen
Kartoffeln
Salat

Schmorbraten
Kartoffelklöße
Grüner Salat

Spargelsuppe
Apfelstrudel

Spinatsuppe
Kalbszungenragout
Kartoffeln

Gekochter Fisch mit Dillsoße
Kartoffeln
Buchteln mit Obst

Rhabarbersuppe mit
Grießwürfeln
Gedünstete Mohrrüben
(Fleischbrötchen)
Kartoffeln

Stangenspargel
Schnitzel oder Kotelett
Kartoffeln
Mondaminflammeri mit
Erdbeeren

Juli
Gebundene Suppe
Neue Kartoffeln
Rührei mit Speck
Grüner Salat
Erdbeeren mit Vanillemilch

Mischgemüse
Falscher Hase
Kartoffeln
Kirsch- und Stachelbeer-
kompott

Kohlrabi
mit Hammelfleisch
Kartoffeln
Heidelbeeren mit Milch

Gedämpfte Leber
Spinat
Kartoffeln
Kirschen

Grüne Erbsensuppe mit
Schwemmklößen
Grießauflauf mit frischem
Kompott

Fisch mit Gemüse
(Pichelsteiner Fleisch)
Rote Grütze, Vanillesoße

Gebratene Hühner
Kartoffelsalat mit Mayonnaise
Schlagsahneeis mit Himbeeren

August
Reissuppe
Speckeierkuchen
Grüner Salat

Geschmortes Kammstück
Spinat
Kartoffeln
Aprikosenspeise

Heidelbeersuppe
Pilzgemüse
Deutsches Beefsteak
Kartoffeln
Salat

Grüne Bohnen
mit Hammelfleisch
oder Matjeshering
Grießschnitten mit Johannisbeerkompott

Mohrrüben und Erbsen
Schweinefilet
Kartoffeln
Heidelbeerkompott

Grüne Erbsensuppe
Fischfrikassee
Kartoffeln

Kalbsnierenbraten
Wachsbohnen mit brauner
Butter
oder Wachsbohnensalat
Pfirsichcreme

September
Pilzkoteletts
Warmer Kartoffelsalat
Geleeäpfel

Birnensuppe mit
Semmelklößen
Wirsingkohlrollen
Kartoffeln

Wachsbohnengemüse
Schinken
Salat
Apfeleierkuchen

Rindfleisch mit Nudeln
Kartoffeln
Grießauflauf mit Pflaumen

Gekochter Fisch mit Butter und Zwiebeln
Salat
Apfelreis

Schotensuppe mit Schwemmklößchen
Rindfleischragout
(Rest vom Donnerstag)
Kartoffeln

Gefüllte Kalbsbrust
Blumenkohl
Kartoffeln
Weingelee

Oktober
Graupensuppe
Gurkengemüse
Würstchen
Pflaumenkompott

Tomatensuppe
Gefüllte Kohlrabi
Kartoffeln
Frisches Obst

Gemüsesuppe
(Fleischklößchen)
(Rest Kohlrabifüllung)
Pflaumenklöße mit Pflaumenkompott

Selleriesuppe
Ragout von Kalbfleisch mit Pilzen
Kartoffeln
Obst

Kartoffelsuppe
Gebratene Barsche
Kartoffeln
Grüner und Gurkensalat

Geschmortes Rinderherz
Kartoffeln
Selleriesalat

Porreesuppe
Gebratene Rebhühner
Weinsauerkraut
Kartoffeln

November
Erbsenbrei
Sauerkraut
Pökelfleisch

Wellwurst
Rest Sauerkraut mit Kartoffelbrei
Arme Ritter
Saftsoße

Brühkartoffeln
Saurer Gurkensalat
Apfelmus

Rosenkohl
Röstkartoffeln
Rote Apfelspeise
Vanillesoße

Fischbrötchen
Warmer Kartoffelsalat mit
Speck
Birnenkompott

Braune Suppe mit Rosenkohl
Apfelnudeln oder Apfelreis

Fasan mit Rotkraut
Kartoffeln
Äpfel mit Vanillesoße

Weißkohlsuppe
Fisch im Küchenwunder
Kartoffeln
Obst

Kartoffelsuppe
Eierkuchen
Mussoße

Hasenrücken
Rotkohl
Kartoffeln
Schokoladenflammeri
Vanillesoße

Dezember
Saure Linsen
mit Würstchen
Obst

Rosenkohl
Schweineschnitzel
Kartoffeln
Apfelschnee

Rouladen
Kartoffelbrei
Saurer Gurkensalat

Pilzsuppe
Kartoffelklöße mit Speck
Sauerkraut

Vegetarische Mittagessen

Gemüsebrühe
Blumenkohl, Pilze
Eierscheiben,
Tomaten mit holländischer Soße in der Duraxform überbacken
Schneebälle mit Kompott
Obst

Knäckebrot
Gebackene Selleriescheiben
Gemüsesalate
Röstkartoffeln

Apfelsinensalat mit Nüssen
Porreesuppe
Gefüllte Tomaten
(mit Pilzen oder Gemüsen)
mit holländischer oder Pilzsoße
Kartoffelschnitzel

Frühlingsbrötchen
Obst
Gebackene Schwarzwurzeln
Tomatensalat
Obsttörtchen

Schwarzbrot mit Pflanzenbutter
geriebene Äpfel und Nüsse
Selleriesuppe
Pilzkoteletts
Kartoffelsalat

Gemüsesuppe
Hefeklöße oder Buchteln
Kompott

Frühlingssuppe
Eierkuchen oder Omelette mit Gemüsefüllung
(Spargel, Spinat, Pilze)
Obstsalat

Sauerampfersuppe
Gemüseauflauf
Röstflocken (Granola)
mit Mandeln, Rosinen, süßer Sahne

Geraspelte, rohe Gemüse
(Mohrrüben, Petersilienwurzel, Kohlrabi usw.)
Grünkernbratlinge
Kartoffelschnitzel
Schokoladencreme mit Schlagsahne

Bei allen vegetarischen Essen empfiehlt es sich, vor der Suppe einen Frischkost-Salat zu geben. (Rapunzel, Kopf-, Endiviensalat.)

Abendbrotgerichte

Gefüllte Tomaten
kalte Kräutersoße
Brötchenplatte
Tee

Pikante Platte
(Bismarckheringe, Ölsardinen, Gabelbissen, Heringe mit Mayonnaise, verschiedene saure Gurkenarten)
Aufschnittplatten
Käseschüssel
Teepunsch

Einfacher oder feiner Kartoffelsalat
hartgekochte Eier mit Kapern, Sardellen, brauner Butter

Sülzkoteletts
Bratkartoffeln
Eier- und Käsebrötchen

Leberbrot
oder Schweizer Netzbraten
Gemüsesalate
Käsegebäck
Tee

Gepökelte, gekochte Zunge
oder kalter Braten
Kartoffelsalat
Käsegebäck
Tee

Spargelsalat mit Mayonnaise
gepökelte, gekochte Zunge
Frühlingsschnitten
Süßmost
kleines Gebäck

Feines Ragout mit Blätterteig
belegte Brötchen
Käsegebäck
Teepunsch
Kaffeecreme

Gemüseplatte
(Blumenkohl, Bohnen, Tomaten)
gebackene Kartoffeln
Schnitten mit Sahnekäse

Herings- oder Fischsalat
Brötchenplatte
Traubensaft

Zusammenstellungen für festliche Gelegenheiten

Brühe in Tassen
Brötchen mit Anschovis
und Sardellenbutter
gebackene Rot- oder Seezunge
mit kalter Kräutersoße
Rinderfilet garniert mit
Gemüsen
Ananascreme
Käseschüssel
Kaffee
Bienenstichtorte

Salate
Römischer Punsch mit Gebäck
Käsegebäck
Kaffee
Parlinéstorte

Krebssuppe
feines Gemüse
Stangenspargel
Kaiserschoten
frische Morcheln
Lachsschinken

Ochsenschwanzsuppe
feines Ragout
Karpfen oder Schleie blau mit
Butter, Meerrettich mit
Schlagsahne gefroren
gebratene Hühner oder gefüllte
Pute, gebraten
Salate
Kompott
Kaffee-Eis mit Gebäck
Käseschüssel
Kaffee
Königskuchen
Makronentorte

Roastbeef, garniert mit gefüllten Tomaten
Erdbeereis mit Gebäck
Käsegebäck
Kaffee
Gefüllte Baumkuchentorte

Königinsuppe
Hecht
Zander oder Steinbutt mit
Butter
Rehrücken, garniert mit Ananas
und Preiselbeeren
Kompott

Anmerkungen

1. Beim *Auffüllen* oder *Ablöschen* einer *Einbrenne* oder *Mehlschwitze* darf die notwendige Flüssigkeitsmenge, unabhängig davon ob kalt oder heiß, nur ganz allmählich hinzugegossen werden. Die Masse muss dick und vollkommen glatt gerührt sein, ehe wieder Flüssigkeit nachgefüllt werden darf.
2. Zum *Legieren* und *Abziehen* mit Eigelb wird dieses mit zwei Esslöffeln Flüssigkeit, Wasser, Brühe, Milch oder Sahne verquirlt. Von der abzuziehenden, *kochenden* Flüssigkeit werden unter beständigem Quirlen 1–2 Kellen allmählich auf das Eigelb gegossen. Die Eigelbmasse wird unter die übrige kochend heiße, nicht kochende Flüssigkeit gerührt. (Vorsicht!) Die abgezogene Masse darf nicht mehr kochen. Es empfiehlt sich, nur Eigelb zum Abziehen zu verwenden, da die Gerinnungstemperatur von Eiweiß viel tiefer liegt als die von Eigelb. Soll das ganze Ei verbraucht werden, so muss es mit 1 Esslöffel kaltem Wasser so lange gequirlt werden, bis sich beide Teile gleichmäßig gemischt haben.
3. Soll *Butter geklärt* werden, so wird sie an der Herdseite geschmolzen und zum Kochen gebracht, damit das in ihr enthaltene Wasser verdampft (sie darf nicht braun werden). Vom Herd genommen, wird der Schaum abgeschöpft, die Butter vorsichtig vom Bodensatz abgegossen.
4. Das *Dressieren* wird bei Geflügel, wie Tauben, Hühnern, Rebhühnern u. a. m., vorgenommen. Dabei werden die Keulen hochgeschoben, um das Austrocknen des Brustfleisches beim Braten einzuschränken, die Flügel werden auf dem Rücken verschränkt. Das mit Speckscheiben belegte Geflügel wird mit einem gebrühten Baumwoll- oder Bindfaden umwickelt. Die hochgeschobenen Keulen können unter Benutzung einer Dressiernadel oder von Rouladenstäbchen in dieser Stellung gehalten werden. Die Nadel mit dem Faden wird durch das Fleisch der einen Keule durch die Buchhöhle, durch das Fleisch der zweiten Keule gezogen. Derselbe Faden wird gleich zum Festhalten der Speckscheiben der Flügel benutzt. (Er muss also genügend lang sein.)
5. Das *Spicken* von Fleisch kann auf zwei Arten erfolgen, unter Benützung einer Spicknadel oder unter Zuhilfenahme eines Messers, des Stieles eines Kochlöffels. Bei Benutzung einer Nadel (es sind verschiedene Arten im Handel) ist der feste Speck in Scheiben, dann in dünne Streifen gleichlaufend mit der Naht des Speckes (sonst reißen sie) zu schneiden. Die Streifen werden mit der Faser des Fleisches oder gegen diese in Reihen untereinander oder versetzt durch das Fleisch gezogen, oder der Speck wird in Keile geschnitten. Mit einem spitzen Messer oder dem Stiel eines Holzlöffels

werden gegen die Faser Einschnitte, Vertiefungen in das Fleisch gemacht, in die die Speckkeile gesteckt werden (Schmorbraten). Der Einwand, dass bei beiden Arten des Spickens durch die Verletzung des Muskelgewebes dem Fleisch Saft verloren geht, ist berechtigt. Er kommt der Soße zugute. Soll der Austritt von Saft vermieden werden, so kann das Fleisch auch nur mit Speckscheiben belegt werden.

6. Um *Eigelb hart zu kochen* (für Mayonnaisen, für Mürbeteig), muss es so aufgeschlagen werden, dass die das Eigelb umgebende Haut nicht zerrissen wird. Nachdem das Eiweiß genügend abgelaufen ist, wird das Eigelb in der halben Eierschale in kochendes Wasser gegeben. Nach acht Minuten Kochzeit ist es fest geronnen. Die Haut wird abgezogen, das Eigelb vor seiner Verwendung durch ein feines Sieb gestrichen.

7. Um *Mehl glatt anzurühren*, wird die notwendige Mehlmenge am besten in einen Topf getan, die Flüssigkeit wird von der Mitte aus nach und nach eingerührt, so dass erst eine dicke Masse entsteht, die allmählich zu verdünnen ist. Ist die Masse nicht glatt geworden, so ist sie durch ein Sieb (am besten Spitzsieb) unter Rühren in das bündig zu machende Gericht zu geben.

8. Sind *zwei in ihrer Beschaffenheit verschiedene Massen* zu vermischen, so ist, um ein Glattwerden zu erreichen, die weichere Masse in die festere einzurühren. (Beispiele: Unechte Mayonnaise, Mehlkloß fester als Eierölmasse, bei Aufläufen, Puddings usw. ist die schaumiggerührte Masse weicher als eine ausgequollene, eine zum Kloß abgebackene.)

9. Um Schokolade im *Wasserbad* zu erweichen, Teige, Crememassen usw. im Wasserbade abzuschlagen, ist, wo kein Wasserbadtopf zur Verfügung steht, ein kleiner Topf in einen größeren mit heißem Wasser zu stellen. Es ist darauf zu achten, dass kein Wasser in die zu erweichende, die abzuschlagende Masse spritzt. Bei Biskuitteigen, bei Crememassen empfiehlt es sich, einen Untersatz in den Topf mit heißem Wasser zu legen, damit die von unten einwirkende Hitze nicht zu stark wird.

10. *Trübe Flüssigkeiten,* die *geklärt* werden sollen, müssen vorher abgeschmeckt werden und kalt sein. Auf *2 l Flüssigkeit* werden zum Klären drei rohe Eiweiß, eine gewaschene, zerdrückte Eierschale gerechnet. Bei Verwendung von Gelatine für 2 l 28–36 Blatt. Eiweiß, Eierschale, die vorher eingeweichte, sehr trocken abgetropfte Gelatine werden zur abgeschmeckten Flüssigkeit gegeben. In einem der Menge entsprechenden hohen Topfe wird die Masse auf dem Herde unter beständigem Schlagen mit dem Schneebesen zum Kochen gebracht (sie steigt im Topf). An der Herdseite bleibt sie zugedeckt ½ Stunde stehen. Auf ein gebrühtes Tuch, über die Beine eines Schemels gebunden, wird erst die Schaumdecke gegeben (sie wirkt mit als Filter). Die Flüssigkeit wird daraufgegossen. Die zuerst in das darunter gestellte Gefäß durchlaufende Flüssigkeit muss, falls sie trübe ist,

ein zweites Mal bzw. so oft auf das Tuch zurückgegossen werden, bis sie vollständig klar ist.
11. *Zuckerkochen.* Auf 500 g Zucker wird ⅛–¼ l Wasser gerechnet. Durch längeres Kochen verändert der Zucker seine Beschaffenheit, seinen Geschmack. Nach der Dauer des Kochens werden im Allgemeinen vier Grade unterschieden.
1. Grad. Der Zucker (Streuzucker oder zerklopfter Hutzucker) wird mit dem Wasser langsam zum Kochen gebracht und geschäumt (geläutert). Er muss sich gelöst haben, ehe die Lösung kocht. Zum 1. Grade gekochter Zucker wird beim Einmachen, beim Klarkochen von Früchten (Äpfeln) gebraucht.
2. Grad. Die Zuckerlösung wird so lange gekocht, bis sie als breiter Tropfen vom Löffel fällt. (Anendung beim Einmachen.)
3. Grad. Die Lösung wird bis zum Fadenziehen gekocht. So stark eingekochte Zuckerlösung wird beim Einkochen nach alter Art, beim Glasieren von Früchten (Apfelsinenscheiben, Nüssen usw.) gebraucht.
4. Grad. Der Zucker wird nach der Verdampfung des Wassers gebräunt, karamellisiert. Mit Flüssigkeit gelöscht kommt er für Speisen, für Güsse, als Färbemittel für Suppen und Soßen, ungelöscht für Krokant zur Verwendung.
12. Zur Herstellung von *Mischfett* sind geklärte Butter, ausgelassenes Schweine- und Rinderfett in gleichen Mengen zu mischen.
13. Wird zum Backen von Teigen das *Küchenwunder* benutzt, so sind diese in ihrer Beschaffenheit etwas fester herzustellen, als wenn sie im Herd gebacken werden würden.
14. Die in den Handel gebrachten Überdrucktöpfe, wie Umbach, Frico, Rekord, sind, wo sich die Anschaffung ermöglichen lässt, für Gerichte zu empfehlen, die zum Garwerden auf dem Herde eine verhältnismäßig lange Zeit beanspruchen.
15. Als Auflauf-, als Brat- und Backformen gut bewährt hat sich das Backgeschirr aus Jenaer Duraxglas.
16. Wird bei der Herstellung eines Flammeris nur Eiweiß verbraucht (Nr. 552), so kann zur Verbesserung des Aussehens ein Päckchen Vanillesoßenpulver (in die Menge des Bindemittels mit eingerechnet) verwendet werden.
17. Bei der Herstellung von Aufläufen und Puddings kann bei Eierknappheit die in den Kochvorschriften angegebene Eiermenge um 1–2 Stück gekürzt werden. Die Speisen werden dadurch weniger ausgiebig, weniger locker. Es kann zur Lockerung eine Messerspitze Backpulver unter die Teigmassen gemischt werden.
18. Bei Mangel an Butter, anderen tierischen Fetten und Kunstbutter kann an deren Stelle Öl verwendet werden, entweder Misch- oder Olivenöl. 1

Esslöffel Öl ersetzt 10-15 g anderes Fett. Es kann verbraucht werden zur Herstellung von hellen und dunklen Mehlschwitzen, zum Braten von Fleisch und Fisch, bei Hefeteigen, gerührten Kuchen u. a. m.

Jedes mit Gummiring und Glasdeckel versehene Einmachglas kann durch „Einmachtropfen" verschlossen werden. Der in das Glas einzufüllende Inhalt muss gar und kochend heiß sein. 5-10 Tropfen genügen zum Verschluss. Angebrochene Gläser können wieder geschlossen werden. (Ihr Inhalt ist aber bald zu verbrauchen.) Das Verfahren hat sich bewährt.

Nachtrag
Preiswerte Gerichte

Buttermilchsuppe für 4 Personen

⅜ l Wasser,
½ Teelöffel Salz,
40 g Mehl,

⅛ l Milch,
⅝ l Buttermilch.

Bei süß abzuschmeckender Suppe: Zucker nach Geschmack (30–40 g), 40 g Rosinen.

Wasser und Salz werden aufgekocht, durch das in Milch angerührte Mehl bündig gemacht (5–10 Minuten Kochzeit). Die Buttermilch wird dazugegossen, einmal aufgekocht. (Vorsicht! Brennt leicht an!) Bei süß abgeschmeckter Suppe werden die gewaschenen Rosinen in der heißen Suppe ausgequollen.

Zitronensuppe für 4 Personen

¾ l Wasser,
1 Stückchen Zitronenschale,
1 Prise Salz,
25 g Stärkemehl (Kartoffelmehl oder Gustin)

in ⅛ l Wasser angerührt,
Saft von 1½–2 Zitronen,
1 Eigelb mit 2 Eßlöffel Wasser zum Abziehen,
50–60 g Zucker.

Wasser, Zitronenschale und Salz werden aufgekocht, durch das angerührte Stärkemehl gedickt (einmal aufkochen, 5–8 Minuten kochen). Der Zitronensaft wird dazugegeben, die Suppe mit Eigelb abgezogen, nach Zucker abgeschmeckt. Das Eiweiß wird als Schneeklößchen zur Suppe gegeben (Nr. 47).

Weißkohlsuppe für 4 Personen

500–625 g Weißkohl,	1 Teelöffel Kümmel,
50 g Fett,	250–375 g Kartoffeln,
1 Teelöffel Zwiebelwürfel,	1 Teelöffel Maggi,
1½–1¾ l Wasser mit 1 Teelöffel Salz oder Knochenbrühe,	Salz nach Geschmack.

Der vorbereitete, in feine Streifen geschnittene Weißkohl wird mit den Zwiebelwürfeln in Fett gedünstet. Wasser mit Salz oder Knochenbrühe und Kümmel werden dazugegeben. Nach 1–1¼ Stunden Kochzeit werden die vorbereiteten, in Scheiben geschnittenen Kartoffeln hinzugefügt, die in 30–35 Minuten in der Suppe gargemacht werden. Sie wird mit Maggi gewürzt, nach Salz abgeschmeckt. Als Einlage Fleischklößchen Nr. 76.

Pilzschnitten für 4 Personen

500 g frische Pilze, Pfifferlinge, Steinpilze, Champignons. Bei Pfifferlingen kochendes Wasser zum Brühen, *oder* ebensoviel Büchsenpilze, 40 g Butter Margarine oder 2–3 Esslöffel Öl,	1 Teelöffel Zwiebelwürfel, 1½ Semmel, geweicht, trocken ausgepresst, 1 Ei, 50 g geriebene Semmel, 1 Teelöffel gewiegte Petersilie, Salz nach Geschmack, geriebene Semmel zum Einhüllen, 40–50 g Fett zum Braten.

Von den frischen, geputzten, gewaschenen Pilzen werden die Pfifferlinge zur Milderung des strengen Geschmacks gebrüht. Die gewiegten Pilze werden in dem zerlassenen Fett, in dem die Zwiebelwürfel gedünstet worden sind, im eigenen Saft in 10–15 Minuten gargemacht. Sie werden zum Abtropfen auf einen Durchschlag geschüttet (die ablaufende Flüssigkeit ist zur Herstellung einer Suppe oder Soße zu verbrauchen). Die abgetropften Büchsenpilze werden auf die gleiche Weise behandelt. Der Pilzbrei wird mit geweichter, trocken ausgepresster, geriebener Semmel, Ei und gewiegter Petersilie vermischt, nach Salz abgeschmeckt. Aus der Masse werden acht flache Klopse geformt, die nach dem Umwenden in geriebener Semmel in heißem Fett braun gebraten werden. Als Beilage grüner oder Kartoffelsalat.

Makkaroni mit Fisch für 4 Personen

250 g Makkaroni,	⅛ l kochendes Wasser,
2–3 l kochendes Salzwasser,	Tomatensoße n. Nr. 111 (zwei-
für 1 l 1 Esslöffel,	mal die angegebenen Zutaten),
500 g Fisch, Kabeljau,	1 Esslöffel geriebener Käse;
Schellfisch, Seelachs,	falls überbacken:
40–50 g Fett,	20 g Butter in Flocken,
1 Teelöffel Zwiebelwürfel,	1 Esslöffel geriebene Semmel.
1 Teelöffel Salz,	

Die in Stücke gebrochenen Makkaroni werden in dem kochenden Salzwasser in ½–¾ Stunden gargemacht. Der vorbereitete, entgrätete Fisch wird in Stücke geteilt, mit Zwiebelwürfeln und Salz in Fett gedünstet, nach Hinzugießen von ⅛ l kochendem Wasser in 10–15 Minuten gargemacht. Makkaroni, Fischstücke und Tomatensoße werden abwechselnd in eine runde Schüssel geschichtet (Makkaroni und Soße als oberste Schichten), mit geriebenem Käse bestreut. Das in eine Auflauf- oder Duraxform geschichtete Gericht kann auch im Herd in 15 bis 20 Minuten überbacken werden. In diesem Falle werden über den geriebenen Käse 20 g Butter in Flocken und geriebene Semmel gegeben. An Stelle von frischem Fisch können auch Fischreste verbraucht werden.

Reis mit Leber für 4 Personen

Reis nach Nr. 82,	Holländische Soße nach Nr. 109
Zubereitung 2,	oder Tomatensoße nach Nr. 111
250 g Leber, Kalbs- oder	(zweimal die angegebenen
Rinds- oder Geflügelleber,	Zutaten),
Salz zum Bestreuen,	1 Esslöffel geriebener Käse
Mehl zum Einhüllen,	zum Überbacken:
30 g Fett,	20 g Butter in Flocken
1 Teelöffel Zwiebelwürfel,	1 Esslöffel geriebene Semmel.

Die vorbereitete, in Würfel geschnittene Leber wird mit Salz bestreut, in Mehl umgewendet, in Fett mit Zwiebelwürfeln in 8–10 Minuten gebraten. Die weitere Herstellung des Gerichtes ist die gleiche wie die von Makkaroni mit Fisch, Seite 174.

Restverwendung für Pilze und Kartoffeln für 4 Personen

Pilzreste,	2–3 Eier mit 4–6 Esslöffel
750 g gekochte Kartoffeln,	Wasser verquirlt,
50 g Fett,	½ Teelöffel Salz.
1 Esslöffel Salz,	

Aus Kartoffeln, Fett und Salz werden Bratkartoffeln hergestellt. Die mit Wasser und Salz verquirlten Eier werden darüber gegossen und unter Umrühren zum Gerinnen gebracht. Die Pilze werden darunter gemischt.

Buttermilchpfannkuchen für 4 Personen

250 g Mehl,	1 Prise Salz,
1 Teelöffel Backpulver,	nach Bel. 2–3 Esslöffel
½ l Buttermilch,	Korinthen,
nach Bel. 1–2 Eier,	75 g Fett zum Backen,
2 Esslöffel Zucker,	Zucker zum Bestreuen.

Mehl und Backpulver werden vermischt. Die mit Eiern, Zucker und Salz verquirlte Buttermilch wird in das Mehl eingerührt. Gereinigte Korinthen werden dazugegeben. Aus der Masse werden in dampfendem Fett Plätzchen gebacken, die mit Zucker bestreut werden können. Als Beigabe jede Art von Kompott oder Obstsoße.

Grießschnitten (8–10 Stück)

¼ l Milch,	4 bittere Mandeln,
20 g Margarine,	1 Eigelb,
1 Prise Salz,	1 Eiweiß,
125 g Grieß,	geriebene Semmel,
20 g Zucker,	50–60 g Fett,
	Zucker zum Bestreuen.

Milch, Fett und Salz werden aufgekocht, der Grieß wird hineingeschüttet, unter Rühren zu einer festen Masse abgebrannt. Zucker, geriebene Mandeln werden dazugegeben, unter die etwas abgekühlte Masse das Eigelb. Sie wird ungefähr 1 cm dick auf einen gefetteten Emailleteller, ein gefettetes Emaillebrett gestrichen, nach dem Erkalten in 8–10 gleichmäßig große, rechteckige Stücke geschnitten. Diese werden in Eiweiß, in geriebener Semmel umgewendet, ehe sie in heißem Fett von beiden Seiten braungebacken werden. Sie werden mit Zucker bestreut, mit Kompott oder Aprikosensoße von 65 g getrockneten Aprikosen, Nr. 124, gereicht.

Quarkpudding für 4–6 Personen

65 g Margarine oder Öl,	½ Päckchen Backpulver,
150 g Zucker,	⅛ l Milch,
2 Eigelb und Schnee,	Schale von ¼, Saft von 1 Zitrone,
250 g Quark,	1 Prise Salz,
250 g Grieß,	Fett und geriebene Semmel zur Form.

Fett, Zucker und Eigelb werden in 20 Minuten schaumiggerührt. Durchgestrichener Quark, mit Backpulver vermischter Grieß und die übrigen Zutaten werden dazugerührt. Der steifgeschlagene Schnee wird darunter gemischt. In der vorbereiteten Form wird die Masse im Wasserbade 1 Stunde gekocht. Kompott oder Fruchtsaft als Beigabe.

Semmel- oder Zwiebackspeise für 4–6 Personen

6 Brötchen oder
8 Zwiebacke,
½ l Milch,
2 Eier,
1 Päckchen Vanillezucker,
40 g Zucker,
1 Prise Salz,
abgeriebene Zitronenschale,
2 Eßlöffel Rosinen,
10–20 g Mandeln,
Fett zum Ausstreichen der Form.

Die in Scheiben geschnittenen Brötchen oder die Zwiebacke werden mit den gereinigten Rosinen und den in Stifte geschnittenen Mandeln in eine Auflauf- oder Duraxform geschichtet. Die mit den Eiern verquirlte Milch wird mit den angegebenen Zutaten vermischt über die Brötchen oder Zwiebacke gegossen. Der Auflauf wird ½ Stunde gebacken, mit Kompott oder Fruchtsoße gereicht.

Rosinen und Mandeln können fortfallen. An ihrer Stelle können 600–700 g süße oder saure entsteinte Krischen mit 100–200 g Zucker mit eingeschichtet werden.

Zwiebackspeise für 4–6 Personen, kalt zu reichen

8 Zwiebacke,
Apfelmus von 750 g Äpfeln,
¼ l Wasser,
75–100 g Zucker,
zum Flammeri:
½ l Milch,
1 Päckchen Vanillezucker,
1 Prise Salz,
60 g Zucker,
1 Eigelb,
60 g Stärkemehl (Kartoffelmehl oder Gustin),
¼ l Milch,
1 Eiweiß zu Schnee.

Der Boden einer Tortenform (Springform) wird mit dem Zwieback belegt. (Alle Zwischenräume sind mit Zwiebackstücken auszufüllen.) Der Rand der Form wird um den Boden gelegt. Das aus den Zutaten hergestellte Apfelmus wird kochend heiß darüber gefüllt. Der Flammeri wird nach Nr. 555 hergestellt und über das Apfelmus gegeben. Die Speise ist am Tage vor dem Gebrauch herzustellen. Der Tortenrand wird abgenommen. Die Oberfläche der Speise kann mit rotem Gelee verziert werden.

Schokoladenspeise für 6 Personen

¾ l Milch,
1 Prise Salz,
1 Päckchen Vanillezucker,
50 g Schokolade und 25 g Kakao oder 50 g Kakao,
50–75 g Zucker,
45 g Stärkemehl in ¼ l Milch angerührt,
4 Blatt Gelatine, rot oder weiß.

Die angegebenen Zutaten bis zum Stärkemehl werden aufgekocht. Die Masse wird durch das angerührte Stärkemehl gedickt; die eingeweichte, gut abgelaufene Gelatine wird in der heißen Masse gelöst. Die während des Abkühlens öfters umzurührende Speise (Verhinderung der Bildung einer Haut) wird in eine Glasschüssel gefüllt, nach dem Steifgewordensein mit einer Vanillesoße gereicht.

Preiselbeerschnee für 4–6 Personen

1 Eiweiß,
1 Tasse Preiselbeeren,
eine Tasse Zucker.

Eiweiß, Preiselbeeren, möglichst ohne Saft und Zucker werden gemischt und mit dem Schneebesen in genügend großem Gefäß so lange geschlagen, bis die Masse dickschaumig ist.

Apfelschnee für 4 Personen

500 g Äpfel zu Bratäpfeln,
100 g Zucker,
1 Eiweiß.

Die weichen Bratäpfel werden durch ein Sieb gestrichen. Weitere Herstellung des Schnees wie Preiselbeerschnee.

Grießschaum für 4–6 Personen

1 l Wasser,	100 g Zucker,
100 g Grieß,	Saft 1 Zitrone.
1 Stückchen Zitronen- schale,	

Wasser, Grieß, Zitronenschale und Zucker werden unter Rühren zum Kochen gebracht. Die Zitronenschale wird entfernt, der Zitronensaft dazugegeben. Die Masse wird mit dem Schneebesen geschlagen, bis sie hell und dickschaumig ist (½–¾ Stunden). Kompott oder Obstsoße als Beigabe.

Quarkspeise mit Fruchtmus für 4–6 Personen

250 g Quark oder Sahne- quark,	50–60 g Zucker, Saft von ½ Zitrone,
250 g Erdbeeren, Himbeeren oder anderes Beerenobst,	5 Blatt weiße Gelatine in 3 Esslöffel Wasser gelöst.

Das vorbereitete, gut abgetropfte, durch ein Sieb gestrichene Obst wird gesüßt, mit dem Zitronensaft vermischt. Die in heißem Wasser gelöste Gelatine wird durch ein Sieb dazugegeben. Wenn die Masse anfängt steif zu werden, wird der durchgestrichene, schaumiggeschlagene Quark darunter gemischt.

Pflaumenklöße für 4 Personen

500 g Kartoffeln, als Salz- kartoffeln gekocht, zer- stampft oder durch die Presse gegeben,	1 Esslöffel flüssiges Fett, 500 g Pflaumen, 6–8 Stück Würfelzucker, in 2–3 Stücke geteilt,
100 g Mehl,	25–30 g gebräunte Butter,
1 Ei,	Zucker und Zimt zum Bestreuen.
½ Teelöffel Salz,	

Es wird ein Kartoffelkloßteig hergestellt. Die Pflaumen werden so entsteint, dass die Hälften zusammenhängend bleiben. In die Höh-

lung wird ein Stückchen Würfelzucker gesteckt. Die Pflaume wird in ein Stück des Kloßteiges eingehüllt. Die Klöße werden in kochendem Salzwasser, für 1 l 1 Eßlöffel Salz, einmal aufgekocht, 10–15 Minuten ziehen gelassen. Sie werden beim Anrichten mit gebräunter Butter übergossen, mit Zucker und Zimt bestreut. Der Rest der Pflaumen wird zu Kompott gekocht dazu gereicht.
Zu *Aprikosenklößen* aus frischen Aprikosen die gleichen Zutaten. Auch die Herstellung ist die gleiche wie die der Pflaumenklöße.

Haferflockenkeks

125 g Weizenmehl,
125 g Haferflocken,
durch die Fleischmaschine gedreht,
60 g Zucker,

1 Päckchen Vanillezucker,
1 Ei,
½ Päckchen Backpulver,
50 g Butter in Flocken,
2–3 Eßlöffel Milch oder Wasser.

Aus den Zutaten wird ein Knetteig hergestellt, der dünn ausgerollt, mit einer Gabel eingestochen wird. Es werden Kekse ausgestochen, die bei mittlerer Hitze hellbraun gebacken werden.

Grießkuchen

50 g Margarine oder Öl,
250 g Zucker,
1 ganzes Ei,
2 Eigelb und Schnee,
250 g Grieß,
Fett, geriebene Semmel zur Form,

Marmelade zum Füllen,
250 gekochte, geriebene Kartoffeln,
Schale von ¼, Saft von 1 Zitrone,
1 Päckchen Backpulver.

Fett, Zucker, verquirltes ganzes Ei und die Eigelb werden in 20 Minuten schaumiggerührt; die übrigen Zutaten werden dazugegeben, der Eierschnee wird darunter gemischt. Der Teig wird in der vorbereiteten Kastenform ½ bis ¾ Stunden gebacken. Nach dem Erkalten wird der Kuchen quer zweimal durchgeschnitten, mit Marmelade gefüllt. Dieselbe Masse kann auch als *Grießtorte* gebacken werden, nach dem Füllen mit einem Zuckerguss von 250 g Puderzucker, Saft 1 Zitrone, Wasser nach Bedarf überzogen und mit rotem Gelee oder Früchten verziert werden.

Brotaufstriche

1. Kräuterquark

250 g Quark,
2–3 Esslöffel Milch,
Salz nach Geschmack,

1–2 Esslöffel gehackte Kräuter
(Petersilie, Schnittlauch, Dill
u. a. m.)

2. Tomatenquark

250 g Quark,
Salz nach Geschmack,

2 Esslöffel steifen Tomatenbrei.

3. Rettichquark

250 g Quark,
Salz nach Geschmack,

2 Esslöffel geriebenen Rettich.

4. Quark auf Liptauer Art

250 g Quark,
25 g Butter, schaumig
gerührt,
1 Messerspitze Paprika,

½ Teelöffel feingeschnittene
Zwiebel,
1–2 fein gewiegte Sardellen.

5. Heringsaufstrich

1 gewässerter Hering,
1 hartgekochtes Ei,
1 Teelöffel Zwiebelwürfel,
1 Teelöffel Öl,

1 Teelöffel Essig,
1 Teelöffel Senf,
etwas Zitronensaft,
1 Messerspitze Pfeffer.

Hering und Ei werden feingewiegt mit den anderen Zutaten vermischt.

6. Pilzaufstrich

125 g Champignons oder 40 g Butter, zu Sahne gerührt,
Steinpilze, Salz nach Geschmack.
25 g Butter,
1 Teelöffel Zwiebelwürfel,

Die vorbereiteten Pilze werden mit den Zwiebelwürfeln in der Butter 10–15 Minuten gedünstet, feingewiegt und nach dem Abkühlen unter die zu Sahne gerührte Butter gemischt, nach Salz abgeschmeckt.

7. Aufstrich mit Mayonnaise

125 g sehr steife Mayonnaise,
1–2 Esslöffel feingewiegte Lachsschnitzel.

Quarksoße an Stelle von Mayonnaise

125 g Quark (Sahnequark), Salz, Zucker nach Geschmack,
2 Esslöffel Milch, nach Belieben gewiegte Kräuter.
2–3 Esslöffel Öl,
Saft von ½ Zitrone oder
Essig,

Der durchgestrichene Quark wird mit Milch verrührt. Unter Schlagen mit dem Schneebesen wird das Öl nach und nach dazugegeben; die Soße mit den angegebenen Zutaten abgeschmeckt.

Saure oder Buttermilch mit Obst für 4 Personen

¾–1 l saure Milch oder 60–80 g Zucker oder in Zucker
Buttermilch, gedünstetes Obst, z. B.
250 g Beerenobst, Pflaumen.

Das eingezuckerte oder gedünstete Obst wird in Gläser verteilt, mit der verquirlten kalten Milch oder Buttermilch übergossen.

Rhabarbergetränk

500 g Rhabarber,   2–3 Eßlöffel Erdbeersaft oder
½ l Wasser,   Orangeade.
Zucker nach Geschmack,

Der gewaschene, in ganz kleine Stückchen geschnittene Rhabarber wird in dem Wasser zerkocht, zum Ablaufen auf einen Durchschlag oder ein Tuch gegossen. Der Rhabarbersaft wird mit Erdbeersaft oder Orangeade gemischt, gesüßt.

Obst mit Vanillesoße für 4 Personen

250 g Erdbeeren, Himbee-   40–50 g Zucker,
ren, Preiselbeeren,   Vanillesoße nach Nr. 121.

Die vorbereiteten Beeren werden mit dem Zucker auf 4 Gläser verteilt. Die kalte Vanillesoße wird kurz vor dem Gebrauch darüber gefüllt.

Orangeade

6 Apfelsinen,   2 l Wasser,
2 kg Hut- oder Streuzucker,   60–80 g kristallisierte Zitronensäure.

Die Schale der Apfelsinen wird auf dem Hutzucker oder mit einem Reibeisen abgerieben. Der Saft der Apfelsinen wird ausgepresst. In dem abgekochten Wasser wird die Zitronensäure gelöst. Der Zucker wird in einen Steintopf gegeben. Wasser und Apfelsinensaft werden darüber gegossen. Die Masse bleibt 14 Tage stehen und wird während dieser Zeit öfters umgerührt, damit sich der Zucker löst. Die Orangeade wird in gereinigte Flaschen gefüllt, verkorkt und verlackt. Beim Gebrauch ist sie nach Geschmack zu verdünnen.

Vorschläge zur Zeitersparnis im kleinen Haushalt

Es empfiehlt sich, bestimmte Nahrungsmittel in größeren Mengen einzukaufen und vielseitig zu verwenden.

1. Beispiel: 625–750 g Kalbfleisch werden gekocht:

Das Fleisch wird verbraucht:
1. zu Kalbfleischfrikassee,
2. aufgebraten als Beigabe zu Gemüse,
3. Reste zu feinem Würzfleisch unter Hinzunahme von Pilzen, oder zu Fleischsalat.

Die Brühe wird verbraucht:
1. zum Auffüllen der Soßen zu 1 und 3,
2. zu Suppe, durch Mehl oder Grieß gedickt, oder mit einem Einlauf nach Nr. 84 (Verwendung des Eiweiß vom Abziehen der Soße).

Ein Suppenhuhn von 1¼–1½ kg kann auf die gleiche Weise verbraucht werden. Als Suppeneinlage Nudeln. Die Leber kann zu Geflügelbrötchen (Nr. 287) verbraucht werden.

2. Beispiel: 625–750 g Rindfleisch werden gekocht.

Das Fleisch wird verbraucht:
1. zu Rindfleisch mit Wirsing (Nr. 355),
2. zu Ragout (Nr. 245) oder Haschee (Nr. 141 und 142),
3. zu Rindfleisch überbacken. Soße und Zubereitung Nr. 311.

Die Brühe wird verbraucht:
1. zu Suppe mit Grieß- oder Schwemmklößen und Gemüsen,
2. zum Auffüllen des Wirsings,
3. zum Auffüllen der Soßen.

3. Beispiel: 1000 g Schellfisch werden gekocht und verbraucht zu:

1. Fisch mit Mostrichsoße oder brauner Butter und Zwiebeln,
2. Fischbrötchen (Nr. 313) mit Kartoffelsalat als Mittag- oder Abendessen,
3. Bratkartoffeln, Fischreste darunter gemischt, oder Fischmayonnaise.

4. Beispiel: 1½ kg Weißkohl, 500 g Gewiegtes werden verbraucht zu:

1. Kohlrollen (Nr. 356),
2. Bratklopse, Weißkohlsalat (Nr. 465) als Abendbrotgericht.
3. Weißkohlsuppe mit Fleischklößchen.

5. Beispiel: 1½ kg Rhabarber kochen, verbrauchen zu:

1. ein Drittel Kompott,
2. ein Drittel Grütze (Nr. 558),
3. ein Drittel Suppe mit Grießwürfeln oder Rhabarbergetränk.

Maße

Für das Gelingen der Kochvorschriften sind die angegebenen Mengen notwendig. Bei den einfacheren Gerichten können bestimmte Zutaten mit dem Esslöffel gemessen werden. Bei Backwerken, bei Speisen usw. sind die Zutaten nach Gewicht in der angegebenen Menge einzukaufen oder selbst abzuwiegen, entweder auf einer Tafelwaage mit Gewichten oder einer Mikrowaage ohne Gewichte. Gut bewährten scheint sich als Ersatz für die teuren Waagen der in den Handel gebrachte Messbecher Luchs und das gläserne Küchengewichtsmaß.

1 Esslöffel Öl	= 10–15 g
1 gestrichener Esslöffel Fett oder Butter	= 20 g
1 gestrichener Esslöffel Salz	= 10 g
1 gestrichener Esslöffel Mehl	= 10 g
1 gestrichener Esslöffel Grieß	= 10 g
1 gestrichener Esslöffel Kartoffelmehl	= 10 G
1 gestrichener Esslöffel Zucker	= 10 g
1 gestrichener Esslöffel Reis	= 15 g

1 Lot gebrannter Kaffee wiegt 15–20 g, abhängig von der Größe der Bohnen.
1 Tasse fasst ⅛–³⁄₁₆ l Flüssigkeit.
8 Esslöffel = ⅛ l.

Register

Die offenen Ziffern weisen auf die Nummern der Kochvorschriften, die eingeklammerten auf Seitenzahlen hin.

A

Aal blau zu kochen 293
Aal in Dill 294
Aal in Gelee 295
Aalrollen in Aspik 296
Allgemeines über Eier 329
Allgemeines über Fische und Krebse 288
Allgemeines über Fleisch 133, 134, 135
Allgemeines über Gemüse 345
Allgemeines über Obstsuppen 58
Allgemeines über Suppen (S. 14)
Allgemeines über Soßen 89
Altes Geflügel mit Wirsing oder Linsen 704
Ananasbowle 690
Ananascreme 585
Ananaseis 619
Ananasgelee 563
Anchovisbutter 489
Angaben über das Frischhalten im Weck 673
Apfelauflauf I 519
Apfelauflauf II 531
Apfelbettelmann 522
Apfelbrotsuppe 51
Apfelcreme 578
Apfeleierkuchen 545
Apfelgelee 661
Apfelklöße 426
Apfelkompott 448

Apfelmus 450
Apfelpaste 671
Apfelreis 547
Apfelschnee (S. 410)
Apfelsinencreme I 568
Apfelsinencreme II 569
Apfelsinencreme III 583
Apfelsineneis 607
Apfelsinenmarmelade I 669
Apfelsinenmarmelade II 670
Apfelsinenreis 600
Apfelsinensalat 484
Apfelsuppe 59
Apfelstrudel 550
Apfeltrank 685
Aprikosen einlegen 635
Aprikoseneis 612
Aprikosengelee 562
Aprikosenklöße (S. 412)
Aprikosenkompott 446
Aprikosenspeise 596
Arme Ritter I 543
Arme Ritter II 544
Artischocken 375
Aspik mit Krebsen 325
Aspik zum Verzieren 499
Aufläufe, allgemeines (S. 282)
Auflauf mit Apfelsinen- und Zitronensaft 527
Auflauf von Fruchtmus 530
Auflauf mit Obst 529
Auflauf mit saurer Sahne 526

B

Brathähnchen 263
Backobst 454
Backobst mit Fleisch und
 Klößen 456
Backobst mit Klößen 455
Bananencreme 577
Bauernessen 391
Bechamelsoße 108
Belegte Brötchen I 491
Belegte Brötchen II 492
Bierkaltschale 66
Birnen in Essig und Zucker 642
Birnenkompott 447
Birnen mit Fleisch und
 Klößen 453
Birnen und Klöße 452
Birnensuppe 64
Blätterteigpasteten 504
Blätterteigpasteten (groß) 505
Blattsalat 458
Blaubeeren, roh 438
Blaubeerkompott 444
Blumenkohl 361
Blumenkohl überbacken 362
Blumenkohlsalat 468
Blumenkohlsuppe 12
Blutwurst 234
Blutwurst mit Semmel 233
Bohnensalat 469
Bohnen, süß-sauer 406
Brathecht 300
Bratheringe zum Vorrat 319
Bratkartoffeln 390
Bratwurst 239
Braunbiersuppe 52
Braune Geschlingesuppe 35
Braune polnische Soße 117
Braune Specksoße 118
Braunkohl 358
Brombeereis 611

Brot- oder Schokoladen-
 auflauf 520
Brotpudding 539
Brotsuppe 50
Brühe mit Einlauf 7
Brühe von Fleisch mit
 Graupen oder Reis 3
Brühe mit Graupen 4
Brühkartoffeln 398
Brühe mit Nudeln 6
Brühe mit Reis 5
Brühe mit Tapioka 5
Brühwürstchen 240
Burgundersoße 115
Buttermilchspeise 597
Buttermilchsuppe (S. 404)
Buttermilchpfannkuchen (S. 407)
Butternockeln 81
Büchsenbohnen 368

C

Champignons 386
Charlotte mit vier verschiedenen
 Cremes 594
Croquettes von Kalbsmilch 194
Cumberlandsoße 131

D

Dampfnudeln 421
Deutsche Beefsteaks 156
Dillsoße 104
Dreifrucht 667

E

Eier zu kochen 330
Eier mit Mayonnaise 502
Eiergraupe 70
Eierkuchen, einfach 336
Eierkuchen, feiner 337
Eierstich 86
Einlauf für klare Brühe 83
Einlauf für trübe Brühe 84

421

Einlegen in Flaschen (S. 349)
Einlegen von Obst in Zucker 631
Eis, Allgemeines (S. 333)
Eisbeine 225
Eiscreme 592
Eiskaffee I 623a
Eiskaffee II 623b
Endiviensalat 460
Entenbraten 275
Entenklein mit Soße 276
Entenschwarzsauer 274
Entenweißsauer 277
Erbsenbrei von gelben
    Erbsen 403
Erbsen mit Bauchspeck
    und Kartoffeln 693
Erbsensuppe (gelb) 22
Erbsensuppe mit Schweins-
    ohren 23
Erdbeerbowle 688
Erdbeercreme 574
Erdbeereis 609
Erdbeeren, roh 435
Erdbeeren mit Zucker 633
Erdbeergelee 564
Erdbeerkaltschale mit Wein 67
Erdbeersaft 655
Erdbeersaft mit Weinstein-
    säure 654
Erdbeersaft im Weckfilter 657
Erkennungszeichen für
    junges Geflügel 255
Erkennungszeichen für
    junge Hasen 241
Erkennungszeichen für
    junge Rebhühner 280

F
Falleier 334
Falscher Hase 165
Falsche Schildkrötensuppe 39
Falsche Schokoladensuppe 48

Fasan gebraten 285
Feine Mostrichsoße 132
Feines Würzfleisch
    (Ragout fin) 179
Filetbeefsteaks 155
Filet auf dem Rost 163
Fische blau zu kochen 292
Fischbrötchen 313
Fisch, gedämpft 291
Fisch, grün 297
Fisch in Gelee 317
Fischklößchen 75
Fischklöße 312
Fischkoteletts 314
Fischmayonnaise 316
Fischsalat 315
Fischsuppe 27
Fisch, überbacken 311
Fische vorzubereiten 289
Fische zu kochen 290
Fleckchen 69
Fleischbrötchen 164
Fleischklößchen 76
Fleischpudding 166
Fliedermus 451
Frikasseesoße 107
Frikassee von Kalb I 195
Frikassee von Kalb II 196
Frischer Lachs, im
    Ganzen gekocht 304
Frischer Lachs, in
    Stücken gekocht 305
Fruchteis aus Saft 608
Früchtesalat, einfach 486
Früchtesalat, fein 485
Fruchtsaftsoße 125
Fruchtsoße 124
Fruchteierkuchen I
    (Omelette aux confitures) 341
Fruchteierkuchen II 342
Fruchtsaft, Allgemeines 649
Frühlingsschnitten 490

Frühstückseierkuchen 340
Fürst-Pückler-Eis 621

G
Gallert I 223
Gallert II 224
Gans, gebraten 267
Gänsebrust (Spickgans) 271
Gänseklein mit Soße 268
Gänseklein als Suppe 269
Gänseleber gebraten 272
Gänseleberpastete 279
Gänseleberwurst 278
Gänseschwarzsauer 273
Gänseweißsauer 270
Gebackene Reisklößchen 78
Gebackene Schinkenscheiben 222
Gebundene Kalbssuppe 28
Geflügelbrötchen 278
Geflügel vorzubereiten 256
Gefrorenes nach Nesselrode 620
Gefüllte Eier 335
Gefüllte Nudeln 71
Gehirn und Nieren 191
Gehirnsuppe 30
Geleeäpfel 449
Gelees, Allgemeines (S. 362)
Gemischter Gemüsesalat 471
Gemüsesuppe mit Graupen 15
Gemüsesuppe mit Nudeln 14
Gemüsesülze 381
Geräucherte Speckscheiben 221
Gerösteter Reis 415
Geschälte Pflaumen in Zucker 634
Geschlinge- oder Lungensuppe 11
Getreideerzeugnisse (S. 230)
Getrocknete Bohnen 369
Glühwein 680
Graupen mit Fleisch 408
Grießauflauf 515
Grießauflauf mit Obst 516
Grießflammeri I 552
Grießflammeri II 553
Grießklößchen 77
Grießkuchen (S. 412)
Grießpudding 535
Grießschnitten (S. 408)
Grießschaum (S. 411)
Grießsuppe 41
Grießtorte (S. 412)
Grießwürfel 87
Grog 679
Grüne Bohnen 366
Grüne Bohnen mit Hammelfleisch und Kartoffeln 701
Grüne Bohnen einzusalzen 630
Grüne Heringe zu braten 318
Grünkohl 358
Grünkohl mit Rauchfleisch und Kartoffeln 692
Grützwurst 236
Gulasch 150
Gurken einzulegen I 628
Gurken einzulegen II 629
Gurken gefüllt 372
Gurkengemüse I und II 371
Gurkensalat 461
Gurkensoße 91

H
Hackbraten 165
Haferflockensuppe 43
Haferflockensuppe mit Äpfeln 45
Haferflockenkeks (S. 412)
Hafermehlsuppe 44
Hagenbuttensuppe 62
Hammelfleisch, gekocht 201
Hammelschmorfleisch auf irische Art (Irish stew) 208
Hammelfleisch mit Reis 209
Hammelkeule, gebraten I 203
Hammelkeule, gebraten II 204
Hammelkeule, geschmort 202

Hammelkoteletts 206
Hammelrücken 205
Hammelwürzfleisch 207
Hasenbraten 243
Hase, geschmort 244
Hasenpastete 510
Hasenpfeffer 245
Hecht, gespickt, gebraten 298
Hecht mit Makkaroni 301
Hecht mit feinem Ragout 299
Hecht mit Sauerkohl 302
Hefeklöße 420
Hefemehlspeise mit Früchten (Savarin) 549
Hefeplinsen 339
Heidelbeeren in Flaschen (S. 359)
Heringe einlegen I 320
Heringe einlegen II 321
Heringe einlegen in Mayonnaise 323
Heringshäckerle 495
Heringskartoffeln 401
Heringsröllchen 322
Heringssalat 482
Heringssoße 97
Herstellung von Gelee 659
Himbeercreme 575
Himbeeren, roh 436
Himbeereis 610
Himbeermarmelade I 664
Himbeermarmelade II 665
Himbeersaft 652
Hirschfleisch 251
Hirse mit Schweinefleisch 409
Holländische Soße I 109
Holländische Soße II 110
Hopfenkeimchensalat 467
Huhn in Aspik 260
Hühnerbrühe 8
Hühnerfrikassee 259
Huhn, gebraten 262
Huhn zu kochen 257

Huhn mit Nudeln 707
Huhn mit gelber Soße 258
Hülsenfrüchte, Allgemeines 402
Hummer zu kochen 327
Hummermayonnaise 328
Hummersoße 113

I
Irish stew 208
Italienischer Salat 483

J
Johannisbeercreme 576
Johannisbeergelee 660
Johannisbeerkompott 539
Johannisbeeren, roh 437
Johannisbeersaft I 650
Johannisbeersaft II 651
Johannisbeersaft III 653
Johannisbeersaft gegoren 656

K
Käsebutter 487
Käseklöße 429
Käsepumpernickel 497
Käseschüssel 493
Käsetrüffel 494
Kaffeecreme I 570
Kaffeecreme II 571
Kaffeecreme III 572
Kaffeecreme IV 586
Kaffee-Eis I 614
Kaffee-Eis II 615
Kaffeekochen 674
Kakao 677
Kalbfleisch zu kochen 168
Kalbfleischklops 169
Kalbsbraten mit Bechamelsoße 174
Kalbsbrust, gefüllt 185
Kalbsbrust, geschmort 184
Kalbsfüße, gebacken 200

Kalbsgehirn, gebraten 189
Kalbsgekröse 171
Kalbskeule, gebraten 172
Kalbskopf 197
Kalbskopf, gebacken 198
Kalbskoteletts 177
Kalbskoteletts, überbacken 178
Kalbsleber, gebraten 186
Kalbsleber, geschmort 187
Kalbsleberpastete 188
Kalbslungenhaschee 170
Kalbsmilch zu kochen 192
Kalbsmilch, paniert, gebraten 193
Kalbsnieren, gebraten 190
Kalbsnierenbraten 182
Kalbsrücken 176
Kalbsschnitzel 175
Kalbsschnitten (gehackt) 180
Kalbszunge, gekocht 199
Kalte Kräutersoße 501
  (siehe Tomateneier)
Kaninchen 245a
Kapernsoße 102
Karamellcreme 582
Karpfen mit polnischer Soße 303
Karotten und Schoten 348
Kartoffelauflauf (salzig) 432
Kartoffelauflauf (süß) 513
Kartoffelbällchen glasiert 394
Kartoffelbällchen von
  gekochten Kartoffeln 395
Kartoffelbrei 397
Kartoffelgemüse 399
Kartoffelgerichte 288
Kartoffelklöße I 430
Kartoffelklöße II 431
Kartoffelklöße (von rohen
  Kartoffeln) 433
Kartoffelklöße (von rohen und
  gekochten Kartoffeln) 434
Kartoffelkloßmasse 432
Kartoffeln zu kochen 389

Kartoffeln, im Ganzen gebraten 392
Kartoffeln, roh gebacken 393
Kartoffelpudding 532
Kartoffelpuffer 396
Kartoffelsalat, kalt I 476
Kartoffelsalat, kalt II 477
Kartoffelsalat, kalt mit
  Sellerie und Äpfeln 479
Kartoffelsalat kalt, mit
  Sellerie und Apfelsinen 480
Kartoffelsalat, kalt, mit
  Sellerie und Ananas 481
Kartoffelsalat, warm 478
Kartoffelsuppe 21
Kassler, gebraten 229
Kaviar 498
Kiebitzeier 355
Kirschen in Essig und Zucker I 639
Kirschen in Essig und Zucker II 640
Kirschen in Zucker 632
Kirschkompott 442
Kirsch- und Stachelbeer-
  kompott 443
Kirschmarmelade 666
Kirschsuppe 60
Klare Gemüsebrühe 2
Klare Rindfleischbrühe 1
Klären 126
Klöße, Allgemeines (S. 238)
Königinsuppe 31
Königsberger Fleck 161
Kohlrabi 353
Kohlrabi ohne Grün 354
Kohlrollen 356
Kohlrüben 364
Kohlrüben mit Pökelfleisch 365
Kohlrüben mit Pökelfleisch
  und Kartoffeln 705
Kohl- oder Krautsalat 465
Krabbensoße 114
Kräutersoße (kalt) 501
Kräutersuppe 20

Krebse zu kochen 324
Krebsbutter 326
Krebssoße 112
Krebssuppe 32
Kuchenrestepudding 542
Kümmelsoße 96
Kürbis in Essig und Zucker 643
Kürbisbrei 373
Kürbisreis 548
Kürbissuppe 63

L
Lachsschinken 306
Leberklößchen 79
Leberwurst 232
Leipziger Allerlei 374
Leipziger Allerlei mit Kalbszunge und Kartoffeln 700
Linsen und Backpflaumen 708
Linsen, sauer 405
Linsensuppe 25
Löffelerbsen 404
Lotpudding 534

M
Madeirasoße 116
Maiskolben 457
Makkaroni 416
Makkaroni mit Fisch (S. 406)
Makkaroni mit Schinken 417
Makkaronipudding mit Schweinefleisch 220
Makkaronisuppe 29
Mandelauflauf I 518
Mandelauflauf II 523
Mandelcreme 590
Mandeleis 617
Mandelmilch 686
Maraschinoreis 599
Markklößchen 80
Marmelade, Allgemeines 663
Maronen, glasiert 376

Mayonnaise, kalt (echt) 126
Mayonnaise, kalt (unecht) 128
Mayonnaise, warm 127
Meerrettichsoße 106
Mehlauflauf 521
Mehlerbsen (Tropfteig) 85
Mehlklöße 425
Mehlsuppe 40
Milchgelee I 565
Milchgelee II 566
Milchgrießbrei 411
Milchhirse 410
Milchkaltschale 65
Milchlimonade 687
Milchreis 414
Milchsoße mit Mandelgeschmack 122
Mischgemüse 374
Mischgemüse mit Rindfleisch und Kartoffeln 694
Möweneier 344
Mohnklöße 605
Mohrrüben 350
Mondaminflammeri 556
Morcheln 383
Morchelsoße 101
Mostrich- oder Senfbutter 93
Mostrichsoße 92
Mürber Teig zu Pasteten 507

N
Nierensuppe mit Reis 36
Nudeln 68
Nudelauflauf 514
Nudelpudding 533
Nudeln mit Schinken 419
Nudelschmarren 546
Nusscreme 589
Nusseis 618
Nusspudding 540
Nüsse einlegen 638

O

Oberrüben 353
Obst, Allgemeines (S. 246)
Obst mit Vanillesoße (S. 416)
Ochsenschwanzsuppe 38
Omelette aux confitures I 341
Omelette aux confitures II 342
Orangeade (S. 416)

P

Paprikafleisch 181
Paprikahuhn 261
Pastete von Hühnern 506
Perlzwiebelsoße 94
Petersiliensoße 103
Petersilienwurzelsalat 464
Pfeffergurken 646
Pfifferlinge 384
Pfirsichbowle 689
Pfirsichcreme I 573
Pfirsichcreme II 584
Pfirsichgelee 561
Pfirsiche einlegen 635
Pfirsichkompott 446
Pflaumenklöße (S. 411)
Pflaumenkompott 445
Pflaumen in Essig 641
Pflaumenmus 668
Pflaumenmussoße 122
Pflaumensuppe 61
Pichelsteiner Fleisch I 154
Pichelsteiner Fleisch II 226
Pilze, Allgemeines 382
Pilzgemüse mit
   Fleisch und Kartoffeln 703
Pilzschnitten (S. 405)
Pilzsoße von frischen Pilzen 99
Pilzsoße von getrockneten
   Pilzen 100
Pilzsuppe 19
Plinsen 338
Plumpudding 541

Pökeln und Räuchern 230
Prommes-frites 393
Preiselbeeren einlegen 636
Preiselbeeren mit Obst 637
Preiselbeerschnee (S. 410)
Puddings, Allgemeines (S. 239)
Puffbohnen 407
Pumpernickelspeise 604
Punschcreme 580
Pute, gefüllt, gebraten 264

Q

Quittengelee 662
Quittenpaste 672
Quarkpudding (S. 408)
Quarksoße (S. 412)
Quarkspeise mit Fruchtmus (S. 411)

R

Ragout fin 179
Rapunzensalat 459
Rebhuhn, gebraten 281
Rebhühner in Gelee 282
Rebhühner mit Wirsing 283
Rebhühner mit Linsen 284
Rebhuhnpastete 509
Reh, vorzubereiten 246
Rehblatt, geschmort 249
Rehkeule, gebraten 248
Rehragout 250
Rehrücken, gebraten 247
Reisauflauf 517
Reisauflauf
   mit Schokolade (S. 286)
Reis als Beigabe zu Fleisch 412
Reis in der Form 82
Reis mit grünen Erbsen 413
Reis mit Leber (S. 407)
Reispudding 536
Reizker, gebraten 387
Remouladensoße I 129
Remouladensoße II 130

Restverwendung für
   Pilz und Kartoffeln (S. 407)
Rhabarbergetränk (S. 416)
Rhabarbergrütze 558
Rhabarberkompott 441
Rinderfilet I 152
Rinderfilet II 153
Rinderschmorbraten I 144
Rinderschmorbraten II 145
Rinderschmorbraten
   auf französische Art 146
Rindfleisch zu kochen 137
Rindfleisch und Brühkartoffeln 138
Rindfleisch mit Eiern 139
Rindfleisch mit Zwiebeln
   und Äpfeln 140
Rindfleischhaschee 141
Rindfleischhaschee mit Reis 142
Rindfleisch, roh 157
Rindfleischrouladen I 148
Rindfleischrouladen II 149
Rindfleischsalat 143
Rindfleisch in Scheiben 151
Rinderzunge, gekocht 160
Risotto 415
Risotto mit Tomatenbrei 418
Roastbeef 158
Roastbeef auf dem Rost 163
Römische Pasteten 503
Römischer Punsch 624
Rollmöpse 322
Rollmöpse in Mayonnaise 323
Rosenkohl 360
Rosinensoße 90
Rote Apfelspeise 595
Rote Grütze 557
Roter Rübensalat 473
Rote Rüben 647
Rotkohl (Blaukraut) 357
Rotzunge, gebacken 310
Rührei 331

Rühreier mit Bückling 332
Rumfordsuppe 26
Rumtopf 648
Rumsteak 159
Russische Creme 591

S
Sagosuppe mit Milch 46
Sahneschnitzel 183
Salat von weißen Bohnen 472
Salat von sauren Gurken 474
Salat von sauren Gurken und
   Wurst 475
Sardellenbutter 488
Sardellenhäckerle 496
Sardellensoße 98
Sauerampfersuppe 16
Sauerbraten 147
Sauerkohl 359
Sauerkohl mit Schweinefleisch
   und Kartoffeln (S. 384)
Saure Kartoffeln 400
Saure Milch mit Obst (S. 415)
Savarin 549
Schinken, geräuchert, gekocht 214
Schinkenklöße 427
Schlagsahneeis mit Früchten 622
Schlagsahnereis 598
Schlesisches Himmelreich 456
Schlesisches Himmelreich 698
Schnittlauchsoße 103
Schokolade 676
Schokoladenauflauf I 524
Schokoladenauflauf II 525
Schokoladenbrotpudding 538
Schokoladencreme 581
Schokoladeneis 616
Schokoladenflammeri 554
Schokoladenreis 603
Schokoladenspeise (S. 410)
Schokoladensuppe 47

Erbsen-Schotengemüse
 von grünen Erbsen 349
Erbsen-Schotensuppe 17
Schwärtelbraten 312
Schwarzwurzeln 370
Schweinefilet, gebraten I 215
Schweinefilet, gebraten II 216
Schweinefilet, geschmort
 mit Madeira 217
Schweinefleisch zu kochen 210
Schweinekotelett, gebraten 218
Schweinekotelett, geschmort 219
Schweineschmorbraten 213
Schweinesülze 223
Schweizer Netzbraten 228
Schwemmklöße I 72
Schwemmklöße II 73
Seezunge, gekocht 309
Seezunge, gebacken 310
Selleriesalat 470
Semmelauflauf 511
Semmelböckchen 88
Semmelklöße I 74
Semmelklöße II 422
Semmelleberwurst 233
Semmelspeise, warm (S. 409)
Semmelpudding 537
Semmelsuppe 49
Senfgurken 645
Serviettenkloß 424
Setzeier 333
Soleier 343
Sorbet von Ananas 626
Sorbet von Erdbeeren 625
Spanisch Fricco 227
Spargel (Stangen) 351
Spargelgemüse 352
Spargelgemüse mit Kalbfleisch
 und Kartoffeln 88
Spargelsalat 466
Spargelsuppe 13
Specklöße 428

Spickgans 271
Spinat 346
Spinatpudding 347
Spinatsalat 463
Stachelbeercreme 579
Stachelbeergrütze 558
Stachelbeerkompott 440
Stärkeflammeri 555
Stärkemehlauflauf 512
Steinbutt, gebacken 308
Steinbutt, gekocht 307
Steinpilze 385
Strudel, einfach 550
Strudel, fein 551
Strudel mit Käsefüllung (S. 305)
Sülze 224
Sülzkoteletts 500
Süßmost 658
Sultancreme 591
Suppe von Gänse- oder Enten-
 klein 10

T
Taubenbrühe 9
Tauben gefüllt, gebraten 266
Tauben mit Reis 265
Tee brühen 679
Teepunsch I 681
Teepunsch II 682
Teig für Pasteten 508
Teile des Rindes 136
Teile des Kalbes 167
Teltower Rüben 363
Tiroler Knödel 423
Tomaten, gefüllt 379
Tomateneier 501
Tomatengemüse 380
Tomatengemüse mit
Tomatensalat 462
Tomatensoße 111
Tomatensuppe 18
Tutti-Frutti 588

V

Vanillecreme 587
Vanilleeis 613
Vanillesoße 121
Verlorene Eier 334
Verschiedene Kalte Speisen für die Bewirtung zum Abendbrot (S. 255)
Verschiedene Brotaufstriche (S. 414)
Verschiedene Vorschläge (S. 417)
Vorbereitung des Hasen 242

W

Wachsbohnen 367
Waldmeisterbowle 691
Wassergrießsuppe 42
Weincreme 593
Weingelee 559
Weingelee mit Einlage 560
Weinreis 601
Weinschaumreis 602
Weinschaumsoße I 119
Weinschaumsoße II 120
Weinsuppe, abgezogen oder ohne Eier 55
Weinsuppe mit Reis 57
Weinsuppe mit Sago 56
Weißbiersuppe 53
Weißbraten 211
Weiße Bohnensuppe 24
Weißkohlsuppe (S. 405)
Weißkraut einzulegen 627
Weißweinpunsch 683
Weißweinsuppe mit Eiern 54
Wildente, gebraten 286
Wildschweinkeule 252
Wildschweinkopf 254
Wildschweinrücken 253
Wildsuppe 37
Windsorsuppe 34
Wirsingkohl 355
Wurstmachen 231
Würzfleisch 173
Wurzelsuppe 33

Z

Zander, gespickt, gebraten 298
Zander mit einem Ragout 299
Zervelatwurst 237
Zervelatwurst mit Rindfleisch 238
Zitronenauflauf 528
Zitronencreme 567
Zitronencreme mit Schlagsahne 569
Zitroneneis 606
Zitronenlimonade, heiß 678
Zitronenlimonade, kalt 684
Zitronensoße 105
Zitronensuppe (S. 404)
Zubereitung von Hirschfleisch 251
Zuckergurken 644
Zungenwurst 235
Zwiebackauflauf 511
Zwiebackspeise, warm (S. 409)
Zwiebackspeise, kalt (S. 409)
Zwiebeln, gefüllt 378
Zwiebeln, glasiert 377
Zwiebelsoße 95
Zungenragout 162

Schlesisches Backbuch

Statt eines Vorwortes

Sträselkucha

Schläscher Kucha, Sträselkucha,
Doas ihs Kucha, sapperlot,
Wie's uff Herrgoots weiter Arde
Nernt nich su woas Gudes hoot.
Wär woas noch su leckerfetzig,
Eim Geschmaak ooch noch su schien:
Über schläscha Sträselkucha.
Tutt halt eemol nischt nich giehn!

Woas ihs Spritz- und Äppelkucha,
Babe mit und ohne Moh?
Woas sein Krappla, Pratzeln, Torte,
Strietzel, Ee- und Zwieback o?
Nischt wie latschiges Gepomper,
Doas ma garne läßt ei Ruh;
Doch vom schläscha Sträselkucha
Koan ma assa immerzu!

Dar kennt nischt vo Margarine
Und ooch nischt vo Sacharin:
Ehrlich tutt der schläsche Kucha
Ei a heeßa Ufa giehn!
Kimmt a raus eim Knusperkleede,
Zieht der Duft durchs ganze Haus,
Und aus olla Stubentüren
Gucka weit de Noasa raus.

Su a Kucha, weiß und lucker,
Doas ihs werklich anne Pracht.
Jedes Streefla zeigt Rusinka,
Doß eem reen is Herze lacht.
Aus 'm Sträsel quillt de Putter –
Tausend, wie doas prächtig schmeckt,
Doß ma lange noch derhinger
Sich vergnügt is Maul beleckt!

Doas tutt ooch der Kaiser wissa
Mit Familie ei Berlin.
Durt muß uff'm Vaspertische
Ooch a schläscher Kucha stiehn!
Feste wird do neigespachtelt,
Bis der Taller lar gemacht.
Ganz Berlin tutt üns beneida;
Doch de ganze Schläsing lacht!

Sträselkucha, dar wirkt Wunder!
Tun de Kinder Händel hoan,
Ihs verbuhst de Schwiegermutter,
Reseniert der brumm'ge Moan,
Dorf ich blußig hien zum Tische
Recht an grußa Kucha troan –
Do ihs uff der Stelle Friede:
Jeder muffelt, woas a koan!

Wiel de Müdigkeit mich packa,
Koch' ich mir an Koffee risch,
Tunk derzu menn Sträselkucha,
Und do bien ich wieder frisch.
Koan ich ei der Nacht nich schlofa,
Rück' ich mir a Taller har,
Asse sieba Streefla Kucha,
Und do schlof' ich wie a Bar!

Wenn mich wird is Ahlder drücka,
Wiel ich doch nich eemol kloan,
Wenn ich bluß mit Sträselkucha
Noch menn Koffee tunka koan.
Doch possiert's, doß ich uff Kucha
Hoa kee brinkel meh Optit,
Lä ich sacht mich uff de Seite:
„Lieber Herrgoot, niem mich miet!"

Schläscher Kucha, Sträselkucha,
Doas ihs Kucha, sapperlot,
Wie's uff Herrgoots grußer Arde
Nernt nich su woas Gudes hoot.
Wär woas noch so leckerfetzig,
Eim Geschmaak ooch noch su schien:
Über schläscha Sträselkucha
Tutt halt eemol nischt nich giehn!

Aus: Hermann Bauch, Schläsch ihs Trumpf.
Erzählungen und Gedichte in Schlesischer Mundart.
Bergstadtverlag Wilhelm Gottlieb Korn, Würzburg

Allgemeines über Hefegebäck

Zu einem durch Hefe zu lockernden Gebäck sind notwendig Mehl, Hefe, Flüssigkeit (Milch oder Wasser) zur Verbesserung, zur Veränderung des Teiges Butter, Eier, Zucker, geschmackgebende Zutaten. Die Lockerung erfolgt durch die bei der Gärung aus Zucker entstehenden Enderzeugnisse Alkohol und Kohlendioxyd, letzteres allgemein als Kohlensäure bezeichnet. Temperaturen von 20–30 Grad C beschleunigen den Gärungsvorgang, zu hohe Temperaturen bringen ihn durch Vernichtung der Lebenstätigkeit der Hefe zum Stillstand. Aus Mehl, Hefe und Flüssigkeit wird ein *Vorteig* oder *Hefestück* angesetzt. Das Mehl wird in eine Schüssel gesiebt. In die Mitte des Mehles wird eine Vertiefung gemacht, in welche die Hefe gebröckelt wird. Mit der in der Kochvorschrift angegebenen lauwarmen Flüssigkeitsmenge werden die Hefe und nach und nach so viel Mehl verrührt, daß ein dicklicher Brei entsteht (nicht zu fest, da sonst die Lockerung zu lange Zeit in Anspruch nimmt). Der Vorteig muß an warmer Stelle in 20–30 Minuten aufgehen. (Die Masse nimmt durch die sich bildende Kohlensäure an Umfang zu und wird porös.) Zum aufgegangenen Vorteig werden Butter, Eier, Zucker, geschmackgebende Zutaten, mit Ausnahme von Korinthen und Rosinen gegeben. Butter, die bei allen Hefeteigen durch Margarine oder Mischfett ersetzt werden kann, wird mit wenigen Ausnahmen zerlassen und abgekühlt verwendet, die Eier werden ungetrennt verbraucht. Die Zutaten werden mit dem Vorteig verrührt, die Masse wird je nach ihrer Beschaffenheit mit dem Kochlöffel geschlagen oder geknetet und geworfen, bis sie glatt ist. Werden Korinthen, Sultaninen verwendet, so werden sie unter den glatten Teig gerührt. Dieser Teig, der auch als *Hauptteig* bezeichnet wird, muß ein zweites Mal durch Aufgehen gelockert werden. Abhängig davon, ob der Teig in einer Form oder ohne eine solche gebacken wird, erfolgt die zweite Lockerung in der betreffenden Form oder in der Schüssel. Bei Blechkuchen, bei denen das Blech als Form anzusehen ist, und bei Napfkuchen ist der Zeitersparnis wegen der Teig gleich auf das Blech, in die Form zu geben. Teige dagegen, die ausgerollt, ausgestochen und gefüllt werden, müssen nach dem Formen ein drittes Mal auf dem vorbereiteten Blech aufgehen, ehe sie gebacken werden können. Die Bleche sind mit zerlassenem Fett zu bepinseln, mit Mehl zu bestäuben. Formen werden nach dem Ausstreichen mit nicht zu flüssigem Fett, mit geriebener Semmel bestreut. Der genügend aufgegangene, an der Oberfläche betrocknete Teig wird bei mittelstarker Hitze gebakken. Für einen Napfkuchen von 500 g Mehl ist mit ¾–1 Stunde Backzeit zu rechnen, für einen Blechkuchen mit 20–25 Minuten. Nach der angegebenen Zeit ist durch Hineinstechen mit einem Hölzchen oder einer Spicknadel die Beschaffenheit des Kuchens zu untersuchen. Bleibt das Hölzchen oder die Nadel trocken, so ist der Teig gar. Den in einer Form gebackenen Kuchen läßt man 5–10 Minuten stehen, ehe er gestürzt wird. Blechkuchen wird erst nach dem Erkalten vom Blech genommen und geschnitten.

Sollen für eine besondere Gelegenheit, für eine größere Anzahl von Personen verschiedenartige Hefegebäcke hergestellt werden, so ist der Teig Nr. 10 mehrmals vervielfältigt als Grundteig zu benutzen und durch die in den einzelnen Kochvorschriften angegebenen Zutaten als Blech-, Napf-, Kranzkuchen, als kleines Gebäck zu verarbeiten. Für 5 Personen ist durchschnittlich mit 375 bis 500 g Mehl zu rechnen.

1. Kastenbrot

500 g Mehl,
25 g Hefe,
¼–⅜ l Milch

oder halb Milch halb Wasser,
1 Prise Salz,
50 g zerlassenes Fett.

Aus Mehl, Hefe und Milch wird ein Vorteig angesetzt, der nach dem Aufgehen mit Salz und zerlassenem Fett vermischt wird. Der glattgeschlagene Teig muß in der vorbereiteten Kastenform ein zweites Mal aufgehen, ehe er bei mittelstarker Hitze in 25–30 Minuten gebacken wird. Während des Backens kann die Oberfläche, sowie sie anfängt sich zu bräunen, mehrmals mit kaltem Wasser bepinselt werden (sie wird dadurch glänzend).

2. Brötchen

500 g Mehl,
30 g Hefe,
⅜ l Milch oder Wasser,
1 Teelöffel Salz,

50 g Butter oder Marg., n. Belieben
1 Eßl. Zucker.
(Eigelb zum Bestreichen).

Der aus Mehl, Hefe und Milch angesetzte Vorteig wird nach dem Aufgehen mit Salz, zerlassenem Fett, nach Belieben mit Zucker verrührt und glattgeschlagen. Aus dem zum zweiten Male aufgegangenen Teig werden Kugeln geformt, die auf vorbereitetem Blech ein drittes Mal aufgehen müssen, ehe sie mit Eigelb bepinselt in 10–15 Minuten bei mittelstarker Hitze gebacken werden. Vor dem Bepinseln mit Eigelb kann die Oberfläche der aufgegangenen Brötchen mit dem Messerrücken kreuzweis eingekerbt werden.

3. Brötchen mit Roggenmehl

500 g Roggenmehl,
250 g Weizenmehl,
od. 750 g Roggenmehl,
40 g Hefe,
⅜ l Wasser oder Milch,

60 g Butter, Margarine oder Schmalz,
1 Teelöffel Salz,
(n. Bel. 1 Eßl. Zucker),
Ei oder Eigelb zum Bestreichen.

Herstellung nach Nr. 2. Die mit Ei bepinselten Brötchen können vor dem Backen mit Mohn bestreut werden.

4. Weißbrötchen mit Zucker

500 g Mehl,
30 g Hefe,
⅜ l Milch,
75 g Butter oder Marg.,

50 g Zucker,
½ Teelöffel Salz,
1–2 Eier,
Ei zum Bestreichen.

Herstellung nach Nr. 2.

5. Wassersemmeln

500 g Mehl,
20 g Hefe,
¼ l Milch oder Wasser,
½ Teelöffel Salz,

1 Eßlöffel Zucker,
kochendes Wasser,
Ei zum Bestreichen,
(nach Bel. Kümmel und Salz zum Bestreuen).

Herstellung nach Nr. 2. Die auf bemehltem Holzbrett zum dritten Mal aufgegangenen Brötchen werden in kochendes Wasser gegeben (Gefäß mit großer Oberfläche), in dem sie ziehen müssen, bis sie aufschwimmen. Sie werden herausgenommen, mit Ei bestrichen, nach Belieben mit Kümmel und Salz bestreut, bei starker Hitze auf vorbereitetem Blech in 5–8 Minuten braun gebacken.

6. Hefezopf

500 g Mehl,
30 g Hefe,
⅛ – ¼ l Milch,
½ Teelöffel Salz,
30–50 g Butter oder Margarine,

1–2 Eßlöffel Zucker,
nach Belieben 1 Ei,
Eigelb zum Bepinseln,
Mohn zum Bestreuen.

Aus Mehl, Hefe und Milch wird ein Vorteig angesetzt, der nach dem Aufgehen mit Salz, Butter, Zucker und Ei verrührt und glattgeschlagen wird. Aus dem zum zweiten Mal aufgegangenen Teig werden fünf gleichmäßige Rollen geformt, von denen drei als Zopf geflochten, die beiden anderen umeinander geschlungen auf den Zopf gelegt werden. Nach dem dritten Aufgehen wird der Zopf mit Ei oder Eigelb bepinselt, mit Mohn bestreut, in 15 bis 20 Minuten bei mittelstarker Hitze gebacken.

7. Einback

500 g Mehl,
25–30 g Hefe,
¼ l Milch,
½ Teelöffel Salz,

75 g Butter, Margarine oder Schmalz,
40 g Zucker,
1–2 Eier.

Aus Mehl, Hefe und Milch wird ein Vorteig angesetzt, der nach dem Aufgehen mit Salz, zerlassenem Fett, Zucker und Eiern verrührt und glattgeschlagen wird. In einer vorbereiteten Kasten- oder Rehrückenform muß der Teig ein zweites Mal aufgehen, ehe er bei mittelstarker Hitze in 15–20 Minuten gebacken wird. (Der Teig darf nur flach in die Kasten- oder Rehrückenform eingefüllt werden, weil sonst die daraus zu schneidenden Scheiben zu hoch werden.) Dieser Einback ist für Arme Ritter zu verwenden.

8. Zwieback

Zutaten nach Nr. 7.

Einback wird in 1 cm dicke Scheiben geschnitten, auf unvorbereitetem Blech hellbraun geröstet, wenn notwendig unter einmaligem Wenden.

9. Zwieback mit Guß

Einback nach Nr. 7.

Makronenguß:
125 g Mandeln oder Nüsse,
Zuckerguß:
2 Eier,
250 g gesiebten Puderzucker,

125 g Zucker,
2–3 Eiweiß zu Schnee.

1 Messerspitze Zimt oder 1 Päckchen Vanillezucker oder 1 Teelöffel Kakao.

Eine Seite des nach Nr. 8 hellbraun gerösteten Einbacks wird mit Makronenguß bestrichen, hellbraun überbacken oder mit Zuckerguß bestrichen und nur im Herd übertrocknet.

Zum *Makronenguß* werden die gebrühten, abgezogenen Mandeln oder die Nüsse durch die Mühle gedreht, mit dem Zucker vermischt. Der Eierschnee wird in die Masse eingerührt, die nicht zu weich werden darf.

Zum *Zuckerguß* werden die ganzen Eier mit dem Puderzucker ½ Stunde gerührt. Die geschmackgebenden Zutaten werden daruntergemischt.

Vor dem Bestreichen mit Guß kann der Zwieback mit Marmelade bestrichen werden.

10. Teig zu Blechkuchen mit verschiedener Auflage für ein mittelgroßes Blech

750 g Mehl,	125 g Zucker
50–60 g Hefe,	1–2 Eier,
¼ l Milch,	abgeriebene Zitronenschale
½ Teelöffel Salz,	oder 1 Päckchen Vanillezucker.
125 g Butter oder Marg.,	

Der aus Mehl, Hefe und Milch hergestellte Vorteig muß aufgehen. Er wird mit den übrigen Zutaten verrührt, geschlagen oder geknetet. Auf dem vorbereiteten Blech muß er nach dem Aufstreichen oder dem Ausrollen ein zweites Mal aufgehen, ehe nach dem Bestreichen mit zerlassenem Fett die Auflage daraufgegeben wird. (Es ist günstig, den Teig auf dem Blech vor dem Aufgehen mit einer Gabel einzustechen.)

11. Streuselkuchen

Zum Teig Zutaten und Zubereitung nach Nr. 10.

Zum Streusel:	oder 1 Päckchen Vanillezucker,
600 g Mehl,	1 Teelöffel Backpulver,
250 g Zucker,	300 g Butter oder Margarine
abgerieb. Zitronenschale	in Flocken oder zerlassen.

Mehl, Zucker, geschmackgebende Zutaten und Backpulver werden vermischt, die Butter wird in Flocken oder zerlassen heiß dazugegeben. Die krümelig verarbeitete Masse wird auf den aufgegangenen, mit Butter bepinselten Blechkuchen verteilt. Der Kuchen wird in 20–25 Minuten bei mittelstarker Hitze gebacken, nach Belieben mit Puderzucker besiebt.

Zur Verfeinerung des Streusels können unter die Zutaten 125 g gebrühte, abgezogene, durch die Mühle gedrehte Madeln gemischt werden.

12. Bienenstich

Zum Teig Zutaten und Zubereitung nach Nr. 10.

Zur Auflage:
500 g Butter oder halb Butter, halb Margarine oder Pflanzenmargarine,
400 g Zucker,
400 g Mandeln.

Die Mandeln werden gebrüht und abgezogen. Die Hälfte wird grob gewiegt, die Hälfte durch die Mühle gedreht. Die Butter wird zerlassen, mit Zucker unter Rühren aufgekocht, die Masse vom Herde genommen, die Mandeln werden dazugegeben. Die abgekühlte Masse wird vorsichtig mit 2 Gabeln auf der Oberfläche des aufgegangenen Blechkuchens verteilt. Der Bienenstich wird bei mittelstarker Hitze in 20–25 Minuten braun gebacken.

13. Bienenstichtorte

250 g Mehl,
25 g Hefe,
⅛ l Milch (knapp),
1 Prise Salz,
50 g Zucker,
50 g Butter oder Marg.,
1 Ei,
nach Belieben abgeriebene Zitronenschale.

Zur Auflage: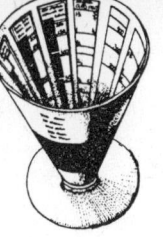
200 g Butter oder Marg.   Pflanzenmargarine,
od. halb Butter,   175 g Zucker,
halb Margarine oder   175 g Mandeln.

Der nach Nr. 10 hergestellte Teig wird in zwei vorbereitete Tortenformen gefüllt. Nach dem Aufgehen wird die Oberseite des einen Bodens mit der nach Nr. 12 herzustellenden Auflage belegt. Die Böden werden in 15 bis 20 Minuten gebacken.

Nach dem Erkalten werden sie durch ¼ l steifgeschlagene gesüßte Schlagsahne oder durch eine Vanillecreme (½ der Zutaten nach Nr. 133) verbunden.

14. Zuckerkuchen

Zum Teig Zutaten und Zubereitung nach Nr. 10.

125 g Butter in Flocken,
150 g Zucker n. Bel. mit
½ Teel. Zimt verm.

Über den aufgegangenen Teig wird die Butter in Flocken verteilt, der Zucker darüber gestreut, der Kuchen in 20–25 Minuten bei mittelstarker Hitze gebacken.

15. Mandelkuchen

Zum Teig Zutaten und Zubereitung nach Nr. 10.

125 g Butter in Flocken,   250 g Mandeln.
150 g Zucker,

Über den aufgegangenen Teig werden die Butterflocken verteilt, Zucker, gebrühte, abgezogene, in Stifte geschnittene, geraspelte oder gewiegte Mandeln werden darüber gestreut. Der Kuchen wird in 20–25 Minuten bei mittelstarker Hitze gebacken.

16. Gußblechkuchen

Zum Teig Zutaten und Zubereitung nach Nr. 10.

60 g zerlassene Butter od. Margarine zum Bepinseln,

150 g Mandeln
250 g Sultaninen.

Zum Guß:
¾ l Milch
100 g Butter od. Marg.,
125 g Weizenmehl
in ¼ l Milch angerührt,

100 g Zucker,
1 Päckch. Vanillezucker,
5 Eigelb und Schnee.

Der auf dem Blech aufgegangene Teig wird mit Butter bepinselt, mit gebrühten, abgezogenen, grob gewiegten Mandeln und gereinigten, getrockneten Sultaninen bestreut, mit dem Guß bestrichen, in 20–25 Minuten bei mittelstarker Hitze gebacken.

Zum Guß werden Milch und Butter aufgekocht, durch angerührtes Mehl gedickt. Zucker, Eigelb und Vanillenzucker werden in 20–30 Minuten schaumiggerührt. Die abgekühlte Masse wird dazugerührt, der Eierschnee daruntergemischt.

17. Käsekuchen

Zum Teig Zutaten und Zubereitung nach Nr. 10.

60 g Butter oder Margarine z. Bepinseln.

Zur Auflage:
175 g Butter oder Marg.,
200–250 g Zucker,
6 Eigelb und Schnee,

2–2½ kg Weißkäse,
30 g Weizen- oder Kartoffelmehl,
125 g Korinthen,
n. Bel. 50 g Mandeln.

Der aufgegangene Teig wird mit Butter bepinselt, die Auflage darauf gestrichen und der Kuchen in 20 bis 30 Minuten bei mittelstarker Hitze gebacken. Er kann mit Puderzucker besiebt werden. Zur *Auflage* werden Butter, Zucker und Eigelb in 20–30 Minuten schaumig gerührt, der durch ein Haarsieb gestrichene Weißkäse, das Mehl werden dazugegeben. Der Eierschnee, die grob gewiegten Mandeln, die gereinigten, getrockneten Korinthen werden daruntergemischt. Die Eier können auch ungetrennt verbraucht werden.

18. Obstkuchen

Zum Teig Zutaten und Zubereitung nach Nr. 10.

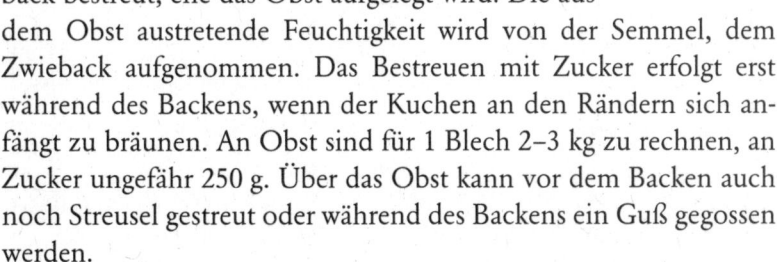

Der aufgegangene Teig wird mit 60 g zerlassener Butter oder Margarine bepinselt, mit 4 Eßlöffeln geriebener Semmel oder geriebenen Zwieback bestreut, ehe das Obst aufgelegt wird. Die aus dem Obst austretende Feuchtigkeit wird von der Semmel, dem Zwieback aufgenommen. Das Bestreuen mit Zucker erfolgt erst während des Backens, wenn der Kuchen an den Rändern sich anfängt zu bräunen. An Obst sind für 1 Blech 2–3 kg zu rechnen, an Zucker ungefähr 250 g. Über das Obst kann vor dem Backen auch noch Streusel gestreut oder während des Backens ein Guß gegossen werden.

19. Apfelkuchen

Zum Teig Zutaten und Zubereitung nach Nr. 10.

60 g Butter zum Bepinseln,
4 Eßl. grieb. Semmel,
2–2½ kg große Äpfel,

n. Bel. 125 g Korinthen,
50–75 g Mandeln,
200–250 g Zucker.

Die gewaschenen, von Stiel und Blüte befreiten Äpfel werden geschält, in Viertel, dann in Scheiben geschnitten. Der aufgegangene Teig wird mit Butter bepinselt, mit geriebener Semmel bestreut, dicht mit Apfelscheiben belegt. Gereinigte Korinthen, grob gewiegte Mandeln können darüber verteilt werden, ehe der Kuchen 20–25 Minuten bei mittelstarker Hitze gebacken wird. Er wird während des Backens mit Zucker bestreut.

20. Kirschkuchen

Zutaten zum Teig und Zubereitung nach Nr. 10.

1½–2 kg Kirschen (saure), 125 g Zucker,
Streusel von 250 g Mehl, ½ Teel. Backpulver,
125 g Butter oder 200 g Zucker zum Bestreuen.
Margarine,

Die Kirschen werden entstielt und entsteint. Über den aufgegangenen, mit Butter bepinselten, mit geriebener Semmel bestreuten Teig werden die Kirschen, darüber der Streusel verteilt. (Herstellung des Streusels nach Nr. 11.) Der Kuchen wird in 20–25 Minuten bei mittelstarker Hitze gebacken, mit Zucker bestreut.

21. Pflaumenkuchen

Zutaten zum Teig und Zubereitung nach Nr. 10.

2–3 kg Pflaumen,
nach Bel. Streusel nach Nr. 20,
200–250 g Zucker zum Bestreuen.

Die abgewaschenen Pflaumen werden längs bis zum Stein eingeschnitten, entsteint, jede der zusammenhängenden Hälften noch einmal eingeschnitten, damit sich die Pflaumen dicht nebeneinander auflegen lassen. Der aufgegangene, mit Butter bepinselte, mit geriebener Semmel bestreute Teig wird mit ihnen belegt, nach Belieben Streusel darüber verteilt, der Kuchen in 20–30 Minuten bei mittelstarker Hitze gebacken. Während des Backens und nach demselben wird er mit Zucker bestreut.

22. Stachelbeerkuchen

Zutaten zum Teig und Zubereitung nach Nr. 10.

1½–2 kg Stachelbeeren, 300–400 g Zucker.
n. Bel. kochendes Wasser,

Die geputzten Stachelbeeren können mit kochendem Wasser gebrüht werden, ehe sie auf den Teig gegeben werden (zur Milderung der Säure). Fertigstellung wie bei den anderen Obstkuchen.

23. Heidelbeerkuchen
Zutaten zum Teig und Zubereitung nach Nr. 10.

1½ –2 kg Heidelbeeren   200–300 g Zucker.

Die gewaschenen, verlesenen Heidelbeeren sind gut abzutropfen, ehe sie auf den vorbereiteten Teig gegeben werden. Der Zucker ist während des Backens zu verbrauchen.

24. Guß für Obstkuchen

4 Eigelb und Schnee,   Weizenmehl,
100 g Zucker,   ½ l saure Sahne oder süße Milch.
nach Bel. 30–40 g

Zucker und Eigelb werden in 15–20 Minuten schaumig gerührt. Die Sahne wird dazugegeben. Der steifgeschlagene Schnee untergemischt. Nach der Hälfte der Backzeit wird der Guß über das Obst gestrichen, der Kuchen gargebacken.

25. Napfkuchen

500 g Mehl,   150 g Zucker
30 g Hefe,   1–2 Eier,
¼ l Milch,   25 g Mandeln,
1 Prise Salz,   75 g Korinthen oder
100 g Butter oder   Sultaninen
Margarine,

Zubereitung nach Seite 11.

Der Teig zum Napfkuchen kann beliebig verändert werden. Die Eiermenge ist möglichst nicht über 4 Stück auf 500 g Mehl zu erhöhen, da der Kuchen durch zuviel Eier trocken wird. Von den geschmackgebenden Zutaten können bis zu 100 g Mandeln, Korinthen und Sultaninen verwendet werden. Die Hefemenge ist dann auf 40 g zu erhöhen.

26. Stollen oder Striezel

500 g Mehl,
35 g Hefe
¼ l Milch,
100 g Butter oder Margarine,
100 g Zucker,
1 Teelöffel Salz,

100 g Korinthen,
100 g Sultaninen,
30 g Zitronat,
40 g Mandeln
75 g Butter zum Bestreichen,
Zucker zum Bestreuen.

Der aufgegangene Vorteig wird mit Butter, Zucker und Salz verrührt, glattgeknetet, die vorbereiteten Korinthen, Sultaninen, das würflig geschnittene Zitronat, die vorbereiteten, gewiegten Mandeln werden daruntergemischt. Der in der Schüssel zum zweitenmal stark aufgegangene Teig wird auf einem Brett breitgedrückt, einmal übergeschlagen. Auf vorbereitetem Blech muß der Stollen ein drittes Mal aufgehen, ehe er in ½ – ¾ Stunden bei zuerst starker, dann schwächer werdender Hitze gebacken wird. Der heiße Stollen wird mit Butter bepinselt, mit Streu- oder Puderzucker besiebt. Die Fettmenge kann bis auf 250 g erhöht werden.

27. Mohnstollen

500 g Mehl,
35 g Hefe,
³⁄₁₆ – ¼ l Milch,
100 g Butter oder Margarine,

60 g Zucker,
½ Teelöffel Salz,
50 g Butter oder Margarine
zum Bestreichen,

Zur Füllung:
250 g Mohn,
200 g Zucker,
50 g Korinthen,
50 g Sultaninen,

25 g Mandeln
Zuckerguß von 150 g Puderzucker,
Wasser nach Bedarf (3 – 4 Eßlöffel).

Der aufgegangene Vorteig wird mit zerlassener Butter, Zucker und Salz verrührt und verknetet. Der aufgegangene Hauptteig wird zum Rechteck ausgerollt (ungefähr 1 cm dick), mit der Mohnfüllung bestrichen (1 bis 2 cm vom Rand entfernt bleiben unbestrichen), zusammengerollt. Auf vorbereitetem Blech muß der Stollen ein drittes Mal aufgehen, ehe er in ½ – ¾ Stunden bei zuerst stärkerer, dann schwächer werdender Hitze gebacken wird. Der heiße Stollen wird mit Zuckerguß bepinselt. Dazu wird der durch ein Haarsieb gestrichene Puderzucker mit Wasser 5–10 Minuten gerührt. (Die Masse muß eine dickliche Beschaffenheit haben, da sie durch die Hitze des Stollens flüssiger wird.) Behandlung des Mohns: Der gemahlene Mohn wird mit kochendem Zuckerwasser oder kochender, gesüßter Milch übergossen, so daß ein fester Brei entsteht. Dieser wird mit den vorbereiteten, in wenig Wasser an der Seite des Herdes ausgequollenen Sultaninen, den vorbereiteten, grob gewiegten Mandeln vermischt, nach Geschmack gesüßt. Semmelscheiben oder Zwieback werden, nachdem sie mit heißem Zuckerwasser oder heißer, gesüßter Milch geträufelt worden sind, abwechselnd mit dem Mohnbrei in eine Schüssel geschichtet, als oberste Lage Mohn. Der Teig kann auch in einer Kastenform gebacken werden.

28. Kranzkuchen

500 g Mehl,
35–40 g Hefe,
⅛ – ³⁄₁₆ l Milch,
80 g zerlass. Margarine,
80 g Zucker,
1–2 Eier,
½ Teelöffel Salz,
50 g Margarine zum Bestreichen,

zum Bestreuen: 100 g Zucker vermischt mit
65–125 g Mandeln
65–125 g Korinthen
65–125 g Sultaninen
Zuckerguß von 125 g Puderzucker,
Wasser nach Bedarf.

Nachdem Vorteig und Hauptteig aufgegangen sind, wird der Teig als Rechteck von 1–1½ cm Dicke ausgerollt, mit Fett bepinselt, mit den angegebenen Zutaten bestreut, zusammengerollt, in Kranzform auf das vorbereitete Blech gelegt. Nach nochmaligem Aufgehen wird der Kranz in 25–30 Minuten bei erst stärkerer, dann schwächer werdender Hitze gebacken. Noch heiß wird er mit dem Zuckerguß bepinselt. Die Rolle kann auch der Länge nach durchgeschnitten, beide Teile umeinander gewickelt, zum Kranz gelegt werden.

29. Rosenkuchen

Die gleichen Zutaten, die gleiche Herstellung wie in Nr. 28.

Der mit der Füllung zusammengerollte Teig wird in 4–5 cm dicke Scheiben geschnitten, die mit der Schnittfläche nebeneinander in eine vorbereitete Tortenform gesetzt werden, in der sie nach dem Aufgehen in 15–20 Minuten gebacken, noch heiß mit Zuckerguß bepinselt werden.

30. Schnecken

Die gleichen Zutaten, die gleiche Herstellung wie in Nr. 28.

Der mit der Füllung zusammengerollte Teig wird in 1½–2 cm dicke Scheiben geschnitten. Diese werden in Zucker gewendet und müssen auf dem vorbereiteten Blech aufgehen. Sie werden in 10–15 Minuten gebacken. Das Umwenden in Zucker kann fortfallen. Dafür werden die gebackenen Schnecken heiß mit einem Zuckerguß von 150 g Puderzucker und 3–4 Eßlöffeln Wasser bepinselt.

31. Kleines Hefegebäck

500 g Mehl,
35–40 g Hefe,
⅛ l Milch,
80–100 g Butter oder
Margarine,

100 g Zucker
1 Ei,
abgeriebene
Zitronenschale.

Zur Füllung:
250–375 g Marmelade
(fest) oder Makronen-
masse von 125 g Mandeln
oder Nüssen,

125 g Zucker,
1–2 Eiweiß zu Schnee,
Eigelb zum Bepinseln.

Aus dem aufgegangenen, 1 cm dick ausgerollten Hauptteig werden Quadrate, Dreiecke, Rechtecke geschnitten, diese mit einer der angegebenen Füllungen bestrichen und geformt. (Hörnchen, Windmühlen, Taschen, Kaiserkragen.) Das auf vorbereitetem Blech aufgegangene Gebäck wird mit Eigelb bepinselt, in 15–20 Minuten gebacken, mit Puderzucker besiebt oder mit einem Zuckerguß von 150 g gesiebtem Puderzucker und 3–4 Eßlöffeln Wasser noch heiß bepinselt.

32. Martinihörner

500 g Mehl,
40 g Hefe,
⅛ l Milch,
80 g Butter oder
Margarine,

80 g Zucker
1 Ei,
75 g Butter oder
Margarine zum
Bestreichen.

Zum Füllen:
175–200 g Zucker,
75 g Sultaninen,
150 g Korinthen,
75 g Mandeln od. Nüsse,
Eigelb zum Bepinseln,

25 g Mandeln z. Belegen,
Zuckerguß von 150 g
Puderzucker,
3–4 Eßlöffel Wasser.

Der aufgegangene Hauptteig wird nach der Anzahl der zu formenden Hörner in Stücke geteilt. Jedes wird zu einem Rechteck von 1–1½ cm Dicke ausgerollt, mit Fett bepinselt, mit dem entsprechenden Teil der angegebenen Zutaten bestreut, zusammengerollt, zum Horn geformt, mit vorbereiteten Mandelhälften verziert. Die aufgegangenen Martinihörner werden mit Eigelb bepinselt, in 20–25 Minuten gebacken, noch heiß mit Zuckerguß bepinselt.

33. Käsetaschen

Zutaten nach Nr. 31.

Zur Füllung:

250–275 g Quark,	(n. Bel. 10 g Mandeln),
50 g Zucker,	Zuckerguß von 125 g
1–2 Eigelb,	Puderzucker,
50 g Korinthen	3–4 Eßlöffel Wasser.

Aus dem aufgegangenen, 1–1½ cm dick ausgerollten Hauptteig werden Quadrate geschnitten, in deren Mitte Füllung gegeben wird. Die vier Ecken werden auf die Füllung umgeschlagen, festgedrückt. Die aufgegangenen Taschen werden in 10–15 Minuten gebacken, noch heiß mit Zuckerguß bepinselt.

34. Kartoffelhörnchen

250 g Mehl,	1 Ei,
15 g Hefe,	1 Prise Salz,
2 Eßlöffel Milch,	250–375 g Marmelade
250 g gekochte	zum Füllen,
Kartoffeln,	Zuckerguß von 150 g
75 g Zucker,	Puderzucker,
35 g Butter oder	3–4 Eßlöffel Wasser.
Margarine,	

Mehl, Hefe und Milch werden zum Vorteig angesetzt, der aufgehen muß. Die als Salzkartoffeln gekochten, abgedampften, heiß durch die Presse gegebenen Kartoffeln werden hinzugefügt, ebenso Zucker, zerlassenes Fett, Ei und Salz. Der Teig wird geschlagen, bis er glatt ist. Nach dem Aufgehen wird er dünn ausgerollt. Es werden Quadrate daraus geschnitten, die in der Diagonale durchschnitten werden. Etwas Marmelade wird daraufgegeben, der Teig zusammengerollt, zum Hörnchen gebogen. Nach nochmaligem Aufgehen werden diese in 8–10 Minuten gebacken, noch heiß' mit Zuckerguß bepinselt. Das Gebäck ist möglichst am Tage der Herstellung zu verbrauchen.

35. Gerührter Hefeblechkuchen

600 g Mehl,
40 g Hefe,
⅛ l Milch,
250 g Butter oder
Margarine,
125 g Zucker,
4 Eier, ungetrennt,
abgeriebene Schale von
½ Zitrone,

zum Bestreichen 75 g
Butter,
zum Bestreuen 375 g
Mandeln,
Zuckerguß v. 375–500 g
Puderzucker,
Wasser nach Bedarf.

Aus Mehl, Hefe und Milch wird ein Vorteig angesetzt, der aufgehen muß. Butter, Zucker, die ganzen, verquirlten Eier werden in 20–30 Minuten schaumig gerührt. Diese Masse wird unter den Vorteig gerührt, mit dem Mehl und der Zitronenschale vermischt, der Teig glattgeschlagen. Er muß auf dem vorbereiteten Blech ein zweites Mal aufgehen. Er wird mit Butter bepinselt, mit gebrühten, abgezogenen, grob gewiegten Mandeln bestreut und in 20–25 Minuten gebacken. Der heiße Kuchen wird mit dem nicht zu dickflüssigen Guß übergossen. (An der Längsseite des Bleches ist der Guß auf den Kuchen zu gießen, das Blech ist schräg zu halten.)

36. Gerührter Hefenapfkuchen

650 g Mehl,
50 g Hefe,
¼ l Milch,
250 g Butter oder Margarine,
200 g Zucker,

3 ganze Eier, 3 Eigelb und Schnee,
½ Teelöffel Salz,
25 g Mandeln,
(nach Bel. 125 g Sultaninen).

Herstellung nach Nr. 35. Unter den glattgeschlagenen Teig wird der Eischnee gemischt. Der in der vorbereiteten Form aufgegangene Teig wird bei nicht zu starker Hitze in 1–1¼ Stunde gebacken.

37. Plunderteig

500 g Mehl,
40 g Hefe,
⅛ – ³⁄₁₆ l Milch
80 g Butter oder Margarine,

80 g Zucker,
1–2 Eier,
125 g Butter in Flocken, oder zum Rechteck geformt.

Vorteig und Hauptteig müssen aufgehen. Der Teig wird zu einem Rechteck von 1½ – 2 cm Dicke ausgerollt. Die Butter wird entweder zum Rechteck geformt daraufgelegt, oder sie wird in Flocken darüber verteilt (genügende Entfernung vom Rande). Der Teig wird über die Butter geschlagen und vorsichtig mit dem Rollholz breitgeklopft und gerollt. Er muß ½ Stunde ausruhen, ehe das Verfahren des Ausrollens und Zusammenklappens noch 1–2mal vorgenommen wird. Er kann dann zu kleinem Gebäck verarbeitet werden, zu Hörnchen, Windmühlen, Taschen, Kaiserkragen, oder der ganze Teig wird zu einer Brezel oder einem Kranz geformt.

Zu kleinem Gebäck werden 250–375 g Marmelade zum Füllen gebraucht, zum Kranz oder zur Brezel 100 g Zucker, 150 g Mandeln oder Haselnüsse.

Für beide Arten der Verwendung Zuckerguß von 175–200 g Puderzucker, 5–6 Eßlöffeln Wasser.

Die geformten Kuchen müssen auf dem vorbereiteten Blech ein drittes Mal aufgehen, ehe sie gebacken werden. Backzeit für die kleinen Kuchen 15–20 Minuten, für Brezel oder Kranz 30–40 Minuten. Das Gebäck ist heiß mit dem Zuckerguß zu bepinseln.

38. Butterhörnchen

500 g Mehl,
40–50 g Hefe,
knapp ¼ l Milch
1 Eßlöffel Zucker
1 Prise Salz,

200 g Butter oder
Margarine
Ei oder Eigelb zum
Bepinseln.

Der aufgegangene Vorteig wird mit Salz und Zucker vermischt, geknetet, die Butter in Flocken wird dazugegeben und unter den Teig geknetet, bis dieser glatt ist. Nachdem er eine Viertelstunde geruht hat, werden Hörnchen daraus geformt, die nach dem Aufgehen mit Ei oder Eigelb bepinselt in 8–10 Minuten bei mittelstarker Hitze gebacken werden.

39. Graubrot

500 g Roggenmehl,
500 g Weizenmehl,
½ l lauwarmes Wasser,

100 g Sauerteig oder
50 g Sauerteig und
50 g Hefe,
1 Teelöffel Salz.

Der Vorteig für Brot wird am Abend vor dem Backtage angesetzt. Der aufgegangene Vorteig wird mit Salz geknetet bis er glatt ist. Er muß 1½–2 Stunden gehen, ehe ein längliches oder rundes Brot daraus geformt wird, das mit Einschnitten zu versehen ist. Der geformte Teig muß zum drittenmal aufgehen, bis die Oberfläche rissig wird. Das Brot wird bei mittelstarker Hitze in 1–1½ Stunden gebacken. Während des Backens kann das Brot mehrere Male mit kaltem Wasser bepinselt werden.

40. Grahambrot

125 g Weizenmehl,   500 g Weizenschrot,
35 g Hefe,   1 Eßlöffel Salz,
⅛ l Wasser,   ¼ l kochendes Wasser.

Aus Mehl, Hefe und Wasser wird der Vorteig angesetzt, der aufgehen muß. Das mit Salz vermischte Weizenschrot wird mit dem kochenden Wasser gebrüht, abgekühlt wird es mit dem Vorteig vermischt und geknetet. Der Teig kann in eine vorbereitete Kastenform gegeben werden, oder er wird zum Brot geformt. Nach dem Aufgehen wird er zum Brot geformt. Nach dem Aufgehen wird er in ½ – ¾ Stunden gebacken.

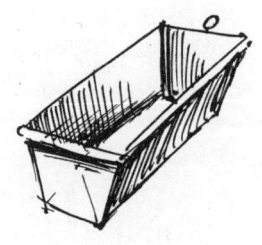

Gerührte Kuchen

werden durch Luft, Alkohol, Backpulver gelokkert. Die durch ½ –1stündiges Rühren in die Teigmasse eingerührte, im Eierschnee eingeschlagene Luft dehnt sich in der Wärme beim Backen aus und ruft dadurch die Lockerung hervor. Alkohol, der in diesem Falle als Rum oder Arrak zu verwenden ist, wirkt durch seine Verflüchtigung lokkernd. Bei der Verwendung von Backpulver kommt es durch chemische Umsetzung zweier Salze zum Freiwerden von Kohlensäure (Kohlendioxyd), die den Teig treibt. Es ist eine Reihe von Backpulvern im Handel, von denen sich das Oetkersche gut bewährt hat. Backpulver wird trocken unter das Mehl gemischt. Während die Herstellung eines Hefegebäckes durch ein zwei- bzw. dreimaliges Aufgehen unterbrochen wird, wird der Teig bei gerührten Kuchen fortlaufend hergestellt und sofort gebacken, um die Wirkung des Rührens, des Backpulvers nicht abzuschwächen. Diesen Tatsachen ist Rechnung zu tragen. Alle Zutaten, die Form (Ausstreichen mit Butter, Bestreuen mit geriebener Semmel) sind vorzubereiten, ehe mit dem Rühren begonnen wird. Der Ofen muß im Augenblick des Gebrauchs die richtige Temperatur haben. Bei den Teigen, bei denen Flüssigkeit verwendet wird, wird der Eierschnee unter die fertige Teigmasse gemischt. Fällt die Flüssigkeit fort, empfiehlt es sich, die Hälfte des Eierschnees beim Hinzufügen der trockenen Zutaten zur schaumiggerührten Masse zu verbrauchen, die Hälfte zum Schluß leicht darunterzumischen. Die Backhitze für gerührte Kuchen muß im Vergleich zu der für Hefegebäck im Anfang schwächer sein, da die Lockerung im Ofen vor der Bildung einer harten Kruste erfolgen muß. Für einen Napfkuchen von 500 g Mehl ist eine Stunde Backzeit zu rechnen. Er kann 2–3 Tage vor dem Gebrauch gebacken werden, frisch angeschnitten ist er leicht krümelig.

41. Backpulverkuchen

200 g Butter oder Marg.,
150–200 g Zucker,
4–6 Eigelb und Schnee,
500 g Mehl,
halb Weizen-,
halb Kartoffelmehl,

1 Päckchen Backpulver,
ungefähr ⅛ – ¼ l Milch,
Saft von einer Schale
von ½ Zitrone,
nach Belieben
25 g Mandeln.

Butter, Zucker und Eigelb werden in 30–40 Minuten schaumiggerührt. Das mit dem Mehl gesiebte Backpulver wird abwechselnd mit Zitronensaft und Milch dazugegeben. Zitronenschale, vorbereitete Mandeln werden hinzugefügt, der Eierschnee wird daruntergemischt. In der vorbereiteten Kasten- oder Napfkuchenform wird der Kuchen in ¾ –1 Stunde bei anfangs nicht zu starker Hitze gebacken.

Soll zur *Verbilligung* des Teiges die Eiermenge auf drei bzw. zwei Eier gekürzt werden, dann sind die Eier ungetrennt zu verwenden. Die Backpulvermenge ist um ¼ Päckchen zu erhöhen. Zur *Verbesserung* des Teiges können je 65 g Mandeln, Korinthen und Sultaninen, nach Bel. 30 g Zitronat verbraucht werden. Diese Zutaten sind nach dem Unterziehen des Schnees unter die Teigmasse zu mischen. Soll der Teig als *Marmorkuchen* gebacken werden, so wird ein Drittel des Teiges mit 1–2 Eßlöffel Kakao und ebensoviel Zucker vermischt, wenn notwendig, muß zum gefärbten Teig etwas Flüssigkeit gegeben werden. Die verschiedenfarbigen Massen werden schichtweise in die Form eingefüllt (oberste und unterste Schicht hell).

Dreiviertel der angegebenen Zutaten können auch zu *drei Tortenböden* verbakken werden (je 15 bis 20 Minuten), die durch Marmelade oder beliebige Cremes zusammengesetzt, mit beliebigem Guß überzogen werden können.

42. Apfelkuchen mit Backpulver

Nach Bel. 60 g Butter,
2–3 Eigelb und Schnee,
250 g Zucker,
abgeriebene Zitronen-
schale von ½ Zitrone,
⅛–³⁄₁₆ l Milch,

250 g Mehl, nach Belieb.
halb Weizen-, halb
Kartoffelmehl,
1 Päckchen Backpulver,
500–750 g Äpfel.

Zucker und Eigelb werden in 30 Minuten schaumiggerührt, wird Butter verwendet, so wird mit dem Schaumigrühren der Butter begonnnen. Zitronenschale, das mit dem Backpulver gesiebte Mehl werden abwechselnd mit der Milch dazugegeben, der Eierschnee wird daruntergemischt. Der Teig wird in eine vorbereitete Springform gefüllt. Die vorbereiteten, in feine Scheiben oder Würfel geschnittenen oder gehobelten Äpfel werden darüber verteilt. Der Kuchen wird in ½–¾ Stunden gebacken. Während des Backens werden die Apfelstücke teilweise vom Teig überdeckt. Der gebackene Kuchen kann mit Puderzucker besiebt werden. An Stelle der Äpfel kann auch anderes Obst verwendet werden.

43. Silberkuchen (Restverwendung für Eiweiß)

250 g Butter oder Marg.
200 g Zucker,
500 g Mehl,
halb Weizen-,
halb Kartoffelmehl,

1 Päckchen Backpulver,
⅛–³⁄₁₆ l Milch,
Saft von 1, Schale von
½ Zitrone,
8–10 Eiweiß zu Schnee.

Butter und Zucker werden in 30–40 Minuten schaumiggerührt. Weitere Herstellung nach Nr. 41. 1 Stunde Backzeit.

44. Früchtebrot

125 g Butter oder Marg.
125 g Zucker,
4 Eigelb und Schnee,
125 g Weizen-, 125 g Roggenmehl oder nur Roggenmehl,
1 Päckchen Backpulver,
300 g Backobst (uneingeweicht),
125 g Korinthen,
125 g Sultaninen,
Schale von ½ Zitrone.

Das nur gewaschene, getrocknete Backobst wird in kleine Würfel geschnitten. Die gereinigten Korinthen und Sultaninen müssen übertrocknen. Unter den nach Nr. 41 gerührten Backpulverteig werden nach dem Unterziehen des Eierschnees Backobst, Korinthen, Sultaninen, Zitronenschale gemischt. Backzeit 1–1¼ Stunden bei anfangs nicht zu starker Hitze.

45. Königskuchen

375 g Butter oder Marg.
375 g Zucker,
6 Eigelb und Schnee,
2 ganze Eier,
250 g Weizenmehl,
125 g Kartoffelmehl,
½ Päckchen Backpulver,
Saft von 1, Schale von ½ Zitrone,
2 Eßlöffel Rum,
75 g Mandeln,
50 g Zitronat,
175 g Korinthen.

Nach Nr. 41 wird ein gerührter Teig hergestellt, unter den nach Unterziehen des Eierschnees Mandeln, Zitronat, die mit Mehl bestäubten Korinthen gemischt werden. Der Teig wird in der vorbereiteten Kastenform in 1 bis 1¼ Stunde bei anfangs nicht zu starker Hitze gebacken. (15–20 Minuten abkühlen lassen, ehe er gestürzt wird.)

46. Kaiserin-Friedrich-Torte

350 g Palmin,
350 g Zucker,
10 Eier, Gelb und Schnee,
350 g Weizenmehl,
80 g Kartoffelmehl,
½ Päckchen Backpulver,
3 Eßlöffel Rum,
125 g Zitronat, feinwürfelig,
25 g Mandeln,
1 Päckch. Vanillezucker.

Das Palmin wird flüssig gemacht, in eine Schüssel gegossen, während des Erstarrens schaumiggerührt, Zucker und Eigelb werden dazugegeben, der Teig nach Nr. 41 fertiggestellt. In der vorbereiteten Zackenform (Sandkuchenform) wird der Kuchen in ¾–1 Stunde gebacken, nach 5–10 Minuten gestürzt. Noch heiß wird er mit Guß überzogen, mit würflig geschnittenem Zitronat bestreut.

Zum Guß:
300 g Puderzucker,
1 Eßlöffel Eiweiß,
Saft einer Zitrone,
Wasser nach Bedarf
(5–6 Eßlöffel).

Der gesiebte Puderzucker wird mit Eiweiß, Zitronensaft und Wasser 10–15 Minuten gerührt. Er darf nicht zu dünn sein, da er durch die Hitze des Kuchens flüssiger wird. Zum Bestreuen 50 g würflig geschnittenes Zitronat.

47. Rehrücken

110 g Butter oder Marg.
110 g Zucker,
6 Eigelb und Schnee,
110 g geriebene Schokolade,
1 Eßlöffel Kakao,
85 g Mandeln mit der Schale,
60 g Weizenmehl,
½ Päckchen Backpulver.

Zum Guß:
90–100 g Schokolade,
150 g Puderzucker,
1–2 Eßlöffel Kakao,
Wasser nach Bedarf
(5–6 Eßlöffel).

Zum Spicken:
40 g Mandeln.

Ein gerührter Teig, bei dem beim Hinzugeben der trockenen Zutaten die Hälfte des Eierschnees verbraucht, die andere Hälfte als letzte Zutat daruntergemischt wird. Der Teig wird in der vorbereiteten Rehrückenform in ¾–1 Stunde gebacken, nach 2–3 Minuten gestürzt, heiß mit dem Schokoladenguß überzogen (s. d.) mit den Mandelstiften gespickt. (Die vorbereiteten Mandeln dazu längs teilen, jede Hälfte in drei Stifte schneiden.)

48. Sandtorte I

500 g Butter oder Marg.,
500 g Zucker,
5 Eigelb und Schnee,
3 ganze Eier,
500 g Mehl,
halb Weizen-,
halb Kartoffelmehl,
Saft von 1, Schale von ½ Zitrone oder
1 Päckchen Vanillezucker,
2–3 Eßlöffel Rum,
½ Teelöffel Backpulver.

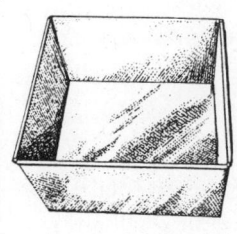

Butter, Zucker, Eigelb und ganze Eier werden in ¾–1 Stunde schaumiggerührt, die übrigen Zutaten werden abwechselnd mit der Hälfte des Eierschnees dazugegeben, die zweite Hälfte des Eierschnees wird daruntergemischt. In der vorbereiteten Sandkuchenform wird der Teig in 1–1¼ Stunde gebacken (nach 20–30 Minuten Abkühlung stürzen).

49. Sandtorte II

500 g Butter oder Marg.,
500 g Zucker,
8 Eigelb und Schnee,
4 ganze Eier,
5 bittere Mandeln,
Same von ½ Stange Vanille,
375 g Kartoffelmehl,
125 g Weizenmehl,
1 Messersp. Backpulver,
3–4 Eßlöffel Rum oder Arrak.

Herstellung nach Nr. 48.

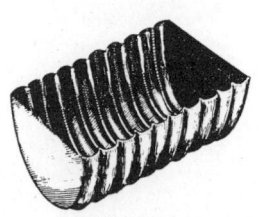

50. Schichttorte (Baumkuchentorte)

500 g Butter oder Marg.,　200 g Weizenmehl,
500 g Zucker,　300 g Kartoffelmehl,
12 Eigelb und Schnee,　1 Teelöffel Backpulver,
500 g Mehl,　Saft einer Zitrone,
halb Weizen-, halb　3–4 Eßlöffel Rum oder Arrak.
Kartoffelmehl oder

Herstellung der Teigmasse nach Nr. 48.

Auf den Boden einer vorbereiteten Springform (Boden und Rand mit Butter ausstreichen, nur den Boden mit geriebener Semmel bestreuen) werden 2-3 Eßlöffel Teig gegeben, vorsichtig über den ganzen Boden verteilt. Der Teig wird mit Unter- und Oberhitze gebacken, in 8 bis 10 Minuten. Auf den gebackenen heißen Boden werden 1½ – 2  Eßlöffel Teig gestrichen, die wieder in der gleichen Weise gebacken werden. Ebenso ein dritter Boden. Die übrigen Schichten müssen, um ein zu Dunkelwerden der untersten Schichten zu vermeiden, nur mit Oberhitze gebacken werden. Ist eine Grillvorrichtung im Herd, so ist das Backen der weiteren Schichten bei nur Oberhitze einfach. Fehlt diese, so ist die Unterhitze abzuleiten, entweder dadurch, daß die Torte auf einen Topf mit Wasser gestellt wird, oder durch Isolierung mit Salz (Viehsalz). Zu diesem Zweck sind zwei Kuchenbleche mit einer dicken, der Größe der Tortenform entsprechenden Salzschicht zu bestreuen. Bei jedem Neuaufstreichen einer Schicht wird das Blech mit Salz der Abkühlung wegen gewechselt. Für jede Schicht werden 5–6 Minuten Backzeit gerechnet. Ist alle Teigmasse verbraucht, wird die Torte gestürzt, der Rand, wenn notwendig, nach dem Abkühlen beschnitten, die Torte mit einem Zuckerguß (s. d.) überzogen. Zur Verzierung gewiegte Pistazien, steifes Gelee, geröstete, gewiegte Mandeln, Marzipan, Spritzglasur.

51. Schichttorte mit Marzipan

Zum Teig die gleichen Zutaten wie in Nr. 50. Herstellung des Teiges nach Nr. 48. Backen nach Nr. 50.

375–500 g kernlose Marmelade;
250–300 g Mandeln,
300–375 g Puderzucker,
½ Eigelb,
2–3 Eßlöffel Wasser oder Rosenwasser,
Zuckerguß oder Schokoladenguß s. d.
Pistazien,
Früchte zur Garnitur.

Herstellung des Marzipans siehe Nr. 185.

Oberfläche und Rand der Torte werden mit Marmelade bestrichen. Von dem dünn ausgerollten Marzipan wird erst die Garnitur geschnitten oder ausgestochen, dann ein Boden in der Größe der Tortenform, mit dem die Oberfläche belegt wird. Aus den verkneteten, wieder ausgerollten Resten werden 2–3 Streifen geschnitten (Lineal), deren Breite der Höhe der Torte entspricht. Sie werden um den Rand gelegt, an die Marmelade angedrückt. Die mit Marzipan gedeckte Torte wird mit einem Zucker- oder Schokoladenguß überzogen, beliebig verziert.

52. Tortenböden aus Sandkuchenteig

300 g Butter oder Marg.,
300 g Zucker,
4–6 Eigelb und Schnee,
150–175 g Weizenmehl,
150–175 g Kartoffelmehl,
½ Teelöffel Backpulver,
2–3 Eßlöffel Rum.

Herstellung des Teiges nach Nr. 48.

Aus der Masse werden in der vorbereiteten Tortenform drei Böden in je 10–15 Minuten gebacken, die nach dem Stürzen und Abkühlen durch verschiedene Marmeladen oder Cremes zusammengesetzt werden können.

Apfelsinen-, Zitronen-, Schokoladen-, Kaffee- und Karamel-Cremetorte (siehe Cremes für Torten S. 82)
Die zusammengesetzten Torten sind mit passendem Guß zu überziehen, zu verzieren.

53. Sandstreifen, gefüllt

250 g Butter oder Marg.,
250 g Zucker,
3–4 gut verquirlte Eier,
225 g Kartoffelmehl,

75 g Weizenmehl,
1 Teelöffel Backpulver,
1 Päckch. Vanillezucker,
1–2 Eßlöffel Rum.

Zur Füllung:
125 g Butter,
150 g gesiebten Puderzucker,
1 Eigelb,

1 Päckch. Vanillezucker,
oder Same von
½ Stange Vanille,
1 Eßlöffel Rum.

Der gerührte Kuchen wird in der vorbereiteten Kastenform in 40–50 Minuten gebacken, nach 10 bis 15 Minuten gestürzt. Nach dem Erkalten wird er längs ein- oder zweimal durchgeschnitten, mit der Creme gefüllt, nach Belieben mit Schokoladenguß überzogen.

Zur Füllung wird die Butter schaumiggerührt, die anderen Zutaten werden dazugegeben.

54. Frankfurter Kranz

200 g Butter oder Marg.,
200 g Zucker,
3 gut verquirlte Eier,
1 Päckch. Vanillezucker,

50 g Weizenmehl,
200 g Kartoffelmehl,
1 Teelöffel Backpulver,
2–3 Eßlöffel Rum.

Zur Füllung und zum *Bestreichen:*
2 ungetrennte Eier,
200 g Zucker,
50 g Gustin oder Mondamin,

⅜ l Flüssigkeit, Wasser
mit dem Saft von 1½ Zitronen,
3–4 Eßlöffel Rum,
200–250 g Butter.

Zum Bestreuen: Krokant und *geröstete Mandeln*
65 g Mandeln, 90 g Zucker.
35 g Butter,

Der gerührte Teig (¾ –1 Stunde) wird in der vorbereiteten Ringform in 30–35 Minuten gebacken, nach 3–5 Minuten gestürzt, nach dem Erkalten quer zweimal durchgeschnitten. Zwei Drittel der Füllung werden zu Zusammensetzen der Teile, ein Drittel zum Bestreichen des Kranzes verwendet. Er wird mit gewiegtem Krokant, mit gerösteten, gewiegten Mandeln bestreut.

Herstellung der Crememasse siehe Seite 82 und Nr. 136.

Zum Krokant wird die Butter zerlassen, der Zucker dazugegeben, beides zusammen unter Rühren zu Karamel gebrannt. Die Hälfte der gebrühten, abgezogenen, hellbraun gerösteten, grob gewiegten Mandeln wird dazugegeben. Die Masse wird auf ein gefettetes Emaillebrett oder einen gefetteten Emailleteller (Margarine oder Öl) gegossen, auf denen sie kalt werden und erstarren muß, ehe sie grob gewiegt wird.

55. Schokoladentorte (Sachertorte)

210 g Butter oder Marg., 7 Eigelb und Schnee,
210 g Puderzucker, 210 g Weizenmehl,
210 g erweichte 1 Eßlöffel Kakao,
Schokolade, ½ Päckchen Backpulver.

Die zerbröckelte Schokolade wird im heißen Wasserbad erweicht, glattgerührt.

Die Butter wird schaumiggerührt, der gesiebte Puderzucker, die erweichte Schokolade werden nach und nach dazugegeben, die Masse wird mit dem Eigelb 30–40 Minuten gerührt. Mit der Hälfte des Eierschnees werden das mit dem Mehl gesiebte Backpulver und der Kakao hinzugerührt. Die zweite Hälfte des Eierschnees wird daruntergemischt. Die Masse wird entweder im ganzen in der vorbereiteten Tortenform in 40–50 Minuten oder in 2 bis 3 Böden in 20–25 bzw. 15–20 Minuten gebacken. Die im ganzen gebackene Torte wird nach dem Abkühlen 1–2mal quer durchgeschnitten. Zur Füllung kann entweder Aprikosenmarmelade oder Schokoladenbutter-Creme von 125–250 g Butter (s. d.) verwendet werden. Die Torte wird mit einem Schokoladenguß (s. d.) überzogen, mit halbierten, gerösteten, oder ganzen, zum Teil in Schokoladenguß eingetauchten Mandeln verziert, mit Creme gespritzt.

56. Mandeltorte (hell)

375 g Zucker,
9 Eigelb und Schnee,
90 g gerieb. Zwieback,

375 g Mandeln,
½ Päckchen Backpulver.

Zucker und Eigelb werden in ¾ Stunden schaumiggerührt, die gebrühten, abgezogenen, getrockneten Mandeln werden durch die Mühle gedreht, mit Zwieback und Backpulver vermischt. Abwechselnd mit der Hälfte des Eierschnees wird die Mandelmasse zur gerührten Masse gegeben. Die zweite Hälfte des Eierschnees wird daruntergemischt und die Torte in der vorbereiteten Form entweder im ganzen oder in zwei Böden in ¾–1 Stunde, bzw. 25–30 Minuten gebacken. Nach dem Erkalten kann die im ganzen gebackene Torte einmal quer durchgeschnitten und ebenso wie die Böden durch Marmelade oder durch Vanillecreme (siehe Creme für Torten) zusammengesetzt werden. Die Torte kann mit einem Zuckerguß überzogen, mit rotem Gelee verziert, mit Creme oder Spritzglasur gespritzt werden.

57. Mandeltorte (dunkel)

Zutaten und Herstellung nach Nr. 56.

Der Unterschied besteht darin, daß die Mandeln, nachdem sie verlesen und trocken abgerieben worden sind, mit der Schale durch die Mühle gedreht werden. Zum Füllen kann außer Vanillecreme auch Schokoladenbuttercreme verwendet werden (s. S. 82 Creme für Torten).

58. Nußtorte I (fein)

8–12 Eigelb u. Schnee,   oder Zwieback oder
250 g Zucker,   50 g Kartoffelmehl,
250 g Nußkerne,   ½ Päckchen Backpulver,
75 g geriebene Semmel   ½ Päckch. Vanillezucker.

Zucker und Eigelb werden in ¾–1 Stunde schaumiggerührt. Die übrigen Zutaten werden abwechselnd mit der Hälfte des Eierschnees dazugerührt, die zweite Hälfte des Schnees wird daruntergemischt. Der Teig kann in der vorbereiteten Tortenform im ganzen in ¾–1 Stunde oder in zwei Böden in 20–30 Minuten gebacken werden. Die Torte wird mit Nußcreme gefüllt, mit Zuckerguß, der durch Karamel gefärbt werden kann, überzogen, mit glasierten Nüssen verziert, mit Glasur gespritzt.

59. Nußtorte II (einfach)

2–3 Eier ungetrennt,   120 g Zwieback,
oder Eigelb und Schnee,   250 g Nußkerne,
300 g Zucker,   ungefähr ⅜ l Milch,
210 g Grieß,   1½ Päckch. Backpulver.

Zubereitung wie unter Nr. 58.

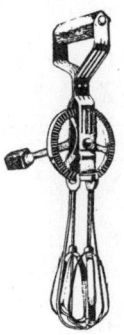

60. Nußcreme

2–3 Eier,
65 g Zucker,
30 g Weizenmehl,
½ Päckch. Vanillezucker,
40 g Nußkerne,
20 g Mandeln,
¼ l Milch oder Wasser,
nach Belieben 60 g Butter, schaumiggerührt.

Nußkerne und Mandeln, durch die Mandelmühle gedreht, werden mit den angegebenen Zutaten in einem Topf verrührt, unter beständigem Rühren zum Kochen gebracht, 1–2 Minuten gekocht. Sollte die Masse nah der Abkühlung zu steif sein, so ist sie mit wenig Wasser oder Milch zu verdünnen. Sie wird in die schaumiggerührte Butter eingerührt. Oder zur Füllung:

⅜ – ½ l Schlagsahne,
65 g gerieb. Nußkerne,
½ Päckch. Vanillezucker,
Zucker nach Geschmack.

Die steifgeschlagene Schlagsahne wird mit den Zutaten vermischt.

61. Brottorte

12 Eigelb und Schnee,
300 g Zucker,
1 Messerspitze Zimt,
1 Messerspitze Nelke,
abgeriebene Schale von
½ Zitrone,
125 g Mandeln mit der Schale,
300 g geriebenes Schwarzbrot,
½ Päckchen Backpulver.

Herstellung nach Nr. 59. Die Torte wird mit einem Schokoladenguß überzogen.

62. Biskuittorte I (kalt gerührt)

4–5 Eigelb und Schnee,   1 Eßlöffel Zitronensaft,
200 g Zucker,   4 Eßlöffel Wasser,
100 g Weizenmehl,   ½ Päckchen Backpulver.
100 g Kartoffelmehl,

Zucker und Eigelb werden in ¾–1 Stunde schaumiggerührt; die übrigen Zutaten werden dazugegeben, der Eierschnee wird daruntergemischt. Der Teig wird in der vorbereiteten Form (ausstreichen mit Fett, auslegen mit Papier, wieder ausstreichen) in 30–40 Minuten gebacken, nach dem Erkalten quer durchgeschnitten, mit beliebiger Marmelade oder Creme gefüllt, mit Zuckerguß überzogen, verziert. Die Teigmasse kann auch in zwei Böden gebacken werden. Ein Boden kann zu einer Obsttorte nach Nr. 91 verwendet werden.

63. Biskuittorte II (kaltgerührt)

8 Eigelb und Schnee,   125 g Weizenmehl,
250 g Zucker,   125 g Kartoffelmehl,
1 Päckch. Vanillezucker,   ¾ Päckchen Backpulver.

Herstellung nach Nr. 62. Die Hälfte des Eierschnees wird beim Hinzufügen des Mehles verbraucht, die zweite Hälfte daruntergemischt. Der Teig ist in 2–3 Böden in je 10–15 Minuten zu backen. Fertigstellung nach Nr. 62.

64. Biskuittorte III (warm abgeschlagen)

8 ganze Eier,   120 g Weizenmehl,
240 g Zucker,   120 g Kartoffelmehl.
1 Päckch. Vanillezucker,

Die ganzen Eier werden mit Zucker und Vanillezucker in einem Topf mit dem Schneebesen in 30–40 Minuten dickschaumig geschlagen. Die Masse wird im heißen Wasserbad weitergeschlagen, bis sie stark lauwarm ist.

Das gesiebte Mehl wird mit einem Löffel daruntergemischt (an der Stelle, an der der Boden des Topfes in den Rand übergeht, setzt sich das Mehl leicht ab). Der Teig wird auf 2–3 vorbereitete Tortenformen verteilt. (Butter, Papier, Butter.) Die Böden werden in 10–15 Minuten gebacken. Fertigstellung der Torte nach Nr. 62.

65. Pralinentorte

(warm abgeschlagener Biskuitteig)

9 ganze Eier, 90 g Kartoffelmehl,
180 g Zucker, 180 g Butter oder
1 Päckch. Vanillezucker, Margarine.
90 g Weizenmehl,

Zur *Füllung* und zum *Bestreichen*:
Schokoladencreme von 250 g Butter (s. d.).

Zum *Belegen* und zur *Garnitur*:
Marzipan von
250–300 g Mandeln, ½ Eigelb,
300–375 g Puderzucker, 2–3 Eßlöffel Wasser.

Zum *Überziehen*: Schokoladenguß.

Eier und Zucker werden nach Nr. 64 behandelt. Zur stark lauwarmen Masse werden abwechselnd gesiebtes Mehl und zerlassene Butter gegeben. Der Teig wird in zwei Böden in 10–15 Minuten bei mittelstarker Hitze gebacken. Die Böden werden mit Schokoladenbuttercreme zusammengesetzt. Die Oberfläche, der Rand der Torte mit Creme bestrichen, mit Marzipan (siehe Nr. 185) belegt (siehe Nr. 51). Die Torte wird mit einem Schokoladenguß versehen. Zur Verzierung aus dem Marzipan geformte kleine Pralinen in Schokoladenguß umgewendet oder unüberzogenes Marzipan. Creme zum Spritzen.

66. Biskuitrolle (kalt gerührt)

6 Eigelb und Schnee,	90 g Weizenmehl,
180 g Zucker,	90 g Kartoffelmehl,
1 Päckch. Vanillezucker,	½ Päckchen Backpulver.

Zum Backen des ¾ –1 Stunde gerührten Teiges ist ein kleines, festes, ebenes Blech notwendig. Das Blech wird mit Butter bepinselt, mit Papier belegt. Durch Einschneiden des Papieres an den Ecken paßt es sich der Form des Bleches an. An der offenen Seite des Bleches wird durch ein zweimaliges scharfes Umbiegen des Papieres ein Rand gebildet. Das Papier wird wieder mit Butter bepinselt. Der Teig wird auf das Papier gegeben, gleichmäßig darauf verteilt, 1–1½ cm hoch, unter besonderer Berücksichtigung der Seiten und Ecken, und in 10 bis 12 Minuten bei mittelstarker Hitze gebacken.

Zum *Füllen:* 625–750 g Marmelade.
Zum *Guß:*   Saft von ½ Zitrone,
200 g Puderzucker,   4–5 Eßlöffel Wasser.

Zum *Bestreuen:* Bunter Zucker oder 10 Pistazien.

Der gebackene Teig wird mit Marmelade bestrichen, schnell zusammengerollt, mit Zuckerguß überzogen, mit buntem Zucker oder gewiegten Pistazien bestreut.

67. Baumstamm (warm abgeschlagen)

6 ganze Eier,	60 g Kartoffelmehl,
120 g Zucker,	120 g zerlassene Butter
1 Päckch. Vanillezucker,	oder Margarine.
60 g Weizenmehl,	

Zur *Füllung:* Schokoladenbuttercreme von
200 g Butter, 200 g erweichte
200 g Puderzucker, Schokolade,
nach Belieben 1 Eigelb, 1–2 Eßlöffel Kakao.

Zum *Bestreuen:* 15 Pistazien.

Der warm abgeschlagene Biskuitteig wird nach Nr. 65 hergestellt. Er wird auf dem vorbereiteten Blech (siehe Nr. 66) in 10–12 Minuten bei mittelstarker Hitze gebacken, sofort mit ungefähr zwei Drittel der Füllung bestrichen, zusammengerollt. Der Rest der Füllung wird zum Bestreichen und Spritzen verbraucht. Der Baumstamm wird mit gewiegten Pistazien bestreut. Zur Füllung wird die ausgewaschene Butter schaumig gerührt, der gesiebte Puderzucker, Eigelb und Kakao werden abwechselnd mit der im heißen Wasserbade erweichten Schokolade dazugerührt.

68. Waffeln I

125 g Butter oder Marg:, 65 g Weizenmehl,
125 g Zucker, 65 g Kartoffelmehl,
3 Eigelb und Schnee, 1 Messersp. Backpulver.
½ Päckch. Vanillezucker,

Herstellung der Teigmasse nach Nr. 48.

Das erhitzte Waffeleisen wird mit einer Speckschwarte gefettet, ein Löffel Teig wird hineingegeben, unter einmaligem Wenden über Kohlenfeuer hellbraun gebacken (sehr bequem ist das Backen im elektrischen Waffeleisen). Die Waffeln werden mit Puderzucker besiebt.

69. Waffeln II

75 g Butter, ½ Zitrone,
50 g Zucker, 300 g Mehl,
3 verquirlte Eier, knapp ⅜ l Milch,
abgeriebene Schale von 1 Päckchen Backpulver.

Butter, Zucker und Eier (Vorsicht beim Hinzugeben!) werden in 20 Minuten schaumig gerührt, die übrigen Zutaten hinzugefügt.

Das Backen erfolgt wie in Nr. 68 angegeben.

70. Geschwinder Blechkuchen

250 g Butter oder Marg., 400 g Weizenmehl,
250 g Zucker, 100 g Kartoffelmehl,
6 Eigelb und Schnee, ⅛ l Milch,
1 Päckch. Vanillezucker, 1 Päckchen Backpulver.

Zerlassene Butter oder Eigelb zum Bepinseln.

Zum Bestreuen: 75 g Zucker, 150–175 g Mandeln.

Der gerührte Teig wird ½ cm dick auf das vorbereitete Blech gestrichen, mit zerlassener Butter oder Eigelb bepinselt, mit Zucker und vorbereiteten gewiegten oder gestifteten Mandeln bestreut, in 25–30 Minuten gebacken, noch heiß in beliebige Stücke geschnitten.

71. Kleine Sandkuchen

125 g Butter, 1 Ei,
125 g Zucker, 125 g Weizenmehl,
1 Päckch. Vanillezucker, 125 g Kartoffelmehl.

Aus dem gerührten Sandkuchenteig werden kleine Kugeln geformt, die mit genügendem Abstand auf das vorbereitete Blech gesetzt werden. Sie werden in 10 bis 15 Minuten hellbraun gebacken (sie verlaufen beim Backen zu Plätzchen).

72. Kekse

75–100 g Butter oder 2 ganze Eier,
Margarine, 375–500 g Mehl,
125 g Zucker, ½ Päckchen Backpulver.
1 Päckch. Vanillezucker,

Butter, Zucker, Vanillezucker und Eier werden in 30 Minuten schaumig gerührt. 375 g gesiebtes Mehl und Backpulver werden dazugegeben, der Teig unter Hinzunahme von Mehl geknetet (er darf nicht zu fest sein). Der ½ cm dick ausgerollte Teig wird entweder nur mit einer Gabel eingestochen, oder durch ein Reibeisen, ein besonders Nudelholz gemustert. Es werden runde Kekse ausgestochen, die auf vorbereitetem Blech in 10–15 Minuten gelbbraun gebacken werden.

73. Spritzgebackenes

160 g Butter oder Marg.,   1 Eiweiß,
100 g Zucker,   220 g Mehl.
1 Päckch. Vanillezucker,

Butter, Zucker, Vanillezucker und ungeschlagenes Eiweiß werden in 30 Minuten schaumig gerührt. Das gesiebte Mehl wird hinzugegeben. Der Teig wird in eine Teigspritze gefüllt und durch diese in verschiedenen Formen auf das vorbereitete Blech gespritzt. Die Kuchen werden in 10–15 Minuten bei mittlerer Hitze gelbbraun gebacken.

74. Streuselschnitten (Eiweißverwendung)

100 g Butter oder Marg.,   100 g Weizenmehl,
100 g Zucker,   2 Eiweiß zu Schnee,
1 Päckch. Vanillezucker,   30 g Butter z. Bepinseln.

Zum Streusel:
150 g Mehl,   75 g Zucker
90 g Butter,   (nach Bel. ½ Päckchen Vanillezucker).

Butter, Zucker, Vanillezucker werden in 20–30 Minuten schaumig gerührt. Mehl und Eierschnee werden dazugegeben. Der Teig wird ½ cm dich auf ein vorbereitetes Blech gestrichen, mit Butter bepinselt, mit Streusel bestreut. Er wird in 20–25 Minuten mit Unterhitze hellbraun gebacken. Noch heiß wird der Kuchen in verschobene Vierecke geteilt.

75. Gefüllte Kugeln

125 g Butter oder Marg., 200 g Weizenmehl,
50 g Zucker, Eigelb zum Umwenden,
½ Päckch. Vanillezucker, 30 g Mandeln,
2 Eigelb, Rote Marmelade.

Butter, Zucker, Vanillezucker, Eigelb werden in 20 bis 30 Minuten schaumig gerührt, das Mehl wird dazugegeben. Aus der Masse werden Kugeln geformt, die erst in Eigelb, dann in mit der Schale gewiegten Mandeln umgewendet werden. Auf der Oberseite wird mit dem Stiel eines Holzlöffels eine Vertiefung gemacht, in die rote Marmelade gefüllt wird. Die Kugeln werden auf dem vorbereiteten Blech in 20–30 Minuten hellbraun gebacken.

76. Tausendjahrkuchen

70 g Butter oder Marg., abgeriebene Schale von ½ Zitrone,
250 g Zucker, 70 g Mandeln,
2–3 Eier (ungetrennt), 250 g Mehl.

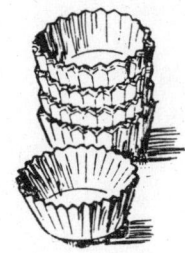

Zur schaumiggerührten Masse werden Zitronenschale, gebrühte, abgezogene, durch die Mühle gedrehte Mandeln und Mehl gegeben. Es werden kleine Kuchen ausgestochen, die auf vorbereitetem Blech in 25–30 Minuten gebacken werden.

77. Heidesand

125 g Butter,
125 g Zucker,
½ Päckch. Vanillezucker,

190 g Mehl,
1 Messerspitze Backpulver
od. Hirschhornsalz.

Die Butter wird hell gebräunt, von Bodensatz abgegossen, abgekühlt. Sie wird mit Zucker und Vanillezucker in 10–15 Minuten schaumiggerührt. Mehl und Treibmittel werden dazugegeben. Aus der Masse werden Kugeln geformt, die bei schwacher Hitze in 10–15 Minuten hellbraun gebacken werden.

78. Löffelbiskuit

3 ganze Eier,
90 g Zucker,
½ Päckch. Vanillezucker,

45 g Weizenmehl,
45 g Kartoffelmehl.

Die ganzen Eier werden mit Zucker und Vanillezucker in einem Topf mit dem Schneebesen in 30–40 Minuten schaumig geschlagen. Die Masse wird im heißen Wasser weiter geschlagen, bis sie stark lauwarm ist; das gesiebte Mehl wird daruntergemischt. Die nur mit Butter ausgepinselten Löffelbiskuitformen werden mit dem Teig halbvoll gefüllt. Sie werden mit Unterhitze in 10–12 Minuten gebacken. Diese Löffelbiskuits können zur Herstellung von Schokoladenbiskuit verwendet werden.

79. Schokoladenbiskuit (Igel)

8–12 Löffelbiskuits,
125 g Schokolade,
2–3 Eßlöffel Wasser,
1 Eßlöffel Puderzucker,

1 Ei,
1–2 Eßlöffel Kakao,
125 g Palmin,
30–40 g Mandeln zum Spicken.

Die Schokolade wird im heißen Wasserbade erweicht, glattgerührt. Wasser, Puderzucker, Ei und Kakao werden dazugegeben. (Die Masse darf nicht zu heiß sein. Das Ei ist gut zu verquirlen.) Das

Palmin wird flüssiggemacht, abgekühlt, schaumig gerührt. Die Schokoladenmasse wird nach und nach zum Palmin gegeben. Auf einem Emaillebrett wird zunächst durch Schokoladenmasse die gewünschte Form angegeben (Kreis, Oval). Biskuit und Schokoladenmasse werden lagenweise kuppelförmig geschichtet, mit Schokoladenmasse überzogen. Nach dem Glattstreichen wird mit Mandelstiften gespickt.

80. Mohrenköpfe

6 Eigelb und Schnee,
175 g Puderzucker,
abgeriebene Schale von
½ Zitrone,

oder 1 Päckchen Vanillezucker,
100–125 g Kartoffelmehl,
Vanillecreme z. Füllen,
Schokoladenguß.

Zu den mit dem Puderzucker in ¾–1 Stunde schaumiggerührten Eigelb werden die geschmackgebenden Zutaten und das Mehl gegeben. Der sehr steif geschlagene Eierschnee wird daruntergemischt. In mit Butter ausgepinselten Mohrenkopf-Formen, oder den Vertiefungen einer Setzeierpfanne (beide dürfen des Aufgehens wegen nur bis zu dreiviertel ihrer Höhe gefüllt werden) wird der Teig in 8–10 Minuten gebacken. Die Halbkugeln werden etwas ausgehöhlt, je zwei durch Vanillecreme (Nr. 133) zusammengesetzt und mit Schokoladenguß überzogen.

81. Anisplätzchen

250 g Zucker,
4 Eier (ungetrennt),
250 g Mehl,

½ Teelöffel pulverisiert.
Anis oder 1 Päckchen
Vanillezucker.

Eier und Zucker werden in 1 Stunde schaumiggerührt, Mehl und geschmackgebende Zutat werden hinzugegeben. Durch einen Beutel oder eine Papiertüte werden auf das vorbereitete Blech kleine Plätzchen gespritzt, die breitlaufen. Sie können auch mit einem Teelöffel aufgesetzt werden. Die Plätzchen bleiben stehen, bis ihre

Oberfläche getrocknet ist (2–3 Stunden, auch bis zum nächsten Tage). Sie werden bei schwacher Hitze hell gebacken (mehr Unter- als Oberhitze).

82. Schaumbrezeln

3 Eier (ungetrennt),   ½ Päckch. Vanillezucker,
80 g Zucker,   400–500 g Mehl,
⅛ l Milch,   kochendes Wasser.

Zucker und Eier werden in 30–40 Minuten schaumiggeschlagen. Milch, Vanillezucker und so viel Mehl werden dazugegeben, daß ein nicht zu fester, sich rollen lassender Teig entsteht. Es werden aus dünnen Teigrollen Brezeln geformt, die auf bemehltem Blech übertrocken müssen. Die Brezeln werden in kochendes Wasser ge- geben (flaches Gefäß mit großer Oberfläche, Bratpfanne), in dem sie erhitzt werden, bis sie aufschwimmen; sie werden mit einem Schaumlöffel herausgenommen, für zwei Stunden in kaltes Wasser gelegt. Über Nacht bleiben sie zwischen feuchten Tüchern liegen. Sie werden am nächsten Tage auf unvorbereiteten Blechen bei schwacher Hitze hellbraun gebacken. (Sie gehen dabei stark auf und werden glatt.)

83. Warmbrunner Gebäck

200 g Butter oder Marg.,   ½ Teelöffel Backpulver
300 g Zucker,   oder 1 Messerspitze
4 Eier (verquirlt),   Hirschhornsalz,
625–750 g Mehl,   Ei zum Bepinseln.

Butter, Zucker und Eier werden in ¾–1 Stunde schaumiggerührt, Treibmittel und so viel Mehl werden dazugegeben, daß der Teig sich rollen läßt. Aus den dünnen Teigrollen werden kleine, ver- schiedene Formen gelegt (Brezeln, Schnecken, Semmeln usw.), die nach dem Bestreichen mit verquirltem Ei oder Eigelb hellbraun gebacken werden.

84. Grundteig mit Backpulver, verschieden zu verarbeiten

Sollen für eine besondere Gelegenheit für eine größere Anzahl von Personen verschiedenartige Backpulvergebäcke hergestellt werden, so ist die nachfolgende Kochvorschrift als Grundteig zu benutzen, der verschieden verarbeitet werden kann.

1 kg Butter oder Marg.,
875 g Zucker,
12 Eigelb und Schnee,
4 Eier, ungetrennt,
abgeriebene Schale von
1–1½ Zitrone,
Saft von 2 Zitronen,

1 kg Weizenmehl,
1 kg Kartoffelmehl,
4 Päckchen Backpulver,
ungefähr ¾ l Milch,
125 g süße Mandeln,
5 bittere Mandeln.

Herstellung des Teiges nach Nr. 41.

Der Teig kann z. B. verarbeitet werden zu 1 Torte, 1 geschwinden Blechkuchen, 1 Marmorkuchen, 1 Napfkuchen mit Rosinen, 1 Tortenboden für Obst.

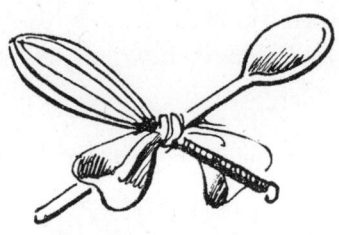

Mürbeteig

Die Zutaten zu einem Mürbeteig werden zusammengeknetet. Die Herstellung und Verarbeitung geschieht am zweckmäßigsten in einem kühlen Raum. Es werden gebraucht: Mehl, Butter oder Margarine, Zucker, Eier. Das Mehl wird gesiebt, die Butter, die kalt und fest sein muß, wird in Flocken oder Stückchen zerteilt. Als Zucker kann Streu-, für die Beschaffenheit des Teiges günstiger, gesiebter Puderzucker verwendet werden. Die Eier, von denen im Gegensatz zu den gerührten Kuchen weniger gebraucht werden, werden ungetrennt, glatt verquirlt, verwendet. An Stelle der ganzen Eier können auch hartgekochte, durch ein Sieb gestrichene Eigelb genommen werden. Die Beschaffenheit des Teiges wird dadurch mürber, aber er läßt sich schwerer verarbeiten. Der schnell zusammengeknetete Teig muß vor seiner weiteren Verarbeitung für ½ Stunde kaltgestellt werden (ausruhen). Mürbeteig gebraucht zum Backen schwache Hitze. Durch ein langsames Backen werden die Beschaffenheit des gebackenen Teiges, die Farbe günstig beeinflußt. Im allgemeinen werden zu einem Mürbeteig die Hälfte der Mehlmenge an Butter, ein Viertel der Mehlmenge an Zucker genommen.

85. Mürbeteig, verschieden zu verarbeiten

500 g Mehl,
250 g Butter oder
Margarine in Flocken,
125 g Streu- oder
Puderzucker,
2 verquirlte Eier.

Gesiebtes Mehl, gesiebter Zucker werden vermischt. Die Butter wird in kleinen Flocken dazugegeben. In die Mitte des Mehles wird eine Vertiefung gemacht, von der aus die glatt verquirlten Eier mit den Zutaten verrührt werden. Nimmt die Masse keine trocken Zutaten mehr an, wird sie mit diesen schnell zusammengeknetet (mit dem Ballen nur einer Hand). Der Teig wird für ½–1 Stunde kühlgestellt. Er kann verarbeitet werden zu nachfolgenden Gebäcken.

86. Kleine Mürbekuchen

Zutaten und Zubereitung nach Nr. 85.

50–75 g Mandeln,
groben Kristallzucker,
rotes Gelee,
Ei zum Bepinseln,
Zuckerguß von 150 g
Puderzucker,
2–3 Eßlöffel Wasser.

Aus dem ½ cm dick ausgerollten Teig werden verschiedene Formen ausgestochen. In die Mitte jeder Form kann eine halbierte Mandel gedrückt werden. Oder die ausgestochen Formen werden mit Ei bepinselt, mit Kristallzucker oder mit gewiegten, mit Kristallzucker vermischten Mandeln bestreut. Mit einer ausgezackten Ringform, ungefähr 7–8 cm im Durchmesser, werden Böden ausgestochen. Mit einer zweiten im Durchmesser ungefähr 3–4 cm kleineren Form werden aus der Hälfte der Böden Ränder ausgestochen. Böden, Ränder und die durch das Ausstechen der Ränder entstehenden Plätzchen werden unzusammengesetzt gebacken. Nach dem Abkühlen wird der Boden mit Gelee bestrichen, der Rand daraufgesetzt. Je zwei der kleinen Plätzchen können durch Gelee oder Marmelade miteinander verbunden werden. Die Ränder, die Plätzchen können noch heiß in Zuckerguß getaucht werden. Backzeit 8–10 Minuten bei schwacher Hitze.

87. Wiener Schnitten

Zutaten und Zubereitung nach Nr. 85.

Aus dem dünn ausgerollten Teig werden Rechtecke geschnitten, ungefähr 10 cm lang, 4½ cm breit (Lineal), von denen nach dem Backen die Oberseite der Hälfte der Anzahl in Zuckerguß getaucht wird. Je zwei Schnitten werden durch Marmelade zusammengesetzt.

Zum Zuckerguß: 200 g Puderzucker, 4–5 Eßl. Wasser.

88. Terrassenkuchen

Zutaten und Zubereitung nach Nr. 85.

Mit 3–4 ausgezackten Ringformen verschiedener Größe werden aus dem dünn ausgerollten Teig Formen ausgestochen, von denen nach dem Backen drei bzw. vier, immer kleiner werdend, durch Marmelade verbunden aufeinander gesetzt werden. Die fertigen Kuchen werden mit Puderzucker besiebt.

89. Makronentörtchen

Zutaten und Zubereitung nach Nr. 85.

Außerdem Marmelade zum Füllen, ungefähr 250 g,	Makronenmasse von 250 g Mandeln, 250 g Zucker, 5–6 Eiweiß zu Schnee.

Kleine Förmchen werden mit Butter ausgepinselt. Aus dem dünn ausgerollten Mürbeteig werden mit einer glatten Ringform, einem Glase, Kreise ausgestochen, deren Durchmesser 1–2 cm größer sein muß als der der größten Ausdehnung der Törtchenformen. Der Teig wird in die vorbereitete Form eingedrückt, am Boden mit einer Gabel eingestochen. Etwas Marmelade (möglichst steife) wird daraufgefüllt,

Makronenmasse darübergegeben, so daß die Törtchen reichlich zu dreiviertel ihrer Höhe damit gefüllt sind. Die Törtchen werden am besten auf einem Blech stehend in 20–30 Minuten gebacken.

Zur Makronenmasse werden die gebrühten, abgezogenen, getrockneten, durch die Mühle gedrehten Mandeln mit dem Zucker vermischt. Der steif geschlagene Schnee wird von der Mitte aus in die Masse eingerührt.

90. Mürbeteig mit Makronenmasse

Zutaten und Zubereitung nach Nr. 85.

Gelee,
Makronenmasse von
250 g Mandeln,

250 g Zucker,
3 Eiweiß zu Schnee.

Aus dem dünn ausgerollten Mürbeteig werden runde Formen ausgestochen, verschobene Rechtecke geschnitten, auf die die in diesem Falle festere Makronenmasse (nur 3 Eiweiß) durch die Teigspritze aufgespritzt oder mit einem Teelöffel als Rand aufgelegt wird. Nach dem Backen in 10–15 Minuten werden die Zwischenräume mit Gelee gefüllt. Aus dem ausgerollten Teig können auch 8–10 cm breite, beliebig lange Streifen geschnitten werden, die der Länge nach am Rande und in der Mitte mit der Makronenmasse gespritzt werden. Sie werden in 15 bis 20 Minuten gebacken, die Zwischenräume mit Gelee gefüllt, noch warm in 5 cm breite Streifen geschnitten. Vor dem Schneiden kann das Gelee mit Zuckerguß überpinselt werden.

91. Obsttorte mit Mürbeteigboden (siehe Anm. 17)

Die Hälfte der Zutaten und Zubereitung nach Nr. 85.

Zum Belegen:
750–1000 g frisches od. ebensoviel eingelegtes Obst oder 375–500 g

getrocknete Aprikosen,
Wasser und Zucker,
nach Bedarf

Zum Überziehen:
entweder ¼ – ⅛ l   2 Eßl. Flüssigkeit
Schlagsahne oder   (Saft oder Wasser),
Opektaguß von   Saft 1 Zitrone,
6 gehäuft. Eßl. Zucker,   2 Eßl. Opekta.

Der Mürbeteig wird ½ cm dick ausgerollt. Der (des Randes wegen) auf seiner Unterseite mit Mehl bestäubte Tortenboden wird auf den Teig aufgelegt, der überstehende Teig abgeschnitten, das Brett mit Teig und Boden umgedreht, das Brett abgehoben. Aus den Teigresten wird eine Rolle geformt, in ihrer Länge dem Umfang der Torte entsprechend. Der äußere Rand des Bodens wird mit Eiweiß bepinselt, die Rolle daraufgelegt und festgedrückt. Sie kann durch Einkerben mit einer Gabel, einem Messer, einer Marzipanzange verziert werden. Der Boden wird mit der Gabel eingestochen, der Tortenrand darumgesetzt, die Torte in 30–40 Minuten bei schwacher Hitze (Unterhitze) braun gebacken. Die Mitte der Torte muß unter Umständen durch ein rund geschnittenes Papier vor dem Zudunkelwerden geschützt werden.

Die Torte wird 1–2 Stunden vor dem Gebrauch mit Obst belegt und fertiggemacht. An Obst sind zu verwenden Erdbeeren, Pfirsiche, Weinbeeren, Ananas, Stachelbeeren, Äpfel usw. Die ersteren können auch roh verwendet werden. Zur Ananastorte ist des Preises wegen Büchsenananas zu empfehlen. Stachelbeeren, Apfelscheiben sind in Zuckerlösung zu kochen. Getrocknete Aprikosen werden nach 12stündigem Einweichen im Einweichwasser weichgekocht, gesüßt. Pfirsiche sind mit kochendem Wasser zu überbrühen, die Haut wird abgezogen, die Früchte werden halbiert, entsteint, in dicke Scheiben geschnitten. Das Obst wird ohne Saft in beliebiger Anordnung auf dem Boden verteilt.

1. *Art der Fertigstellung.* Ein kleiner, besonders gut aussehender Teil des zum Auflegen bestimmten Obstes wird zur Garnitur zurückbehalten. Das in der Mitte kuppelig aufgelegte Obst wird mit steifgeschlagener, gesüßter Schlagsahne überzogen. Die Torte wird mit Früchten verziert, mit Schlagsahne gespritzt.

2. Art der Fertigstellung. Das auf den Boden aufgelegte Obst muß eine ebene Fläche bilden, die mit dem Opektaguß übergossen wird. Dazu werden Zucker, Wasser oder Saft der Früchte und Zitronensaft verrührt, unter Rühren zum Kochen gebracht, zwei Minuten gekocht, vom Herd genommen. Sowie die Kochblasen verschwunden sind, wird Opekta dazugegeben und die sehr schnell gelierende Flüssigkeit über das Obst gegossen. Der Übergang vom Obst zum Tortenrand kann mit Schlagsahne zugespritzt werden.

92. Obsttörtchen (Torteletts)

Zutaten und Zubereitung nach Nr. 85.

1–1½ kg verschiedenes Obst zum Belegen, wenn notwendig Zucker zum Bestreuen,

Opektaguß, 1½ – 2mal die Menge der in Nr. 91 angegebenen Zutaten.

Aus dem dünn ausgerollten Teig werden mit einer Ringform oder einem Glase von ungefähr 8–9 cm Durchmesser Böden ausgestochen, die mit einer Teigrolle umlegt werden. Backzeit 25–30 Minuten. Alles weitere siehe Nr. 91.

93. Apfelkuchen mit Mürbeteig

750 g Mehl,
375 g Butter oder Marg.,

190 g Zucker oder Puderzucker,
3 verquirlte Eier.

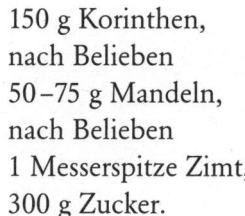

Zur Füllung:
1½ kg große, saure Äpfel,
75–125 g Butter oder Margarine,

150 g Korinthen, nach Belieben
50–75 g Mandeln, nach Belieben
1 Messerspitze Zimt,
300 g Zucker.

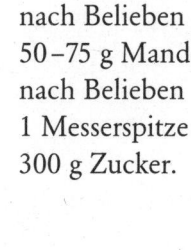

Zuckerguß
von 200 g Puderzucker,   5–6 Eßlöffel Wasser.

Die knappe Hälfte des nach Nr. 85 hergestellten Teiges wird auf einem vorbereiteten, kleinen Blech ganz dünn und gleichmäßig ausgerollt. Der Teig wird mit einer Gabel eingestochen, in 10–15 Minuten mit Unterhitze hellbraun angebacken. Die gewaschen, geschälten, zur Hälfte geteilten, vom Kerngehäuse befreiten Äpfel werden gehobelt oder in feine Scheiben geschnitten. Diese werden an der Herdseite in Butter gedünstet, mit den vorbereiteten Korinthen, den gewiegten Mandeln, dem Zimt vermischt. Der Zucker wird erst im Augenblick des Gebrauchs dazugegeben, weil sonst die Masse zu feucht wird. Diese Füllung wird gleichmäßig über den angebackenen Teig verteilt, glattgestrichen. Die zweite Hälfte des Teiges wird auf einem großen Brett der Größe der unteren Teigplatte entsprechend ausgerollt, über die Füllung gelegt (am leichtesten den wenig bemehlten Teig um das Rollholz aufwickeln). Die Ränder werden glattgeschnitten, der Teig mit der Gabel eingestochen und der Kuchen mit Ober- und Unterhitze in 20–30 Minuten braun gebacken, noch heiß mit dem Zuckerguß bepinselt.

94. Apfeltorte mit Mürbeteig II

Zutaten und Zubereitung nach Nr. 85.

Zur Füllung:
1 kg große, saure Äpfel,   50 g Mandeln,
75 g Butter oder Marg.,   nach Belieben
100 g Korinthen,   1 Messerspitze Zimt,
nach Belieben   200 g Zucker.

Zuckerguß von 125 g Puderzucker, 2–3 Eßl. Wasser.

Aus der knappen Hälfte des ungefähr ½ cm dick ausgerollten Mürbeteiges wird nach Nr. 91 ein Tortenboden ohne Rolle hergestellt, der nach dem Einstechen mit der Gabel, dem Umlegen des Formenrandes in 10 bis 15 Minuten mit Unterhitze hellbraun angebacken, dann abgekühlt wird. Die Füllung wird nach Nr. 93 hergestellt. Aus der zweiten Teighälfte wird auf die gleiche Weise ein Teigboden geschnitten. Die Teigreste werden zu einem in seiner Länge dem Umfang der Torte entsprechenden Teigstreifen von 5–6 cm Breite ausgerollt und geschnitten (Lineal). Dieser Teigstreifen wird auf den abgekühlten Boden aufgestellt, am gefetteten Formenrand festgedrückt. Die Füllung wird gleichmäßig über den Boden verteilt. Sollte der Teigrand überstehen, so wird er auf die Füllung umgeklappt. Der Teigboden wird darübergelegt, auf den Rand festgedrückt, mit einer Gabel, einem Messer oder einer Marzipanzange zur Verzierung eingekerbt. Die Torte wird in 30–40 Minuten mit schwacher Oberhitze und stärkerer Unterhitze gebacken, noch heiß mit Zuckerguß bepinselt. Sie muß erst abkühlen, ehe der Tortenrand abzunehmen ist. Auf die gleiche Weise ist nach Nr. 93 ein *Aprikosenkuchen*, nach Nr. 94 eine *Aprikosentorte* herzustellen.

Zur Füllung des Kuchens:
500–625 g getrocknete Aprikosen,
1 l Wasser z. Einweichen,
Zucker nach Geschmack, 100–125 g,
nach Belieben 75 g gewiegte Mandeln.

Zur Füllung der Torte:
400 g getrocknete Aprikosen,
¾ l Wasser zum Einweichen.
75–100 g Zucker,
nach Belieben 50 g gewiegte Mandeln.

Der zurückbleibende Saft der Aprikosen kann zu einer Obstsuppe verwendet werden.

95. Käsetorte

Die Hälfte der Zutaten und Zubereitung nach Nr. 85.
Zur Auflage die Zutaten nach Nr. 17. Aus dem ungefähr ½ cm dünn ausgerollten Teig wird nach Nr. 91 ein Tortenboden ohne Rolle hergestellt, der nach dem Einstechen mit der Gabel, dem

Umlegen des Tortenrandes in 10–15 Minuten mit Unterhitze hellbraun angebacken wird. Die nach Nr. 17 hergestellte Käsemasse wird daraufgefüllt, die Torte in ¾–1 Stunde bei nicht zu starker Hitze gargemacht. Sie muß erkalten, ehe der Tortenrand abgenommen wird. Sie kann mit Puderzucker besiebt werden.

96. Mürbeteigschiffchen

Zutaten zum Teig und Zubereitung nach Nr. 85.
Zur Füllung: Obst, und Schlagsahne zum Spritzen oder eine beliebige Creme.

Der ½ cm dünn ausgerollte Teig wird der Oberfläche der Formen entsprechend 2–3 cm größer ausgeschnitten, in die nicht ausgestrichenen Förmchen eingedrückt. Der Teig wird  auf dem Boden mit einer Gabel eingestochen. Die Förmchen auf einem Blech stehend in 20–25 Minuten hellbraun gebacken. Sollte die Außenseite nicht braun genug sein, so müssen die Schiffchen ohne Form auf einem Blech mit dem Boden nach oben nachgebacken werden. Erkaltet werden sie mit Obst oder Creme (Pfirsich, Ananas, Apfelsinencreme usw.) gefüllt mit Schlagsahne gespritzt.

97. Mürbeteig II (billiger)

500 g Mehl,
125 g Butter oder Marg.,
1 Päckchen Vanillezucker,
125 g Zucker,
1 Teelöffel Backpulver,
oder ½ Teelöffel Hirschhornsalz,
1 Ei mit
6–8 Eßlöffel Milch oder Wasser verquirlt.

Das Lockerungsmittel wird unter die trockenen Zutaten gemischt. Weitere Herstellung nach Nr. 85. Der Teig kann zu den gleichen Gebäcken wie der in Nr. 85 angegebene verwendet werden.

98. Mürbeteig III (mit hartgekochtem Eigelb)

500 g Mehl,
330 g Butter oder Marg.,
3–6 hartgekochte Eigelb,
160 g Puderzucker,
1 Ei.

Herstellung nach Nr. 85.

Die hartgekochten, durch ein Sieb gestrichenen Eigelb sind der besseren Verteilung im Teig wegen mit dem ganzen Ei zu verquirlen. Der Teig kann zu Kleingebäck, zu Torten verarbeitet werden.

99. Äpfel im Schlafrock

Zutaten zum Teig und Zubereitung nach Nr. 85.

16 kleine, süße Äpfel,
4 Eßlöffel Zucker mit
40 g Korinthen verm.,
nach Belieben
20 g süße Mandeln,
Zuckerguß von 200 g
Puderzucker,
4–6 Eßlöffel Wasser.

Aus den gewaschenen Äpfeln wird mit dem Apfelausbohrer das Kerngehäuse entfernt, dann werden sie geschält. Aus dem dünn ausgerollten Mürbeteig werden der Größe der Äpfel entsprechend mit dem Kuchenrädchen Quadrate geschnitten. In die Mitte des Quadrates wird der Apfel gesetzt. Die durch das Ausbohren entstandene Höhlung wird mit Zucker, der mit den gereinigten Korinthen vermischt worden ist, gefüllt. Die Zipfel des Teiges werden über dem Apfel zusammengedrückt. Auch an den Seiten des Apfels muß der Teig fest angedrückt werden. Die Äpfel werden auf vorbereitetem Blech in 30–40 Minuten hellgelb gebacken, noch heiß mit dem Zuckerguß bepinselt.

100. Vanillekipfel oder -brezeln

280 g Mehl,
180 g Butter oder Marg.,
100 g Mandeln,
100 g Puderzucker,
½ Päckch. Vanillezucker,
Puderzucker mit Vanillesamen
oder Vanillezucker.

Das gesiebte Mehl wird mit den gebrühten, abgezogenen, getrockneten, durch die Mühle gedrehten Mandeln, Puderzucker, Vanillezucker vermischt. Die Butter wird in Flocken dazugegeben, der Teig schnell zusammengeknetet, kaltgestellt. Es werden kleine Kipfel oder Brezeln daraus geformt, die auf vorbereitetem Blech in 15–20 Minuten hellgelb gebacken, noch heiß mit Puderzucker und Vanille besiebt werden.

101. Nußhalbmonde

250 g Mehl,
100 g Puderzucker,
170 g Nußkerne,
½ Päckch. Vanillezucker,
200 g Butter oder Marg.,
1 Ei,
Puderzucker m. Vanillegeschmack.

Die durch die Mühle gedrehten Nußkerne werden durch einen Durchschlag abgesiebt, ehe sie mit den übrigen Zutaten vermischt werden. Der ½ cm dick ausgerollte Mürbeteig wird zu Halbmonden ausgestochen, die auf vorbereitetem Blech hellgelb gebacken und heiß mit Puderzucker besiebt werden (Backzeit 10–15 Minuten). Aus dem ausgerollten Teig können auch Kränze ausgestochen werden, die vor dem Backen mit Eiweiß bepinselt, mit geraspelten Nüssen bestreut werden können.

102. Linzertorte I

750 g Mehl,
500 g Butter oder Marg.,
240 g Puderzucker,
2 Eier,
ungefähr 500 g rote,
500 g gelbe Marmelade.

Zur Garnitur und zum Belegen: Marzipan von

250 g Mandeln,
300–375 g Puderzucker,
½ Eigelb,
2–3 Eßlöffel Wasser.

Zuckerguß von 400 g Puderzucker, Saft einer Zitrone, 4–5 Eßlöffel Wasser.

Herstellung des Teiges nach Nr. 85.

Aus dem ausgerollten Teig (½ cm dick) werden 6 bis 8 Tortenböden geschnitten (s. Nr. 91), die mit der Gabel eingestochen, mit dem Formenrand in 15–20 Minuten hellbraun gebacken werden (mit Unterhitze). Die Böden werden abwechselnd mit heller und dunkler Marmelade zusammengesetzt. Oberfläche und Rand der Torte werden mit Marmelade bestrichen, mit Marzipan belegt (s. Nr. 51). Die Torte wird mit Zuckerguß überzogen, mit Marzipan, rotem Gelee oder Pistazien verziert.

103. Linzertorte II

500 g Mehl,
375 g Butter oder Marg.,
175 g Puderzucker,
250 g Mandeln,
1 Ei,
2–3 hartgek. Eigelb.

Die weiteren Zutaten und Herstellung nach Nr. 102.

104. Nußschnitten

Mürbeteig von 250 g Mehl nach Nr. 85.

375–500 g rote Marmelade,
Zur Nußmasse:
250 g Nußkerne,
250 g Zucker,
6–8 Eiweiß.

Der Mürbeteig wird auf dem vorbereiteten Blech ½ cm dick ausgerollt, in 10–15 Minuten hellbraun angebacken. Er wird mit Marmelade, dann mit der Nußmasse bestrichen und hellbraun gebacken. Noch heiß werden Streifen von 8–10 cm Länge und 4–5 cm Breite daraus geschnitten, die vor dem Schneiden mit Zuckerguß überzogen werden können.

105. Schokoladenmürbeteig I

Außer den in Nr. 85 angegebenen Zutaten 2 Eßlöffel gesiebten Kakao oder

106. Schokoladenmürbeteig II

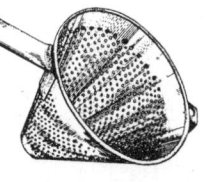

250 g Mehl,	50 g gesiebten
150 g Butter oder Marg.,	Puderzucker,
150 g gesiebte	1 Eßlöffel Kakao,
Schokolade,	1 Ei.

Herstellung nach Nr. 85.

Beide Schokoladenmürbeteige können wie der helle Mürbeteig zu kleinem Gebäck verarbeitet werden. Zum Zusammensetzen kann Schokoladenbuttercreme, zum Überziehen Schokoladenguß, zur Verzierung können geröstete Mandeln, Pistazien, Schokoladenplätzchen verwendet werden. Der Teig muß bei schwacher Hitze gebacken werden. (Er wird im Ofen erst heller, ehe er gar wird. Zu dunkel gebacken schmeckt er bitter.)

Schokoladenmürbeteig kann auch mit hellem Teig zusammen verarbeitet werden. Eine Platte aus hellem Teig wird mit Eiweiß bepinselt, eine gleichgroße Platte aus Schokoladenmürbeteig wird daraufgelegt; der Teig wird aufgerollt und kaltgestellt. Es werden ½ cm dicke Scheiben davon geschnitten, die in 10–15 Minuten gebacken werden. Auch verschiedenfarbige Rollen können aufeinandergelegt und nach dem Kaltstellen geschnitten werden.

107. Hefebrezeln

300 g Mehl,
15 g Hefe,
2 Eßlöffel Milch,
50 g gesiebten Puderzucker,

125 g Butter oder Marg.,
1 Ei,
groben Zucker zum Bestreuen.

Aus Mehl, Hefe und Milch wird ein Vorteig angesetzt, der aufgehen muß. Puderzucker, Butter in Flocken, verquirltes Ei werden dazugegeben. Der Teig wird zusammengeknetet. Es werden dünne Rollen daraus geformt, die in grobem Zucker umgewendet werden, ehe sie zu Brezeln geformt werden. Nachdem diese auf dem vorbereiteten Blech aufgegangen sind, werden sie in 10 bis 15 Minuten hellbraun gebacken. (Sie sollen beim Backen etwas breitlaufen.)

108. Kümmelstangen

250 g Mehl,
15 g Hefe,
2 Eßlöffel Milch,
125 g Butter oder Marg.,

½ Teelöffel Salz,
Ei zum Bepinseln,
Kümmel zum Bestreuen.

Herstellung des Teiges nach Nr. 107.

Es werden dünne Rollen von 10–12 cm Länge geformt, die mit Ei bepinselt, mit Kümmel (nach Belieben gebrüht) bestreut, auf dem vorbereiteten Blech nach dem Aufgehen in 10 Minuten hellbraun gebacken werden. Der gleiche Teig kann auch mit Schinken- und Pilzfüllung als Beigabe zu Gemüse verarbeitet werden.

109. Käsestangen

100 g Mehl,
100 g Butter oder Margarine,
100 g geriebenen Käse,

am günstigsten halb Schweizer-, halb Parmesankäse,
Eigelb zum Bepinseln.

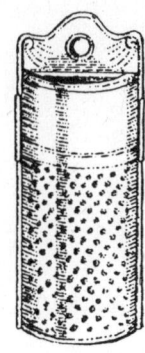
Das gesiebte Mehl wird mit dem geriebenen, abgesiebten (Durchschlag) Käse vermischt, die Butter in Flocken dazugegeben. Der zusammengeknetete Teig wird nach dem Ausruhen ½ cm dick ausgerollt, es werden Streifen von 1–1½ cm Länge geschnitten, die an beiden Enden abgeschrägt werden können. Die mit Eigelb bepinselten Stangen werden bei schwacher Hitze gelb gebacken (10 Minuten). Braun gebackenes Käsegebäck schmeckt bitter.

110. Käsekeks

Zutaten und Herstellung des Teiges nach Nr. 109. Der dünn ausgerollte Teig wird mit der Gabel eingestochen, es werden runde Plätzchen ausgestochen oder verschobene Rechtecke geschnitten, die bei schwacher Hitze gelb gebacken werden. Je zwei können nach dem Abkühlen durch Käsecreme miteinander verbunden werden.

Zur Käsecreme: 50 g geriebener
100 g Butter, Schweizer Käse.

Die schaumiggerührte Butter wird mit dem geriebenen Käse vermischt.

Blätterteig

Zu einem Blätterteig werden Butter und Mehl in ungefähr gleicher Menge gebraucht. Es ist möglichst feines Mehl zu verwenden. Die Butter kann durch Eden- oder Ziehbutter ersetzt werden. Die blätterige Beschaffenheit nach dem Backen ist auf die besondere Behandlung des Teiges zurückzuführen. Er ist in einem kühlen Raume herzustellen. Zum Backen ist mittelstarke Hitze notwendig.

111. Blätterteig I

250 g Mehl
225 g Butter
(175 u. 50 g)

½ Ei, soviel Wasser dazu, daß es knapp ⅛ l ergibt,
Eigelb zum Bepinseln.

175 g Butter werden auf einem angefeuchteten Brett, mit angefeuchtetem Butterbrettchen oder einem großen Kochlöffel zu einem Rechteck von ¾–1 cm Dicke geformt. Das Rechteck wird in Butterbrotpapier eingeschlagen kaltgestellt, nicht direkt auf Eis, weil sonst die Butter zu hart werden könnte. In das 2–3mal gesiebte Mehl wird die Butter (50 g) in Flocken gegeben. Das mit dem Wasser verquirlte Ei wird von der Mitte aus in das Mehl eingerührt. Der Teig wird zusammengeknetet. 10–15 Minuten geknetet und geworfen, bis er elastisch ist. (Mehl unterstreuen.) Der Teig wird in zwei Teile geteilt, von denen der eine etwas größer sein kann. Die Teighälften werden zu zwei Platten ausgerollt, die der geformten Butter entsprechend von allen Seiten 4–5 cm größer sein müssen als die Butterplatte. Die aus der kleineren Teighälfte ausgerollte Platte wird auf das bemehlte Brett gelegt, die mit Mehl bestreute Butterplatte wird daraufgelegt, die zweite Teigplatte darüber. Der Teig wird mit bemehltem Rollholz in der Längsrichtung des Brettes bis zu 1 cm Dicke ausgerollt. Er wird 3teilig

zusammengeklappt. Die offene Seite dem Ausrollenden zugekehrt, ein zweites Mal bis zu 1 cm Dicke ausgerollt, wieder 3teilig zusammengelegt, in Butterbrotpapier eingeschlagen für ungefähr 20–30 Minuten kaltgestellt. Das zweimalige Ausrollen des 3teilig zusammengelegten Teiges wird als Doppelgang oder Doppeltour bezeichnet. Der Teig wird in 3–4 Doppelgängen ausgerollt. Zwischen jedem Doppelgang muß er 20–30 Minuten ausruhen. Beim letzten Doppelgang wird er seiner Verwendung gemäß ½–¾ cm dick ausgerollt. Die durch Ausstechen entstehenden Blätterteigreste dürfen nicht zusammengeknetet, sondern nur zusammengerollt werden. Es empfiehlt sich, die Reste in einem Doppelgang auszurollen. Vor dem Backen wird der geformte Teig mit unverdünntem Eigelb bepinselt. Dasselbe darf nicht an den Rändern herunterlaufen, da dadurch das Aufgehen des Teiges verhindert werden würde. Die Bleche zum Backen sind nicht besonders vorzubereiten.

112. Blätterteigpasteten

Zutaten und Zubereitung nach Nr. 111.

Verarbeitung des Teiges: Der Blätterteig wird ½ cm dick ausgerollt. Mit einem Weinglas oder einer Ringform (8–9 cm Durchmesser) werden runde Platten ausgestochen. Die Hälfte der Platten bildet die Böden der Pasteten. Aus der anderen Hälfte der Platten werden mit einem Likörglas oder einer Ringform (4–5 cm Durchmesser) Ränder und Deckel ausgestochen. Der Rand der Böden wird mit Eiweiß in der Breite der ausgestochenen Ränder bestrichen. Die Ränder werden aufgesetzt. Die Oberseite der Pasteten und der Deckel werden mit unverdünntem Eigelb bepinselt. Es darf nicht am Rand heruntertropfen, da dadurch das Aufgehen des Teiges verhindert wird. Pasteten und Deckel werden in 20–25 Minuten bei mittelstarker Hitze gebacken. Der im Inneren feucht gebliebene Teig wird mit einem Teelöffel vorsichtig herausgenommen. Der Hohlraum der Pastete wird mit feinem Ragout oder nur mit gedünstetem Gehirn gefüllt; der Deckel wird darübergelegt. Die Menge ergibt 10–12 Pasteten.

113. Blätterteighalbmonde (Fleurons)

Zutaten und Zubereitung nach Nr. 111. Der ½ cm dick ausgerollte Teig wird zu Halbmonden ausgestochen, die nach dem Bepinseln mit Eigelb bei mittelstarker Hitze in 10–15 Minuten gebacken werden. Sie werden als Garnitur für feine Gemüse, für Frikassees, für Ragouts verwendet.

114. Süßer Blätterteig

Die gleichen Zutaten, die gleiche Herstellung wie in Nr. 111.

Der ½ cm dick ausgerollte Teig wird zu verschiedenen Formen verarbeitet. Windmühlen, gefüllte Tasche, Kaiserkragen usw. (s. kleines Hefegebäck Nr. 31). Zum Füllen wird steife Marmelade verwendet. Die mit Eigelb bepinselten Formen werden in 15–20 Minuten gebacken, heiß mit Zuckerguß bepinselt.

Zum *Zuckerguß:*
150–175 g Puderzucker,
3–4 Eßlöffel Wasser.

115. Cremeschnitten

Zutaten und Zubereitung nach Nr. 111.

Vanillecreme zum Füllen, die Hälfte der Zutaten nach Nr. 134.

Zuckerguß von 150–175 g Puderzucker, 3 bis 4 Eßlöffel Wasser. Der Teig wird ½ cm dick ausgerollt. Es werden 2 bzw. 3 Streifen daraus geschnitten, deren Breite der Länge der Cremeschnitten entspricht. Ein Streifen wird mit Eigelb bestrichen, alle Streifen mit der Gabel eingestochen. Die Streifen werden in 20–25 Minuten gebacken (etwas schwächere Hitze als sonst bei kleinen Stücken), nach dem Abkühlen durch Vanillecreme zusammengesetzt, mit Puderzucker besiebt in Stücke geschnitten: oder der mit Eigelb bepinselte Streifen wird nach dem Backen heiß mit Zuckerguß überzogen.

116. Blätterteig II

140 g Mehl,
140 g Butter,
1 Eigelb,

2 Eßlöffel Wasser,
Eigelb zum Bepinseln.

Aus Mehl, Butter in Flocken, Eigelb mit Wasser verquirlt, wird ein Mürbeteig hergestellt (Nr. 85), der 20–30 Minuten ausruhen muß. Er wird wie Blätterteig in 3–4 Doppelgängen ausgerollt; auf die gleiche Weise wie Blätterteig I verarbeitet.

117. Quarkblätterteig

250 g Mehl,
250 g Butter oder Marg.,

250 g trockenen Quark,
Eigelb zum Bepinseln.

Aus Mehl, Butter in Flocken, dem durch ein Haarsieb gestrichenen Quark wird ein Mürbeteig hergestellt (Nr. 85). Er kann wie Blätterteig in 3–4 Doppelgängen ausgerollt werden und zu Pasteten, Halbmonden und süßem Blätterteig verarbeitet werden.

In Fett gebackene Teige

Zum Ausbacken in Fett ist für den Geschmack am günstigsten Schweinefett. Es ist aber, da eine größere Menge gebraucht wird (1½ – 2 kg) teuer. Es kann durch Palmin ersetzt oder mit Palmin gemischt werden. Zum Erhitzen des Fettes eignet sich ein nicht zu hoher eiserner Topf mit großer Oberfläche (ovaler Schmortopf). Das Fett muß zum Bräunen, zum Garmachen der verschiedenen Teige die bestimmte Temperatur haben. Sie ist daran zu erkennen, daß bläuliche Dämpfe aufsteigen. Mit dem Kochthermometer gemessen zeigt es zwischen 165 bis 175 Grad. Zu niedrige Temperaturen haben ein Vollsaugen des Gebäckes mit Fett zur Folge, bei zu hohen wird das Gebäck zu dunkel, ehe es im Innern richtig gar geworden ist. Fettgebäck muß auf einem Durchschlag, in welchen man Fließpapier legen kann, abtropfen, ehe es mit Zucker bestreut, mit einem Zuckerguß überzogen wird. Dem Aufgehen des Teiges im heißen Fett ist beim Einlegen der Kuchen Rechnung zu tragen. Gebrauchtes Ausbackfett kann unter Hinzugabe von wenig frischem Fett ein zweites und drittes Mal zum Ausbacken gebraucht werden. Zu diesem Zwecke wird das abgekühlte Fett vorsichtig vom Bodensatz in einen Topf abgegossen, reichlich kaltes Wasser wird dazugegossen, Fett und Wasser werden 3 – 5 Minuten gekocht. Die Flüssigkeit wird durch ein feines Sieb in eine Schüssel gegossen. Am nächsten Tage wird die erstarrte Fettschicht abgenommen, die Unreinigkeiten an der Unterseite entfernt und das Fett an der Herdseite solange erhitzt, bis alles Wasser daraus verdampft ist (stille kochen). Fett, das sich nicht mehr zum Ausbacken eignet, kann für Bratkartoffeln, für Kartoffelpuffer usw. verbraucht werden.

118. Spritzkuchen (abgebrannter Teig)

⅜ l Wasser,
100 g Butter oder Marg.,
1 Prise Salz,
250 g Mehl (gesiebt),
6–7 Eier,
nach Belieben

2 Eßlöffel Zucker,
Fett zum Ausbacken,
Zuckerguß von 375 g
Puderzucker,
6–7 Eßlöffel Wasser.

Wasser, Butter und Salz werden aufgekocht, das Mehl wird unter Rühren in die kochend heiße Flüssigkeit geschüttet, zum Kloß abgebrannt (3–5 Minuten). Die Masse wird vom Herd genommen, noch heiß mit einem gut verquirlten Ei, abgekühlt mit den übrigen 5–6 Eiern vermischt. Die Eiermenge ist von der Beschaffenheit des Teiges abhängig, er darf nicht zu weich werden. Durch eine Teigspritze mit größerem Stern als Einsatz werden auf in Fett getauchtes Butterbrotpapier (Quadrate von ungefähr 10–12 cm Seitenlänge) Ringe gespritzt. Diese werden so in das dampfende Ausbackfett gegeben, daß die obere Seite zuerst in das Fett kommt. Die Kuchen werden erst umgedreht, wenn sie mittelbraun geworden sind. Sind sie auf der zweiten Seite gebräunt, werden sie zum Abtropfen auf einen Durchschlag getan, noch heiß in den Zuckerguß getaucht.

119. Schneebälle (abgebrannter Teig)

⅜ l Wasser,
70 g Butter oder Marg.,
1 Messerspitze Salz,
200 g gesiebtes Mehl,
6 Eier,

2 Eßlöffel Zucker,
Fett zum Ausbacken,
Gelee zum Füllen,
Puderzucker zum
Bestreuen.

Herstellung des Teiges nach Nr. 118. Mit einem im Fett erhitzten Tee- oder Eßlöffel wird der Teig in das dampfende Fett abgestochen. Er geht stark auf. Die Schneebälle müssen gleichmäßig gefärbt sein, ehe sie herausgenommen werden, weil sie sonst zusammenfallen. Nachdem sie auf einem Durchschlag abgetropft sind, wird mit der Spitze eines Teelöffels eine kleine Öffnung gemacht, durch die etwas Gelee in den Hohlraum des Schneeballs gefüllt wird. Er wird dann dick mit Puderzucker besiebt.

120. Räderkuchen I (Schürzkuchen)

4 Eigelb oder 2 ganze Eier, 4 Eßlöffel Milch oder Wasser,
4 Eßlöffel zerlass. Butter, soviel Mehl, daß ein
4 Eßlöffel Zucker, weicher, ausrollbarer
3–4 bittere Mandeln, Nudelteig entsteht,
abgeriebene Schale von Fett zum Ausbacken,
½ Zitrone, Zucker zum Umwenden.

Aus dem zusammengekneteten, dünn ausgerollten Teig werden mit dem Kuchenrädchen ungefähr 10 cm lange, 4–5 cm breite Streifen geschnitten. In der Längsrichtung wird in der Mitte ein 3 cm langer Einschnitt gemacht, durch den das eine Ende des Streifens gezogen wird. Die Teigstreifen werden in dampfendem Ausbackfett hellbraun gebacken, nach dem Abtropfen in Zucker umgewendet.

121. Räderkuchen II

500 g Mehl, 3 Eßlöffel Milch,
125 g Butter in Flocken, 1 Messersp. Backpulver
125 g Zucker, oder Natron,
2 Eier, Fett zum Ausbacken,
2 Eßlöffel Rum, Zucker zum Umwenden.
1 Prise Salz,

Herstellung und Verarbeitung nach Nr. 120.

122. Pfannkuchen I (billig ohne Eier)

500 g Mehl, 30 g Zucker,
25 g Hefe, ½ Teelöffel Salz,
¼ l Milch (knapp), 250 g Pflaumenmus,
50 g Butter oder Marg., Fett zum Ausbacken,
nach Bel. 1 Eßlöffel Rum, Zucker zum Umwenden.

Aus Mehl, Hefe und Milch wird ein Vorteig hergestellt, der aufgehen muß. Die übrigen Zutaten werden hinzugefügt und verrührt. Der glattgeschlagene Hauptteig muß zum zweiten Male aufgehen. Der Teig wird 1½ cm dick ausgerollt. Mit einem Glase, einer Ringform wird die Größe der Pfannkuchen angegeben. In die Mitte wird ein steifes Pflaumenmus gefüllt, der angegebene Rand kann mit Eiweiß bepinselt werden. Es wird Teig darüber geklappt, die Kuchen werden ausgestochen. Die Ränder der beiden Teiglagen werden fest zusammengedrückt. Nachdem die Pfannkuchen auf bemehltem Brett ein drittes Mal aufgegangen sind, werden sie in dampfendem Ausbackfett unter einmaligem Wenden braungebacken. Bleibt an einem hineingesteckten Hölzchen, einer Spicknadel kein Teig haften, sind die Pfannkuchen gar. Nach dem Abtropfen des Fettes werden sie in Zucker umgewendet oder in einen Zuckerguß getaucht.

Zum Zuckerguß:
250 g Puderzucker,   4–5 Eßlöffel Wasser.

123. Pfannkuchen II

500 g Mehl,   25 g Mandeln,
30 g Hefe,   250 g Pflaumenmus,
³⁄₁₆ – ¼ l Milch,   Fett zum Ausbacken,
80 g Butter oder Marg.,   Zucker zum Umwenden
60 g Zucker,   oder Zuckerguß von
1–2 Eier,   250 g Puderzucker.
2 Eßlöffel Rum,

Herstellung und Verarbeitung nach Nr. 122.

124. Pilze (Pilzeisen), gebacken

210 g Weizenmehl,   ¼ l Milch,
2 Eßlöffel Kartoffelmehl,   Ausbackfett,
2 Eßlöffel Zucker,   Zucker zum Bestreuen
½ Päckch. Vanillezucker,   oder Zuckerguß von
3 Eier,   250 g Puderzucker.

Weizen-, Kartoffelmehl, Zucker, Vanillezucker werden vermischt. Die Milch, in der die Eier verquirlt worden sind, wird von der Mitte aus eingerührt. Das Backen des Teiges erfolgt unter Benutzung eines Pilzeisens auf die gleiche Weise wie das der Becherpasteten. Aus den Zutaten wird ein Eierkuchenteig hergestellt. Ausbackfett wird dampfend gemacht, das Pasteteneisen darin erhitzt. Über das umgekehrte Pasteteneisen wird über einer kleinen Schüssel mit einer Kelle Teig gegossen, der durch die Hitze des Eisens haften bleibt. Das Pasteteneisen wird umgedreht in das dampfende Fett gehalten. Sowie die Teigmasse anfängt, sich bräunlich zu färben, muß sie am oberen Rande mit einem Messer gelockert werden, nach dem Loslösen muß die Pastete hellbraun gebacken werden. Sie wird mit einem Schaumlöffel herausgenommen, zum Abtropfen auf Filtrierpapier gelegt. Die abgetropften Pilze werden mit Zucker bestreut, oder der Hut wird in Zuckerguß eingetaucht.

Zu Makronengebäck

werden Zucker und Mandeln bzw. Nußkerne in gleich großer Menge verwendet. Eiweiß wird zu steifem Schnee geschlagen. Das Blech wird mit Fett bepinselt, mit Mehl bestäubt, oder die Makronenmasse wird auf unvorbereitetem Blech auf Oblaten gebacken. Makronengebäck ist schnell bei mittelstarker Hitze zu backen, damit es im Innern feucht bleibt.

125. Suppenmakronen

125 g Mandeln,
125 g Zucker,
3 Eiweiß,
geriebene Semmel oder
geriebenen Zwieback.

Die gebrühten, abgezogenen, getrockneten Mandeln werden durch die Mühle gedreht, mit dem Zucker vermischt. Von der Mitte aus wird der steifgeschlagene Eierschnee eingerührt und soviel Semmel oder Zwieback hinzugegeben, daß eine nicht zu feste Masse entsteht. Mit der Hand werden kleine Kugeln geformt, die mit genügendem Abstand auf vorbereitetem Blech in 8 bis 10 Minuten gebacken werden (sie verlaufen beim Backen zu Plätzchen).

126. Makronen

250 g Mandeln,
250 g Zucker,
3 Eiweiß.

Die vorbereiteten, durch die Mühle gedrehten Mandeln werden mit dem Zucker vermischt. Der Eierschnee wird von der Mitte aus eingerührt. (Vorsicht! Die Masse darf nicht zu weich werden.) Mit einem Teelöffel wird die Masse auf das vorbereitete Blech gesetzt. Die Makronen werden in 8–10 Minuten bei mittelstarker Hitze hellbraun gebacken.

127. Nußmakronen

250 g Nußkerne, 3 Eiweiß.
250 g Zucker,

Herstellung nach Nr. 126. Aus der Masse werden Kugeln geformt, in die eine Haselnuß (n. Bel. abgezogen) eingedrückt wird. Die Makronen werden bei mittelstarker Hitze in 8–10 Minuten hellbraun gebacken.

128. Makronen von Kokosflocken

250 g Kokosflocken,
250 g Zucker,
3 Eiweiß.

Herstellung nach Nr. 126.

129. Schokoladenmakronen

250 g Mandeln,   nach Belieben
250 g Zucker,   1 Teelöffel Kakao,
1 T Schokolade (100 g), 4 Eiweiß.

Die Schokolade wird gerieben, mit den vorbereiteten Mandeln, dem Zucker vermischt. Weitere Behandlung nach Nr. 126.

130. Makronenhörnchen

250 g Mandeln,   Oblaten,
250 g Zucker,   50–75 g Mandeln,
3 Eiweiß,   geraspelt.

Herstellung nach Nr. 126. Aus der Masse werden Rollen geformt, die auf die in Hörnchenform geschnittene Oblate gelegt werden. Die Hörnchen werden in die geraspelten Mandeln gedrückt oder mit ihnen bestreut. Sie werden 10–15 Minuten bei mittelstarker Hitze gebacken.

131. Mandelbögen

Makronemasse nach Nr. 129 und Nr. 130. Oblaten in Streifen geschnitten, 10–12 cm lang, 4 cm breit.

Die Makronenmasse wird durch die Teigspritze mit breitem Einsatz auf die Oblaten gespritzt, die Streifen werden mit geraspelten Mandeln bestreut, über eine Rehrückenform gelegt, in 6–8 Minuten bei mittelstarker Hitze gebacken. Die aus Schokoladenmakronenmasse hergestellten Bögen können auch unbestreut gebacken und nach dem Backen heiß mit Zuckerguß bepinselt werden.

125 g Puderzucker,   2–3 Eßlöffel Wasser.

132. Makronentorte

Mürbeteig von
250 g Mehl,
125 g Butter in Flocken,
65 g Puderzucker,
1 Ei,

250–375 g Marmelade,
375 g Mandeln,
375 g Zucker,
6–8 Eiweiß,
verschiedenfarbiges Gelee.

Aus dem nach Nr. 85 hergestellten Mürbeteig wird nach Nr. 91 ein Boden geschnitten, der bei schwacher Hitze hellbraun gebacken, mit Marmelade bestrichen wird. Die vorbereiteten, durch de Mühle gedrehten Mandel werden mit dem Zucker vermischt. ⅓ dieser Masse wird abgenommen und mit soviel Eierschnee vermischt, daß eine weiche, streichbare Masse entsteht. Diese wird vorsichtig über den mit Marmelade bestrichen Boden verteilt, hellbraun gebacken. Die übrige Zucker-, Mandelmasse wird so fest wie Makronenmasse zu Gebäck mit Eierschnee gemischt. Sie wird durch die Teigspritze mit großem Stern als Einsatz auf den gebackenen Boden in Form eines Musters (Spirale, Stern usw.) aufgespritzt, den Abschluß bildet ein Rand aus Makronenmasse. Die Torte wird zum drittenmal gebacken, bis die Makronenmasse hellbraun gefärbt ist. Die durch das Muster entstehenden Zwischenräume werden gleich nach dem Backen mit Gelee gefüllt. Anstatt durch Spritzen kann die Masse auch mit 2 Teelöffeln aufgelegt werden.

Verschiedene Cremes und Güsse für Torten, für kleines Gebäck

133. Grundcreme für Torten

200 g Zucker,	⅜ l Flüssigkeit,
2 Eier (ungetrennt),	175–200 g Butter.
50 g Gustin oder	
Mondamin,	

Die Eier werden mit dem Zucker in 10–15 Minuten im Topf (Wasserbadtopf) schaumiggerührt, das Gustin, die Flüssigkeit werden dazugegeben. Die Masse wird im kochenden Wasser gerührt, bis sie dick und gar ist; dann kaltgestellt. Die ausgewaschene Butter wird schaumiggerührt, die abgekühlte Masse wird nach und nach zur schaumiggerührten Butter gegeben.

134. Vanillecreme zum Füllen

2 Eier (ungetrennt),	50 g Gustin oder
200 g Zucker,	Mondamin,
1 Päckch. Vanillezucker,	⅜ l Milch,
od. ½ Stange Vanille,	175–200 g Butter.

Herstellung siehe Grundcreme Nr. 133.

Soll Vanillecreme zum Füllen von kleinem Gebäck, wie Windbeutel, Lucca-Augen, Mohrenköpfen usw. verwendet werden, so kann an Stelle der Butter ⅛–¼ l Schlagsahne unter die abgekühlte Crememasse gemischt werden.

135. Zitronencreme zum Füllen

2 Eier (ungetrennt), soviel Wasser dazu,
200 g Zucker, daß es ⅜ l Flüssigkeit ergibt,
50 g Gustin, 175–200 g Butter.
Saft von 2–3 Zitronen,

Herstellung siehe Grundcreme Nr. 133.

136. Zitronen-Rumcreme zum Füllen

2 Eier (ungetrennt), soviel Wasser dazu, daß es
200 g Zucker, ⅜ l Flüssigkeit ergibt,
50 g Gustin, 3–4 Eßlöffel Rum,
Saft von 2 Zitronen, 175–200 g Butter.

Herstellung siehe Grundcreme Nr. 133.
Der Rum wird unter die abgekühlte Masse gegeben, ehe sie in die schaumige Butter gerührt wird.

137. Schokoladencreme zum Füllen I

2 Eier (ungetrennt), 50 g Gustin,
200 g Zucker, 2–3 Eßlöffel Kakao,
½ Päckch. Vanillezucker, ⅜ l Milch,
od. ½ Stange Vanille, 175–200 g Butter.

Herstellung siehe Grundcreme Nr. 133.

138. Schokoladencreme zum Füllen II

2 Eier (ungetrennt), 50 g Gustin,
150 g Zucker, 1 Eßl. Kakao,
½ Päckch. Vanillezucker, ⅜ l Milch,
1 Tafel Schokolade 175–200 g Butter.
(gerieben),

Herstellung siehe Grundcreme Nr. 133.

139. Kaffeecreme zum Füllen

2 Eier (ungetrennt), ⅜ l Kaffee-Extrakt,
200 g Zucker, hergestellt aus
50 g Gustin, 40–50 g Kaffee,
nach Belieben 175–200 g Butter.
1 Eßlöffel Kakao,

Herstellung siehe Grundcreme Nr. 133.

140. Apfelsinencreme zum Füllen

2 Eier (ungetrennt), Saft von 1 Zitrone,
200 g Zucker, soviel Wasser zum Saft,
50 g Gustin, daß es ⅜ l Flüssigkeit ergibt,
Saft von 3 Apfelsinen, 175–200 g Butter.

Herstellung siehe Grundcreme Nr. 133.

141. Ananascreme zum Füllen

2 Eier (ungetrennt), mit dem Saft von einer Zitrone,
100 g Zucker, 175–200 g Butter,
50 g Gustin, 200 g Ananas (Büchse)
⅜ l Ananassaft (Büchse) in Würfel geschnitten.

Herstellung siehe Grundcreme Nr. 133.
Die in Würfel geschnittene, auf einem Haarsieb gut abgetropfte Ananas wird unter die fertige Crememasse gemischt.
Soll mit der Creme gespritzt werden, so muß die dafür notwendige Menge abgenommen werden, ehe die Ananaswürfel daruntergemischt werden.

142. Schokoladenbuttercreme zum Füllen

250 g Butter,
250 g Puderzucker,
n. Bel. 1 Eigelb,
250 g erweichte Schokolade,
2 Eßlöffel Kakao.

Die ausgewaschene Butter wird schaumiggerührt, der gesiebte Puderzucker, Eigelb, die erweichte Schokolade, der Kakao werden abwechselnd dazugerührt.

143. Vanillebuttercreme zum Füllen

250 g Butter,
250 g Puderzucker,
Same von 1 Stange Vanille,
2–3 Eigelb.

Herstellung nach Nr. 142.

144. Kaffeebuttercreme zum Füllen

250 g Butter,
250 g Puderzucker,
2 Eigelb,
3/16 l Kaffee-Extrakt aus 50 g Kaffee.

Der Kaffee-Extrakt wird tropfenweise zur schaumiggerührten Masse gegeben.

Die folgenden Güsse

sind für Torten von ungefähr 28 cm im Durchmesser berechnet. Jeder auf ein heißes Gebäck zu gießende Guß muß eine etwas dickere Beschaffenheit haben als der für ein kaltes Gebäck zu verwendende, da durch die Wärme des Gebäcks der Guß dünnflüssiger wird. Die ganze Menge des Gusses wird auf die Oberfläche gegossen, und der Guß wird durch Schräghalten der Torte bis an den Rand verteilt. Der Rand wird mit einem Messer mit Guß bestrichen. Kleines Gebäck wird entweder in Guß eingetaucht oder mit ihm bepinselt. Der Puderzucker muß immer durch ein Haarsieb gestrichen werden.

145. Zuckerguß I

400 g Puderzucker,   4–6 Eßlöffel Wasser.
Saft von 1 Zitrone,

Der gesiebte Puderzucker wird mit dem durch ein Sieb dazugegebenen Zitronensaft und dem Wasser 10 bis 15 Minuten gerührt.

146. Zuckerguß II

400 g Puderzucker,   1 Eßlöffel Eiweiß,
Saft von 1 Zitrone   4–5 Eßlöffel Wasser.

Herstellung nach Nr. 145. Durch die Verwendung von Eiweiß wird der Guß undurchsichtig.

147. Karamelguß

400 g Puderzucker,   nach Belieben
2–3 Eßl. Zucker,   1 Eßlöffel
Wasser nach Bedarf,   Eiweiß.

Der Zucker wird in einem eisernen Stieltopf unter beständigem Rühren zu Karamel gebrannt, der mit Wasser gelöscht wird. Mit dieser Karamelflüssigkeit wird der gesiebte Puderzucker 10–15 Minuten gerührt.

148. Verschiedenfarbige Zuckergüsse

Bei einer Apfelsinencremetorte kann zum Rühren des Puderzuckers Apfelsinensaft von 1–2 Apfelsinen, bei einer Kaffeecremetorte Kaffee verwendet werden. Bei der Verwendung von käuflichen Speisefarben sind diese nur tropfenweise zu verbrauchen, da sie sehr stark färben.

149. Schokoladenguß I

150 g Schokolade, 5–6 Eßl. Wasser,
200–250 g Puderzucker, 1 Stck. Palmin.
1–2 Eßlöffel Kakao,

Die Schokolade wird im heißen Wasserbade erweicht und glattgerührt. Gesiebter Puderzucker und Kakao werden abwechselnd mit Wasser dazugegeben, zuletzt Palmin, so daß eine glatte, dickliche Masse entsteht.

150. Schokoladenguß II

250 g Schokolade, 6 Eßlöffel Wasser,
2 Eßlöffel Kakao, 2 Eßl. zerlassene Butter.

Die Schokolade wird im heißen Wasserbade erweicht, gesiebter Kakao, Wasser und Butter werden nach und nach dazugerührt.

151. Schokoladenguß III

400–500 g Überzugsmasse (Couverture).

Die Überzugsmasse wird im warmen Wasserbade, dessen Temperatur nicht mehr als 37 Grad betragen darf, flüssig gemacht. (Dieser Guß trocknet etwas langsamer als die anderen Schokoladengüsse.)

152. Spritzglasur

50–60 g Puderzucker,   n. Bel. 1 Tropfen
½ Eiweiß,   Zitronensäure.

Der gesiebte Puderzucker wird mit dem Eiweiß, der Zitronensäure 15 Minuten gerührt (Tassenkopf). Die Glasur kann in der Farbe durch ½–1 Eßlöffel gesiebten Kakao verändert werden, die Eiweißmenge muß dann etwas erhöht werden.

153. Glasieren von Nüssen usw. zur Verzierung von Torten und dgl.

4 Eßlöffel Zucker,   2 Eßlöffel Wasser.

Zucker und Wasser werden unter Rühren zum Kochen gebracht, ohne zu rühren weiter gekocht, bis die Masse als breiter Tropfen vom Löffel fällt. Die zu glasierenden Früchte werden am besten einzeln mit zwei Gabeln darin umgewendet, zum Abtropfen auf den Rand eines Tellers gelegt. (Der Rand kann mit Öl bepinselt werden.)

Verschiedenes Gebäck

154. Kleine Kuchenstücke

Bei der Zusammenstellung von kleinen Tortenstücken ist für möglichst viel Abwechslung in Geschmack, Form und Farbe zu sorgen. Abwechslung im Geschmack wird durch die verschiedenen Teigarten, die verschiedenen Cremes, die zum Zusammensetzen verwendet werden, geschaffen. Die Teige sind am besten als Platten zu bakken, aus denen man die verschiedenen Formen ausstechen oder ausschneiden kann. Die dabei entstehenden Reste können zu Pudding von Kuchenresten verbraucht werden. Die verschiedenen Güsse und Garnituren bringen Abwechslung in die Farbe. Als Beispiel: 1. ½ der Zutaten zur Nußtorte (Nr. 59) als Platte gebacken, ausgestochene Formen durch Nußcreme zusammengesetzt, mit Karamelguß überzogen, mit glasierten Nüssen und brauner Spritzglasur verziert. 2. Teig für Tortenböden (Nr. 52) als Platte gebacken, Formen geschnitten, durch Marmelade oder beliebige Creme zusammengesetzt, mit Guß überzogen, mit Gelee-Früchten, Pistazien garniert. 3. Biskuit nach Nr. 64 als Platte gebacken, ½ der Zutaten der Sachertorte Nr. 55 ebenfalls als Platte gebacken, hellen und dunklen Teig durch Marmelade oder Schokoladenbuttercreme zusammensetzen, mit Schokoladenguß überziehen. Auch heller und Schokoladen-Mürbeteig bringen Abwechslung in die kleinen Tortenstücke.

155. Windbeutel (die Masse ergibt ungefähr 12 Stck.)

¼ l Wasser,
80–100 g Butter oder Margarine,
125 g gesiebtes Mehl,
4 Eier.

Aus den Zutaten wird ein abgebrannter Teig nach Seite 74 hergestellt. Der Teig wird mit zwei Eßlöffeln auf das vorbereitete Blech gesetzt. Ei schwacher Hitze werden die Windbeutel in 40–50 Mi-

nuten gebacken. Noch warm werden sie mit einer Schere aufgeschnitten, entweder mit gesüßter Schlagsahne oder mit Vanillecreme gefüllt, mit Puderzucker besiebt.

Zum Füllen:
¼ – ⅜ l Schlagsahne,
2 Eßlöffel Zucker,
½ Päckch. Vanillezucker,
Vanillecreme aus der
Hälfte der Zutaten nach Nr. 133.

156. Lucca-Augen

Die gleichen Zutaten, die gleiche Herstellung wie in Nr. 155. Die Lucca-Augen werden ungefähr halb so groß wie Windbeutel aufgesetzt, in 30–40 Minuten gebacken. Abgekühlt werden sie mit Vanillecreme gefüllt, in Zuckerguß eingetaucht.

Zuckerguß:
250 g Zucker,
¼ l Wasser.

Zucker und Wasser werden unter Rühren zum Kochen gebracht, wenn notwendig geschäumt. Ohne zu rühren, wird die Lösung weitergekocht, bis der Zucker anfängt, Fäden zu ziehen.

157. Suppenbrezeln (Beigabe zu süßen Suppen)

50 g Butter oder
Margarine,
50 g Zucker,
250 g Mehl,
knapp ⅛ l Milch,
½ Teel. Backpulver.

Butter und Zucker werden in 10–15 Minuten schaumig gerührt, das gesiebte, mit dem Backpulver vermischte Mehl und Milch werden dazugegeben. Aus dem gekneteten Teig werden dünne Rollen geformt, die zu kleinen Brezeln gelegt werden. Diese werden in 10–15 Minuten hellbraun gebacken.

158. Roggenmehlkeks

500 g Roggenmehl,   1 Eßlöffel Zucker,
125 g Margarine,   1 Eßlöffel Salz,
¼ l Milch,   1 Eßlöffel Kümmel.

Das gesiebte Mehl wird mit Zucker, Salz und Kümmel vermischt. Die Margarine wird zerlassen, die Milch dazugegossen. Die Flüssigkeit wird in das Mehl gerührt, der verknetete Teig wird ganz dünn ausgerollt, mit einer Gabel eingestochen. Es werden runde Keks ausgestochen, die bei mittelstarker Hitze in 10–12 Minuten hellbraun gebacken werden. Nach dem Abkühlen können je zwei bzw. drei durch schaumig gerührte Butter zusammengesetzt werden.

159. Zimtkuchen

250 g Mehl,   1 Ei,
125 g Zucker,   ½ Päckchen Backpulver,
65 g Butter in Flocken, 1–2 Eßl. Milch oder
1 Teelöffel Zimt,   Wasser.

Nach Nr. 85 wird ein Mürbeteig hergestellt. Er wird ½ cm dick ausgerollt, in verschobene Rechtecke geschnitten, die in 8–10 Minuten hellbraun gebacken werden.

160. Zimtbrezeln

250 g Mehl,   125 g Puderzucker,
150 g Butter oder Marg.   1 Ei,
in Flocken,   1 Messerspitze Zimt.

Es wird ein Mürbeteig nach Nr. 85 hergestellt, aus dem dünne Rollen geformt, die zu Brezeln gelegt werden. Diese werden in 10–12 Minuten hellbraun gebacken.

161. Gefüllte Rolle (billig)

30 g Butter oder Margarine,	1 Ei,
100 g Zucker,	500 g Mehl,
1 Päckch. Vanillezucker,	1½ Päckch. Backpulver, wenn nötig etwas Milch, 375–500 g Marmelade.

Zum Zuckerguß:
200 g Puderzucker,   4–5 Eßl. Wasser.

Butter, Zucker, Vanillezucker und Ei werden in 15 bis 20 Minuten schaumiggerührt. Mehl und Backpulver, wenn notwendig Milch, werden hinzugegeben. Der zusammengeknetete Teig wird zum Rechteck ausgerollt (½ cm dick), mit Marmelade bestrichen, zusammengerollt, bei anfangs schwächerer, dann stärker werdender Hitze in 35–40 Minuten gebakken. Heiß wird die Rolle mit Zuckerguß überzogen.

162. Schaumkuchenmasse (Baisersmasse)

¼ l Eiweiß,   oder Same von
500 g Zucker,   ½ Stange Vanille.
1 Päckchen Vanillezucker

Möglichst frisches Eiweiß wird zu steifem Schnee geschlagen (er muß käsig aussehen). Zucker und Vanillezucker oder -Same werden schnell daruntergemischt. Die Masse kann verschieden verbraucht werden.

1. Zu kleinen Kuchen. Das Blech ist anzufeuchten, mit Butterbrotpapier zu belegen, mit Wasser zu bepinseln. Die Schaumkuchenmasse wird in eine Tüte oder einen Beutel mit Spritztülle (großer Stern des Zuckers wegen) gefüllt, in verschiedenen Formen auf das Blech gespritzt.

2. Zu Baisersschalen. Vorbereitung des Bleches ebenso. Am einfachsten ist es, die Masse über angefeuchtete Holzhalbkugeln zu spritzen, oder die Masse wird ohne Form halbkugelig auf das Blech gespritzt.

3. Zu Tortenböden. Die Tortenform ist dafür mit Butter auszupinseln, mit Papier zu belegen, mit Wasser zu bepinseln, die Masse einzufüllen (die Kochvorschrift ergibt 2–3 Böden).

Schaumkuchenmasse wird mehr getrocknet als gebacken. Sie soll nur hellgelb werden. Es empfiehlt sich, sie über Nacht im Ofen stehen zu lassen. Sind die Baisersschalen mit Holzform gelb und trocken geworden, werden sie vorsichtig vom Papier gelöst, der Holzknopf daraus entfernt, die Schalen von der Innenseite nachgetrocknet. Bei Schalen ohne Knöpfe gebacken muß die weich gebliebene Masse entfernt oder eingedrückt werden, so daß die Höhlung zum Füllen entsteht. Auch diese Schalen müssen nachgetrocknet werden. Zum Füllen der Schalen, der Böden und zum Überziehen und Spritzen der Torte ist Schlagsahne zu verwenden (ungesüßt).

Weihnachtsgebäck

Die Treibmittel für Pfefferkuchen sind Hirschhornsalz und Pottasche. Sie wirken durch das Freiwerden von Kohlensäure lockernd. Sie sind vor der Herstellung des Teiges zu lösen und durch ein Sieb zum Teig zu geben. Die zum Lösen bestimmte Flüssigkeit, in den meisten Fällen Wasser, muß bei Hirschhornsalz kalt sein, da durch Wärme Kohlensäure frei wird. Werden bei einem Teig beide Treibmittel nebeneinander verwendet, so können sie zusammen gelöst werden. Werden größere Mengen von Pfefferkuchen gebacken, so sind die Treibmittel in größerer Menge im ganzen einzukaufen und in zu verschließenden Glas- oder Porzellankrausen aufzubewahren. (1 glattgestrichener Eßlöffel Pottasche oder Hirschhornsalz = 10 g). Das in den Kochvorschriften angegebene Weizenmehl kann besonders bei den einfacheren Pfefferkuchen zum Teil oder ganz durch Roggenmehl ersetzt werden. Die Teige sind in diesem Falle etwas weicher zu machen, oder die Menge des Treibmittels ist etwas zu erhöhen. An Stelle von Bienenhonig kann Kunsthonig oder Sirup verbraucht werden. Die Gewürze müssen fein gestoßen sein und sind vor dem Gebrauch zu sieben. Die Bleche sind dünn mit Fett zu bestreichen und mit reichlich Mehl zu bestreuen. Sie können mehrere Male hintereinander zum Backen benutzt werden, ohne neu gefettet zu werden. Beim Ausrollen des Teiges ist darauf zu achten, daß kein Mehl auf die Oberfläche des Teiges kommt, da dadurch das Aussehen der gebackenen Kuchen ungünstig beeinflußt wird. Zum Backen von Pfefferkuchen ist schwache Hitze notwendig. Es ist ratsam, vor der Verarbeitung des ganzen Teiges eine Probe zu backen.

163. Brauner ausgestochener Pfefferkuchen

500 g Honig,	1 kg Mehl,
300 g Zucker,	(Mehl zum Verkneten
100 g Margarine,	ungefähr 500 g),
10 g Zimt,	10 g Pottasche,
8 g Nelken,	10 g Hirschhornsalz,
4 g Muskatblüte,	4 Eßl. Wasser zum
1–2 Eier,	Lösen der Treibmittel.

Der Honig wird an der Herdseite gelöst, Zucker und Margarine werden hinzugegeben, die Zutaten unter Rühren aufgekocht. Die Masse wird vom Herd genommen, die Gewürze werden hinzugefügt. Die heiße Masse wird von der Mitte aus in das gesiebte Mehl gerührt, so daß ein weicher Brei entsteht, über den etwas Mehl gestäubt wird. Die verquirlten Eier werden, wenn die Masse etwas abgekühlt ist, dazugegeben, etwas Mehl wird darübergestreut. Die gelösten Treibmittel werden durch ein Sieb hinzugegossen. Es wird solange Mehl eingerührt, solange es von der Masse aufgenommen wird. Der Teig wird dann unter Hinzunahme von Mehl geknetet, bis er blank ist und nicht mehr klebt. (Bei sehr großen Teigmassen ist die Masse zum Kneten zu teilen.) Aus dem ½ cm dick ausgerollten Teig werden Formen ausgestochen, die auf vorbereitetem Blech in 10–15 Minuten braun gebacken werden. Die gebackenen Kuchen sind vorsichtig abzuheben und dürfen zum Abkühlen nicht übereinandergelegt werden.

Der Teig kann verändert werden, indem unter das Mehl vier Eßlöffel Kakao gemischt werden. Die ausgestochenen Kuchen können vor dem Backen mit Zitronatstückchen, mit halbierten Mandeln belegt, nach dem Backen mit Zuckerguß bepinselt, in Schokoladenguß getaucht, mit buntem Zucker bestreut werden.

164. Nußpfefferkuchen

375 g Honig,
250 g Zucker,
3 g Zimt,
2 g Nelken,
750 g Weizenmehl
(Mehl zum Verkneten
bis zu 500 g),

85–125 g Haselnußkerne,
50–100 g Zitronat,
1 ganzes Ei, 1 Eigelb,
6 g Pottasche,
9 g Hirschhornsalz,
2 Eßlöffel Wasser
zum Lösen.

Zuckerguß von
375 g Puderzucker,
Wasser nach Bedarf,

125 g Haselnußkerne,
halbiert zum Belegen.

Die durch die Mühle gedrehten Haselnußkerne und das in feine Würfel geschnittene Zitronat werden unter das gesiebte Mehl gemischt. Herstellung des Teiges nach Nr. 163. Aus dem ½–¾ cm dick ausgerollten Teig werden mit einer gezackten Ringform Kuchen ausgestochen. In die Mitte eines jeden wird eine halbierte Haselnuß gedrückt. Die in 10–15 Minuten braun gebackenen Kuchen werden heiß mit dem Zuckerguß bepinselt.

165. Französischer Pfefferkuchen

375 g Honig,
375 g Zucker,
5 g Zimt,
5 g Nelken,
abgeriebene Schale von
½ Zitrone,
500 g Mehl (Mehl zum
Verkneten),

250 g Mandeln,
2 g Hirschhornsalz,
10 g Pottasche,
2 Eßlöffel Wasser oder
Rosenwasser z. Lösen,
125 g Mandeln zur Garnitur.

Die mit der Schale durch die Mühle gedrehten Mandeln werden abgesiebt unter das Mehl gemischt. Herstellung des Teiges nach Nr. 163. Vorsicht beim Einkneten von Mehl, der Teig darf nicht zu fest werden. Er wird ½ cm dick ausgerollt. In die Mitte der ausgestochenen Form wird eine abgezogene halbierte Mandel gedrückt, ehe die Kuchen in 10–15 Minuten braun gebacken werden.

166. Katharinchen

500 g Honig,	1 kg Mehl (Mehl zum Verkneten
750 g Zucker,	500–750 g),
8 g Zimt,	125 g Mandeln,
4 g Nelken,	4 Eßlöffel Rum,
4 g Gewürz,	8 Eier,
4 g Kardamom,	1 Eßlöffel Natron, in
	2 Eßlöffel Wasser gelöst.

Die mit der Schale durch die Mühle gedrehten Mandeln werden abgesiebt unter das Mehl gemischt. Herstellung des Teiges nach Nr. 163. Aus dem ½ cm dick ausgerollten Teige werden Katharinchen ausgestochen, die in 10–15 Minuten bei schwacher Hitze gebacken werden.

167. Neisser Pfefferkuchen

500 g Honig,	(Mehl z. Verkneten),
500 g Zucker,	250 g Mandeln oder Nußkerne,
1 Teelöffel Zimt,	50 g Zitronat,
1 Teelöffel Nelken,	2 Eier,
1 Teelöffel Kardamom,	15 g Pottasche, in 4 Eßl. Wasser
1 kg Mehl,	gelöst.

Zuckerguß
von 250 g Puderzucker, Wasser nach Bedarf.

Spritzglasur
von 60 g Puderzucker, ½ Eiweiß.

Die mit der Schale durch die Mühle gedrehten Mandeln oder Nußkerne und das in feine Würfel geschnittene Zitronat werden unter das Mehl gemischt. Herstellung des Teiges nach Nr. 163.

Aus dem ½ cm dick ausgerollten Teig werden verschiedene Formen ausgestochen, die nach dem Backen mit Zuckerguß bepinselt, nach dem Trocknen desselben mit Spritzglasur verziert werden. Die Kuchen können auch mit Schokoladenguß oder Überzugsmasse überzogen werden.

168. Schokoladenpfefferkuchen

200 g Honig,
250 g Zucker,
75–100 g Margarine,
375 g Mehl, vermischt mit 80 g Kakao,
4 g Zimt,
1 Päckch. Vanillezucker,

20 g Mandeln mit der Schale, abgesiebt,
1 Ei,
6 g Hirschhornsalz, in 4 Eßl. Wasser gelöst
(Mehl zum Verkneten 250–375 g).

Zuckerguß
250 g Puderzucker,

Wasser nach Bedarf.

Schokoladenguß
100 g Schokolade,
250 g Puderzucker,

2 Eßlöffel Kakao,
Wasser nach Bedarf.

Herstellung des Teiges nach Nr. 163. Der Teig muß möglichst heiß verarbeitet werden, weil er beim Abkühlen durch den Kakao leicht brüchig wird. Er ist ¾ cm dick auszurollen. Die ausgestochenen Kuchen werden in 10–15 Minuten gebacken, mit Zuckerguß bepinselt oder in Schokoladenguß eingetaucht.

169. Moppen (Gewürzplätzchen)

165 g Honig,
65 g Margarine,
8 g Zimt,
2 g Nelken,
2 g Gewürz,

500 g Mehl mit
500 g Zucker vermischt,
2 Eier,
10 g Pottasche,
in 1 Eßl. Wasser gelöst
(Mehl zum Verkneten 125–250 g).

Der Zucker wird wie angegeben mit dem Mehl vermischt, nicht mitgekocht. Sonst Herstellung des Teiges nach Nr. 163. Trotzdem der Teig weich ist, darf nur wenig Mehl eingeknetet werden. Es ist auf jeden Fall eine Probe zu backen. Aus dem Teig werden Rollen geformt, die in Stücke geschnitten werden. Aus jedem Stück wird eine Kugel gedreht, bis der Teig glänzt. Die Kugeln, die beim Bakken zu Plätzchen verlaufen müssen, sind mit genügend Abstand auf das wenig gefettete, stark bemehlte Blech zu setzen und in 20–30 Minuten braun zu backen. (Vorsicht beim Abheben!). Man läßt die Moppen etwas abkühlen, bevor man sie abhebt. Der zusammengerührte Teig kann über Nacht stehenbleiben.

170. Pfeffernüsse

½ l Honig,
1 kg Mehl, vermischt
mit 500 g Zucker,
125 g Mandeln mit der
Schale,
4 g Zimt,
4 g Nelken,
2 g Muskatblüte,

2 g Gewürz,
2 g Kardamom,
50 g Orangeat,
4 Eier,
12 g Pottasche,
12 g Hirschhornsalz,
4 Eßl. Wasser z. Lösen
(Mehl zum Verkneten).

Zuckerguß von
375–500 g Puderzucker,
1 Eßlöffel Eiweiß,

Wasser nach Bedarf,
Speisefarbe.

Das Orangeat ist in kleine Würfel zu schneiden. Das Mehl wird mit allen Zutaten einschließlich Orangeat vermischt, ehe der flüssig gemachte, aufgekochte Honig eingerührt wird. Weitere Herstellung nach Nr. 163. Vorsicht beim Einkneten von Mehl! Probebakken! Aus dem Teig werden Rollen geformt, die, in gleichmäßige Stücke geschnitten, in 15–20 Minuten braun gebacken werden. Heiß werden sie in den verschieden zu färbenden Guß eingetaucht.

171. Steinpflaster

250 g Honig,	mit 125 g Mandeln
125 g Zucker,	oder Nußkernen
3 g Nelken,	und 50 g Zitronat,
5 g Zimt,	1½ Ei,
abgeriebene Schale von	8 g Pottasche, in 2 Eßl.
¼ Zitrone,	Wasser gelöst
375 g Mehl, vermischt	(Mehl zum Einkneten).

Zum Guß:
200 g Puderzucker, 1 Eßl. Eiweiß, Wasser nach Bedarf.

Herstellung des Teiges nach Nr. 163. Der Teig darf nicht zu fest gemacht werden. Es werden verschieden große Kugeln oder Stücke daraus geformt, die in gefettete, auf einem Blech stehende Ringformen gefüllt werden. Die Steinpflaster werden in 25–30 Minuten hellbraun gebacken, heiß in Zuckerguß nach Nr. 146 getaucht.

172. Pfefferkuchentorte

500 g Honig,	2 g Muskat,
100 g Margarine,	600 g Mehl,
125 g Zucker,	1 Ei,
2 g Zimt,	5 g Pottasche,
2 g Nelken,	5 g Hirschhornsalz,
2 g Gewürz,	2 Eßl. Wasser z. Lösen.

Zum Füllen: 250 g Marmelade.

Schokoladenguß von
100 g Schokolade, 1–2 Eßl. Kakao,
175–200 g Puderzucker, 4–5 Eßl. Wasser.

Herstellung des Teiges nach Nr. 163. Der weiche Teig wird in die vorbereitete Tortenform gefüllt, in 30 bis 40 Minuten bei schwacher Hitze gebacken, nach dem Erkalten quer durchgeschnitten, mit Marmelade zusammengesetzt, mit Schokoladenguß überzogen.

173. Spitzkuchen

500 g Honig,	600 g Mehl, vermischt
100 g Margarine,	mit 50 g Nußkernen,
125 g Zucker,	50 g Zitronat und
2 g Zimt,	50 g Orangeat,
2 g Nelken,	1 Ei,
2 g Gewürz,	5 g Pottasche,
2 g Muskat,	5 g Hirschhornsalz,
	2 Eßl. Wasser z. Lösen.

Zum Füllen: 375–500 g Marmelade.

Schokoladeguß oder Überzugsmasse

Der nach Nr. 163 herzustellende Teig wird ½ cm dick auf ein vorbereitetes kleines Blech gestrichen, in 25–30 Minuten hellbraun gebacken. Nach dem Erkalten wird er in zwei gleichgroße Teile geschnitten, die durch Marmelade zusammengesetzt werden. (Die glatte Unterseite ist als Oberseite zu nehmen.) Es ist günstig, die Platte leicht beschwert durch ein Holzbrett 1 bis 2 Tage stehen zu lassen. Sie wird dann in Streifen, weiter in Dreiecke, Würfel oder verschobene Vierecke geschnitten, die in Schokoladenguß oder flüssiger Überzugsmasse umgewendet werden.

174. Dicker Pfefferkuchen

700 g Honig,	125 g Zitronat und
500 g Zucker,	125 g Orangeat, beides
125–250 g Margarine,	in Würfel geschnitten,
20 g Zimt,	4 Eier,
10 g Nelken,	15 g Pottasche,
8 g Kardamom,	15 g Hirschhornsalz,
8 g Muskatnuß,	4 Eßl. Wasser z. Lösen
1½ kg Mehl, vermischt	(250–375 g Mehl zum Verkneten),
mit 125 g Mandeln,	Mandeln, Zitronat zum Belegen.
grob gewiegt,	

Herstellung des Teiges nach Nr. 163. Der Teig muß etwas weicher bleiben als der zu ausgestochenen Pfefferkuchen. Auf dem vorbereiteten Blech wird der Teig 1–1½ cm dick ausgerollt (er muß gleichmäßig und glänzend sein). Die Größe der Stücke wird unter Zuhilfenahme eines Lineals durch Einritzen des Teigs angegeben. Die einzelnen Stücke werden mit gebrühten, abgezogenen, halbierten Mandeln und Zitronatstücken verziert. Der Kuchen wird in ¾–1 Stunde bei schwacher Hitze gebacken. Ewas abgekühlt, aber noch heiß wird er in die angegebenen Stücke geteilt. (Wird der Kuchen zu heiß geschnitten, so wird der Teig zusammengedrückt, wird er zu kalt geschnitten, ist er spröde.)

175. Rumdreiecke

500 g Honig,	1 kg Mehl,
250 g Zucker,	(Mehl zum Verkneten 250–375 g),
100 g Margarine,	1 Ei,
10 g Zimt,	10 g Pottasche,
5 g Nelken,	10 g Hirschhornsalz,
1 Eßl. Rum,	4 Eßl. Wasser z. Lösen.

Zum Bestreichen und Bestreuen:

625–750 g Marmelade,	125 g Zitronat,
125 g Mandeln oder Nußkerne,	75 g Orangeat.

Zum Guß:

500 g Puderzucker,	Wasser nach Bedarf,
3 Eßl. Rum,	bunter Zucker zum Bestreuen.

Der nach Nr. 163 hergestellte Teig darf nicht zu fest sein, muß sich aber rollen lassen. Die Hälfte des Teiges wird auf dem vorbereiteten Blech ½ cm dick ausgerollt. Die Teigplatte wird mit Marmelade bestrichen, mit durch die Mühle gedrehten Mandeln oder Nußkernen und kleinwürflig geschnittenem Zitronat und Orangeat bestreut. Die andere Teighälfte wird der Größe der ersten Platte entsprechend auf einem Brett ausgerollt, auf die bestrichene, bestreute Platte gelegt, leicht übergerollt, die Ränder glattgeschnitten. Der Teig wird in 30–40 Minuten bei schwacher Hitze gebacken, heiß mit Zuckerguß überzogen, mit buntem Zucker bestreut. Etwas abgekühlt werden aus der noch warmen Platte erst 3–4 cm breite Streifen, aus diesen Dreiecke geschnitten.

176. Bauernbissen

250 g Sirup,
125 g Zucker,
1 Teelöffel Anis,
1 Teelöffel Fenchel,
1 Prise Salz,

250 g Weizenmehl,
125 g Roggenmehl,
1 Ei,
1 Teelöffel Natron,
½ Teel. Weinsteinsäure.

Natron und Weinsteinsäure werden mit dem Mehl zusammen gesiebt. Herstellung des Teiges nach Rezept Nr. 163. Aus dem nicht zu festen Teig werden verschieden große Kugeln geformt oder Stücke geschnitten, die nebeneinander auf ein vorbereitetes Blech oder in eine vorbereitete Tortenform gelegt werden. Der Teig wird in 25–30 Minuten gebacken.

177. Liegnitzer Bomben (12–14 kleine Bomben)

250 g Zucker,
5 Eier (ungetrennt),
140 g Zitronat,
5 g Zimt,
1 Prise Pfeffer,
1 Messersp. Kardamom,
350 g Honig,
125 g Butter oder Marg.,

1/16 l Rum oder Arrak,
15 g Pottasche in 2 Eßl. Rosenwasser gelöst,
50 g Kakao,
500 g Mehl,
125 g Korinthen,
n. Bel. 125 g Mandeln oder Nüsse.

Zum Guß:
250 g Schokolade,
350–400 g Puderzucker,

3 Eßl. Kakao,
Wasser nach Bedarf (8–10 Eßl.).

Zucker und Eier werden in ½ Stunde schaumiggerührt. Das würflig geschnittene Zitronat, die Gewürze, der mit Butter zusammen gelöste, abgekühlte Honig, Arrak oder Rum werden hinzugefügt. Die in Rosenwasser gelöste Pottasche wird durch ein Sieb dazugegossen, Kakao und Mehl werden dazugegeben, die gereinigten, getrockneten Korinthen werden daruntergemischt. Schwarzblechringe von 6–7 cm Höhe und 7–8 cm Durchmesser werden an einer Seite mit Butterbrotpapier als Boden abgeschlossen. Rand und Boden werden gefettet. Die Formen werden bis reichlich zur Hälfte mit Teig gefüllt, auf einem Blech in 20 bis 30 Minuten bei schwacher Hitze gebacken. Heiß werden sie gestürzt und mit dickem Schokoladenguß überzogen. Die Masse kann auch als eine Bombe im ganzen in 1–1¼ Stunde gebacken werden. (Vorsicht mit der Unterhitze!) Zum Überziehen mit Schokoladenguß ist in diesem Falle Guß von der Hälfte der angegebenen Zutaten ausreichend. Billigere Bomben können aus dem Teig Nr. 172 gebacken werden, der durch 2 Eßlöffel Kakao und 125 g Korinthen verändert werden kann.

178. Nürnberger Lebkuchen

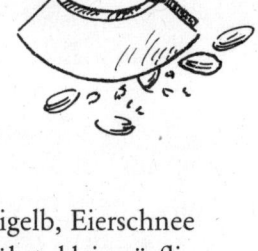

5 Eigelb und Schnee,
325 g Zucker,
65 g Zitronat,
65 g Orangeat,
Schale von ½ Zitrone,
2 g Nelken,
2 g Kardamom,
8 g Zimt,
2 g Muskatnuß,
190 g Mandeln,
250 g Mehl,
Oblaten,
Mandeln, Zitronat zum Belegen.

Das Eiweiß wird zu steifem Schnee geschlagen. Eigelb, Eierschnee und Zucker werden in einer Stunde schaumiggerührt, kleinwürflig geschnittenes Orangeat und Zitronat, die dünne, in feine Streifen geschnittene Zitronenschale, die Gewürze, die gebrühten, abgezogenen, hellbraun gerösteten, grob gewiegten Mandeln und das Mehl werden dazugegeben. Die Masse wird auf runde oder längliche Oblaten (ungefähr 10 cm lang, 6 cm breit) gestrichen, am

Rande dünn, nach der Mitte etwas dicker. Jedes Stück kann mit einer abgezogenen halbierten Mandel oder einem Stück Zitronat verziert werden. Die Lebkuchen werden in 20–25 Minuten hellbraun gebacken. Zur Veränderung kann die Hälfte der Masse mit zwei Eßlöffel gesiebtem Kakao vermischt werden.

179. Elisenlebkuchen

3 Eier (ungetrennt),
300 g Zucker,
375 g Mandeln,
60 g Orangeat,
60 g Zitronat,

1 Messerspitze Zimt,
1 Messerspitze Nelken,
abgeriebene Schale von
½ Zitrone,
½ Teel. Backpulver,
Oblaten.

Guß von
250 g Puderzucker,
1 Eßl. Eiweiß,

Wasser nach Bedarf
(3–4 Eßl.).

Schokoladenguß von
75 g Schokolade,
125 g Puderzucker,

1 Eßl. Kakao,
Wasser (2–3 Eßl.).

Zum Bestreuen
bunter Zucker, Pistazien.

Eier und Zucker werden in einer Stunde schaumiggerührt, die mit der Schale durch die Mühle gedrehten Mandeln, kleinwürflig geschnittenes Orangeat und Zitronat, die Gewürze und Backpulver werden dazugegeben. Aus der Masse werden Kugeln geformt, die auf Oblaten (quadratisch geschnitten, ungefähr 5 cm Seitenlänge) aufgesetzt werden. Die Lebkuchen werden auf dem Blech bei schwacher Hitze 10–15 Minuten gebacken. (Sie werden beim Backen rissig und verlaufen.) Heiß werden sie mit Zucker- oder Schokoladenguß überzogen, mit buntem Zucker oder feingewiegten Pistazien bestreut.

180. Nußgebäck

8 Eiweiß,
500 g gesiebten Puderzucker,
250 g Mandeln,
250 g Nüsse,
1 Päckchen Vanillezucker,
8 g Zimt.

Das zu Schnee geschlagene Eiweiß wird mit dem Puderzucker in einer Stunde schaumiggerührt. Die mit der Schale durch die Mühle gedrehten Mandeln und Nüsse werden, durch einen groben Durchschlag gesiebt, mit den Gewürzen vermischt. Von der schaumiggerührten Masse wird so viel dazugegeben, daß sich die Zutaten zusammenkneten lassen (ungefähr die knappe Hälfte). Der Teig wird unter Verwendung von Puderzucker ½ – ¾ cm dick ausgerollt. Es werden verschobene Vierecke, Dreiecke daraus geschnitten oder runde Formen ausgestochen. Die Oberfläche der Formen wird mit der schaumiggerührten Masse bestrichen. Das Nußgebäck wird mehr getrocknet als gebacken. Zur Veränderung kann ein Teil der zum Bestreichen gebliebenen, schaumiggerührten Masse durch einen Eßlöffel Kakao, ein Teil durch einen Tropfen Speisefarbe gefärbt werden.

181. Eiskrapfen

250 g Zucker,
3 Eiweiß,
125 g Mandeln,
20 g Pistazien,
60 g Zitronat,
Oblaten.

Eiweiß und Zucker werden in einer Stunde schaumiggerührt, die gestifteten Mandeln und Pistazien, das fein würflig geschnittene Zitronat werden dazugegeben. Die Masse wird mit zwei Teelöffeln auf Oblaten aufgesetzt (quadratisch geschnitten, 4–5 cm Seitenlänge) und bei ganz schwacher Hitze hellgelb übertrocknet.

182. Mandelhäufchen

1 Tafel Schokolade (100 g) Überzugsmasse,
oder 100–150 g   65 g Mandeln.

Die Schokolade wird im Wasserbade erweicht und glattgerührt. Die gebrühten, abgezogenen, gestifteten Mandeln werden hellbraun geröstet, mit der Schokolade vermischt. Mit zwei Teelöffeln werden kleine Häufchen auf mit Öl bepinseltes Papier gesetzt, auf dem sie trocken werden müssen. Die Überzugsmasse wird in warmem Wasser von 37 Grad gelöst, auf die gleiche Weise wie Schokolade verbraucht.

183. Trüffeln

100 g Butter,   1–2 Eßl. Rum oder Arrak,
250 g geriebene   Raspel-Schokolade,
Schokolade,   zum Einhüllen.
1 Eßl. Kakao,

Die ausgewaschene Butter wird schaumiggerührt, geriebene Schokolade, Kakao, Rum oder Arrak werden dazugegeben; die Masse wird kaltgestellt. Es werden Kugeln daraus geformt, die in Raspelschokolade umgewendet werden.

184. Schokoladenfisch

250 g Puderzucker,   100 g Zitronat,
250 g geriebene   250 g Mandeln,
Schokolade,   3–5 Eßl. Wasser.

Die Hälfte der Mandeln wird mit der Schale durch die Mühle gedreht, die Hälfte gebrüht, abgezogen und grob gewiegt. Zucker und Wasser werden aufgekocht, Schokolade, feinwürflig geschnittenes Zitronat, die Mandeln werden dazugegeben. Die Masse wird in eine mit Öl ausgepinselte, gut ausgetropfte Form eingedrückt, in der sie steif werden muß. Sie wird gestürzt, zum Verbrauch in Scheiben geschnitten. Die Masse kann auch in andere kleine Formen eingedrückt werden.

185. Marzipan

500 g Mandeln (darunter 10 bittere), 500 g Puderzucker, 1 Eigelb,

3–4 Eßl. Wasser oder Rosenwasser, Eigelb zum Bepinseln.

Die Mandeln werden gebrüht, abgezogen, getrocknet, einmal ohne, zweimal mit dem Puderzucker zusammen durch die Mühle gedreht. Eigelb und Wasser oder Rosenwasser werden von der Mitte eingerührt. Die Masse wird, wenn notwendig, unter Verwendung von Puderzucker 20–30 Minuten geknetet. Sie kann verschieden verwendet werden.

1. Es können *verschiedene Formen* daraus hergestellt werden, wie Brezeln, Schnecken usw. Diese werden mit Eigelb bepinselt, mit einem erhitzten Marzipaneisen (Salamander) überbacken.

2. Zu *Marzipankartoffeln* werden aus der Masse Kugeln geformt, die in mit Puderzucker vermischtem Kakao umgewendet, mit dem Messer 2–3mal in dem oberen Teil eingeritzt werden.

3. Zu *Randmarzipan.* Dafür wird ein Teil des Marzipans ½ cm dick ausgerollt. Es werden runde oder Herzformen als Böden ausgestochen. Das übrige Marzipan wird ½–¾ cm dick ausgerollt, in 1½–2 cm breite Streifen geschnitten. Der Rand der Böden wird mit Eiweiß bepinselt, mit dem Boden abschließend werden die Streifen aufgesetzt, mit der Marzipanzange eingekniffen, mit Eigelb bepinselt. Auf den Boden der Formen werden ein paar Papierschnitzel gelegt, ehe das Marzipan mit dem Marzipaneisen überbacken wird, um das Verfärben der Böden, das Austrocknen zu verhindern. Nach dem Backen werden die Schnitzel entfernt, die Formen heiß mit Zuckerguß gefüllt, nach dem Trocknen desselben mit kandierten Früchten verziert.

Zum *Puderzuckerguß*: Saft einer Zitrone,
500 g Puderzucker, Wasser oder Rosenwasser.

Es muß ein ganz steifer Guß gerührt werden, um ein Weichwerden der Böden zu vermeiden.

4. Aus der Masse kann ein *Brot* geformt werden, das mit Schokoladenguß überzogen, mit buntem Zucker bestreut wird. Die Masse kann dadurch verändert werden, daß 125–150 g kandierte Ananas, in feine Würfel geschnitten, unter das fertige Marzipan geknetet wird.

186. Konfekt mit verschiedener Füllung

1. *Marzipanfüllung*. knapp 1 Teel. Wasser
125 g Mandeln, oder Rosenwasser,
125 g Puderzucker, nach Belieben 50 g
¼ Eigelb, kandierte Ananas.

Herstellung siehe Nr. 185.

2. *Nußfüllung*.
125 g Nüsse, ¼ Eigelb,
125 g Puderzucker, knapp 1 Teel. Wasser.

Herstellung wie Marzipan.

3. *Krokantfüllung*.
75 g Butter, 75 g Mandeln.
150 g Zucker,

Die Butter wird in einem eisernen Stieltopf zerlassen, der Zucker dazugegeben, unter Rühren zu Karamel gebrannt, die gebrühten, abgezogenen, grobgewiegten Mandeln werden hinzugefügt. Von der Masse werden kleine Mengen auf ein geöltes Emaillebrett, einen geölten Emailleteller gegeben, mit geölten Fingern verschieden geformt. (Vorsicht!)

4. *Apfelsinenfüllung.*
125 g Puderzucker,
1 Eßl. Apfelsinenzucker,
2–3 Eßl. Apfelsinensaft,
1 Teel. Eiweiß.

Die Zutaten werden miteinander vermischt.

Aus den angegebenen Füllungen werden die verschiedensten Formen gemacht, die übertrocknen müssen. Sie werden dann in Überzugsmasse umgewendet und müssen auf Papier trocknen. Zur Garnitur können Pistazien, Nußhälften, bunter Zucker verwendet werden.

187. Springerle

4 Eier (ungetrennt),
500 g Zucker,
½ Teel. Anis
(fein pulverisiert),

½ Teel. Pottasche,
1 Eßl. Milch od. Wasser
zum Lösen,
500 g Mehl.

Eier und Zucker werden in einer Stunde schaumiggerührt, Anis, gelöste Pottasche durch ein Sieb und Mehl werden hinzugegeben. Die Zutaten werden zusammengeknetet, der Teig wird für eine ¾–1 Stunde kaltgestellt. Er wird ½ cm dick ausgerollt, in die mit Mehl ausgeklopften Formen eingedrückt, gestürzt. Die Platte in die einzelnen Formen geschnitten. Sie bleiben über Nacht auf einem vorbereiteten Blech stehen, ehe sie bei schwacher Hitze hellgelb gebacken werden.

188. Spekulatius

250 g Mehl,
125 g Butter oder
Margarine,
125 g Zucker,
65 g Mandeln mit der
Schale,

½ Päckchen Backpulver,
1 Teel. Zimt,
1 Prise Salz,
2 Eigelb oder 1 ganzes Ei,
1 Eßl. Rum,
wenn nötig 1 Eßl. Milch.

Es wird nach Nr. 85 ein Knetteig hergestellt, der ausruhen muß. Der Teig kann, wenn Spekulatiusholzformen dafür vorhanden sind, nach Nr. 187 verwendet werden.

Fehlen diese, dann werden aus dem dünn ausgerollten Teig beliebige Formen ausgestochen, die in 10 bis 15 Minuten hellbraun gebacken werden.